2025 시험대비

소방승진(소방위)

모의고사 정답 및 해설

문항 및 시험시간

승진시험 평가영역	문항수	시간
소방위	75	75분

※ 이 책은 저작권법에 의해 보호를 받는 저작물이므로 무단전재와 복제를 금합니다.
※ 본 교재의 저작권은 이패스코리아에 있습니다.

제1회 모의고사 해설 ·· 2
제2회 모의고사 해설 ·· 19
제3회 모의고사 해설 ·· 38
제4회 모의고사 해설 ·· 55
제5회 모의고사 해설 ·· 73

최단기 소방승진 이패스 소방사관 www.kfs119.co.kr

소방위 소방승진

제1회 모의고사 해설

문 항 수 : 75문항
응시시간 : 75분

과목	01	02	03	04	05	06	07	08	09	10	11	12	13	14	15	16	17	18	19	20	21	22	23	24	25
행정법	④	③	③	④	②	②	④	②	③	②	③	②	④	③	③	①	②	①	③	①	④	③	③	②	④	④
소방법령 Ⅳ	①	④	③	③	②	②	③	①	④	④	③	②	③	④	③	④	④	④	③	④	④	③	④	④	③
소방전술	④	④	②	②	④	①	④	②	①	①	②	①	④	①	④	②	④	①	④	②	①	④	④	③	④

행정법(소방위) (25문항)

01 정답 ④

① (○) 구 국세기본법 제18조 제2항 소정의 비과세의 관행이 성립되었다고 하려면 장기간에 걸쳐 그 사항에 대하여 과세하지 아니하였다는 객관적 사실이 존재할 뿐 아니라 과세관청 자신이 그 사항에 대하여 과세할 수 있음을 알면서도 어떤 특별한 사정에 의하여 과세하지 않는다는 의사가 있고 이와 같은 의사가 명시적 또는 묵시적으로 표시되어야 할 것이므로 과세할 수 있는 어느 사항에 대하여 비록 장기간에 걸쳐 과세하지 아니한 상태가 계속되었다 하더라도 그것이 착오로 인한 것이라면 그와 같은 비과세는 일반적으로 납세자에게 받아들여진 국세행정의 관행으로 되었다 할 수 없다(대판 1985.3.12. 84누398).

② (○) 남북 사이의 화해와 불가침 및 교류협력에 관한 합의서는 남북관계가 '나라와 나라 사이의 관계가 아닌 통일을 지향하는 과정에서 잠정적으로 형성되는 특수관계'임을 전제로, 조국의 평화적 통일을 이룩해야 할 공동의 정치적 책무를 지는 남북한 당국이 특수관계인 남북관계에 관하여 채택한 합의문서로서, 남북한 당국이 각기 정치적인 책임을 지고 상호간에 그 성의 있는 이행을 약속한 것이기는 하나 법적 구속력이 있는 것은 아니어서 이를 국가간의 조약 또는 이에 준하는 것으로 볼 수 없고, 따라서 국내법과 동일한 효력이 인정되는 것도 아니다(대판 1999.7.23. 98두14525).

③ (○) 법령등의 공포에 관한 법률 제11조 제2항

④ (×) 세무조사가 과세자료의 수집 또는 신고내용의 정확성 검증이라는 본연의 목적이 아니라 부정한 목적을 위하여 행하여진 것이라면 이는 세무조사에 중대한 위법사유가 있는 경우에 해당하고 이러한 세무조사에 의하여 수집된 과세자료를 기초로 한 과세처분 역시 위법하다. 세무조사가 국가의 과세권을 실현하기 위한 행정조사의 일종으로서 과세자료의 수집 또는 신고내용의 정확성 검증 등을 위하여 필요불가결하며, 종국적으로는 조세의 탈루를 막고 납세자의 성실한 신고를 담보하는 중요한 기능을 수행하더라도 만약 남용이나 오용을 막지 못한다면 납세자의 영업활동 및 사생활의 평온이나 재산권을 침해하고 나아가 과세권의 중립성과 공공성 및 윤리성을 의심받는 결과가 발생할 것이기 때문이다(대판 2016.12.15. 2016두47659).

02 정답 ③

행정기본법 제23조(제재처분의 제척기간)
① 행정청은 법령등의 위반행위가 종료된 날부터 5년이 지나면 해당 위반행위에 대하여 제재처분(인허가의 정지·취소·철회, 등록 말소, 영업소 폐쇄와 정지를 갈음하는 과징금 부과를 말한다 이하 이 조에서 같다)을 할 수 없다.
② 다음 각 호의 어느 하나에 해당하는 경우에는 제1항을 적용하지 아니한다
  1. 거짓이나 그 밖의 부정한 방법으로 인허가를 받거나 신고를 한 경우
  2. 당사자가 인허가나 신고의 위법성을 알고 있었거나 중대한 과실로 알지 못한 경우
  3. 정당한 사유 없이 행정청의 조사·출입·검사를 기피·방해·거부하여 제척기간이 지난 경우
  4. 제재처분을 하지 아니하면 국민의 안전·생명 또는 환경을 심각하게 해치거나 해칠 우려가 있는 경우

03 정답 ③

① (○) 실효의 원칙이 적용되기 위하여 필요한 요건으로서의 실효기간의 길이와 의무자인 상대방이 권리가 행사되지 아니하리라고 신뢰할 만한 정당한 사유가 있었는지의 여부는 일률적으로 판단할 수 있는 것이 아니라 구체적인 경우마다 권리를 행사하지 아니한 기간의 장단과 함께 권리자측과 상대방측 쌍방의 사정 및 객관적으로 존재한 사정 등을 모두 고려하여 사회통념에 따라 합리적으로 판단하여야 할 것이다. 근로자가 사직원의 작성·제출이 자신이 아닌 그의 형에 의하여 이루어졌음을 이유로 의원면직의 무효확인을 구하는 사안에서, 근로자의 형이 사직원을 제출하게 된 경위 및 근로자가 아무런 이의 없이 퇴직금을 수령한 점 등 제반 사정에 비추어 볼 때, 의원면직일로부터 5년 여가 경과한 후에 위와 같은 소를 제기하는 것은 신의칙 내지 금반언의 원칙에 반하는 것으로서 부적법하다(대판 2005.10.28. 2005다45827).

② (○) 필요성 원칙은 목적달성에 적합한 수단 가운데 국민의 권리나 이익침해가 가장 적은 수단을 선택해야 함을 의미한다. 최소침해의 원칙이라고도 한다.

③ (×) [1] 구 여객자동차운수사업법) 제76조 제1항 제15호, 같은

법 시행령 제29조에는 관할관청은 개인택시운송사업자의 운전면허가 취소된 때에 그의 개인택시운송사업면허를 취소할 수 있도록 규정되어 있을 뿐 그에게 운전면허 취소사유가 있다는 사유만으로 개인택시운송사업면허를 취소할 수 있도록 하는 규정은 없으므로, 관할관청으로서는 비록 개인택시운송사업자에게 운전면허 취소사유가 있다 하더라도 그로 인하여 운전면허 취소처분이 이루어지지 않은 이상 개인택시운송사업면허를 취소할 수는 없다. [2] 개인택시운송사업자가 음주운전을 하다가 사망한 경우 그 망인에 대하여 음주운전을 이유로 운전면허 취소처분을 하는 것은 불가능하고, 음주운전은 운전면허의 취소사유에 불과할 뿐 개인택시운송사업면허의 취소사유가 될 수는 없으므로, 음주운전을 이유로 한 개인택시운송사업면허의 취소처분은 위법하다고 한 사례(대판 2008.5.15. 2007두26001)

④ (○) 부가가치세법상의 사업자등록은…단순한 사업사실의 신고로서 사업자가 소관 세무서장에게 소정의 사업자등록신청서를 제출함으로써 성립하며, 사업자등록증의 교부는 이와 같은 등록사실을 증명하는 증서의 교부행위에 불과한 것으로 과세관청이 납세의무자에게 부가가치세 면세사업자용 사업자등록증을 교부하였다고 하더라도 그가 영위하는 사업에 관하여 부가가치세를 과세하지 아니함을 시사하는 언동이나 공적인 견해를 표명한 것으로 볼 수 없으며, 구 부가가치세법 시행령 제8조 제2항에 정한 고유번호의 부여도 과세자료를 효율적으로 처리하기 위한 것에 불과한 것이므로 과세관청이 납세의무자에게 고유번호를 부여한 경우에도 마찬가지이다(대판 2008.6.12. 2007두23255).

04 정답 ④

① (○) 국·공유재산의 관리청이 행정재산의 사용·수익을 허가한 다음 그 사용·수익하는 자에 대하여 하는 사용·수익허가취소는 순전히 사경제주체로서 행하는 사법상의 행위라 할 수 없고, 이는 관리청이 공권력을 가진 우월적 지위에서 행한 것으로서 항고소송의 대상이 되는 행정처분이다(대판 1997.4.11. 96누17325).

② (○) 지방자치법 제9조 제2항 제5호 (라)목 및 (마)목 등의 규정에 의하면, 서울특별시립무용단원의 공연 등 활동은 지방문화 및 예술을 진흥시키고자 하는 서울특별시의 공공적 업무수행의 일환으로 이루어진다고 해석될 뿐 아니라, 단원으로 위촉되기 위하여는 일정한 능력요건과 자격요건을 요하고, 계속적인 재위촉이 사실상 보장되며, 공무원연금법에 따른 연금을 지급받고, 단원의 복무규율이 정해져 있으며, 정년제가 인정되고, 일정한 해촉사유가 있는 경우에만 해촉되는 등 서울특별시립무용단원이 가지는 지위가 공무원과 유사한 것이라면, 서울특별시립무용단 단원의 위촉은 공법상의 계약이라고 할 것이고, 따라서 그 단원의 해촉에 대하여는 공법상의 당사자소송으로 그 무효확인을 청구할 수 있다(대판 1995.12.22. 95누4636).

③ (○) 주거이전비는 당해 공익사업 시행지구 안에 거주하는 세입자들의 조기이주를 장려하여 사업추진을 원활하게 하려는 정책적인 목적과 주거이전으로 인하여 특별한 어려움을 겪게 될 세입자들을 대상으로 하는 사회보장적인 차원에서 지급되는 금원의 성격을 가지므로, 적법하게 시행된 공익사업으로 인하여 이주하게 된 주거용 건축물 세입자의 주거이전비 보상청구권은 공법상의 권리이고, 따라서 그 보상을 둘러싼 쟁송은 민사소송이 아니라 공법상의 법률관계를 대상으로 하는 행정소송에 의하여야 한다(대판 2008.5.29. 2007다8129).

④ (×) 한국마사회가 조교사 또는 기수의 면허를 부여하거나 취소하는 것은 경마를 독점적으로 개최할 수 있는 지위에서 우수한 능력을 갖추었다고 인정되는 사람에게 경마에서의 일정한 기능과 역할을 수행할 수 있는 자격을 부여하거나 이를 박탈하는 것에 지나지 아니하므로, 이는 국가 기타 행정기관으로부터 위탁받은 행정권한의 행사가 아니라 일반 사법상의 법률관계에서 이루어지는 단체 내부에서의 징계 내지 제재처분이다(대판 2008.1.31. 2005두8269).

05 정답 ②

① (○) 법률의 시행령이나 시행규칙은 그 법률에 의한 위임이 없으면 개인의 권리·의무에 관한 내용을 변경·보충하거나 법률에 규정되지 아니한 새로운 내용을 정할 수는 없지만, 법률의 시행령이나 시행규칙의 내용이 모법의 입법 취지 및 관련 조항 전체를 유기적·체계적으로 살펴 보아 모법의 해석상 가능한 것을 명시한 것에 지나지 아니하거나 모법 조항의 취지에 근거하여 이를 구체화하기 위한 것인 때에는 모법의 규율 범위를 벗어난 것으로 볼 수 없으므로, 모법에 이에 관하여 직접 위임하는 규정을 두지 않았다고 하더라도 이를 무효라고 볼 수는 없다(대판 2009.6.11. 2008두13637).

② (×) 조세법률주의의 원칙은 과세요건과 징수절차 등 조세권행사의 요건과 절차는 국민의 대표기관인 국회가 제정한 법률로써 규정하여야 한다는 것이나, 과세요건과 징수절차에 관한 사항을 명령·규칙 등 하위법령에 위임하여 규정하게 할 수 없는 것은 아니고, 이러한 사항을 하위법령에 위임하여 규정하게 하는 경우 구체적·개별적 위임만이 허용되며 포괄적·백지적 위임은 허용되지 아니하고(과세요건법정주의), 이러한 법률 또는 그 위임에 따른 명령·규칙의 규정은 일의적이고 명확하여야 한다(과세요건명확주의)는 것이다(대결 1994.9.30. 94부18).

③ (○) 법률이 공법적 단체 등의 정관에 자치법적 사항을 위임한 경우에는 헌법 제75조가 정하는 포괄적인 위임입법의 금지는 원칙적으로 적용되지 않는다고 봄이 상당하고, 그렇다 하더라도 그 사항이 국민의 권리·의무에 관련되는 것일 경우에는 적어도 국민의 권리·의무에 관한 기본적이고 본질적인 사항은 국회가 정하여야 한다(대판 2007.10.12. 2006두14476).

④ (○) 법률에서 위임받은 사항을 전혀 규정하지 않고 재위임하는 것은 복위임금지 원칙에 반할 뿐 아니라 위임명령의 제정 형식에 관한 수권법의 내용을 변경하는 것이 되므로 허용되지 않으나 위임받은 사항에 관하여 대강을 정하고 그 중의 특정사항을 범위를 정하여 하위법령에 다시 위임하는 경우에는 재위임이 허용된다. 이러한 법리는 조례가 지방자치법 제22조 단서에 따라 주민의 권리제한 또는 의무부과에 관한 사항을 법률로부터 위임받은 후, 이를 다시 지방자치단체장이 정하는 '규칙'이나 '고시' 등에 재위임하는 경우에도 마찬가지이다(대판 2015.1.15. 2013두14238).

06   정답 ②

① (○) 행정규칙은 각 행정기관이 국민의 권리·의무와 직접 관계가 없는 행위기준 등을 정한 규범으로서 원칙적으로 외부효과를 갖지 않아 원칙적으로 국민에 대하여 직접 구속력을 갖지 못하고 발령기관에 대하여도 구속력이 없다(통설).

② (×), ④ (○) 상급행정기관이 소속 공무원이나 하급행정기관에 대하여 업무처리지침이나 법령의 해석·적용 기준을 정해 주는 '행정규칙'은 일반적으로 행정조직 내부에서만 효력을 가질 뿐 대외적으로 국민이나 법원을 구속하는 효력이 없다. 처분이 행정규칙을 위반하였다고 해서 그러한 사정만으로 곧바로 위법하게 되는 것은 아니고, 처분이 행정규칙을 따른 것이라고 해서 적법성이 보장되는 것도 아니다. 처분이 적법한지는 행정규칙에 적합한지 여부가 아니라 상위법령의 규정과 입법 목적 등에 적합한지 여부에 따라 판단해야 한다(대판 2019.7.11. 2017두38874).

③ (○) 행정규칙은 일반적으로 행정조직 내부에서만 효력을 가지는 것이나, 행정규칙이 법령의 규정에 의하여 행정관청에 법령의 구체적 내용을 보충할 권한을 부여한 경우나 재량권행사의 준칙인 규칙이 그 정한 바에 따라 되풀이 시행되어 행정관행이 이룩되게 되면, 평등의 원칙이나 신뢰보호의 원칙에 따라 행정기관은 그 상대방에 대한 관계에서 그 규칙에 따라야 할 자기구속을 당하게 되는 경우에는 대외적인 구속력을 가지게 되는바, 이러한 경우에는 헌법소원의 대상이 될 수도 있다(헌재 2001.5.31. 99헌마413).

07   정답 ④

ㄱ. (기속행위) 국유재산의 무단점유 등에 대한 변상금징수의 요건은 국유재산법 제51조 제1항에 명백히 규정되어 있으므로 변상금을 징수할 것인가는 처분청의 재량을 허용하지 않는 기속행위이다(대판 2000.1.28. 97누4098).

ㄴ. (재량행위) 국토계획법이 정한 용도지역 안에서 토지의 형질변경행위·농지전용행위를 수반하는 건축허가는 건축법 제11조 제1항에 의한 건축허가와 위와 같은 개발행위허가 및 농지전용허가의 성질을 아울러 갖게 되므로 이 역시 재량행위에 해당하고, 그에 대한 사법심사는 행정청의 공익판단에 관한 재량의 여지를 감안하여 원칙적으로 재량권의 일탈이나 남용이 있는지 여부만을 대상으로 한다(대판 2017.10.12. 2017두48956).

ㄷ. (재량행위) 자연공원사업의 시행은 국토 및 자연의 유지와 환경의 보전에 영향을 미치는 행위로서 그 공원사업시행허가 여부는 사업장소의 현상과 위치 및 주위의 상황, 사업시행의 시기 및 주체의 적정성, 사업계획에 나타난 사업의 내용, 규모, 방법과 그것이 자연 및 환경에 미치는 영향 등을 종합적으로 고려하여 결정하여야 하는 일종의 재량행위에 속한다(대판 2001.7.27. 99두5092).

ㄹ. (재량행위) 민법은 제31조에서 "법인은 법률의 규정에 의함이 아니면 성립하지 못한다."고 규정하여 법인의 자유설립을 부정하고 있고, 제32조에서 "학술, 종교, 자선, 기예, 사교 기타 영리 아닌 사업을 목적으로 하는 사단 또는 재단은 주무관청의 허가를 얻어 이를 법인으로 할 수 있다."고 규정하여 비영리법인의 설립에 관하여 허가주의를 채용하고 있으며, 현행 법령상 비영리법인의 설립허가에 관한 구체적인 기준이 정하여져 있지 아니하므로, 비영리법인의 설립허가를 할 것인지 여부는 주무관청의 정책적 판단에 따른 재량에 맡겨져 있다(대판 1996.9.10. 95누18437).

08   정답 ②

① (×) 제소기간이 도과(불가쟁력)한 경우에도 직권취소는 여전히 가능하다.

② (○) 대판 1992.1.21. 91누1264

③ (×) 하천점용허가는 법규상의 요건이 충족되면 행해지는 상대적 금지행위의 해제처분(허가)이 아니라 새로운 법률상의 권리·능력·법률관계를 설정하는 형성적 행정행위인 강학상 특허에 해당하고 재량행위에 해당한다(대판 2004.10.15. 2002다68485).

④ (×) 확정판결의 기속력은 주로 판결의 실효성 확보를 위하여 인정되는 효력으로서 판결의 주문뿐만 아니라 그 전제가 되는 처분 등의 구체적 위법사유에 관한 이유 중의 판단에 대하여도 인정된다(대판 2001.3.23. 99두5238).

09   정답 ③

① (○) 국토계획법이 사인을 도시·군계획시설사업의 시행자로 지정하기 위한 요건으로 소유요건과 동의요건을 둔 취지는 사인이 시행하는 도시·군계획시설사업의 공공성을 보완하고 사인에 의한 일방적인 수용을 제어하기 위한 것이다. 그러므로 만일 국토계획법령이 정한 도시계획시설사업의 대상 토지의 소유와 동의 요건을 갖추지 못하였는데도 사업시행자로 지정하였다면, 이는 국토계획법령이 정한 법규의 중요한 부분을 위반한 것으로서 특별한 사정이 없는 한 그 하자가 중대하다고 보아야 한다(대판 2017.7.11. 2016두35120).

② (○) 위헌결정 이후에 조세채권의 집행을 위한 새로운 체납처분에 착수하거나 이를 속행하는 것은 더 이상 허용되지 않고, 나아가 이러한 위헌결정의 효력에 위배하여 이루어진 체납처분은 그 사유만으로 하자가 중대하고 객관적으로 명백하여 당연무효라고 보아야 한다(대판 2012.2.16. 2010두10907).

③ (×) 그와 같은 흠을 가리켜 위 행정처분의 효력에 아무런 영향을 주지 않는다거나 경미한 정도에 불과하다고 볼 수는 없으므로, 특별한 사정이 없는 한 이는 행정처분을 위법하게 하는 취소사유가 된다(대판 2007.3.15. 2006두15806).

④ (○) 어업권의 목적이 되는 어장에 관해서는 1물1권주의의 원칙이 적용된다 할 것이므로, 먼저 설정되어 있는 어업권의 목적인 어장과 위치가 중복되는 어장에 관하여 뒤에 이루어진 어업권 면허는 당연무효가 되고, 그에 관한 어업권설정등록은 중복등록에 해당하므로 원인무효로 귀착된다(대판 2007.5.10. 2007다8211).

10 정답 ②

① (×) 행정청이 문서로 처분을 한 경우 원칙적으로 처분서의 문언에 따라 어떤 처분을 하였는지 확정하여야 한다. 그러나 처분서의 문언만으로는 행정청이 어떤 처분을 하였는지 불분명한 경우에는 처분 경위와 목적, 처분 이후 상대방의 태도 등 여러 사정을 고려하여 처분서의 문언과 달리 처분의 내용을 해석할 수 있다. 특히 행정청이 행정처분을 하면서 논리적으로 당연히 수반되어야 하는 의사표시를 명시적으로 하지 않았다고 하더라도, 그것이 행정청의 추단적 의사에도 부합하고 상대방도 이를 알 수 있는 경우에는 행정처분에 위와 같은 의사표시가 묵시적으로 포함되어 있다고 볼 수 있다(대판 2021.2.4. 2017다207932).
② (○) 본건 계고처분 행정처분이 위법임을 이유로 배상을 청구하는 취의로 인정될 수 있는 본건에 있어 미리 그 행정처분의 취소판결이 있어야만 그 행정처분의 위법임을 이유로 피고에게 배상을 청구할 수 있는 것은 아니라고 해석함이 상당하다(대판 1972.4.28. 72다337).
③ (×) 구속력이란 행정행위가 적법요건을 구비하면 법률행위적 행정행위의 경우 행정청이 표시한 의사의 내용에 따라, 준법률행위적 행정행위의 경우 법령이 정하는 바에 의해 일정한 법적 효과가 발생하여 당사자를 구속하는 실체법상 효력이다.
④ (×) 공정력은 행정행위의 효력이므로 비권력적 행위, 사실행위, 사법행위에는 인정되지 않는 것이 원칙이다.

11 정답 ②

① (○), ② (×) 행정절차법 제17조(처분의 신청) ⑤ 행정청은 신청에 구비서류의 미비등 흠이 있는 경우에는 보완에 필요한 상당한 기간을 정하여 지체없이 신청인에게 보완을 요구하여야 한다. ⑦ 행정청은 신청인의 편의를 위하여 다른 행정청에 신청을 접수하게 할 수 있다. 이 경우 행정청은 다른 행정청에 접수할 수 있는 신청의 종류를 미리 정하여 공시하여야 한다.
③ (○) 행정절차법 제17조(처분의 신청) ④ 행정청은 신청을 받았을 때에는 다른 법령등에 특별한 규정이 있는 경우를 제외하고는 그 접수를 보류 또는 거부하거나 부당하게 되돌려 보내서는 아니 되며, 신청을 접수한 경우에는 신청인에게 접수증을 주어야 한다. 다만, 대통령령으로 정하는 경우에는 접수증을 주지 아니할 수 있다.
행정절차법 시행령 제9조(접수증) 법 제17조 제4항 단서에서 "대통령령이 정하는 경우"라 함은 다음 각호의 1에 해당하는 신청의 경우를 말한다.
1. 구술·우편 또는 정보통신망에 의한 신청
2. 처리기간이 "즉시"로 되어 있는 신청
3. 접수증에 갈음하는 문서를 주는 신청
④ (○) 행정절차법 제18조(다수의 행정청이 관여하는 처분) 행정청은 다수의 행정청이 관여하는 처분을 구하는 신청을 접수한 경우에는 관계 행정청과의 신속한 협조를 통하여 그 처분이 지연되지 아니하도록 하여야 한다.

12 정답 ④

공공기관의 정보공개에 관한 법률 제18조(이의신청)
① 청구인이 정보공개와 관련한 공공기관의 비공개 결정 또는 부분공개 결정에 대하여 불복이 있거나 정보공개 청구 후 20일이 경과하도록 정보공개 결정이 없는 때에는 공공기관으로부터 정보공개 여부의 결정 통지를 받은 날 또는 정보공개 청구 후 20일이 경과한 날부터 30일 이내에 해당 공공기관에 문서로 이의신청을 할 수 있다.
③ 공공기관은 이의신청을 받은 날부터 7일 이내에 그 이의신청에 대하여 결정하고 그 결과를 청구인에게 지체 없이 문서로 통지하여야 한다. 다만, 부득이한 사유로 정하여진 기간 이내에 결정할 수 없을 때에는 그 기간이 끝나는 날의 다음 날부터 기산하여 7일의 범위에서 연장할 수 있으며, 연장 사유를 청구인에게 통지하여야 한다.

13 정답 ③

① (×) 개인정보처리자는 당초 수집 목적과 합리적으로 관련된 범위에서 정보주체에게 불이익이 발생하는지 여부, 암호화 등 안전성 확보에 필요한 조치를 하였는지 여부 등을 고려하여 대통령령으로 정하는 바에 따라 정보주체의 동의 없이 개인정보를 제공할 수 있다(동법 제17조 제4항).
② (×) 가명처리된 정보도 개인정보 보호법에 따른 개인정보로 본다(동법 제2조 제1호 다목).
③ (○) 동법 제35조 제2항
④ (×) 공정거래위원회에 등록한 소비자단체와 비영리민간단체로서로서 일정한 요건을 갖춘 단체는 개인정보처리자가 집단분쟁조정을 거부하거나 집단분쟁조정의 결과를 수락하지 아니한 경우에는 법원에 권리침해 행위의 금지·중지를 구하는 소송을 제기할 수 있다(동법 제51조).

14 정답 ③

③ (×) 경찰관직무집행법 제4조 제1항 제1호에서 규정하는 술에 취한 상태로 인하여 자기 또는 타인의 생명·신체와 재산에 위해를 미칠 우려가 있는 피구호자에 대한 보호조치는 경찰 행정상 즉시강제에 해당하므로, 그 조치가 불가피한 최소한도 내에서만 행사되도록 발동·행사 요건을 신중하고 엄격하게 해석하여야 한다. 따라서 이 사건 조항의 '술에 취한 상태'란 피구호자가 술에 만취하여 정상적인 판단능력이나 의사능력을 상실할 정도에 이른 것을 말하고, 이 사건 조항에 따른 보호조치를 필요로 하는 피구호자에 해당하는지는 구체적인 상황을 고려하여 경찰관 평균인을 기준으로 판단하되, 그 판단은 보호조치의 취지와 목적에 비추어 현저하게 불합리하여서는 아니 되며, 피구호자의 가족 등에게 피구호자를 인계할 수 있다면 특별한 사정이 없는 한 경찰관서에서 피구호자를 보호하는 것은 허용되지 않는다(대판 2012.12.13. 2012도11162).

15 정답 ①

① (○) 통고처분은 상대방의 임의의 승복을 그 발효요건으로 하기 때문에 그 자체만으로는 통고이행을 강제하거나 상대방에게 아무런 권리의무를 형성하지 않으므로 행정심판이나 행정소송의 대상으로서의 처분성을 부여할 수 없고, 통고처분에 대하여 이의가 있으면 통고내용을 이행하지 않음으로써 고발되어 형사재판절차에서 통고처분의 위법·부당함을 얼마든지 다툴 수 있기 때문에 관세법 제38조 제3항 제2호가 법관에 의한 재판받을 권리를 침해한다든가 적법절차의 원칙에 저촉된다고 볼 수 없다(헌재 1998.5.28. 96헌바4).
② (×) 변경된 법률을 적용한다(질서위반행위규제법 제3조 제2항).
③ (×) 스스로 심신장애상태를 일으켜 질서위반행위를 한 자에 대하여는 제1항 및 제2항을 적용하지 아니한다(질서위반행위규제법 제10조 제3항). 즉 과태료를 부과한다.
④ (×) 통고처분은 행정소송의 대상이 되는 행정처분이 아니므로 그 처분의 취소를 구하는 소송은 부적법하다(대판 1995.6.29. 95누4674).

16 정답 ②

① (×) 비상시 또는 위험이 절박한 경우에 있어서 당해 행위의 급속한 실시를 요하여 전2항에 규정한 수속(註: 대집행의 계고, 대집행영장통지)을 취할 여유가 없을 때에는 그 수속을 거치지 아니하고 대집행을 할 수 있다(행정대집행법 제3조 제3항).
② (○) 계고처분 전후에 송달된 문서나 기타 사정을 종합하여 행위의 내용이 특정되거나 실제건물의 위치, 구조, 평수 등을 계고서의 표시와 대조·검토하여 대집행의무자가 그 이행의무의 범위를 알 수 있을 정도로 하면 족하다(대판 1996.10.11. 96누8086).
③ (×) 법률(법률의 위임에 의한 명령, 지방자치단체의 조례를 포함)에 의하여 직접 명령되었거나 또는 법률에 의거한 행정청의 명령에 의한 행위로서 타인이 대신하여 행할 수 있는 행위를 의무자가 이행하지 아니하는 경우를 대집행의 대상으로 한다(행정대집행법 제2조).
④ (×) 후행처분인 대집행비용납부명령의 취소를 청구하는 소송에서 청구원인으로 선행처분인 계고처분이 위법한 것이기 때문에 그 계고처분을 전제로 행하여진 대집행비용납부명령도 위법한 것이라는 주장을 할 수 있다(대판 1993.11.9. 93누14271).

17 정답 ①

① (×) 부동산 실권리자명의 등기에 관한 법률 제3조 제1항, 제5조 제1항, 같은 법 시행령 제3조 제1항의 규정을 종합하면, 명의신탁자에 대하여 과징금을 부과할 것인지 여부는 기속행위에 해당한다(대판 2007.7.12. 2005두17287).
② (○) 자동차운수사업면허조건 등을 위반한 사업자에 대하여 행정청이 행정제재수단으로 사업 정지를 명할 것인지, 과징금을 부과할 것인지, 과징금을 부과키로 한다면 그 금액은 얼마로 할 것인지에 관하여 재량권이 부여되었다 할 것이다(대판 1998.4.10. 98두2270).
③ (○) 과징금은 원칙적으로 행정법상의 의무를 위반한 자에 대하여 당해 위반행위로 얻게 된 경제적 이익을 박탈하기 위한 목적으로 부과하는 금전적인 제재이므로, 법이 규정한 범위 내에서 그 부과처분 당시까지 부과관청이 확인한 사실을 기초로 일의적으로 확정되어야 할 것이지, 추후에 부과금 산정기준이 되는 새로운 자료가 나왔다고 하여 새로운 부과처분을 할 수 있는 것은 아니다(대판 2002.5.28. 2000두6121).
④ (○) 구 독점규제및공정거래에관한법률 제24조의2에 의한 부당내부거래에 대한 과징금은 그 취지와 기능, 부과의 주체와 절차 등을 종합할 때 부당내부거래 억지라는 행정목적을 실현하기 위하여 그 위반행위에 대하여 제재를 가하는 행정상의 제재금으로서의 기본적 성격에 부당이득환수적 요소도 부가되어 있는 것이라 할 것이고, 이를 두고 헌법 제13조 제1항에서 금지하는 국가형벌권 행사로서의 '처벌'에 해당한다고는 할 수 없으므로, 공정거래법에서 형사처벌과 아울러 과징금의 병과를 예정하고 더라도 이중처벌금지원칙에 위반된다고 볼 수 없다(헌재 2003.7.24. 2001헌가25).

18 정답 ③

① (○) 국가배상법 제2조(배상책임)
① 국가나 지방자치단체는 공무원 또는 공무를 위탁받은 사인(이하 "공무원"이라 한다)이 직무를 집행하면서 고의 또는 과실로 법령을 위반하여 타인에게 손해를 입히거나, 「자동차손해배상 보장법」에 따라 손해배상의 책임이 있을 때에는 이 법에 따라 그 손해를 배상하여야 한다. 다만, 군인·군무원·경찰공무원 또는 예비군대원이 전투·훈련 등 직무 집행과 관련하여 전사(戰死)·순직(殉職)하거나 공상(公傷)을 입은 경우에 본인이나 그 유족이 다른 법령에 따라 재해보상금·유족연금·상이연금 등의 보상을 지급받을 수 있을 때에는 이 법 및 「민법」에 따른 손해배상을 청구할 수 없다.
③ 제1항 단서에도 불구하고 전사하거나 순직한 군인·군무원·경찰공무원 또는 예비군대원의 유족은 자신의 정신적 고통에 대한 위자료를 청구할 수 있다.
② (○) 군인, 군무원 등 국가배상법 제2조 제1항 단서에 열거된 자가 전투·훈련 기타 직무집행과 관련하는 등으로 공상을 입은 경우라고 하더라도 군인연금법 또는 국가유공자예우등에관한법률에 의하여 재해보상금, 유족연금, 상이연금 등 별도의 보상을 받을 수 없는 경우에는 국가배상법 제2조 제1항 단서의 적용 대상에서 제외된다(대판 1996.12.20. 96다42178).
③ (×) 전투·훈련 등 직무집행과 관련하여 공상을 입은 군인·군무원·경찰공무원 또는 향토예비군대원이 먼저 국가배상법에 따라 손해배상금을 지급받은 다음 보훈보상대상자 지원에 관한 법률이 정한 보상금 등 보훈급여금의 지급을 청구하는 경우, 국가배상법에 따라 손해배상을 받았다는 사정을 들어 보상금 등 보훈급여금의 지급을 거부할 수 없다(대판 2017.2.3. 2015두60075).
④ (○) 국가배상법 제2조 제1항 단서 규정은 다른 법령에 보상제도가 규정되어 있고, 그 법령에 규정된 상이등급 또는 장애등급 등의 요건에 해당되어 그 권리가 발생한 이상, 실제로 그 권리를 행

사하였는지 또는 그 권리를 행사하고 있는지 여부에 관계없이 적용된다고 보아야 하고, 그 각 법률에 의한 보상금청구권이 시효로 소멸되었다 하여 적용되지 않는다고 할 수는 없다(대판 2002.5.10. 2000다39735).

19 정답 ①

행정소송법 제11조(선결문제) ① 처분등의 효력 유무 또는 존재 여부가 민사소송의 선결문제로 되어 당해 민사소송의 수소법원이 이를 심리·판단하는 경우에는 제17조(* 행정청의 소송참가), 제25조(* 행정심판기록의 제출명령), 제26조(* 직권심리) 및 제33조(* 소송비용에 관한 재판의 효력)의 규정을 준용한다.

20 정답 ④

① (×), ② (×) 직접처분 제도는 의무이행심판에서 처분명령재결인 경우에만 적용된다.
행정심판법 제49조(재결의 기속력 등) ③ 당사자의 신청을 거부하거나 부작위로 방치한 처분의 이행을 명하는 재결이 있으면 행정청은 지체 없이 이전의 신청에 대하여 재결의 취지에 따라 처분을 하여야 한다.
행정심판법 제50조(위원회의 직접 처분) ① 위원회는 피청구인이 제49조 제3항에도 불구하고 처분을 하지 아니하는 경우에는 당사자가 신청하면 기간을 정하여 서면으로 시정을 명하고 그 기간에 이행하지 아니하면 직접 처분을 할 수 있다.
③ (×) 행정심판법 제50조의2(위원회의 간접강제) ⑥ 간접강제 결정에 기초한 강제집행에 관하여 이 법에 특별한 규정이 없는 사항에 대하여는 「민사집행법」의 규정을 준용한다.
④ (○) 행정심판법 제50조의2(위원회의 간접강제) ④ 청구인은 제1항 또는 제2항에 따른 결정에 불복하는 경우 그 결정에 대하여 행정소송을 제기할 수 있다.

21 정답 ③

① (○) 국민건강보험 직장가입자 또는 지역가입자 자격 변동은 법령이 정하는 사유가 생기면 별도 처분 등의 개입 없이 사유가 발생한 날부터 변동의 효력이 당연히 발생하므로, 국민건강보험공단이 갑 등에 대하여 가입자 자격이 변동되었다는 취지의 '직장가입자 자격상실 및 자격변동 안내' 통보를 하였거나, 그로 인하여 사업장이 국민건강보험법상의 적용대상사업장에서 제외되었다는 취지의 '사업장 직권탈퇴에 따른 가입자 자격상실 안내' 통보를 하였더라도, 이는 갑 등의 가입자 자격의 변동 여부 및 시기를 확인하는 의미에서 한 사실상 통지행위에 불과할 뿐, 위 각 통보에 의하여 가입자 자격이 변동되는 효력이 발생한다고 볼 수 없고, 또한 위 각 통보로 갑 등에게 지역가입자로서의 건강보험료를 납부하여야 하는 의무가 발생함으로써 갑 등의 권리의무에 직접적 변동을 초래하는 것도 아니다. 따라서 위 각 통보의 처분성이 인정되지 않는다(대판 2019.2.14. 2016두41729).
② (○) 국가기관 일방의 조치요구에 불응한 상대방 국가기관(경기도 선거관리위원회 위원장)에 국민권익위원회법상의 제재규정과 같은 중대한 불이익을 직접적으로 규정한 다른 법령의 사례를 찾아보기 어려운 점, 그럼에도 원고가 국민권익위원회의 조치요구를 다툴 별다른 방법이 없는 점 등에 비추어 보면, 처분성이 인정되는 위 조치요구에 불복하고자 하는 원고로서는 조치요구의 취소를 구하는 항고소송을 제기하는 것이 유효·적절한 수단이므로 비록 원고가 국가기관이더라도 당사자능력 및 원고적격을 가진다(대판 2013.7.25. 2011두1214).
③ (×) 행정규칙에 의한 '불문경고조치'가 비록 법률상의 징계처분은 아니지만 위 처분을 받지 아니하였다면 차후 다른 징계처분이나 경고를 받게 될 경우 징계감경사유로 사용될 수 있었던 표창 공적의 사용가능성을 소멸시키는 효과와 1년 동안 인사기록카드에 등재됨으로써 그 동안은 장관표창이나 도지사표창 대상자에서 제외시키는 효과 등이 있다는 이유로 항고소송의 대상이 되는 행정처분에 해당한다(대판 2002.7.26. 2001두3532).
④ (○) 대리권을 수여받은 데 불과하여 그 자신의 명의로는 행정처분을 할 권한이 없는 행정청의 경우 대리관계를 밝힘이 없이 그 자신의 명의로 행정처분을 하였다면 그에 대하여는 처분명의자인 당해 행정청이 항고소송의 피고가 되어야 하는 것이 원칙이지만, 비록 대리관계를 명시적으로 밝히지는 아니하였다 하더라도 처분명의자가 피대리 행정청 산하의 행정기관으로서 실제로 피대리 행정청으로부터 대리권한을 수여받아 피대리 행정청을 대리한다는 의사로 행정처분을 하였고 처분명의자는 물론 그 상대방도 그 행정처분이 피대리 행정청을 대리하여 한 것임을 알고서 이를 받아들인 예외적인 경우에는 피대리 행정청이 피고가 되어야 한다(대판 2006.2.23. 2005부4).

22 정답 ③

① (○) 「국가공무원법」 제16조(행정소송과의 관계)
① 제75조에 따른 처분 그 밖에 본인의 의사에 반한 불리한 처분이나 부작위(不作爲)에 관한 행정소송은 소청심사위원회의 심사·결정을 거치지 아니하면 제기할 수 없다.
② 제1항에 따른 행정소송을 제기할 때에는 대통령의 처분 또는 부작위의 경우에는 소속 장관(대통령령으로 정하는 기관의 장을 포함한다. 이하 같다)을, 중앙선거관리위원회위원장의 처분 또는 부작위의 경우에는 중앙선거관리위원회사무총장을 각각 피고로 한다.
② (○) 대리기관이 대리관계를 표시하고 피대리 행정청을 대리하여 행정처분을 한 때에는 피대리 행정청이 피고로 되어야 한다(대판 2018.10.25. 2018두43095).
③ (×) 행정소송법 제13조(피고적격)
① 취소소송은 다른 법률에 특별한 규정이 없는 한 그 처분등을 행한 행정청을 피고로 한다. 다만, 처분등이 있은 뒤에 그 처분등에 관계되는 권한이 다른 행정청에 승계된 때에는 이를 승계한 행정청을 피고로 한다.
② 제1항의 규정에 의한 행정청이 없게 된 때에는 그 처분등에 관한 사무가 귀속되는 국가 또는 공공단체를 피고로 한다.
④ (○) 행정소송법 제14조에 의한 피고경정은 사실심 변론종결에 이르기까지 허용되는 것으로 해석하여야 할 것이다(대판 2006.2.23. 2005부4).

23
정답 ②

① (○) 수익적 행정처분을 구하는 신청에 대한 거부처분은 당사자의 신청에 대하여 관할 행정청이 이를 거절하는 의사를 대외적으로 명백히 표시함으로써 성립된다. 거부처분이 있은 후 당사자가 다시 신청을 한 경우에는 신청의 제목 여하에 불구하고 그 내용이 새로운 신청을 하는 취지라면관할 행정청이 이를 다시 거절하는 것은 새로운 거부처분이라고 보아야 한다(대판 2021.1.14. 2020두50324).
② (×) 행정청이 식품위생법령에 따라 영업자에게 행정제재처분을 한 후 그 처분을 영업자에게 유리하게 변경하는 처분을 한 경우, 변경처분에 의하여 당초 처분은 소멸하는 것이 아니고 당초부터 유리하게 변경된 내용의 처분으로 존재하는 것이므로, 변경처분에 의하여 유리하게 변경된 내용의 행정제재가 위법하다 하여 그 취소를 구하는 경우 그 취소소송의 대상은 변경된 내용의 당초 처분이지 변경처분은 아니고, 제소기간의 준수 여부도 변경처분이 아닌 변경된 내용의 당초 처분을 기준으로 판단하여야 한다(대판 2007.4.27. 2004두9302).
③ (○) 부당한 공동행위 자진신고자 등에 대한 시정조치 또는 과징금 감면 신청인이 고시 제11조 제1항에 따라 자진신고자 등 지위확인을 받는 경우에는 시정조치 및 과징금 감경 또는 면제, 형사고발 면제 등의 법률상 이익을 누리게 되지만, 그 지위확인을 받지 못하고 고시 제14조 제1항에 따라 감면불인정 통지를 받는 경우에는 위와 같은 법률상 이익을 누릴 수 없게 되므로, 감면불인정 통지가 이루어진 단계에서 신청인에게 그 적법성을 다투어 법적 불안을 해소한 다음 조사협조행위에 나아가도록 함으로써 장차 있을지도 모르는 위험에서 벗어날 수 있도록 하는 것이 법치행정의 원리에도 부합한다. 따라서 부당한 공동행위 자진신고자 등의 시정조치 또는 과징금 감면신청에 대한 감면불인정 통지는 항고소송의 대상이 되는 행정처분에 해당한다고 보아야 한다(대판 2012.9.27. 2010두3541).
④ (○) 행정청이 공무원에 대하여 새로운 직위해제사유에 기한 직위해제처분을 한 경우 그 이전에 한 직위해제처분은 이를 묵시적으로 철회하였다고 봄이 상당하므로, 그 이전 처분의 취소를 구하는 부분은 존재하지 않는 행정처분을 대상으로 한 것으로서 그 소의 이익이 없어 부적법하다(대판 2003.10.10. 2003두5945).

24
정답 ④

행정소송법 제31조(제3자에 의한 재심청구)
① 처분등을 취소하는 판결에 의하여 권리 또는 이익의 침해를 받은 제3자는 자기에게 책임없는 사유로 소송에 참가하지 못함으로써 판결의 결과에 영향을 미칠 공격 또는 방어방법을 제출하지 못한 때에는 이를 이유로 확정된 종국판결에 대하여 재심의 청구를 할 수 있다.
② 제1항의 규정에 의한 청구는 확정판결이 있음을 안 날로부터 30일 이내, 판결이 확정된 날로부터 1년 이내에 제기하여야 한다.
③ 제2항의 규정에 의한 기간은 불변기간으로 한다.

25
정답 ④

① (×) 국가공무원법상 직위해제처분은 구 행정절차법 제3조 제2항 제9호, 구 행정절차법 시행령 제2조 제3호에 의하여 당해 행정작용의 성질상 행정절차를 거치기 곤란하거나 불필요하다고 인정되는 사항 또는 행정절차에 준하는 절차를 거친 사항에 해당하므로, 처분의 사전통지 및 의견청취 등에 관한 행정절차법의 규정이 별도로 적용되지 않는다(대판 2014.5.16. 2012두26180).
② (×) 직위해제는 징벌적 제재인 징계와는 그 성질을 달리하는 것이어서 어느 사유로 인하여 징계를 받았다 하더라도 그것이 직위해제사유로 평가될 수 있다면 이를 이유로 새로이 직위해제를 할 수도 있는 것이고, 이는 일사부재리나 이중처벌금지의 원칙에 저촉되는 것이 아니다(대판 1992.7.28. 91다30729).
③ (×) 공무원연금법에 의한 퇴직급여 등은 적법한 공무원으로서의 신분을 취득하여 근무하다가 퇴직하는 경우에 지급되는 것이고, 임용 당시 공무원 임용 결격사유가 있었다면 비록 국가의 과실에 의하여 임용 결격자임을 밝혀내지 못하였다고 하더라도 그 임용행위는 당연무효로 보아야 하고, 당연무효인 임용행위에 의하여 공무원의 신분을 취득할 수는 없으므로, 임용 결격자가 공무원으로 임용되어 사실상 근무하여 왔다고 하더라도 적법한 공무원으로서의 신분을 취득하지 못한 자로서는 공무원연금법 소정의 퇴직급여 등을 청구할 수 없으며, 임용 결격사유가 소멸된 후에 계속 근무하여 왔다고 하더라도 그 때부터 무효인 임용행위가 유효로 되어 적법한 공무원의 신분을 회복하고 퇴직급여 등을 청구할 수 있다고 볼 수 없다(대판 1998.1.23. 97누16985).
④ (○) 경찰공무원법에 규정되어 있는 경찰관임용 결격사유는 경찰관으로 임용되기 위한 절대적인 소극적 요건으로서 임용 당시 경찰관임용 결격사유가 있었다면 비록 임용권자의 과실에 의하여 임용결격자임을 밝혀내지 못하였다 하더라도 그 임용행위는 당연무효로 보아야 한다(대판 2005.7.28., 003두469).

소방법령 Ⅳ (소방위) (25문항)

01 정답 ①

① (×) 고충심사위원회는 심사일 5일 전까지 청구인 및 처분청에 심사일시 및 장소를 알려야 한다(공무원고충처리규정 제8조 제1항).

02 정답 ④

④ (×) 소방위인 소방공무원의 교육훈련성적평정점 중 직장훈련성적은 명부작성 기준일부터 최근 2년 이내에 해당 계급에서 4회 평정한 평정점의 평균으로 산정한다(소방공무원 승진임용 규정 시행규칙 제19조 제5항 제1호).

03 정답 ③

③ (×) 시간선택제전환소방공무원의 근무시간은 「국가공무원 복무규정」 제9조(註: 1주당 40시간)에도 불구하고 1주당 15시간 이상 35시간 이하의 범위에서 임용권자 또는 임용제청권자가 정한다(소방공무원임용령 제30조의3 제2항).

04 정답 ③

③ (×) 2계급 특별승진 대상자는 「공무원 재해보상법」 제3조 제1항 제3호(註: 재직 중 공무로 사망한 공무원, 재직 중 공무상 부상 또는 질병으로 사망한 공무원, 재직 중 공무상 부상 또는 질병으로 퇴직후 사망한 공무원)에 따른 순직공무원 또는 같은 항 제4호에 따른 위험직무순직공무원[註: 생명과 신체에 대한 고도의 위험을 무릅쓰고 직무를 수행하다가 '위험직무순직공무원의 요건에 해당하는 재해'의 어느 하나에 따른 재해를 입고 그 재해가 직접적인 원인이 되어 사망한 공무원]으로서 위험을 무릅쓰고 헌신 분투하여 현저한 공을 세우고 사망하였거나 부상을 입어 사망한 사람 또는 직무수행 중 다른 사람의 모범이 되는 공을 세우고 사망하였거나 부상을 입어 사망한 사람 중 소방청장 또는 시·도지사가 재직 중 특별한 공적이 있다고 인정하는 사람이다(소방공무원 승진임용 규정 제38조 제2항).

05 정답 ②

② (×) 소방기관의 장은 근무성적이 뛰어나거나 다른 소방공무원의 모범이 될 공적이 있는 소방공무원에게 1회 10일 이내의 포상휴가를 줄 수 있다. 이 경우 포상휴가기간은 연가일수에 산입하지 아니한다(소방공무원 복무규정 제9조).

06 정답 ②

- 정당한 사유없이 훈련을 중도에 포기하거나 탈락된 때 :

  소요경비 $\times \dfrac{1}{2}$ = 25만 원

- 추가반납액(복무의무를 불이행) :

  소요경비 $\times \dfrac{1}{2} \times \dfrac{\text{의무복무월수} - \text{근무월수}}{\text{의무복무월수}}$ = 20만 원

- 합계=25+20=45만원

07 정답 ③

채용후보자가 다음 각 호의 어느 하나에 해당하는 경우에는 채용후보자의 자격을 상실한다. 다만, 제5호에 해당하는 경우에는 제22조의2에 따른 임용심사위원회의 의결을 거쳐야 한다(제21조).

1. 채용후보자가 임용 또는 임용제청에 응하지 않은 경우
2. 채용후보자로서 받아야 할 교육훈련에 응하지 않은 경우
3. 채용후보자로서 받은 교육훈련과정의 졸업요건을 갖추지 못한 경우
4. 채용후보자로서 교육훈련을 받는 중 질병, 병역 복무 또는 그 밖에 교육훈련을 계속할 수 없는 불가피한 사정 외의 사유로 퇴교처분을 받은 경우
5. 채용후보자로서 품위를 크게 손상하는 행위를 함으로써 소방공무원으로서의 직무를 수행하기 곤란하다고 인정되는 경우
6. 법 또는 법에 따른 명령을 위반하여 「소방공무원 징계령」 제1조의2 제1호에 따른 중징계(이하 "중징계"라 한다) 사유에 해당하는 비위를 저지른 경우
7. 법 또는 법에 따른 명령을 위반하여 「소방공무원 징계령」 제1조의2 제2호에 따른 경징계(이하 "경징계"라 한다) 사유에 해당하는 비위를 2회 이상 저지른 경우

08 정답 ①

소방청과 시·도 간 및 시·도 상호 간에 인사교류를 하는 경우에는 인사교류 대상자 본인의 동의나 신청이 있어야 한다. 다만, 소방청과 그 소속기관 소속 소방공무원으로서 시·도 소속 소방공무원으로의 임용예정계급이 인사교류 당시의 계급보다 상위계급인 경우에는 동의를 받지 않을 수 있다(소방공무원임용령 제29조 제5항).

09 정답 ④

'금품비위, 성범죄 등 대통령령으로 정하는 비위행위로 인하여 감사원 및 검찰·경찰 등 수사기관에서 조사나 수사 중인 자로서 비위의 정도가 중대하고 이로 인하여 정상적인 업무수행을 기대하기 현저히 어려운 자'에 해당하여 직위해제처분을 받은 사람의 처분사유가 된 비위행위가 다음의 1) 및 2)에 모두 해당하는 경우 그 직위해제 기간

1) 비위행위에 대한 징계절차와 관련하여 다음의 어느 하나에 해당하는 경우
  가) 소방청장 등이 「소방공무원 징계령」 제9조에 따른 징계의결 요구를 하지 않기로 한 경우
  나) 해당 소방공무원에 대한 징계의결 요구에 대하여 관할 징계위원회가 징계하지 않기로 의결한 경우
  다) 징계처분이 소청심사위원회의 결정이나 법원의 판결에 따라 무효 또는 취소로 확정된 경우
2) 비위행위에 대한 조사 또는 수사 결과가 다음의 어느 하나에 해당하는 경우
  가) 형사사건에 해당하지 않는 경우
  나) 사법경찰관이 불송치를 하거나 검사가 불기소를 한 경우. 다만, 「형사소송법」 제247조에 따라 공소를 제기하지 않는 경우와 불송치 또는 불기소를 했으나 해당 사건이 다시 수사 및 기소되어 법원의 판결에 따라 유죄가 확정된 경우는 제외한다.
  다) 형사사건으로 기소되거나 약식명령이 청구된 사람이 법원의 판결에 따라 무죄로 확정된 경우

10 정답 ④

④ (×) 소청심사위원회의 취소명령 또는 변경명령 결정은 그에 따른 징계나 그 밖의 처분이 있을 때까지는 종전에 행한 징계처분 또는 제78조의2에 따른 징계부가금 부과처분에 영향을 미치지 아니한다(국가공무원법 제14조 제6항).

11 정답 ②

임기제공무원에 대하여는 ㄱ, ㄴ, ㄷ에 대하여만 국가공무원법상 휴직 규정이 적용된다.

12 정답 ③

소방공무원임용령 제23조 제2항. ㄱ은 시보임용의 면제가 아니라 시보임용 기간을 단축할 수 있는 사유이다(제23조 제1항).

13 정답 ④

제1류 위험물 및 지정수량

성질	위험등급	품명	지정수량
산화성 고체	I	1. 아염소산염류, 2. 염소산염류, 3. 과염소산염류, 4. 무기과산화물	50킬로그램
	II	5. 브로민산염류, 6. 질산염류, 7. 아이오딘산염류	300킬로그램
	III	8. 과망가니즈산염류, 9. 다이크로뮴산염류	1,000킬로그램
	I, II, III	10. 그 밖의 행정안전부령이 정하는 것 ① 과아이오딘산염류, ② 과아이오딘산, ③ 크로뮴, 납 또는 아이오딘의 산화물, ④ 아질산염류, ⑤ 차아염소산염류, ⑥ 염소화아이소사이아누르산, ⑦ 퍼옥소이황산염류, ⑧ 퍼옥소붕산염류	50킬로그램, 300킬로그램 또는 1,000킬로그램
		11. 제1호 내지 제10호의1에 해당하는 어느 하나 이상을 함유한 것	

①,②,③은 제6류 위험물 산화성 액체에 품명이다.

14 정답 ③

제조소등에서의 흡연 금지(제19조의2) → [개정2024.1.30. 시행 2024.7.31.]
① 누구든지 제조소등에서는 지정된 장소가 아닌 곳에서 흡연을 하여서는 아니 된다.
② 제조소등의 관계인은 해당 제조소등이 금연구역임을 알리는 표지를 설치하여야 한다.
③ 시·도지사는 제조소등의 관계인이 금연구역임을 알리는 표지를 설치하지 아니하거나 보완이 필요한 경우 일정한 기간을 정하여 그 시정을 명할 수 있다.
④ 흡연장소의 지정 기준·방법 등은 대통령령으로 정하고, 금연구역을 알리는 표지를 설치하는 기준·방법 등은 행정안전부령으로 정한다.

15 정답 ④

예방규정의 이행 실태 평가(시행규칙 제63조의2)
예방규정의 이행 실태 평가는 다음 각 호의 구분에 따라 실시한다.
1. 최초평가: 예방규정을 최초로 제출한 날부터 **3년**이 되는 날이 속하는 연도에 실시
2. 정기평가: 최초평가 또는 직전 정기평가를 실시한 날을 기준으로 **4년**마다 실시. 다만, 수시평가를 실시한 경우에는 수시평가를 실시한 날을 기준으로 **4년**마다 실시한다.
3. 수시평가: 위험물의 누출·화재·폭발 등의 사고가 발생한 경우 소방청장이 제조소등의 **관계인 또는 종업원**의 예방규정 준수 여부를 평가할 필요가 있다고 인정하는 경우에 실시

16 정답 ④

위험물 안전관리에 관한 협회(법 제29조의2)
제조소등의 관계인, 위험물운송자, 탱크시험자 및 안전관리자의 업무를 위탁받아 수행할 수 있는 안전관리대행기관으로 소방청장의 지정을 받은 자는 ① 위험물의 안전관리, ② 사고예방을 위한 안전기술 개발, ③ 그 밖에 위험물 안전관리의 건전한 발전을 도모하기 위하여 위험물 안전관리에 관한 협회(이하 "협회"라 한다)를 설립할 수 있다.
④의 선지는 소방기술과 안전관리에 관한 교육 및 조사·연구는 한국소방안전원의 업무에 해당한다.

17 정답 ④

안전관리대행기관 지정 등(시행규칙 제57조)
- 안전관리대행기관은 지정받은 사항의 변경이 있는 경우에는 그 사유가 있는 날부터 **14일 이내**에 위험물안전관리대행기관 변경신고서에 행정안전부령으로 정하는 서류를 첨부하여 **소방청장**에게 제출해야 한다.
- 안전관리대행기관은 휴업·재개업 또는 폐업을 하려는 경우에는 휴업·재개업 또는 폐업하려는 날 **1일 전**까지 위험물안전관리대행기관 휴업·재개업·폐업 신고서에 위험물안전관리대행기관지정서를 첨부하여 **소방청장**에게 제출해야 한다.

18 정답 ③

옥외탱크저장소의 보유공지

1. 옥외저장탱크(위험물을 이송하기 위한 배관 그 밖에 이에 준하는 공작물을 제외한다)의 주위에는 그 저장 또는 취급하는 위험물의 최대수량에 따라 옥외저장탱크의 측면으로부터 다음 표에 의한 너비의 공지를 보유하여야 한다.

저장 또는 취급하는 위험물의 최대수량	공지의 너비
지정수량의 500배 이하	3m 이상
지정수량의 500배 초과 1,000배 이하	5m 이상
지정수량의 1,000배 초과 2,000배 이하	9m 이상
지정수량의 2,000배 초과 3,000배 이하	12m 이상
지정수량의 3,000배 초과 4,000배 이하	15m 이상
지정수량의 4,000배 초과	해당 탱크의 수평단면의 최대지름(가로형인 경우에는 긴 변)과 높이 중 큰 것과 같은 거리 이상. 다만, 30m 초과의 경우에는 30m 이상으로 할 수 있고, 15m 미만의 경우에는 15m 이상으로 하여야 한다.

2. 제1호의 규정에도 불구하고 옥외저장탱크(이하 이호에서 "공지단축 옥외저장탱크"라 한다)에 기준에 적합한 물분무설비로 방호조치를 하는 경우에는 그 보유공지를 제1호에 따른 보유공지의 2분의 1 이상의 너비(최소 3m 이상)로 할 수 있다.
위 기준에 따라 저장 위험물의 최대수량
= $\dfrac{\text{저장 위험물의 최대수량}}{\text{지정수량}} = \dfrac{2,000,000 리터}{1,000 리터} = 2,000$배
위 표에서 저장용량 2,000배 이하의 보유공지는 9m 이나 공지단축 옥외저장탱크에 기준에 적합한 물분무등 소화설비로 방호조치한 경우로 9m의 2분의 1 이상의 너비로 할수 있으므로 4.5m 이상 보유공지를 두어야 한다

19 정답 ④

수납하는 위험물에 따라 다음에 따른 주의사항
- 제1류 위험물 중 알칼리금속의 과산화물 또는 이를 함유한 것에 있어서는 "화기·충격주의", "물기엄금" 및 "가연물접촉주의", 그 밖의 것에 있어서는 **"화기·충격주의" 및 "가연물접촉주의"**
- 제2류 위험물 중 철분·금속분·마그네슘 또는 이들중 어느 하나 이상을 함유한 것에 있어서는 "화기주의" 및 "물기엄금", 인화성고체에 있어서는 "화기엄금", 그 밖의 것에 있어서는 "화기주의"
- 제3류 위험물 중 자연발화성물질에 있어서는 "화기엄금" 및 "공기접촉엄금", 금수성물질에 있어서는 "물기엄금"
- 제4류 위험물에 있어서는 "화기엄금"
- 제5류 위험물에 있어서는 "화기엄금" 및 "충격주의"
- 제6류 위험물에 있어서는 "가연물접촉주의"

20 정답 ③

탱크시험자의 등록사항 중 중요사항 변경
- 영업소 소재지의 변경
- 기술능력의 변경
- 대표자의 변경
- 상호 또는 명칭의 변경

21 정답 ④

예방규정을 정해야하는 제조소등
1. 지정수량의 10배 이상의 위험물을 취급하는 제조소
2. 지정수량의 100배 이상의 위험물을 저장하는 옥외저장소
3. 지정수량의 150배 이상의 위험물을 저장하는 옥내저장소
4. 지정수량의 200배 이상의 위험물을 저장하는 옥외탱크저장소
5. 암반탱크저장소
6. 이송취급소
7. 지정수량의 10배 이상의 위험물을 취급하는 일반취급소. 다만, 제4류 위험물(특수인화물을 제외한다)만을 지정수량의 50배 이하로 취급하는 일반취급소(제1석유류·알코올류의 취급량이 지정수량의 10배 이하인 경우에 한한다)로서 다음 각목의 어느 하나에 해당하는 것을 제외한다.
    가. 보일러·버너 또는 이와 비슷한 것으로서 위험물을 소비하는 장치로 이루어진 일반취급소
    나. 위험물을 용기에 옮겨 담거나 차량에 고정된 탱크에 주입하는 일반취급소
① 4,000 L의 알코올류를 취급하는 제조소
= $\dfrac{6000 리터}{400 리터} = 15$배 =예방규정 작성 대상
② 30,000 kg의 황을 저장하는 옥외저장소
= $\dfrac{30,000 킬로그램}{100 킬로그램} = 300$배 =예방규정 작성 대상
③ 15,000 kg의 염소산염류를 저장하는 옥내저장소
= $\dfrac{1500 킬로그램}{50 킬로그램} = 300$배 =예방규정 작성대상

④ 150,000 L의 등유를 저장하는 옥외탱크저장소
= $\frac{150,000리터}{1,000리터}$ = 150배 = 해당없음

22   정답 ④

위험등급

등급 유별	I	II	III
제1류	아염소산염류, 염소산염류, 과염소산염류, 무기과산화물, 그 밖에 지정수량이 50kg인 위험물	브로민산염류, 질산염류, 아이오딘산염류, 그 밖에 지정수량이 300kg인 위험물	과망가니즈산염류, 다이크로뮴산염류
제2류		황화인, 적린, 황, 그 밖에 지정수량이 100kg인 위험물	철분, 금속분, 마그네슘, 인화성고체
제3류	칼륨, 나트륨, 알킬알루미늄, 알킬리튬, 황린, 그 밖에 지정수량이 10kg 또는 20kg인 위험물	알칼리금속(K 및 Na 제외) 및 알칼리토금속, 유기금속화합물 (알킬알루미늄 및 알킬리튬은 제외), 그 밖에 지정수량이 50kg인 위험물	금속의 수소화물, 금속의 인화물, 칼슘 또는 알루미늄탄화물
제4류	특수인화물	제1석유류 및 알코올류	제2석유류, 제3석유류 제4석유류, 동식물유류
제5류	지정수량이 10kg인 위험물	지정수량이 10kg인 위험물이외의 것	
제6류	전 품명 (과산화수소, 과염소산, 질산, 할로젠간화합물)		

23   정답 ③

옥외저장소의 변경허가를 받아야 하는 경우
- 옥외저장소의 면적을 변경하는 경우
- 살수설비 등을 신설 또는 철거하는 경우
- 옥외소화전설비·스프링클러설비·물분무등소화설비를 신설·교체(배관·밸브·압력계·소화전본체·소화약제탱크·포헤드·포방출구 등의 교체는 제외한다) 또는 철거하는 경우

24   정답 ④

④ 환기설비의 급기구는 급기구가 설치된 바닥면적이 90 m² 일 경우 급기구의 크기는 **450 cm² 이상**으로 하여야 한다.

25   정답 ③

ㄱ 30일, ㄴ 14일, ㄷ 14일, ㄹ 14일

소방전술(소방위) (25문항)

01
정답 ④

① 강의식 : 강사가 음성, 언어에 의거, 일방적으로 교육내용을 전달하는 학습방식으로써 일방적, 획일적, 기계적이므로 교육생이 단조로움을 느낀다.
② 시범실습식 교육 : 교육생의 경험영역에서 교재를 선정하고 배열하는 교육법으로 직접 사물에 접촉하여 관찰·실험하고 수집·검증·정리하는 직접경험에 의해 지도하려는 것이다.

장점	① 행동요소를 포함하는 기술교육에 적합하다. ② 교육생의 적극적인 참여를 가져온다. ③ 이해도 측정이 용이하다. ④ 의사전달의 효과를 보완할 수 있다.
단점	① 시간이나 장소, 교육생의 수에 제한을 받는다. ② 사고력 학습에 부적합하다.

※ 진행방법 : 설명단계 → 시범단계 → 실습단계 → 감독단계 → 평가단계

③ 토의식 교육 : 인간이 동료들 사이에 듣고 싶은 '사회적 욕구', 자기의 의견을 인정받고 싶은 '자아욕구', 자기의 생각을 반영시키고 싶은 '자아실현욕구' 등에 따른 기법으로서, 학습활동에의 능동적인 참여와 자주적인 학습을 조직해서 피교육자 상호간의 계발작용도 기대할 수 있는 효과가 큰 기법이다.
④ 사례연구법(문제해결식 교육)★★★
미국 하버드대에서 개발된 토의방식의 일종인 교육기법으로 재해(사고)사례해결에 직접 참가하여 그 의사결정이나 해결과정에서 어떤 문제의 핵심원인을 집단토의에 의해 규명하고 판단력과 대책을 개발하려는 것이다. 단기간의 실무에서 발생하는 문제에 접하여 그 해결을 위하여 고도의 판단력을 양성할 수 있는 유효한 귀납적인 방법이다.

장점	① 현실적인 문제의 학습이 가능하다. ② 흥미가 있고 학습동기를 유발할 수 있다. ③ 생각하는 학습교류가 가능하다.
단점	① 원칙과 룰(rule)의 체계적 습득이 어렵다. ② 적절한 사례의 확보가 곤란하다. ③ 학습의 진보를 측정하기 힘들다.

※ 진행단계
- 제1단계(도입 및 사례의 제시)
- 제2단계(사례의 사실파악)
- 제3단계(다수의 문제점 발견)
- 제4단계(핵심 문제점 발견)
- 제5단계(해결책 수립)
- 제6단계[피드백(Feed Back)]

02
정답 ④

가스의 열 균형
① 가스의 열 균형은 가스가 온도에 따라 층을 형성하는 경향을 말한다.
② 가장 온도가 높은 가스는 최상층에 모이는 경향이 있고, 반면 낮은 층에는 보다 차가운 가스가 모이게 된다.
③ 공기, 가스 및 미립자의 가열된 혼합체인 연기는 상승한다.
④ 지붕 위에 구멍을 뚫으면 연기는 건물이나 방으로부터 상승하여 밖으로 배출된다. 이러한 열균형의 특성 때문에 소방대원들은 낮은 자세로 진입하여 활동하여야 한다.
⑤ 열 균형을 이루고 있는 가스층에 직접 방수를 한다면, 높은 곳에서 배연구(환기구) 밖으로 나가는 가장 뜨거운 가스층은 방해를 받을 수 있다.
⑥ 온도가 가장 높은 가스층에 물을 뿌리게 되면, 물은 수증기로 급속히 변화하여 구획실 내의 가스와 급속히 섞이게 된다.
⑦ 연기와 수증기의 소용돌이치는 혼합은 정상적인 열균형을 파괴하여 뜨거운 가스는 구획실 전체에 섞인다. 이 때문에 많은 소방대원들이 열 균형이 파괴되었을 때에 화상을 입게 된다.
⑧ 일단 정상적인 열균형이 파괴되면, 송풍기를 사용하는 것과 같은 강제배연방법으로 구획실 내의 가스를 배출시켜야 한다.
⑨ 이러한 상태에 대한 적절한 조치로는 구획실을 배연시켜 뜨거운 가스를 빠져나가게 하고, 뜨거운 가스층으로부터 아래쪽에 있는 화점에 방수를 하는 것이다.

03
정답 ②

징 후		소 방 전 술
건물내부 관점	건물외부 관점	
• 압력차에 의해 공기가 빨려들어오는 특이한 소리(휘파람소리 등)와 진동의 발생 • 건물 내로 되돌아오거나 맴도는 연기 • 훈소가 진행되고 있고 높은 열이 집적된 상태 • 부족한 산소로 불꽃이 약화되어 있는 상태 (노란색의 불꽃)	• 거의 완전히 폐쇄된 건물일 것 • 화염은 보이지 않으나 창문이나 문이 뜨겁다. • 유리창 안쪽에서 타르와 같은 물질(검은색 액체)이 흘러내린다. • 건물 내 연기가 소용돌이친다.	• 지붕배연 작업을 통해 가연성가스와 집적된 열을 배출시킨다(냉각 작업). • 배연작업 전에 창문이나 문을 통한 배연 또는 진입을 시도해서는 안 된다. • 급속한 연소현상에 대비하여 소방대원은 낮은 자세를 유지한다. • 일반적으로 적절한 내부공격시점은 지붕배연작업 후이다.

04
정답 ②

저층 건물에서, 짙은연기의 흐름을 좌우하는 요소는 ① 화재로 인한 열 ② 대류의 흐름 ③ 연소 압력 ④ 창문 등 개구부 개방을 통한 외부 공기에 의해 결정된다. 고층건물에서 짙은 연기는 이러한 요소에 더하여 ① 굴뚝효과(Stack Effect, 연돌효과라고도 함)와 ② 공조시스템(HVAC System)의 영향을 받는다.

05 정답 ④

소방호스지지 요령
① 충수된 소방호스의 중량은 65mm가 약 80kg, 40mm가 50kg이다.
② 소방호스에 로프로 감아 매기를 하는 것이 효과적이며 원칙으로 1본에 1개소를 고정한다.
③ 소방호스의 지지점은 결합부의 바로 밑이 가장 효과적이다.
④ 4층 이하의 경우는 진입층에서 고정한다.
⑤ 5층 이상의 경우는 진입층 및 중간층에서 고정한다.
⑥ 지지, 고정은 송수되기 전에 임시고정을 하고 송수된 후 로프가 미끄러지지 않도록 고정한다.

06 정답 ①

사고예방대책의 기본원리 5단계

1단계 안전조직 (조직체계 확립)	경영자의 안전목표 설정, 안전관리자 선임, 안전라인 및 참모조직, 안전활동 방침 및 계획수립, 조직을 통한 안전활동 전개 등 안전관리에서 가장 기본적인 활동은 안전관리조직의 구성이다.
2단계 사실의 발견 (현황파악)	각종 사고 및 활동기록의 검토, 작업 분석, 안전점검 및 검사, 사고조사, 안전회의 및 토의, 근로자의 제안 및 여론 조사 등에 의하여 불안전 요소를 발견한다.
3단계 분석 평가 (원인 규명)	사고원인 및 경향성 분석, 사고기록 및 관계자료 분석, 인적·물적 환경조건 분석, 작업공정 분석, 교육훈련 및 직장배치 분석, 안전수칙 및 방호장비의 적부 분석 등을 통하여 사고의 직접 및 간접 원인을 찾아낸다.
4단계 시정방법의 선정 (대책 선정)	기술적 개선, 배치조정, 교육훈련의 개선, 안전행정의 개선, 규정 및 수칙 등 제도의 개선, 안전운동의 전개 등 효과적인 개선방법을 선정한다.
5단계 시정책의 적용 (목표달성)	시정책은 3E, 즉 기술(Engineering), 교육(Education), 관리(Enforcement)를 완성함으로써 이루어진다.

07 정답 ④

구조 활동의 순서
① 현장활동에 방해되는 각종 장해요인을 제거한다.
② 2차 재해의 발생위험을 제거한다.
③ 구조대상자의 구명에 필요한 조치를 취한다.
④ 구조대상자의 상태 악화 방지에 필요한 조치를 취한다.
⑤ 구출활동을 개시한다.

08 정답 ②

재난관리주관기관	재난 및 사고의 유형
교육부	학교 및 학교시설에서 발생한 사고
과학기술정보통신부	1. 우주전파 재난 2. 정보통신 사고 3. 위성항법장치(GPS) 전파혼신 4. 자연우주물체의 추락, 충돌
외교부	해외에서 발생한 재난
법무부	법무시설에서 발생한 사고
국방부	국방시설에서 발생한 사고
행정안전부	1. 정부중요시설 사고 2. 공동구재난(국토교통부가 관장하는 공동구는 제외) 3. 내륙에서 발생한 유도선등의 수난사고 4. 풍수해(조수는 제외), 지진, 화산, 낙뢰, 가뭄, 한파, 폭염으로 인한 사고로서 다른 재난관리주관기관에 속하지 아니하는 재난 및 사고
문화체육관광부	경기장 및 공연장에서 발생한 사고
농림축산식품부	1. 가축 질병 2. 저수지 사고
산업통상자원부	1. 가스 수급 및 누출 사고 2. 원유수급 사고 3. 원자력안전 사고(파업에 따른 가동중단을 포함한다) 4. 전력 사고 5. 전력생산용 댐의 사고
보건복지부	보건의료 사고
질병관리청	감염병 재난
환경부	1. 수질분야 대규모 환경오염 사고 2. 식용수 사고 3. 유해화학물질 유출 사고 4. 조류(藻類) 대발생(녹조에 한정한다) 5. 황사 6. 환경부가 관장하는 댐의 사고 7. 미세먼지
고용노동부	사업장에서 발생한 대규모 인적 사고
국토교통부	1. 국토교통부가 관장하는 공동구 재난 2. 고속철도 사고 3. 도로터널 사고 4. 육상화물운송 사고 5. 도시철도 사고 6. 항공기 사고 7. 항공운송 마비 및 항행안전시설 장애 8. 다중밀집건축물 붕괴 대형사고로서 다른 재난관리주관기관에 속하지 아니하는 재난 및 사고
해양수산부	1. 조류 대발생(적조에 한정한다) 2. 조수(潮水) 3. 해양 분야 환경오염 사고 4. 해양 선박 사고
금융위원회	금융 전산 및 시설 사고

원자력안전 위원회	원자력안전 사고 (파업에 따른 가동중단은 제외한다.) 인접국가 방사능 누출 사고
소방청	1. 화재, 위험물사고 2. 다중밀집시설대형화재
문화재청	문화재 시설 사고
산림청	1. 산불 2. 산사태
해양경찰청	해양에서 발생한 유도선 등의 수난사고

09 정답 ①

세 척	대상물로부터 모든 이물질(토양, 유기물 등)을 제거하는 과정으로 소독과 멸균의 가장 기초단계이다. 일반적으로 물과 기계적인 마찰, 세제를 사용한다.
소 독	생물체가 아닌 환경으로부터 세균의 아포를 제외한 미생물을 제거하는 과정이다. 일반적으로 액체 화학제, 습식 저온 살균제에 의해 이루어진다.
멸 균	물리적, 화학적 과정을 통하여 모든 미생물을 완전하게 제거하고 파괴시키는 것을 말하며 고압증기멸균법, 가스멸균법, 건열멸균법, H2O2 Plasma 멸균법과 액체 화학제 등을 이용한다.
살균제	미생물 중 병원성 미생물을 사멸시키기 위한 물질을 말한다. 이 중 피부나 조직에 사용하는 살균제를 피부소독제(antiseptics)라 한다.
화학제	진균과 박테리아의 아포를 포함한 모든 형태의 미생물을 파괴하는 것으로 화학멸균제(Chemical sterilant)라고도 하며, 단기간 접촉되는 경우 높은 수준의 소독제로 작용할 수 있다.

10 정답 ①

정지형 도르래	도르래와 쥬마를 결합한 형태의 장비로 도르래의 역회전을 방지할 수 있어 안전하게 작업이 가능하고 힘의 소모를 막을 수 있다. 도르래 부분만 사용할 수도 있고 쥬마, 베이직의 대체 장비로도 사용이 가능하다.

11 정답 ②

① 8자매듭 : 옭매듭보다 매듭부분이 커서 다루기 편하고 풀기도 쉽다.
② 두겹8자매듭 : 로프에 고리를 만들어 카라비너에 걸거나 나무, 기둥 등에 확보하고자 하는 경우 등에 폭넓게 활용한다.
③ 8자연결매듭 : 많은 힘을 받을 수 있고 힘이 가해진 경우에도 풀기가 쉬워 로프를 연결하거나 안전을 확보하기 위한 매듭으로 자주 사용된다.
④ 이중8자매듭 : 로프 끝에 두 개의 고리를 만들 수 있어 두 개의 확보물에 로프를 고정하는 경우에 매우 유용하다.

12 정답 ①

단계 1 (신속한 구조)	신속한 구조는 현장에 도착 당시 바로 눈에 뜨이는 사상자를 구조하는 즉각적인 대응이다. 이 구조작업은 위치가 분명하게 파악되고 구조방법을 신속히 결정할 수 있는 구조대상자에게만 적용된다.
단계 2 (정찰)	정찰은 건물이 튼튼하게 보호받을 수 있는 부분, 특히 비상대피시설, 계단 아래의 공간, 지하실, 지붕근처, 부분적으로 무너진 바닥아래의 공간, 파편에 의해 닫힌 비상구가 있는 방 등 어느 정도 안전을 보장받을 수 있는 곳에 갇혀있는 사람들이나 심각한 부상으로 자력 탈출이 불가능한 구조대상자의 위치를 파악하는 수색단계이다. 수색작업은 절대로 생략할 수 없는 중요한 사항이며 3단계의 진행과 동시에 이루어져야 한다.
단계 3 (부분 잔해 제거)	1단계와 2단계 과정에서 인명구조와 수색활동을 위해 일부의 잔해물은 제거되었지만 본격적인 구조작업을 위해서 제거하여야 할 잔해물을 신중히 선정하고 조심스럽게 작업을 시작한다. ㉠ 실종자가 마지막으로 파악된 위치 ㉡ 잔해물의 위치와 상태 ㉢ 건물의 붕괴과정에서 이동되었을 것으로 예상되는 지점 ㉣ 붕괴에 의해서 형성된 공간 ㉤ 구조대상자가 보내는 신호가 파악된 곳 ㉥ 구조대상자가 갇혀있을 곳으로 예상되는 위치
단계 4 (일반적인 잔해 제거)	㉠ 4단계의 잔해제거는 구조작업에 필요한 다른 모든 방법을 동원하고 나서 실시되는 최후 작업이다. ㉡ 아직도 실종 중인 사람이 있거나 도저히 구조대상자에게 도달할 수 없는 경우 조직적으로 해당영역을 들어내는 방식으로 진행한다. ㉢ 이 작업은 극도로 주의하며 신속하게 진행해야 한다. ㉣ 구조대원은 특히 모든 형태의 파괴장비를 사용할 때 진동이나 붕괴 등에 의한 추가손상에 각별히 주의하여야 하며 적절한 사전경고를 통하여 불의의 사고를 예방하여야 한다.

13 정답 ④

인간사슬 구조
ⓐ 물살이 세거나 수심이 얕아 보트 접근이 불가능한 장소에서 적합한 방법이다.
ⓑ 4~5명 또는 5~6명이 서로의 팔목을 잡아 쇠사슬 모양으로 길게 연결한다.
ⓒ 서로를 잡을 때는 손바닥이 아니라 각자의 손목 위를 잡아야 연결이 끊어지지 않는다.
 - 첫 번째 사람이 물이 넓적다리 부근에 오는 곳까지 입수하고
 - 구조대상자가 가장 가까이 접근하는 사람은 허리 정도의 깊이까지 들어가 구조한다.
 - 이때 체중이 가벼운 사람이 사슬의 끝부분에 위치하도록 한다.
ⓓ 물의 깊이가 얕더라도 유속이 빠르거나 깊이가 가슴 이상인 때에는 인간사슬로 구조할 수 있는지를 신중히 판단하여야 한다.

ⓔ 인간 사슬을 만든 상태에서 이동하여야 하는 경우에는 물속에서는 발을 들지 말고 발바닥을 끌면서 이동하여야 균형을 잃고 넘어지는 사태를 방지할 수 있다.

14　　　　　　　　　　　　　　　　　　정답 ①

통제단 역할
㉠ 재난현장의 구조활동 등 초동 조치상황에 대한 언론 발표 등은 각급통제단장이 지명하는 자가 한다.
㉡ 각급통제단장은 긴급구조 활동을 종료하려는 때에는 재난현장에 참여한 지역사고수습본부장, 재난현장통합지원본부의 장 등과 협의를 거쳐 결정하여야 하며, 긴급구조 활동 종료 사실을 지역대책본부장 및 재난현장에서 긴급구조활동을 하는 긴급구조지원기관의 장에게 통보하여야 한다.
㉢ 취재인력 등 보도업무 종사자는 제1통제선에 출입할 수 있다.

단계	발생재난의 규모	통제단 운영
대비단계	재난이 발생하지 아니한 상황	• 각급 긴급구조대응계획의 운용연습 및 재난대비훈련을 실시하는 단계 • 긴급구조지휘대만 상시 운영
대응1단계	일상적으로 발생되는 소규모 사고 발생 상황	• 긴급구조지휘대가 현장지휘 기능을 수행 • 시·군·구 긴급구조통제단은 필요에 따라 부분적으로 운영
대응2단계	2개 이상의 시·군·구에 걸쳐 재난이 발생한 상황이나 하나의 시·군·구에 재난이 발생하였으나 해당 지역의 시·군·구 긴급구조통제단의 대응능력을 초과한 상황	• 해당 시·군·구 긴급구조통제단을 전면적으로 운영 • 시·도 긴급구조통제단은 필요에 따라 부분 또는 전면적으로 운영
대응3단계	2개 이상의 시·도에 걸쳐 재난이 발생한 상황이나 하나의 시·군·구 또는 시·도에서 재난이 발생하였으나 시·도통제단이 대응할 수 없는 상황	• 해당 시·도 긴급구조통제단을 전면적으로 운영 • 중앙통제단은 필요에 따라 부분 또는 전면적으로 운영

15　　　　　　　　　　　　　　　　　　정답 ④

B급(유류) 화재 적용 시	① 물보다 비중이 작은 누출 유류의 화재에서 주수를 하면 유류입자가 물의 표면에 부유함으로써 오히려 화염면을 확대시킬 수 있다. ② 물보다 비중이 큰 유류인 중유의 탱크 화재에서는 무상(霧狀)이 아닌 봉상(棒狀)이나 적상(適狀)으로 분사하면 물의 분사 압력으로 불이 붙은 중유입자가 물입자와 함께 탱크 밖으로 비산하여 화재를 더욱 확대시킬 우려가 있다. ③ 석류 화재에 있어서는 물의 적용은 신중하여야 하며 중유화재에는 분무상의 물을 분사하여 유화소화를 하는 것이 유리하다.
C급(전기) 화재 적용 시	전기화재에서 물을 사용한 소화는 가능하지만 감전사고의 위험이 있다. 이러한 감전사고의 위험성을 줄이기 위해서는 일정한 거리를 유지하면서 무상으로 분사하여야 한다.
D급(금속) 화재 적용 시	① 제3류 위험물에 해당하는 리튬(Li), 나트륨(Na), 칼륨(K) 등 알카리금속과 칼슘(Ca)등의 알카리토금속, 제2류 위험물에 해당하는 철가루, 마그네슘 등 금속 또는 금속가루는 물과 반응하여 가연성·폭발성인 수소가스를 발생한다. ② 이들의 화재 시 물을 사용하면 오히려 화재가 확대되며 특히 화염의 온도가 높은 경우에는 이와 같은 현상이 두드러지게 나타난다. 따라서 물이 함유된 소화약제는 금속화재에 절대로 사용해서는 안된다.

구조의 4단계

16　　　　　　　　　　　　　　　　　　정답 ②

① 수성막 포 : 대표적으로 미국 3M사의 라이트 워터(Light Water)라는 상품명의 제품이 많이 팔리고 있는데 유면상에 형성된 수성막이 기름보다 가벼운 것처럼 보이기 때문에 만들어진 상품명이다.
② 수성막포 : 장기 보존성은 원액이든 수용액이든 타 포 원액보다 우수하다. 약제의 색깔은 갈색이며 독성은 없다.
③ 불화단백포 : 불소계 계면활성제를 첨가함으로써 안정제인 철염의 첨가량을 줄였기 때문에 침전물이 거의 생성되지 않아 장기 보관(8~10년)이 가능하다.
④ 단백포 : 동물성 단백질인 동물의 피, 뿔, 발톱을 알칼리로 가수 분해 과정의 중간 정도 상태에서 분해를 중지시킨 것이 이 소화약제의 주성분으로 흑갈색의 특이한 냄새가 나는 끈끈한 액체이다.

17　　　　　　　　　　　　　　　　　　정답 ④

물탱크에 물 보수 방법
㉠ 급수탑을 이용하여 물을 받을 때 → 물탱크 상부 뚜껑 개방 후 직접 받는다.
㉡ 흡수구, 중계구를 통해 소화전 또는 소방자동차로부터 나오는 물을 물탱크로 보수할 경우 → 자체급수밸브를 개방하여 직접 받는다.
㉢ 보수구를 통해 소화전 또는 소방자동차로부터 나오는 물을 물탱크로 보수할 경우 → 보수구밸브를 개방하여 직접 받는다.

중계 송수를 이용한 방수방법
㉠ 물탱크의 물이 없을 경우 타 소방자동차로부터 물을 공급받아 방수하는 방법이다.
㉡ 후발 소방펌프차의 방수구와 물 없는 소방자동차의 중계구를 연결하여 물을 공급받아 방수한다. 또한 방수압력에 여유가 있을 때는 자체급수 밸브를 개방하여 물탱크에도 보수한다.

ⓒ 연성계를 이용하여 송수압력을 확인하고 송수압력보다 낮게 펌프 압력을 유지한다.
ⓔ 송수차량보다 방수압력이 높은 경우 수원부족으로 서어징현상이 발생할 수 있다.

18 정답 ①

탐색구조용(14종)	열화상카메라, 적외선야간투시경, 매몰자 영상탐지기, 매몰자 음향탐지기, 구조로봇, 매몰자 전파탐지기, 붕괴물 경보기, 수중 음파탐지기, 수중 영상탐지기, 119구조견, 휴대용 녹음기, 영상촬영장비, GPS수신기, 공중수색장비
측정용(16종)	가스측정기, PH농도 측정기, 화학작용제 탐지기, 유해물질 분석기, 생물학작용제 진단장비, 생물학작용제 분석기, 개인선량계, 방사선측정기, 방사성핵종분석기, 방사성오염감시기, X-ray투시기, 잔류전류 검지기, 전류전압측정계, 가스누출 영상탐지기, 거리측정기, 풍향·풍속계

19 정답 ④

감식	화재원인의 판정을 위하여 전문적인 지식, 기술 및 경험을 활용하여 주로 시각에 의한 종합적인 판단으로 구체적인 사실관계를 명확하게 규명하는 것을 말한다.
감정	화재와 관계되는 물건의 형상, 구조, 재질, 성분, 성질 등 이와 관련된 모든 현상에 대하여 과학적 방법에 의한 필요한 실험을 행하고 그 결과를 근거로 화재원인을 밝히는 자료를 얻는 것을 말한다.
잔가율	화재 당시에 피해물의 재구입비에 대한 현재가의 비율을 말한다.
잔불정리	화재 초진 후 잔불을 점검하고 처리하는 것을 말한다. 이 단계에서는 열에 의한 수증기나 화염 없이 연기만 발생하는 연소현상이 포함될 수 있다.

20 정답 ②

발병시점 Onset of the event	증상이 나타날 때 무엇을 하고 있었는지?(휴식 중/활동 중/스트레스), 시작이 갑자기 또는 천천히 시작됐는지?(혹은 만성적인지)
유발 / 완화 Provocation or Palliation	어떤 움직임이나 압박 또는 외부요인이 증상을 악화 또는 완화시키는지?(쉬면은 진정이 되는지?)
질 Quality of the pain	어떻게 아픈지 환자가 표현할 수 있게 개방형으로 질문한다.(표현:날카롭게 아픈지/뻐근한지/타짓누르는 아픔인지/찢어지게 아픈지 등)(패턴:지속되는지/간헐적으로 나타나는지 등)
부위 / 방사 Region and Radiation	어느 부분이 아픈지 그리고 아픈 증상이 다른 부위까지 나타나는지? 이것은 종종 턱과 팔에 방사통을 호소하는 심근경색환자 진단에 중요 요소가 될 수 있다.
중증도 Severity	어느 정도 아픈지?(0에서 10이라는 수치로 비교 표현/0은 통증이 없는 것을 의미하며 10은 죽을것 같은 통증을 의미한다.)
시간 Time(history)	통증이 얼마간 지속되는지? 통증이 시작된 이후로 변화가 있었는지?(나아졌는지/심해졌는지/다른 증상이 나타났는지) 이전에도 이런 통증을 경험했는지?

21 정답 ①

제세동 사용 후에는 맥박확인이나 리듬분석을 시행하지 않고 곧바로 가슴압박을 실시하며, 5주기의 심폐소생술을 시행한 후에 다시 한 번 심전도를 분석하여 적응증이 되면 제세동을 반복한다.

22 정답 ④

열경련	㉠ 더운 곳에서 격렬한 활동으로 땀을 많이 흘려 전해질(특히, 나트륨) 부족으로 나타난다. ㉡ 근육경련이 나타나지만 심각하지는 않으며 대부분은 시원한 곳에서 휴식하고 수분을 보충하면 정상으로 회복된다. ㉢ 회복 후에는 다시 활동을 재기할 수 있어 적절한 처치 없이 방치하면 소모성 열사병으로 진행된다.
일사병	㉠ 체액소실로 나타나며 보통 땀을 많이 흘리고 충분한 수분을 섭취하지 않아 발생한다. ㉡ 응급처치를 하지 않으면 쇼크를 초래하고 증상 및 징후는 얼마나 체액을 소실했는지에 따라 달라진다. ㉢ 초기에는 피로, 가벼운 두통, 오심/구토, 두통을 호소하며 피부는 정상이거나 차갑고 창백하며 축축하다. ㉣ 처치가 이루어지지 않으면 빠른 맥, 빠른 호흡, 저혈압을 포함한 쇼크 징후가 나타난다. ㉤ 적절한 휴식 없이 진화하는 소방대원 및 통풍이 안되는 작업복을 입고 일할 때 많이 발생한다.
열사병	㉠ 열 손상에서 가장 위험한 단계로 체온조절기능 부전으로 나타난다. ㉡ 여름철에 어린아이나 노약자에게 많이 일어나며 보통 며칠에 걸쳐 진행된다. ㉢ 소모성열사병 환자와 같이 체온이 정상이거나 약간 오르지 않고 41~42℃ 이상 오른다. ㉣ 피부는 뜨겁고 건조하거나 축축하다. 의식은 약간의 혼돈상태에서 무의식상태까지 다양하게 의식변화가 있다. ㉤ 의식은 명료하나 피부가 뜨겁고 건조하거나 축축한 환자가 있다면 적극적인 체온저하 처치를 실시해야

| | 한다.
ⓑ 응급처치
일반적인 열손상 환자의 증상 및 징후로는
• 근육경련, 허약감이나 탈진, 어지러움이나 실신, 빠른맥, 빠르고 얕은 호흡, 두통, 경련, 의식장애
※ 피부는 정상이거나 차갑고 창백하며 축축한 피부 또는 뜨겁고 건조하며 축축한 피부(위급한 상태) |

23 정답 ④

SAMPLE
- S(Signs/Symptoms) – 증상 및 징후
- A(Allergies) – 알레르기
- M(Medications) – 복용한 약물
- P(Pertinent past medical history) – 관련 있는 과거력
- L(Last oral intake) – 마지막 구강 섭취
- E(Events) – 질병이나 손상을 야기한 사건

24 정답 ③

심폐소생술의 합병증

심폐소생술이 시행된 환자의 약 25%에서는 심각한 합병증이 발생하며, 약 3%에서는 치명적인 손상이 발생한다. 심폐소생술 중 발생하는 합병증은 주로 가슴압박에 의하여 유발된다. 가장 흔히 발생하는 합병증은 갈비뼈골절로서 약 40%에서 발생된다.

가슴압박이 적절하여도 발생하는 합병증	• 갈비뼈골절 • 복장뼈 골절 • 심장좌상 • 허파좌상
부적절한 가슴압박으로 발생하는 합병증	• 상부 갈비뼈 또는 하부갈비뼈의 골절 • 기흉 • 간 또는 지라의 손상 • 심장파열 • 심장눌림증 • 대동맥손상 • 식도 또는 위점막의 파열
인공호흡에 의하여 발생하는 합병증	• 위 내용물의 역류 • 구토 • 허파흡인

25 정답 ④

전진지휘	• 재난현장이 광범위하거나 특별하고 집중적인 소방활동에 필요한 경우 지휘관이 대원들을 최일선에서 직접 인솔하는 형태 • 배연, 검색구조, 내부관리 등과 같은 실제임무를 이행하는 단위지휘관이 사용가
이동지휘	• 지휘관이 재난현장주위를 돌아다니며 지휘
고정지휘	• 공식화된 지휘위치에서 단위지휘관을 총괄지휘, 다수의 단위대를 총괄조정 할 경우 고정지휘 원칙 • 고정지휘소는 지휘차 또는 현장지휘소

소방위 소방승진

제2회 모의고사 해설

문항수 : 75문항
응시시간 : 75분

과목	01	02	03	04	05	06	07	08	09	10	11	12	13	14	15	16	17	18	19	20	21	22	23	24	25
행정법	①	②	③	④	②	③	④	①	③	④	②	①	④	③	①	③	②	①	③	③	③	④	②	④	①
소방법령 Ⅳ	③	③	②	①	②	①	④	①	①	①	②	③	③	④	②	②	①	③	②	③	③	②	①	①	④
소방전술	④	③	④	③	①	④	③	④	③	②	②	②	③	①	③	①	④	①	③	②	④	④	①	②	

행정법(소방위) (25문항)

01 정답 ①

① (×) 행정처분은 그 근거 법령이 개정된 경우에도 경과 규정에서 달리 정함이 없는 한 처분 당시 시행되는 개정 법령과 그에서 정한 기준에 의하는 것이 원칙이고, 그 개정 법령이 기존의 사실 또는 법률관계를 적용대상으로 하면서 종전보다 불리한 법률효과를 규정하고 있는 경우에도 그러한 사실 또는 법률관계가 개정 법률이 시행되기 이전에 이미 종결된 것이 아니라면 이를 헌법상 금지되는 소급입법이라고 할 수는 없으며, 그러한 개정 법률의 적용과 관련하여서는 개정 전 법령의 존속에 대한 국민의 신뢰가 개정 법령의 적용에 관한 공익상의 요구보다 더 보호가치가 있다고 인정되는 경우에 그러한 국민의 신뢰보호를 보호하기 위하여 그 적용이 제한될 수 있는 여지가 있을 따름이다(대판 2010.3.11. 2008두15169).

② (○) 행정소송법 제8조(법적용예) ② 행정소송에 관하여 이 법에 특별한 규정이 없는 사항에 대하여는 법원조직법과 민사소송법 및 민사집행법의 규정을 준용한다.

③ (○) 헌법상 평등원칙은 본질적으로 같은 것을 자의적으로 다르게 취급함을 금지하는 것으로서, 일체의 차별적 대우를 부정하는 절대적 평등을 뜻하는 것이 아니라 입법을 하고 법을 적용할 때에 합리적인 근거가 없는 차별을 하여서는 아니 된다는 상대적 평등을 뜻하므로, 합리적 근거가 있는 차별 또는 불평등은 평등의 원칙에 반하지 아니한다(대판 2018.10.25. 2018두44302).

④ (○) 관습법도 행정법의 법원(法源)이다. 민중적 관습법이란 민중들 사이의 다년간의 관행이 법적 성격을 갖게 된 경우를 말한다. 주로 공수(公水), 공물의 이용관계에서 찾을 수 있다. 그 예로 입어권(수산업법 제2조), 하천용수권, 식용용수권, 공유수면인수권, 관개용수이용권, 溜池사용권 등이 있다.

02 정답 ②

① (○) 서울지방병무청 총무과 ○○○장에 불과한 소외 4가 이와 같은 법령의 내용을 숙지하지 못한 상태에서 원고측의 상담에 응하여 민원봉사차원에서 위와 같이 안내하였다고 하여 그것이 피고의 공적인 견해표명이라고 하기 어렵고, 원고측이 더 나아가 담당부서의 담당공무원에게 공적 견해의 표명을 구하는 정식의 서면질의 등을 하지 아니한 채 소외 4의 안내만을 신뢰한 것에는 원고측에 귀책사유도 있어 신뢰보호의 원칙이 적용되지 아니한다(대판 2003.12.26. 2003두1875).

② (×) 한 사람이 여러 종류의 자동차운전면허를 취득하는 경우뿐 아니라 이를 취소 또는 정지함에 있어서도 서로 별개의 것으로 취급하는 것이 원칙이기는 하지만, 자동차운전면허는 그 성질이 대인적 면허일 뿐만 아니라 도로교통법시행규칙 제26조 [별표 14]에 의하면, 제1종 보통면허 소지자는 승용자동차만이 아니라 원동기장치자전거까지 운전할 수 있도록 규정하고 있어 제1종 보통면허의 취소에는 원동기장치자전거의 운전까지 금지하는 취지가 포함된 것이어서 이들 차량의 운전면허는 서로 관련된 것이라고 할 것이므로, 제1종 보통면허로 운전할 수 있는 차량을 운전면허정지기간 중에 운전한 경우에는 이와 관련된 원동기장치자전거면허까지 취소할 수 있다(대판 1997.5.16. 97누2313).

③ (○) 매년 그 때의 상황에 따라 적절히 면허 숫자를 조절해야 할 필요성이 있는 개인택시 면허제도의 성격상 그 자격요건이나 우선순위의 요건을 일정한 범위 내에서 강화하고 그 요건을 변경함에 있어 유예기간을 두지 아니하였다 하더라도 그러한 점만으로는 행정청의 면허신청 접수거부처분이 신뢰보호의 원칙이나 형평의 원칙, 재량권의 남용에 해당하지 아니한다(대판 1996.7.30. 95누12897).

④ (○) 지방자치단체장이 사업자에게 주택사업계획승인을 하면서 그 주택사업과는 아무런 관련이 없는 토지를 기부채납하도록 하는 부관을 주택사업계획승인에 붙인 경우, 그 부관은 부당결부금지의 원칙에 위반되어 위법하지만, 지방자치단체장이 승인한 사업자의 주택사업계획은 상당히 큰 규모의 사업임에 반하여, 사업자가 기부채납한 토지 가액은 그 100분의 1 상당의 금액에 불과한 데다가, 사업자가 그 동안 그 부관에 대하여 아무런 이의를 제기하지 아니하다가 지방자치단체장이 업무착오로 기부채납한 토지에 대하여 보상협조요청서를 보내자 그 때서야 비로소 부관의 하자를 들고 나온 사정에 비추어 볼 때 부관의 하자가 중대하고 명백하여 당연무효라고는 볼 수 없다(대판 1997.3.11. 96다49650).

03 정답 ③

① (○) 일반적으로 국민이 소급입법을 예상할 수 있었거나 법적 상태가 불확실하고 혼란스러워 보호할 만한 신뢰이익이 적은 경우와 소급입법에 의한 당사자의 손실이 없거나 아주 경미한 경우, 또는 신뢰보호의 요청에 우선하는 심히 중대한 공익상의 사유가 소급입법을 정당화하는 경우 등에는 예외적으로 진정소급입법이 허용된다(헌재 1998.9.30. 97헌바38).
② (○) 부진정소급입법은 원칙적으로 허용되지만 소급효를 요구하는 공익상의 사유와 신뢰보호의 요청 사이의 교량과정에서 신뢰보호의 관점이 입법자의 형성권에 제한을 가하게 된다(헌재 1998.11.26. 97헌바58).
③ (×) 법령이 변경된 경우 신 법령이 피적용자에게 유리하여 이를 적용하도록 하는 경과규정을 두는 등의 특별한 규정이 없는 한 헌법 제13조 등의 규정에 비추어 볼 때 그 변경 전에 발생한 사항에 대하여는 변경 후의 신 법령이 아니라 변경 전의 구 법령이 적용되어야 한다. (대판 2002.12.10. 2001두3228).
④ (○) 법개정시에 이미 완성 또는 종결된 사항이므로 이에 대하여 개정법을 소급적용하는 것은 허용되지 않는다(진정소급효의 금지). 달리 진정소급이 인정되는 예외적인 경우(예 소급입법을 예상할 수 있는 경우)에도 해당되지 않는다.

04 정답 ④

① (○) 부가가치세법상의 사업자등록은 과세관청으로 하여금 부가가치세의 납세의무자를 파악하고 그 과세자료를 확보하게 하려는 데 제도의 취지가 있는바, 이는 단순한 사업사실의 신고로서 사업자가 관할세무서장에게 소정의 사업자등록신청서를 제출함으로써 성립하는 것이고, 사업자등록증의 교부는 이와 같은 등록사실을 증명하는 증서의 교부행위에 불과한 것이다(대판 2011.1.27. 2008두2200).
② (○) 허가대상 건축물의 양수인이 구 건축법시행규칙에 규정되어 있는 형식적 요건을 갖추어 시장·군수에게 적법하게 건축주의 명의변경을 신고한 때에는 시장·군수는 그 신고를 수리하여야지 실체적인 이유를 내세워 신고의 수리를 거부할 수 없다(대판 1993.10.12. 93누883).
③ (○) 구 체육시설의 설치·이용에 관한 법률 제19조 제1항, 구 체육시설의 설치·이용에 관한 법률 시행령 제18조 제2항 제1호 (가)목, 제18조의2 제1항 등의 규정에 의하면, 위 법 제19조의 규정에 의하여 체육시설의 회원을 모집하고자 하는 자는 시·도지사 등으로부터 회원모집계획서에 대한 검토결과 통보를 받은 후에 회원을 모집할 수 있다고 보아야 하고, 따라서 체육시설의 회원을 모집하고자 하는 자의 시·도지사 등에 대한 회원모집계획서 제출은 수리를 요하는 신고에서의 신고에 해당하며, 시·도지사 등의 검토결과 통보는 수리행위로서 행정처분에 해당한다(대판 2009.2.26. 2006두16243).
④ (×) 납골당설치 신고는 이른바 '수리를 요하는 신고'라 할 것이므로, 납골당설치 신고가 구 장사법 관련 규정의 모든 요건에 맞는 신고라 하더라도 신고인은 곧바로 납골당을 설치할 수는 없고, 이에 대한 행정청의 수리처분이 있어야만 신고한 대로 납골당을 설치할 수 있다(대판 2011.9.8.2009두6766).

05 정답 ②

① (○) 특별시장 등이 거짓이나 부정한 방법으로 화물자동차 유가보조금(이하 '부정수급액'이라 한다)을 교부받은 운송사업자 등으로부터 부정수급액을 반환받을 권리에 대해서는 지방재정법 제82조 제1항에서 정한 5년의 소멸시효가 적용된다. 그 소멸시효는 부정수급액을 지급한 때부터 진행하므로, 반환명령일을 기준으로 이미 5년의 소멸시효가 완성된 부정수급액에 대해서는 반환명령이 위법하다(대판 2019.10.17. 2019두33897).
② (×) 변상금 부과처분에 대한 취소소송이 진행중이라도 그 부과권자로서는 위법한 처분을 스스로 취소하고 그 하자를 보완하여 다시 적법한 부과처분을 할 수도 있는 것이어서 그 권리행사에 법률상의 장애사유가 있는 경우에 해당한다고 할 수 없으므로, 그 처분에 대한 취소소송이 진행되는 동안에도 그 부과권의 소멸시효가 진행된다(대판 2006.2.10. 2003두5686).
③ (○) 제3자가 체납자가 납부하여야 할 체납액을 체납자의 명의로 납부한 경우에는 원칙적으로 체납자의 조세채무에 대한 유효한 이행이 되고, 이로 인하여 국가의 조세채권은 만족을 얻어 소멸하므로, 국가가 체납액을 납부받은 것에 법률상 원인이 없다고 할 수 없다(대판 2015.11.12. 2013다215263).
④ (○) 조세에 관한 소멸시효가 완성되면 국가의 조세부과권과 납세의무자의 납세의무는 당연히 소멸한다 할 것이므로 소멸시효 완성후에 부과된 부과처분은 납세의무 없는 자에 대하여 부과처분을 한 것으로서 그와 같은 하자는 중대하고 명백하여 그 처분의 효력은 당연무효이다(대판 1985.5.14. 83누655).

06 정답 ③

① (○) 판례는 행정규칙인 고시가 법령의 수권에 의하여 법령을 보충하는 사항을 정하는 경우에 그 근거 법령규정과 결합하여 대외적 효력을 발생하는 것으로 본다. 그리고 법령보충적 행정규칙의 제정에는 법률의 구체적 수권이라는 한계가 있다.
② (○) 국세청장으로 하여금 양도소득세의 실지거래가액이 적용될 부동산투기억제를 위하여 필요하다고 인정되는 거래를 지정하게 하면서 그 지정의 절차나 방법에 관하여 아무런 제한을 두고 있지 아니하고 있어 이에 따라 국세청장이 재산제세사무처리규정 제72조 제3항에서 양도소득세의 실지거래가액이 적용될 부동산투기억제를 위하여 필요하다고 인정되는 거래의 유형을 열거하고 있으므로, 이는 비록 위 재산제세사무처리규정이 국세청장의 훈령형식으로 되어 있다 하더라도 이에 의한 거래지정은 소득세법시행령의 위임에 따라 그 규정의 내용을 보충하는 기능을 가지면서 그와 결합하여 대외적 효력을 발생하게 된다 할 것이므로 그 보충규정의 내용이 위 법령의 위임한계를 벗어났다는 등 특별한 사정이 없는 한 양도소득세의 실지거래가액에 의한 과세의 법령상의 근거가 된다(대판 1987.9.29. 86누484).
③ (×) 오늘날 의회의 입법독점주의에서 입법중심주의로 전환하여 일정한 범위 내에서 행정입법을 허용하게 된 동기가 사회적 변화에 대응한 입법수요의 급증과 종래의 형식적 권력분립주의로는 현대사회에 대응할 수 없다는 기능적 권력분립론에 있다는 점 등을 감안하여 헌법 제40조와 헌법 제75조, 제95조의 의미를 살펴보면, 국회입법에 의한 수권이 입법기관이 아닌 행정기

관에게 법률 등으로 구체적인 범위를 정하여 위임한 사항에 관하여는 당해 행정기관에게 법정립의 권한을 갖게 되고, 입법자가 규율의 형식도 선택할 수도 있다 할 것이므로, 헌법이 인정하고 있는 위임입법의 형식은 예시적인 것으로 보아야 할 것이다(헌재 2004.10.28. 99헌바91).
④ (○) 행정규칙은 일반적으로 행정조직 내부에서만 효력을 가지는 것이나, 행정규칙이 법령의 규정에 의하여 행정관청에 법령의 구체적 내용을 보충할 권한을 부여한 경우나 재량권행사의 준칙인 규칙이 그 정한 바에 따라 되풀이 시행되어 행정관행이 이룩되게 되면, 평등의 원칙이나 신뢰보호의 원칙에 따라 행정기관은 그 상대방에 대한 관계에서 그 규칙에 따라야 할 자기구속을 당하게 되는 경우에는 대외적인 구속력을 가지게 되는바, 이러한 경우에는 헌법소원의 대상이 될 수도 있다(헌재 2001.5.31. 99헌마413).

07 정답 ④

① (○) 구 도시계획법 제92조 제4호, 제78조 제1호, 제21조 제2항의 각 규정을 종합하면 개발제한구역 안에서 그 구역지정의 목적에 위배되는 건축물의 건축, 공작물의 설치 등을 한 경우 행정청은 그 건축물을 건축하거나 공작물을 설치한 자에 대하여서만 같은 법 제78조 제1호에 의하여 처분이나 원상회복 등의 조치명령을 할 수 있고, 명문의 규정이 없는 한 이러한 위반 건축물을 양수한 자에 대하여는 이를 할 수 없다. 개발제한구역 안에 건축되어 있던 비닐하우스를 매수한 자에게 구청장이 이를 철거하여 토지를 원상회복하라고 시정지시한 조치는 위법하므로 이러한 시정지시를 따르지 않았다고 하여 구 도시계획법 제92조 제4호에 정한 조치명령 등 위반죄로 처벌할 수는 없다(대판 2004.5.14. 2001도2841).
② (○) 조세의 과오납이 부당이득이 되기 위하여는 납세 또는 조세의 징수가 실체법적으로나 절차법적으로 전혀 법률상의 근거가 없거나 과세처분의 하자가 중대하고 명백하여 당연무효이어야 하고, 과세처분의 하자가 단지 취소할 수 있는 정도에 불과할 때에는 과세관청이 이를 스스로 취소하거나 항고소송절차에 의하여 취소되지 않는 한 그로 인한 조세의 납부가 부당이득이 된다고 할 수 없다(대판 1994.11.11. 94다28000).
③ (○) 과세처분에 관한 불복절차과정에서 불복사유가 옳다고 인정하고 이에 따라 필요한 처분을 하였을 경우에는 불복제도와 이에 따른 시정방법을 인정하고 있는 법 취지에 비추어 동일 사항에 관하여 특별한 사유 없이 이를 번복하고 다시 종전의 처분을 되풀이할 수는 없다(대판 2014.7.24. 2011두14227).
④ (×) 여러 처분사유에 관하여 하나의 제재처분을 하였을 때 그중 일부가 인정되지 않는다고 하더라도 나머지 처분사유들만으로도 그 처분의 정당성이 인정되는 경우에는 그 처분을 위법하다고 보아 취소하여서는 아니된다(대판 2020.5.14. 2019두63515).

08 정답 ①

① (×) 행정소송에서 행정처분의 위법 여부는 행정처분이 있을 때의 법령과 사실상태를 기준으로 하여 판단하여야 하고, 처분 후 법령의 개폐나 사실상태의 변동에 의하여 영향을 받지 아니한다. 또한 흠이 있는 행정행위의 치유는 행정행위의 성질이나 법치주의 관점에서 볼 때 원칙적으로 허용될 수 없는 것이고, 예외적으로 행정행위의 무용한 반복을 피하고 당사자의 법적 안정성을 위해 이를 허용하는 때에도 국민의 권리나 이익을 침해하지 아니하는 범위에서 구체적 사정에 따라 합목적적으로 인정하여야 할 것이다.…이 사건 변경인가처분은 이 사건 설립인가처분 후 추가동의서가 제출되어 동의자 수가 변경되었음을 이유로 하는 것으로서 조합원의 신규가입을 이유로 한 경미한 사항의 변경에 대한 신고를 수리하는 의미에 불과하므로 이 사건 설립인가처분이 이 사건 변경인가처분에 흡수된다고 볼 수 없고, 또한 이 사건 설립인가처분 당시 동의율을 충족하지 못한 하자는 후에 추가동의서가 제출되었다는 사정만으로 치유될 수 없다(대판 2013.7.11. 2011두27544).
② (○) 치유를 허용하더라도 하자의 치유가 어느 시점까지 가능한지가 문제된다. 여기에는 행정쟁송제기 이전시설, 행정소송제기 이전시설, 쟁송종결시설, 절충설 등이 대립하는데, 판례는 '불복 여부의 결정 및 불복신청에 편의를 줄 수 있는 상당한 기간 내에 하여야 할 것'이라고 하여 행정쟁송제기 이전시설의 입장으로 해석된다.
③ (○) 하자있는 행정행위의 치유나 전환은 행정행위의 성질이나 법치주의의 관점에서 볼 때 원칙적으로 허용될 수 없는 것이지만, 행정행위의 무용한 반복을 피하고 당사자의 법적 안정성을 위해 이를 허용하는 때에도 국민의 권리와 이익을 침해하지 않는 범위에서 구체적 사정에 따라 합목적적으로 인정해야 할 것이다(대판 1983.7.26. 82누420).
④ (○) 공매절차에서 매수인이 매각결정에 따른 매수대금을 완납한 이후에는 매수 부동산의 소유권을 취득한 것으로 신뢰한 매수인의 권리·이익을 보호하여 거래의 안전을 도모하여야 할 필요성이 있는 점, 체납처분의 전제요건으로서의 독촉은 체납자로 하여금 당해 체납세액을 납부하여 체납처분을 당하는 것을 피할 수 있는 기회를 제공하기 위한 것인데, 설사 독촉장의 송달이 흠결되었다고 하더라도 그 이후에 이루어진 공매절차에서 공매통지서가 체납자에게 적법하게 송달된 경우에는 실질적으로 체납자의 절차상의 권리나 이익이 침해되었다고 보기 어려운 점 등에 비추어 보면, 비록 압류처분의 단계에서 독촉의 흠결과 같은 절차상의 하자가 있었다고 하더라도 그 이후에 이루어진 공매절차에서 공매통지서가 적법하게 송달된 바가 있다면 매수인이 매각결정에 따른 매수대금을 납부한 이후에는 다른 특별한 사정이 없는 한, 당해 공매처분을 취소할 수 없다(대판 2006.5.12. 2004두14717).

09 정답 ③

① (×) 약사의 의약품 개봉판매행위에 대하여 구 약사법 제69조 제1항 제3호, 제3항, 같은 법 시행규칙 제89조 [별표 6] '행정처분의 기준'에 따라 업무정지 15일의 처분을 사전통지하였다가, 그 후 같은 법 제71조의3 제1항, 제2항, 같은 법 시행령 제29조 [별표 1의2] '과징금 산정기준'에 따라 업무정지 15일에 갈음하는 과징금 부과처분을 한 것이 재량권의 범위를 일탈하거나 재량권을 남용한 것으로 보기 어렵다(대판 2007.9.20. 2007두6946).

② (×) 피징계자에게 징계사유가 있어서 징계처분을 하는 경우, 어떠한 처분을 할 것인가 하는 것은 징계권자의 재량에 맡겨진 것이고, 다만 징계권자가 재량권의 행사로서 한 징계처분이 사회통념상 현저하게 타당성을 잃어 징계권자에게 맡겨진 재량권을 남용한 것이라고 인정되는 경우에 한하여 그 처분을 위법하다고 할 수 있고, 그 징계처분이 사회통념상 현저하게 타당성을 잃어 재량권의 범위를 벗어난 위법한 처분이라고 할 수 있으려면 구체적인 사례에 따라 징계의 원인이 된 비위사실의 내용과 성질, 징계에 의하여 달성하려고 하는 목적, 징계양정의 기준 등 여러 요소를 종합하여 판단할 때에 그 징계 내용이 객관적으로 명백히 부당하다고 인정할 수 있는 경우라야 한다.-명예퇴직 합의 후 명예퇴직 예정일 사이에 허위로 병가를 받아 다른 회사에 근무하였음을 사유로 한 징계해임처분이 징계재량권의 일탈·남용으로 볼 수 없다고 한 사례(대판 2002.8.23. 2000다60890).

③ (○) 원고가 급량비가 나올 때마다 바로 지급하지 않고 이를 모아두었다가 일정액에 달하였을 때에 지급하여 온 것이 관례화 되어 있었을 뿐더러 원고가 급량비를 유용한 것은 개인적인 목적을 위한 것이 아니고 시립무용단장의 지시에 따라 시립무용단의 다른 용도에 일시 전용한 것이라는 점, 유용한 금액이 비교적 소액이고 그 후에 모두 단원들에게 지급된 점 등 이 사건 변론에 나타난 여러 사정 등을 종합하여 보면, 원고를 징계하기 위하여 한 이 사건 해촉은 너무 가혹하여 징계권을 남용한 것이어서 무효이다(대판 1995.12.22. 95누4636).

④ (×) 경찰공무원이 그 단속의 대상이 되는 신호위반자에게 먼저 적극적으로 돈을 요구하고 다른 사람이 볼 수 없도록 돈을 접어 건네주도록 전달방법을 구체적으로 알려주었으며 동승자에게 신고시 범칙금 처분을 받게 된다는 등 비위신고를 막기 위한 말까지 하고 금품을 수수한 경우, 비록 그 받은 돈이 1만원에 불과하더라도 위 금품수수행위를 징계사유로 하여 당해 경찰공무원을 해임처분한 것은 징계재량권의 일탈·남용이 아니다(대판 2006.12.21. 2006두16274).

10 정답 ④

① (○) 행정기본법 24조(인허가의제의 기준) ② 인허가의제를 받으려면 주된 인허가를 신청할 때 관련 인허가에 필요한 서류를 함께 제출하여야 한다. 다만, 불가피한 사유로 함께 제출할 수 없는 경우에는 주된 인허가 행정청이 별도로 정하는 기한까지 제출할 수 있다.

② (○) 행정기본법 24조(인허가의제의 기준) ③ 주된 인허가 행정청은 주된 인허가를 하기 전에 관련 인허가에 관하여 미리 관련 인허가 행정청과 협의하여야 한다.

③ (○) 행정기본법 24조(인허가의제의 기준) ⑤ 제3항에 따라 협의를 요청받은 관련 인허가 행정청은 해당 법령을 위반하여 협의에 응해서는 아니 된다. 다만, 관련 인허가에 필요한 심의, 의견청취 등 절차에 관하여는 법률에 인허가의제 시에도 해당 절차를 거친다는 명시적인 규정이 있는 경우에만 이를 거친다.

④ (×) 행정기본법 제25조(인허가의제의 효과) ① 제24조 제3항·제4항에 따라 협의가 된 사항에 대해서는 주된 인허가를 받았을 때 관련 인허가를 받은 것으로 본다.

11 정답 ②

① (○) 행정행위의 취소는 일단 유효하게 성립한 행정행위를 그 행위에 위법 또는 부당한 하자가 있음을 이유로 소급하여 그 효력을 소멸시키는 별도의 행정처분이다(대판 2014.10.27. 2012두11959).

② (○) 행정처분에 하자가 있는 경우에는 법령에 특별히 취소사유를 규정하고 있지 아니하여도 행정청은 그가 행한 위법한 행정처분을 취소할 수 있다(대판 1982.7.27. 81누271).

③ (×) 행정기본법 제18조(위법 또는 부당한 처분의 취소) ② 행정청은 제1항에 따라 당사자에게 권리나 이익을 부여하는 처분을 취소하려는 경우에는 취소로 인하여 당사자가 입게 될 불이익을 취소로 달성되는 공익과 비교·형량(衡量)하여야 한다. 다만, 다음 각 호의 어느 하나에 해당하는 경우에는 그러하지 아니하다.
1. 거짓이나 그 밖의 부정한 방법으로 처분을 받은 경우
2. 당사자가 처분의 위법성을 알고 있었거나 중대한 과실로 알지 못한 경우

④ (○) 행정행위의 취소는 일단 유효하게 성립한 행정행위를 성립당시 존재하던 하자를 사유로 소급하여 효력을 소멸시키는 행정처분이고, 행정행위의 철회는 적법요건을 구비하여 유효한 행정행위를 행정행위 성립 이후 새로이 발생한 사유로 행위의 효력을 장래에 향해 소멸시키는 행정처분이다. 행정청의 행정행위 취소가 있더라도 취소사유의 내용, 경위 기타 제반 사정을 종합하여 명칭에도 불구하고 행정행위의 효력을 장래에 향해 소멸시키는 행정행위의 철회에 해당하는지 살펴보아야 한다(대판 2022.9.29. 2022마118).

12 정답 ①

① (×), ② (○) 행정기본법 제37조(처분의 재심사) ① 당사자는 처분(제재처분 및 행정상 강제는 제외한다. 이하 이 조에서 같다)이 행정심판, 행정소송 및 그 밖의 쟁송을 통하여 다툴 수 없게 된 경우(법원의 확정판결이 있는 경우는 제외한다)라도 다음 각 호의 어느 하나에 해당하는 경우에는 해당 처분을 한 행정청에 처분을 취소·철회하거나 변경하여 줄 것을 신청할 수 있다.
1. 처분의 근거가 된 사실관계 또는 법률관계가 추후에 당사자에게 유리하게 바뀐 경우
2. 당사자에게 유리한 결정을 가져다주었을 새로운 증거가 있는 경우
3. 「민사소송법」 제451조에 따른 재심사유에 준하는 사유가 발

생한 경우 등 대통령령으로 정하는 경우

③ (○) 행정기본법 제37조(처분의 재심사) ④ 제1항에 따른 신청을 받은 행정청은 특별한 사정이 없으면 신청을 받은 날부터 90일(합의제행정기관은 180일) 이내에 처분의 재심사 결과(재심사 여부와 처분의 유지·취소·철회·변경 등에 대한 결정을 포함한다)를 신청인에게 통지하여야 한다. 다만, 부득이한 사유로 90일(합의제행정기관은 180일) 이내에 통지할 수 없는 경우에는 그 기간을 만료일 다음 날부터 기산하여 90일(합의제행정기관은 180일)의 범위에서 한 차례 연장할 수 있으며, 연장 사유를 신청인에게 통지하여야 한다.

④ (○) 행정기본법 제37조(처분의 재심사) ⑤ 제4항에 따른 처분의 재심사 결과 중 처분을 유지하는 결과에 대해서는 행정심판, 행정소송 및 그 밖의 쟁송수단을 통하여 불복할 수 없다.

13   정답 ④

① (×) 행정절차법 제17조(처분의 신청) ⑦ 행정청은 신청인의 편의를 위하여 다른 행정청에 신청을 접수하게 할 수 있다. 이 경우 행정청은 다른 행정청에 접수할 수 있는 신청의 종류를 미리 정하여 공시하여야 한다.

② (×) 행정절차법 제11조(대표자) ① 다수의 당사자등이 공동으로 행정절차에 관한 행위를 할 때에는 대표자를 선정할 수 있다. ⑤ 대표자가 있는 경우에는 당사자등은 그 대표자를 통하여서만 행정절차에 관한 행위를 할 수 있다.

③ (×) 행정절차법 제23조(처분의 이유 제시) ① 행정청은 처분을 할 때에는 다음 각 호의 어느 하나에 해당하는 경우를 제외하고는 당사자에게 그 근거와 이유를 제시하여야 한다.
  1. 신청 내용을 모두 그대로 인정하는 처분인 경우
  2. 단순·반복적인 처분 또는 경미한 처분으로서 당사자가 그 이유를 명백히 알 수 있는 경우
  3. 긴급히 처분을 할 필요가 있는 경우

④ (○) 행정절차법 제18조(다수의 행정청이 관여하는 처분) 행정청은 다수의 행정청이 관여하는 처분을 구하는 신청을 접수한 경우에는 관계 행정청과의 신속한 협조를 통하여 그 처분이 지연되지 아니하도록 하여야 한다.

14   정답 ③

① (○) 공공기관의 정보공개에 관한 법률에서 말하는 공개대상 정보는 정보 그 자체가 아닌 정보공개법 제2조 제1호에서 예시하고 있는 매체 등에 기록된 사항을 의미하고, 공개대상 정보는 원칙적으로 공개를 청구하는 자가 정보공개법 제10조 제1항 제2호에 따라 작성한 정보공개청구서의 기재내용에 의하여 특정되며, 만일 공개청구자가 특정한 바와 같은 정보를 공공기관이 보유·관리하고 있지 않은 경우라면 특별한 사정이 없는 한 해당 정보에 대한 공개거부처분에 대하여는 취소를 구할 법률상 이익이 없다(대판 2013.1.24. 2010두18918).

② (○) 공공기관의 정보공개에 관한 법률 제9조 제1항 제1호에서 '법률이 위임한 명령'에 의하여 비밀 또는 비공개 사항으로 규정된 정보는 공개하지 아니할 수 있다고 할 때의 '법률이 위임한 명령'은 정보의 공개에 관하여 법률의 구체적인 위임 아래 제정된 법규명령(위임명령)을 의미한다. 교육공무원법 제13조, 제14조의 위임에 따라 제정된 교육공무원승진규정은 정보공개에 관한 사항에 관하여 구체적인 법률의 위임에 따라 제정된 명령이라고 할 수 없고, 따라서 교육공무원승진규정 제26조에서 근무성적평정의 결과를 공개하지 아니한다고 규정하고 있다고 하더라도 위 교육공무원승진규정은 공공기관의 정보공개에 관한 법률 제9조 제1항 제1호에서 말하는 법률이 위임한 명령에 해당하지 아니하므로 위 규정을 근거로 정보공개청구를 거부하는 것은 잘못이다(대판 2006.10.26. 2006두11910).

③ (×) 재소자가 교도관의 가혹행위를 이유로 형사고소 및 민사소송을 제기하면서 그 증명자료 확보를 위해 '근무보고서'와 '징벌위원회 회의록' 등의 정보공개를 요청하였으나 교도소장이 이를 거부한 사안에서, 근무보고서는 비공개대상정보에 해당한다고 볼 수 없고, 징벌위원회 회의록 중 비공개 심사·의결 부분은 비공개사유에 해당하지만 징벌절차 진행 부분은 비공개사유에 해당하지 않는다고 보아 분리 공개가 허용된다(대판 2009.12.10. 2009두12785).

④ (○) 공공기관의 정보공개에 관한 법률 제9조 제1항 제4호는 '수사'에 관한 사항으로서 공개될 경우 그 직무수행을 현저히 곤란하게 한다고 인정할 만한 상당한 이유가 있는 정보를 비공개대상정보의 하나로 규정하고 있다. 그 취지는 수사의 방법 및 절차 등이 공개되어 수사기관의 직무수행에 현저한 곤란을 초래할 위험을 막고자 하는 것으로서, 수사기록 중의 의견서, 보고문서, 메모, 법률검토, 내사자료 등(이하 '의견서 등'이라 한다)이 이에 해당한다고 할 수 있으나, 공개청구대상인 정보가 의견서 등에 해당한다고 하여 곧바로 정보공개법 제9조 제1항 제4호에 규정된 비공개대상정보라고 볼 것은 아니고, 의견서 등의 실질적인 내용을 구체적으로 살펴 수사의 방법 및 절차 등이 공개됨으로써 수사기관의 직무수행을 현저히 곤란하게 한다고 인정할 만한 상당한 이유가 있어야만 위 비공개대상정보에 해당한다고 봄이 타당하다(대판 2012.7.12. 2010두70480.

15   정답 ①

① (×) 행정기본법 제32조(직접강제) ① 직접강제는 행정대집행이나 이행강제금 부과의 방법으로는 행정상 의무 이행을 확보할 수 없거나 그 실현이 불가능한 경우에 실시하여야 한다.

② (○) 행정기본법 제30조(행정상 강제) ③ 형사(刑事), 행형(行刑) 및 보안처분 관계 법령에 따라 행하는 사항이나 외국인의 출입국·난민인정·귀화·국적회복에 관한 사항에 관하여는 이 절을 적용하지 아니한다.

③ (○) 행정기본법 제31조(이행강제금의 부과) ⑥ 행정청은 이행강제금을 부과받은 자가 납부기한까지 이행강제금을 내지 아니하면 국세강제징수의 예 또는 「지방행정제재·부과금의 징수 등에 관한 법률」에 따라 징수한다.

④ (○) 행정기본법 제31조(이행강제금의 부과) ③ 행정청은 이행강제금을 부과하기 전에 미리 의무자에게 적절한 이행기간을 정하여 그 기한까지 행정상 의무를 이행하지 아니하면 이행강제금을 부과한다는 뜻을 문서로 계고(戒告)하여야 한다.

16 정답 ③

① (○) 범칙자가 통고처분을 불이행하였더라도 기소독점주의의 예외를 인정하여 경찰서장의 즉결심판 청구를 통하여 공판절차를 거치지 않고 사건을 간이하고 신속·적정하게 처리함으로써 소송경제를 도모하되, 즉결심판 선고 전까지 범칙금을 납부하면 형사처벌을 면할 수 있도록 함으로써 범칙자에 대하여 형사소추와 형사처벌을 면제받을 기회를 부여하고 있다. 따라서 경찰서장이 범칙행위에 대하여 통고처분을 한 이상, 범칙자의 위와 같은 절차적 지위를 보장하기 위하여 통고처분에서 정한 범칙금 납부기간까지는 원칙적으로 경찰서장은 즉결심판을 청구할 수 없고, 검사도 동일한 범칙행위에 대하여 공소를 제기할 수 없다고 보아야 한다(대판 2020.4.29. 2017도13409).
② (○) 관세법 제284조 제1항, 제311조, 제312조, 제318조의 규정에 의하면, 관세청장 또는 세관장은 관세범에 대하여 통고처분을 할 수 있고, 범죄의 정상이 징역형에 처하여질 것으로 인정되는 때에는 즉시 고발하여야 하며, 관세범인이 통고를 이행할 수 있는 자금능력이 없다고 인정되거나 주소 및 거소의 불명 기타의 사유로 인하여 통고를 하기 곤란하다고 인정되는 때에도 즉시 고발하여야 하는바, 이들 규정을 종합하여 보면, 통고처분을 할 것인지의 여부는 관세청장 또는 세관장의 재량에 맡겨져 있고, 따라서 관세청장 또는 세관장이 관세범에 대하여 통고처분을 하지 아니한 채 고발하였다는 것만으로는 그 고발 및 이에 기한 공소의 제기가 부적법하게 되는 것은 아니다(대판 2007.5.11. 2006도1993).
③ (×) 지방국세청장 또는 세무서장이 조세범 처벌절차법 제17조 제1항에 따라 통고처분을 거치지 아니하고 즉시 고발하였다면 이로써 조세범칙사건에 대한 조사 및 처분 절차는 종료되고 형사사건 절차로 이행되어 지방국세청장 또는 세무서장으로서는 동일한 조세범칙행위에 대하여 더 이상 통고처분을 할 권한이 없다(대판 2016.9.28. 2014도10748). 조세범칙행위에 대한 고발이 효력을 상실하는 것이 아니다.
④ (○) 도로교통법 제119조 제3항은 그 법 제118조에 의하여 범칙금 납부통고서를 받은 사람이 그 범칙금을 납부한 경우 그 범칙행위에 대하여 다시 벌받지 아니한다고 규정하고 있는바, 이는 범칙금의 납부에 확정재판의 효력에 준하는 효력을 인정하는 취지로 해석할 것이다(대판 2002.11.22. 2001도849).

17 정답 ②

① (○) 민법 제756조 제1항 단서는 사용자에게 피용자의 선임감독에 과실이 없었다는 것을 사용자의 면책사유로 규정하나(다만 실무상 사용자의 면책은 잘 인정되지 않는다) 국가배상책임에는 이러한 규정이 없다.
② (×) 국가배상법 제2조(배상책임) ② 제1항 본문의 경우에 공무원에게 고의 또는 중대한 과실이 있으면 국가나 지방자치단체는 그 공무원에게 구상(求償)할 수 있다.
③ (○) 국가배상법이 정한 손해배상청구의 요건인 '공무원의 직무'에는 행정작용, 입법작용, 사법작용이 포함된다.
④ (○) 국가 등이 소유권·임차권 등 권원에 기하여 관리하는 경우뿐 아니라 사실상의 관리를 하는 경우도 포함된다.

18 정답 ①

① (×) 수용재결이 아니라 이의재결이 행정심판의 재결의 성질을 갖는다.
② (○) 토지수용법 제14조에 따른 사업인정은 그후 일정한 절차를 거칠 것을 조건으로 하여 일정한 내용의 수용권을 설정해 주는 행정처분의 성격을 띠는 것으로서 그 사업인정을 받음으로써 수용할 목적물의 범위가 확정되고 수용권으로 하여금 목적물에 관한 현재 및 장래의 권리자에게 대항할 수 있는 일종의 공법상의 권리로서의 효력을 발생시킨다고 할 것이므로 위 사업인정단계에서의 하자를 다투지 아니하여 이미 쟁송기간이 도과한 수용재결단계에 있어서는 위 사업인정처분에 중대하고 명백한 하자가 있어 당연무효라고 볼만한 특단의 사정이 없다면 그 처분의 불가쟁력에 의하여 사업인정처분의 위법, 부당함을 이유로 수용재결처분의 취소를 구할 수 없다(대판 1987.9.8. 87누395).
③ (○) 공익사업을 위한 토지 등의 취득 및 보상에 관한 법률 제22조(사업인정의 고시) ① 국토교통부장관은 제20조에 따른 사업인정을 하였을 때에는 지체 없이 그 뜻을 사업시행자, 토지소유자 및 관계인, 관계 시·도지사에게 통지하고 사업시행자의 성명이나 명칭, 사업의 종류, 사업지역 및 수용하거나 사용할 토지의 세목을 관보에 고시하여야 한다. ③ 사업인정은 제1항에 따라 고시한 날부터 그 효력이 발생한다.
④ (○) 토지수용법에 의한 수용재결의 효과로서 수용에 의한 기업자의 토지소유권취득은 토지소유자와 수용자와의 법률행위에 의하여 승계취득하는 것이 아니라, 법률의 규정에 의하여 원시취득하는 것이므로, 토지소유자가 토지수용법 제63조의 규정에 의하여 부담하는 토지의 인도의무에는 수용목적물에 숨은 하자가 있는 경우에도 하자담보책임이 포함되지 아니하여 토지소유자는 수용시기까지 수용 대상 토지를 현존 상태 그대로 기업자에게 인도할 의무가 있을 뿐이다(대판 2001.1.16. 98다58511).

19 정답 ③

① (○) 행정처분의 취소를 구하는 항고소송에서 처분청은 당초 처분의 근거로 삼은 사유와 기본적 사실관계가 동일성이 있다고 인정되는 한도 내에서만 다른 사유를 추가 또는 변경할 수 있고, 이러한 기본적 사실관계의 동일성 유무는 처분사유를 법률적으로 평가하기 이전의 구체적 사실에 착안하여 그 기초인 사회적 사실관계가 기본적인 점에서 동일한지에 따라 결정되므로, 추가 또는 변경된 사유가 처분 당시에 이미 존재하고 있었다거나 당사자가 그 사실을 알고 있었다고 하여 당초의 처분사유와 동일성이 있다고 할 수 없다. 그리고 이러한 법리는 행정심판 단계에서도 그대로 적용된다(대판 2014.5.16. 2013두26118).
② (○) 행정심판법 제5조(행정심판의 종류) 행정심판의 종류는 다음 각 호와 같다.
  1. 취소심판: 행정청의 위법 또는 부당한 처분을 취소하거나 변경하는 행정심판
  2. 무효등확인심판: 행정청의 처분의 효력 유무 또는 존재 여부를 확인하는 행정심판
  3. 의무이행심판: 당사자의 신청에 대한 행정청의 위법 또는 부당한 거부처분이나 부작위에 대하여 일정한 처분을 하도록

하는 행정심판
③ (×) 무효등확인심판에 있어서는 사정재결을 할 수 없다(행정심판법 제44조 제3항 참고).
④ (○) 행정심판법 제49조(재결의 기속력 등) ② 재결에 의하여 취소되거나 무효 또는 부존재로 확인되는 처분이 당사자의 신청을 거부하는 것을 내용으로 하는 경우에는 그 처분을 한 행정청은 재결의 취지에 따라 다시 이전의 신청에 대한 처분을 하여야 한다.

20 　　　　　　　　　　　　　　　정답 ③

ㄱ. (○), ㄴ. (○), ㄷ. (○)
행정소송법 제40조(재판관할) 제9조(* 재판관할)의 규정은 당사자소송의 경우에 준용한다. 다만, 국가 또는 공공단체가 피고인 경우에는 관계행정청의 소재지를 피고의 소재지로 본다.
제44조(준용규정) ①제14조 내지 제17조, 제22조, 제25조(* 행정심판기록의 제출명령), 제26조(* 직권심리), 제30조 제1항, 제32조 및 제33조의 규정은 당사자소송의 경우에 준용한다.
ㄹ. (×) 당사자소송에 대하여는 행정소송법 제23조 제2항의 집행정지에 관한 규정이 준용되지 아니하므로(행정소송법 제44조 제1항 참조), 이를 본안으로 하는 가처분에 대하여는 행정소송법 제8조 제2항에 따라 민사집행법상 가처분에 관한 규정이 준용되어야 한다(대결 2015.8.21. 2015무26).

21 　　　　　　　　　　　　　　　정답 ③

① (×) 처분권주의란 절차의 개시, 심판의 대상, 절차의 종결에 관하여 당사자가 결정권을 가지는 원칙을 말하며, 행정소송에서도 처분권주의가 적용된다.
② (×) 법원은 당사자의 신청이 있는 때에는 결정으로써 재결을 행한 행정청에 대하여 행정심판에 관한 기록의 제출을 명할 수 있다(행정소송법 제25조 제1항). 이와 같이 행정심판기록의 제출명령 제도는 규정하고 있으나 일반적으로 관계행정청에 자료제출을 요구할 수 있다는 규정은 없다.
③ (○) 하자 있는 행정처분을 놓고 이를 무효로 볼 것인지 아니면 단순히 취소할 수 있는 처분으로 볼 것인지는 동일한 사실관계를 토대로 한 법률적 평가의 문제에 불과하고, 행정처분의 무효확인을 구하는 소에는 특단의 사정이 없는 한 그 취소를 구하는 취지도 포함되어 있다고 보아야 하는 점 등에 비추어 볼 때, 동일한 행정처분에 대하여 무효확인의 소를 제기하였다가 그 후 그 처분의 취소를 구하는 소를 추가적으로 병합한 경우, 주된 청구인 무효확인의 소가 적법한 제소기간 내에 제기되었다면 추가로 병합된 취소청구의 소도 적법하게 제기된 것으로 봄이 상당하다(대판 2005.12.23. 2005두3554).
④ (×) 당사자가 행정청에 대하여 어떠한 행정행위를 하여 줄 것을 신청하지 아니하거나 그러한 신청을 하였더라도 당사자가 행정청에 대하여 그러한 행정행위를 하여 줄 것을 요구할 수 있는 법규상 또는 조리상의 권리를 갖고 있지 아니하든지 또는 행정청이 당사자의 신청에 대하여 거부처분을 한 경우에는 원고적격이 없거나 항고소송의 대상인 위법한 부작위가 있다고 볼 수 없어 그 부작위위법확인의 소는 부적법하다(대판 1995.9.15. 95누7345).

22 　　　　　　　　　　　　　　　정답 ④

④ (×) 이 사건 후속 변경처분에 의하여 유리하게 변경된 내용의 행정제재인 과징금부과가 위법하다 하여 그 취소를 구하는 이 사건 소송에 있어서 위 청구취지는 이 사건 후속 변경처분에 의하여 당초부터 유리하게 변경되어 존속하는 2002. 12. 26.자 과징금부과처분의 취소를 구하고 있는 것으로 보아야 할 것이다(대판 2007.4.27. 2004두9302).

23 　　　　　　　　　　　　　　　정답 ②

① (○) 원고의 청구가 이유있음에도 불구하고 그 청구를 기각하는 것이므로, 소송비용은 일반적인 경우와 달리 피고가 부담한다.
② (×) 당연무효의 행정처분을 소송목적물로 하는 행정소송에서는 존치시킬 효력이 있는 행정행위가 없기 때문에 행정소송법 제28조 소정의 사정판결을 할 수 없다(대판 1996.3.22. 95누5509)
③ (○) 행정소송법 제28조 제2항
④ (○) 법원이 사정판결을 할 필요가 있다고 인정하는 때에는 당사자의 명백한 주장이 없는 경우에도 기록에 나타난 사실을 기초로 하여 직권으로 사정판결을 할 수 있다(대판 2001.1.19. 99두9674).

24 　　　　　　　　　　　　　　　정답 ④

징계 요구는 징계 요구를 받은 기관의 장이 요구받은 내용대로 처분하지 않더라도 불이익을 받는 규정도 없고, 징계 요구 내용대로 효과가 발생하는 것도 아니며, 징계 요구에 의하여 행정청이 일정한 행정처분을 하였을 때 비로소 이해관계인의 권리관계에 영향을 미칠 뿐, 징계 요구 자체만으로는 징계 요구 대상 공무원의 권리·의무에 직접적인 변동을 초래하지도 아니하므로, 행정청 사이의 내부적인 의사결정의 경로로서 '징계 요구, 징계 절차 회부, 징계'로 이어지는 과정에서의 중간처분에 불과하여, 감사원의 징계 요구와 재심의결정이 항고소송의 대상이 되는 행정처분이라고 할 수 없고, 감사원법 제40조 제2항을 갑 시장에게 감사원을 상대로 한 기관소송을 허용하는 규정으로 볼 수는 없고 그 밖에 행정소송법을 비롯한 어떠한 법률에도 갑 시장에게 '감사원의 재심의 판결'에 대하여 기관소송을 허용하는 규정을 두고 있지 않으므로, 갑 시장이 제기한 소송이 기관소송으로서 감사원법 제40조 제2항에 따라 허용된다(대판 2016.12.27. 2014두5637).)

25 　　　　　　　　　　　　　　　정답 ①

① (×) 국유재산법 제6조(국유재산의 구분과 종류) ② 행정재산의 종류는 다음 각 호와 같다.
1. 공용재산: 국가가 직접 사무용·사업용 또는 공무원의 주거용(직무 수행을 위하여 필요한 경우로서 대통령령으로 정하는 경우로 한정한다)으로 사용하거나 대통령령으로 정하는 기한까지 사용하기로 결정한 재산

2. 공공용재산: 국가가 직접 공공용으로 사용하거나 대통령령으로 정하는 기한까지 사용하기로 결정한 재산
   3. 기업용재산: 정부기업이 직접 사무용·사업용 또는 그 기업에 종사하는 직원의 주거용(직무 수행을 위하여 필요한 경우로서 대통령령으로 정하는 경우로 한정한다)으로 사용하거나 대통령령으로 정하는 기한까지 사용하기로 결정한 재산
   4. 보존용재산: 법령이나 그 밖의 필요에 따라 국가가 보존하는 재산
② (○) 구 토지수용법 제18조의2 제2항에 의하면 사업인정의 고시가 있은 후에는 고시된 토지에 공작물의 신축, 개축, 증축 또는 대수선을 하거나 물건을 부가 또는 증치하고자 하는 자는 미리 도지사의 허가를 받도록 되어 있고, 한편 구 도로법 제74조 제1항 제1호에 의하면 관리청은 같은 법 또는 이에 의한 명령 또는 처분에 위반한 자에 대하여는 공작물의 개축, 물건의 이전 기타 필요한 처분이나 조치를 명할 수 있다고 되어 있으므로 토지에 관한 도로구역 결정이 고시된 후 구 토지수용법 제18조의2 제2항에 위반하여 공작물을 축조하고 물건을 부가한 자에 대하여 관리청은 이러한 위반행위에 의하여 생긴 유형적 결과의 시정을 명하는 행정처분을 하여 이에 따르지 않는 경우에는 행정대집행의 방법으로 그 의무내용을 실현할 수 있는 것이고, 이러한 행정대집행의 절차가 인정되는 경우에는 따로 민사소송의 방법으로 공작물의 철거, 수거 등을 구할 수는 없다(대판 2000.5.12. 99다18909).
③ (○) 국유재산법상의 행정재산이란 국가가 소유하는 재산으로서 직접 공용, 공공용, 또는 기업용으로 사용하거나 사용하기로 결정한 재산을 말한다. 그 중 도로, 공원과 같은 인공적 공공용재산은 법령에 의하여 지정되거나 행정처분으로써 공공용으로 사용하기로 결정한 경우, 또는 행정재산으로 실제로 사용하는 경우의 어느 하나에 해당하면 행정재산이 되는 것인데, 1980. 1. 4. 법률 제3256호로 제정된 도시공원법이 시행되기 이전에 구 도시계획법상 공원으로 결정·고시된 국유토지라는 사정만으로는 행정처분으로써 공공용으로 사용하기로 결정한 것으로 보기는 부족하나, 서울특별시장이 구 공원법, 구 도시계획법에 따라 사업실시계획의 인가내용을 고시함으로써 공원시설의 종류, 위치 및 범위 등이 구체적으로 확정되거나 도시계획사업의 시행으로 도시공원이 실제로 설치된 토지라면 공공용물로서 행정재산에 해당한다(대판 2014.11.27. 2014두10769).
④ (○) 국유재산법 제42조 제1항, 제73조 제2항 제2호에 따르면, 국유 일반재산의 관리·처분에 관한 사무를 위탁받은 자는 국유 일반재산의 대부료 등이 납부기한까지 납부되지 아니한 경우에는 국세징수법 제23조와 같은 법의 체납처분에 관한 규정을 준용하여 대부료 등을 징수할 수 있다. 이와 같이 국유 일반재산의 대부료 등의 징수에 관하여는 국세징수법 규정을 준용한 간이하고 경제적인 특별구제절차가 마련되어 있으므로, 특별한 사정이 없는 한 민사소송의 방법으로 대부료 등의 지급을 구하는 것은 허용되지 아니한다(대판 2014.9.4. 2014다203588).

소방법령 Ⅳ [소방위] (25문항)

01 정답 ③

③ (×) 본인, 그리고 인사자료의 보고등을 위하여 필요한 자는 인사기록관리자의 허가를 받아 인사기록관리담당자의 참여하에 정해진 장소에서 열람해야 한다(소방공무원임용령 시행규칙 제15조 제2항).

02 정답 ③

임용권자는 채용후보자명부에 등재된 사람 중 채용후보자명부의 유효기간이 만료될 때까지 임용되지 아니한 사람(제20조에 따라 그때까지 임용 또는 임용제청이 유예된 사람은 제외)에 대하여는 해당 기관에 그 직급에 해당하는 정원이 따로 있는 것으로 보고 임용할 수 있다. 이 경우 따로 있는 것으로 보는 정원은 그 신규임용후보자가 임용된 후 해당 직급에 이에 상응하는 결원이 발생한 때에 소멸한 것으로 본다((소방공무원임용령 제19조 제3항).

03 정답 ②

② (×) 국가공무원법 제33조(결격사유) 다음 각 호의 어느 하나에 해당하는 자는 공무원으로 임용될 수 없다.
   6의4. 미성년자에 대하여 「성폭력범죄의 처벌 등에 관한 특례법」 제2조에 따른 성폭력범죄 또는 「아동·청소년의 성보호에 관한 법률」 제2조 제2호에 따른 아동·청소년대상 성범죄를 범한 사람으로서 다음 각 목의 어느 하나에 해당하는 날부터 20년이 지나지 아니한 사람
   가. 금고 이상의 실형을 선고받고 그 집행이 끝나거나(집행이 끝난 것으로 보는 경우를 포함한다) 집행이 면제된 날
   나. 금고 이상의 형의 집행유예를 선고받고 그 집행유예가 확정된 날
   다. 벌금 이하의 형을 선고받고 그 형이 확정된 날
   라. 치료감호를 선고받고 그 집행이 끝나거나 집행이 면제된 날
   마. 징계로 파면처분 또는 해임처분을 받은 날

04 정답 ①

① (○) 휴무일 또는 근무시간 외에 공무가 아닌 사유로 국외지역으로 여행하고자 할 경우에는 여행 시작 2일 전까지 소방관서의 장은 상급 소방관서의 장에게, 직원은 소속 소방관서의 장 또는 직근 상급감독자에게 신고하여야 한다(소방공무원 당직 및 비상업무규칙 제24조).
② (×), ③ (×) 소방공무원은 휴무일이나 근무시간 외에 공무가 아닌 사유로 3시간 이내에 직무에 복귀하기 어려운 지역으로 여행하려는 경우에는 소속 소방기관의 장에게 신고하여야 한다. 다만, 제5조에 따른 비상근무 등 소방업무상 특별한 사정이 있어 소방기관의 장이 정하는 기간 중에는 소속 소방기관의 장의 허가를 받아야 한다(소방공무원 복무규정 제4조).

④ (×) 비상근무의 발령권자는 비상상황이 종료되는 즉시 비상근무를 해제하고, 비상근무 해제시 비상근무 발령권자가 소방본부장 또는 소방서장인 경우에는 6시간 이내에 해제일시, 사유 및 비상근무결과 등을 소방본부장은 소방청장에게, 소방서장은 소방본부장에게 보고하여야 한다(소방공무원 당직 및 비상업무규칙 제16조 제1항).

05 정답 ②

② (×) 승진대상자명부를 조정하거나 삭제한 경우에는 조정한 날로부터 효력을 가진다(소방공무원 승진임용 규정 제14조 단서).

06 정답 ①

- 경위 이하의 경찰공무원으로서 최근 5년 이내에 화재감식 또는 범죄수사업무에 종사한 경력이 2년 이상인 사람이어야 한다(소방공무원임용령 제15조 제8항).
- 5년 이상 의용소방대원으로 계속하여 근무하고 있는 사람을 그 지역에 소방서·119지역대 또는 119안전센터가 처음으로 설치된 날로부터 1년 이내에 그 지역의 소방공무원으로 임용하는 경우로 한정한다(소방공무원임용령 제15조 제9항).
- 공개경쟁시험으로 임용하는 것이 부적당한 경우에, 행정안전부령으로 정하는 임용예정분야별 채용계급에 해당하는 자격증을 소지한 후 해당 분야에서 2년 이상 종사한 경력이 있어야 한다. 다만, 항공 분야 조종사의 경력을 산정할 때에는 해당 자격증을 소지하기 전의 경력을 포함하여 산정한다(소방공무원법 제7조 제2항 제2호, 임용령 시행규칙 제23조 제1항).

07 정답 ④

① (×) 징계위원회의 회의, 징계위원회의 회의에 참여할 또는 참여한 위원의 명단, 징계위원회의 회의에서 위원이 발언한 내용이 적힌 문서(전자적으로 기록된 문서를 포함), 그 밖에 공개할 경우 징계위원회의 심의·의결의 공정성을 해칠 우려가 있다고 인정되는 사항등은 공개하지 아니한다(소방공무원 징계령 제8조).
② (×) 위원장이 부득이한 사유로 직무를 수행할 수 없는 때에는 출석한 위원의 최상위 계급 또는 선임의 소방공무원이 그 직무를 대행한다(제7조 제4항).
③ (×) 3분의 1이 아니라 2분의 1이다(제4조 제6항).

08 정답 ①

인사혁신처장과의 협의가 의무사항이 아닌 것으로 ① 「공무원 인재개발법」 또는 법 제20조 제3항(이 영 제3조 제1항 및 같은 조 제5항 제1호·제3호에 따라 시·도지사가 임용권을 행사하는 소방공무원에 한정한다)에 따른 교육훈련을 위하여 필요한 경우, ② 「공무원 인재개발법」에 따른 공무원교육훈련기관의 교수요원으로 선발되거나 그 밖에 교육훈련 관련 업무수행을 위하여 필요한 경우가 있다(소방공무원임용령 제30조 제4항). 그리고 파견기간이 1년 미만인 경우에는 인사혁신처장의 협의를 거치지 아니하고 소방청장의 승인을 받아 파견할 수 있다(제5항).

09 정답 ①

교육훈련기관의 장은 제3조의2에 따른 기본정책 및 기본지침에 따라 매년 12월 31일까지 다음 연도의 교육훈련계획을 수립하여 소방청장에게 보고해야 한다. 이 경우 특별시·광역시·도에 설치된 교육훈련기관의 장은 특별시장·광역시장 또는 도지사를 거쳐야 한다(소방공무원 교육훈련규정 제13조 제2항).

10 정답 ①

① (×) 소방정 및 소방령은 7년 이상, 소방경, 소방위, 소방장, 소방교 및 소방사는 4년 이상이다.

11 정답 ②

① 순직한 경우(「공무원 재해보상법」 제3조 제1항 제3호에 따른 순직공무원 또는 같은 항 제4호에 따른 위험직무순직공무원으로서 소방청장 또는 시·도지사가 재직 중 특별한 공적이 있다고 인정하는 사람), ② 「공무원 재해보상법」 제3조 제1항 제3호에 따른 순직공무원 또는 같은 항 제4호에 따른 위험직무순직공무원으로서 위험을 무릅쓰고 헌신 분투하여 현저한 공을 세우고 사망하였거나 부상을 입어 사망한 사람 또는 직무수행 중 다른 사람의 모범이 되는 공을 세우고 사망하였거나 부상을 입어 사망한 사람 중 소방청장 또는 시·도지사가 재직 중 특별한 공적이 있다고 인정하는 사람에 대한 특별승진임용 여부, ③ 순직한 경우에 해당하지 않음이 명백한 경우의 특별승진임용 취소 여부, ④ '현장에서 발생한 공무 중의 부상으로 사망하여 사망 경위가 명확하고 재직 중 특별한 공적이 있다고 인정되는 경우에는 승진심사위원회의 심사를 거치지 않고 특별승진임용할 수 있고, 이 경우 소방청장 또는 시·도지사는 승진심사위원회의 사후 추인을 받아야 하는 경우'에 따른 특별승진임용 사후 추인 여부에 대한 심사를 위하여 구성되는 중앙승진심사위원회의 위원은 다음 각 호의 사람으로 한다. 이 경우 제2호에 따른 위원이 과반수가 되도록 해야 한다(소방공무원 승진임용 규정 제17조 제4항 참고).
1. 특별승진심사대상자보다 상위계급의 소방공무원(상위계급에 상당하는 공무원 및 고위공무원단에 속하는 공무원을 포함한다. 이하 이 호에서 같다)으로서 소방청장이 지명하는 사람. 다만, 특별승진심사대상자보다 상위계급의 소방공무원이 부족한 경우에는 같은 계급의 소방공무원으로서 소방청장이 지명하는 사람을 포함할 수 있다.
2. 다음 각 목의 어느 하나에 해당하는 사람으로서 소방청장이 위촉하는 사람
   가. 법관·검사 또는 변호사의 직에 10년 이상 근무한 사람
   나. 대학에서 조교수 이상의 직에 10년 이상 근무한 사람
   다. 인사, 노무 또는 소방 관련 업무에 대한 전문지식이 있거나 관련 분야에서 10년 이상 근무한 사람

제1항의 위원장(註: 일반적인 위원회의 위원장)은 위원 중 소방청장이 지명하고, 제4항의 위원장은 소방청장이 제4항 제2호에 따른 위원 중에서 위촉한다(제5항).

12   정답 ③

소방공무원의 채용시험 또는 소방간부후보생 선발시험에서 다음 각 호의 어느 하나에 해당하는 행위를 한 사람에 대해서는 그 시험을 정지 또는 무효로 하거나 합격을 취소하고, 그 처분이 있은 날부터 5년간 이 영에 따른 시험의 응시자격을 정지한다(소방공무원임용령 제51조 제1항).

> 1. 다른 수험생의 답안지를 보거나 본인의 답안지를 보여주는 행위
> 2. 대리 시험을 의뢰하거나 대리로 시험에 응시하는 행위
> 3. 통신기기, 그 밖의 신호 등을 이용하여 해당 시험 내용에 관하여 다른 사람과 의사소통하는 행위
> 4. 부정한 자료를 가지고 있거나 이용하는 행위
> 5. 병역, 가점 또는 영어능력검정시험 성적에 관한 사항 등 시험에 관한 증명서류에 거짓 사실을 적거나 그 서류를 위조·변조하여 시험결과에 부당한 영향을 주는 행위
> 6. 체력시험에 영향을 미칠 목적으로 인사혁신처장이 정하여 고시하는 금지약물을 복용하거나 금지방법을 사용하는 행위
> 7. 그 밖에 부정한 수단으로 본인 또는 다른 사람의 시험결과에 영향을 미치는 행위

13   정답 ③

제2류 위험물 및 지정수량

성질	위험등급	품명	지정수량
가연성 고체	II	1. 황화인, 2. 적린, 3. 황	100킬로그램
	III	4. 철분, 5. 금속분, 6. 마그네슘	500킬로그램
	III	9. 인화성고체	1,000킬로그램
	II 또는 III	7. 그 밖의 행정안전부령이 정하는 것	100킬로그램,
		8. 제1호 내지 제7호의1에 해당하는 어느 하나 이상을 함유한 것	500킬로그램

14   정답 ④

예방규정의 이행 실태 평가 대상(령 제15조제2항)
예방규정을 정하여하는 제조소등 가운데 저장 또는 취급하는 위험물의 최대수량의 합이 지정수량의 3천배 이상인 제조소등 (신설 2024.07.02., 시행 2024.07.04.)

15   정답 ②

셀프용주유 및 급유설비 기준
- 셀프용고정주유설비 1회의 연속주유량 및 주유시간의 상한을 미리 설정할 수 있는 구조일 것. 이 경우 주유량의 상한은 **휘발유는 100ℓ 이하, 경유는 600ℓ 이하**로 하며, 주유시간의 상한은 휘발유는 **4분 이하, 경유는 12분 이하**로 할 것
- 셀프용고정급유설비의 1회의 연속급유량 및 급유시간의 상한을 미리 설정할 수 있는 구조일 것 이 경우 급유량의 상한은 100ℓ 이하, 급유시간의 상한은 6분 이하로 할 것.

16   정답 ②

정기점검 대상(영 제16조)
① 관계인이 예방규정을 정해야 하는 제조소등
 지정수량 10배 이상의 위험물을 취급하는 제조소
 지정수량 150배 이상의 위험물을 저장하는 옥내저장소
 지정수량 100배 이상의 위험물을 저장하는 옥외저장소
 지정수량 200배 이상의 위험물을 저장하는 옥외탱크저장소
 암반탱크저장소
 이송취급소
 지정수량 10배 이상의 위험물을 취급하는 일반취급소

> 제4류 위험물(특수인화물을 제외한다)만을 지정수량의 **50배 이하**로 취급하는 일반취급소(제1석유류·알코올류의 취급량이 지정수량의 10배 이하인 경우에 한한다)로서 다음 각 목의 어느 하나에 해당하는 것을 제외한다.
> - 보일러·버너 또는 이와 비슷한 것으로서 위험물을 소비하는 장치로 이루어진 일반취급소
> - 위험물을 용기에 옮겨 담는 일반취급소
> - 차량에 고정된 탱크에 주입하는 일반취급소

② 지하탱크저장소
③ 이동탱크저장소
④ 위험물을 취급하는 탱크로서 지하에 매설된 탱크가 있는 제조소, 주유취급소, 일반취급소

17   정답 ①

위험물의 유별 저장·취급의 공통기준(중요기준)
- 제1류 위험물은 가연물과의 접촉·혼합이나 분해를 촉진하는 물품과의 접근 또는 과열·충격·마찰 등을 피하는 한편, 알카리금속의 과산화물 및 이를 함유한 것에 있어서는 물과의 접촉을 피하여야 한다.
- 제2류 위험물은 산화제와의 접촉·혼합이나 불티·불꽃·고온체와의 접근 또는 과열을 피하는 한편, 철분·금속분·마그네슘 및 이를 함유한 것에 있어서는 물이나 산과의 접촉을 피하고 인화성 고체에 있어서는 함부로 증기를 발생시키지 아니하여야 한다.
- 제3류 위험물 중 자연발화성물질에 있어서는 불티·불꽃 또는 고온체와의 접근·과열 또는 공기와의 접촉을 피하고, 금수성물질에 있어서는 물과의 접촉을 피하여야 한다.
- 제4류 위험물은 불티·불꽃·고온체와의 접근 또는 과열을 피하고, 함부로 증기를 발생시키지 아니하여야 한다.
- 제5류 위험물은 불티·불꽃·고온체와의 접근이나 과열·충격 또는 마찰을 피하여야 한다.
- 제6류 위험물은 가연물과의 접촉·혼합이나 분해를 촉진하는 물품과의 접근 또는 과열을 피하여야 한다.

18   정답 ③

옥외탱크저장소의 위치·구조 및 설비의 기준
- 지정수량의 **950배**를 저장하는 옥외탱크저장소의 보유공지는 **5m 이상**이다.
- 펌프설비의 주위에는 **너비 3m 이상**의 공지를 보유해야 한다. 다만, 방화상 유효한 격벽을 설치하는 경우와 제6류 위험물 또는 지정수량의 **10배 이하** 위험물의 옥외저장탱크의 펌프설비에 있어서는 그러하지 아니하다.

19   정답 ②

소화시설의 설치대상이 되는 건축물 등 소요단위의 계산방법

구 분	제조소등	건축물의 구조	1소요단위
건축물 그 밖의 공작물의 규모 또는 위험물의 소요단위 계산방법 기준단위	제조소 또는 취급소의 건축물	외벽이 내화구조인 것 (제조소등의 용도로 사용되는 부분 외의 부분이 있는 건축물은 제조소등에 사용되는 부분의 바닥면적의 합계를 말함)	연면적 100㎡
		외벽이 내화구조가 아닌 것	연면적 50㎡
	저장소의 건축물	외벽이 내화구조인 것	연면적 150㎡
		외벽이 내화구조가 아닌 것	연면적 75㎡
	제조소등의 옥외에 설치된 공작물	외벽을 내화구조로 간주 (공작물의 최대수평투영면적을 연면적으로 간주)	• 제조소·일반취급소 : 100㎡ • 저장소 : 150㎡
	위험물		지정수량 10배

20   정답 ③

운송책임자의 감독·지원을 받아 운송하여야 하는 위험물(영 제19조)
- 알킬알루미늄
- 알킬리튬
- 제1호 또는 제2호의 물질을 함유하는 위험물

21   정답 ③

화학소방자동차에 갖추어야 하는 소화능력 및 설비의 기준(규칙 별표 23)

화학소방 자동차의 구분	소화능력 및 설비의 기준
포수용액 방사차	포수용액의 방사능력이 **매분 2,000L 이상**일 것
	소화약액탱크 및 소화약액혼합장치를 비치할 것
	10만L 이상의 포수용액을 방사할 수 있는 양의 소화약제를 비치할 것
분말 방사차	분말의 방사능력이 **매초 35kg 이상**일 것
	분말탱크 및 가압용가스설비를 비치할 것
	1,400kg 이상의 분말을 비치할 것
할로젠화합물 방사차	할로젠화합물의 방사능력이 **매초 40kg 이상**일 것
	할로젠화합물탱크 및 가압용가스설비를 비치할 것
	1,000kg 이상의 할로젠화합물을 비치할 것
이산화탄소 방사차	이산화탄소의 방사능력이 **매초 40kg 이상**일 것
	이산화탄소저장용기를 비치할 것
	3,000kg 이상의 이산화탄소를 비치할 것
제독차	가성소다 및 규조토를 각각 50kg 이상 비치할 것

22   정답 ②

정기검사 핵심정리

점검 구분	검사대상	점검자의 자격	점검내용	횟수 등
정밀 정기 검사	액체위험물을 저장 또는 취급하는 50만 리터 이상의 옥외탱크저장소	소방본부장 또는 소방서장 → 한국소방산업기술원에 위탁	제조소등 관계인이 위험물시설에 대한 적정 유지·관리 여부를 확인	• 완공검사합격확인증을 발급받은 날부터 **12년 이내**에 1회 이상 • 최근의 정밀정기검사를 받은 날부터 **11년 이내**에 1회 이상
중간 정기 검사				• 완공검사합격확인증을 발급받은 날부터 **4년 이내**에 1회 이상 • 최근의 정밀정기검사 또는 중간정기검사를 받은 날부터 **4년 이내**에 1회 이상

23 정답 ①

위험물 제조소등의 각종 턱높이 정리

제조소	옥외탱크저장소		옥내탱크저장소				주유취급소		판매취급소
옥외설비 바닥 둘레의 턱 높이	펌프실 바닥 주위의 턱높이	펌프실 외의 장소에 설치하는 펌프설비 주위의 턱높이	전용실이 있는 건축물 외에 펌프설비 설치		전용실이 있는 건축물에 펌프설비 설치한 경우		사무실 그 밖의 화기를 사용하는 곳의 출입구 또는 사이 통로 문턱 높이	펌프실 출입구의 턱높이	배합실 문턱의 높이
			펌프실 바닥의 주위턱	펌프실 외의 설치하는 펌프설비	전용실 외 펌프실 바닥주위의 턱	전용실에 설치하는 펌프설비 주위의 턱			
0.15m 이상	0.2m 이상	0.15m 이상	0.2m 이상	0.15m 이상	0.2m 이상	문턱 높이 이상	0.15m 이상	0.1m 이상	0.1m 이상

24 정답 ①

권한의 위탁

위탁자 → 수탁자		위임 또는 위탁 업무
시·도지사 → 기술원	탱크 안전 성능 검사	• 용량이 100만리터 이상인 액체위험물을 저장하는 탱크 • 암반탱크 • 지하탱크저장소의 액체위험물을 저장하는 탱크 중 이중벽탱크
	완공 검사	• 지정수량의 1천배 이상의 위험물을 취급하는 제조소 또는 일반취급소의 설치 또는 변경(사용 중인 제조소 또는 일반취급소의 보수 또는 부분적인 증설은 제외)에 따른 완공검사 • 저장용량 50만리터 이상의 옥외탱크저장소의 설치 또는 변경에 따른 완공검사 • 암반탱크저장소의 설치 또는 변경에 따른 완공검사
	기타	위험물 운반용기 검사
소방본부장 또는 서장 → 기술원		50만 리터 이상의 옥외탱저장소의 정기검사
소방청장 → 안전원		• 위험물운반자 또는 위험물운송자 자격을 갖추려는 사람 • 위험물취급자 자격을 갖추려는 사람. • 위험물안전관리자, 위험물 운송자 또는 위험물 운반자로 종사하는 사람의 안전교육
소방청장 → 기술원		탱크시험자의 기술인력으로 종사하는 사람에 대한 안전교육

25 정답 ④

판매취급소의 배합실에 배합하거나 옮겨 담는 작업을 할 수 있는 위험물

① 도료류
② 제1류 위험물 중 염소산염류 및 염소산염류만을 함유한 것
③ 황
④ 인화점이 38℃ 이상인 제4류 위험물

소방전술(소방위) [25문항]

01   정답 ④

제6류	산화성액체	1. 과염소산	300킬로그램
		2. 과산화수소	300킬로그램
		3. 질산	300킬로그램
		4. 그 밖에 행정안전부령이 정하는 것	300킬로그램
		5. 제1호 내지 제4호의 1에 해당하는 어느 하나 이상을 함유한 것	300킬로그램

02   정답 ③

플래시오버 징후와 특징

징후	• 고온의 연기 발생 • Rollover 현상이 관찰됨 • 일정공간 내에서의 전면적인 자유연소 • 일정공간 내에서의 계속적인 열집적(다른 물질의 동시가열) • 두텁고, 뜨겁고, 진한연기가 아래로 쌓임
특징	• 실내 모든 가연물의 동시발화 현상 • 바닥에서 천장까지 고온상태

03   정답 ④

내화조	• 콘크리트 바닥 층의 강도 내부 바닥 층의 갈라짐, 휘어짐, 갈라진 콘크리트 틈새로 상승하는 불꽃과 연기를 발견했다면 이것은 붕괴 신호라는 것을 인식
준내화조	• 철재구조의 지붕 붕괴의 취약성 - 지붕위에 올라가 소방 활동을 하는 것은 극히 위험 - 안전한 배연방법으로 수평배연 기법이 필요
조적조	• 벽 붕괴 수직하중에는 강하지만 수평으로 주어진 하중은 벽체를 쉽게 무너지게 한다.
중량 목구조	• 지붕과 바닥 층을 지탱하는 트러스트 구조의 연결부분 건물 외부 코너 부분이 가장 안전한 곳
경량 목구조	• 벽 붕괴 3~4개의 벽체가 동시에 붕괴되는 유일한 건물 유형이므로 진입활동 중 진압대원들이 매몰될 가능성이 가장 높다.

04   정답 ③

황염 (노란색 불꽃)	• 공기량 부족으로 버너에서 황적색염이 나오는 현상 - 황염이 길어져 저온의 피열체에 접촉되면 불완전연소를 촉진시켜 일산화탄소를 발생한다. - 1차 공기의 조절장치를 충분히 열어도 황염이 소실되지 않으면 버너의 관창구경이 커져서 가스공급이 과대하게 되었거나 가스의 공급압력이 낮기 때문이다. - 용기 잔액이 적은 경우에 황염이 발생하는 것은 가스의 성분변화와 가스의 공급저하에 의한 것이다.
Lifting (선화)	• 가스분출구멍으로 부터 가스유출속도가 연소속도보다 크게 되었을 때 가스는 염공에 접하여 연소치 않고 염공에서 떨어져서 연소한다. - 버너의 가스분출구멍에 먼지 등이 끼어 염공이 작게 된 경우 혼합가스의 유출속도가 빠르게 된다. - 가스의 공급압력이 높거나 관창의 구경이 큰 경우 가스의 유출속도가 빠르게 된다. - 연소가스의 배출 불충분으로 2차 공기 중의 산소가 부족한 경우 연소속도가 느리게 된다. - 공기조절장치를 너무 많이 열어 가스의 공급량이 많게 되면 리프팅이 일어나지만 가스의 공급량이 적게 될 때는 백드래프트 또는 불이 꺼지는 원인이 된다.
Flash back (역화)	• 가스의 연소가 염공의 가스 유출속도보다 더 클 때, 또는 연소속도는 일정해도 가스의 유출속도가 더 작게 되었을 때 불꽃이 버너 내부로 들어가는 현상 - 부식에 의해서 염공이 크게 되면 혼합가스의 유출속도가 상대적으로 느려져 플래시백의 원인이 되며, 관창구경이 너무 작다든지 관창의 구멍에 먼지가 부착하는 경우는 코크가 충분하게 열리지 않아 가스압력의 저하로 플래시백의 원인이 된다. - 가스버너 위에 큰 냄비 등을 올려서 장시간 사용할 경우나 버너위에 직접 탄을 올려서 불을 일으킬 경우는 버너가 과열되어 혼합가스의 온도가 올라가는 원인이 되며 또한 연소속도가 크게 되어 플래시백 현상이 나타나기 쉽다.

05   정답 ①

호스연장의 원칙과 관창배치

① 펌프차의 방수구의 결합은 화점이 보이는 측의 방수구를 기본으로 하고 방수구 측에 여유호스을 둔다. 여유호스는 위해 방지를 위해서 펌프측의 2~3m에 둔다.
② 호스연장 경로는 관창배치 위치까지 최단시간에 도달할 수 있어야 한다.
③ 도로, 건물의 꺾인 부분은 호스를 넓게 벌려서 연장한다.
④ 극단적인 꼬임이나 뒤틀리지 않도록 하고 송수 시에 있어서 호스

의 반동에 의한 부상방지를 꾀한다.
⑤ 간선도로의 횡단은 가능한 피한다. 횡단하는 경우는 되도록 도로에 대해서 직각으로 연장하고 교통량이 많은 도로는 보도에 연장한다.
⑥ 날카로운 철선이나 울타리 등을 넘는 경우는 호스를 손상시키지 않도록 한다.
⑦ 화재 건물에서의 낙하물이나 열에 의한 호스손상을 예상해 되도록 처마 밑, 창 아래 등을 피해서 연장한다.
⑧ 화면에 평행하는 도로는 호스를 보호하기 위해 도로경계석 밑으로 호스를 연장한다.
⑨ 호스연장은 타 대를 고려해 평면적, 입체적으로 포위해서 연장한다.
⑩ 진입목표 계단이 3층 이하의 경우는 옥내연장 또는 적재사다리에 의한 연장으로 한다.
⑪ 소요 호스의 판단은 수리위치에서 출화 지점까지의 거리에 30% 정도의 여유를 둔 호스 수로 한다.
⑫ 4층 이상의 경우는 옥외 끌어올림(끌어내림)연장이나 사다리차에 의한 연장으로 하고 낙하방지 대책을 강구한다.
⑬ 호스의 파열이나 절단 등으로 자기대의 차량위치가 멀어진 경우 교환할 호스는 근처의 대(隊)에서 빌리도록 한다.

06   정답 ①

소방차 흡수 및 방수준비 순서
ⓐ 저수조 및 하천 등 흡수 가능한 장소에 차량을 부서시킨다.
ⓑ 주차 브레이크를 확실히 체결한 후 고임목을 타이어 앞, 뒤로 확실하게 고정한다.
ⓒ 엔진의 속도를 낮게 유지하고 변속기가 중립(N) 위치에 있는지 확인한다.
ⓓ 흡수호스를 흡수구에 연결하고 호스 스트레이너를 완전히 수중에 가라 앉힌다.
ⓔ 클러치 페달을 밟는다. 오토미션 차량은 중립(N) 위치 재확인한다.
ⓕ 동력인출장치(P.T.O)를 작동시킨다.
ⓖ 클러치 페달을 서서히 놓는다.(물 펌프가 회전한다.) 엔진소리가 바뀌는지 확인하고 펌프가 회전하는 소리를 듣는다.
ⓗ 방수구에 호스를 연결하고, 관창을 연결 방수 준비한다.

07   정답 ③

발화지점	열원과 가연물이 상호작용하여 화재가 시작된 지점을 말한다.
발화장소	화재가 발생한 장소를 말한다.
최초착화물	발화열원에 의해 불이 붙은 최초의 가연물을 말한다.
발화요인	발화열원에 의하여 발화로 이어진 연소현상에 영향을 준 인적·물적·자연적인 요인을 말한다.
발화관련 기기	발화에 관련된 불꽃 또는 열을 발생시킨 기기 또는 장치나 제품을 말한다.
동력원	발화관련 기기나 제품을 작동 또는 연소시킬 때 사용되어진 연료 또는 에너지를 말한다.
연소확대물	연소가 확대되는데 있어 결정적 영향을 미친 가연물을 말한다.
내용연수	고정자산을 경제적으로 사용할 수 있는 연수를 말한다.
손해율	피해물의 종류, 손상 상태 및 정도에 따라 피해금액을 적정화시키는 일정한 비율을 말한다.
잔가율	화재 당시에 피해물의 재구입비에 대한 현재가의 비율을 말한다.
최종잔가율	피해물의 내용연수가 다한 경우 잔존하는 가치의 재구입비에 대한 비율을 말한다.

08   정답 ④

대원선정 시 유의사항	① <u>중요한 장비의 조작은 해당 장비의 조작법을 숙달한 대원에게 부여한다.</u> ② <u>위험작업은 책임감이 있고 확실하게 임무를 수행할 수 있는 대원지정한다.</u> ③ 대원에게는 다양한 요소로부터 자신감을 주면서 임무를 부여한다.
현장에서 명령 시 유의사항	① 대원별 임무분담은 현장 확인 후 구출방법 순서를 결정한 시점에서 대원 개개인별로 명확히 지정한다. ② <u>명령을 하달할 때에는 모든 대원을 집합시켜 재해현장 전반의 상황, 활동방침(전술), 대원 각자의 구체적 임무 및 활동상 유의사항을 포함한 내용을 전달한다.</u> ③ 구출작업 도중에 현장 상황의 변화에 따라 명령을 수정할 필요가 있는 경우에도 가능하면 <u>모든 대원에게 변화된 상황과 수정된 명령내용을 전달하여 불필요한 오해 소지를 제거한다.</u>

09   정답 ③

시간경과에 따른 강도저하	• 로프는 사용 횟수와 무관하게 강도가 저하된다. • 특히 4년 경과시부터 강도가 급속히 저하된다.
로프교체시기 (대한산악 연맹권고)	• 가끔 사용하는 로프 : 4년 • 매주 사용하는 로프 : 2년 • 매일 사용하는 로프 : 1년 • 스포츠 클라이밍 : 6개월
즉시교체 로프	• 큰 충격을 받은 로프(추락, 낙석, 아이젠) • 납작하게 눌린 로프 • 손상된 부분이 있는 로프

10 정답 ②

압력조정기의 고장 및 관리상 주의
(고장)
① 충격이나 이물질로 인해서 고장이 발생할 수 있다.
② 이때에는 면체 좌측의 바이패스 밸브를 열어 공기를 직접 공급해 줄 수 있다.
③ 바이패스 밸브는 평소 쉽게 열리지 않지만 압력이 걸리면 개폐가 용이하다.
④ 바이패스 밸브를 사용할 때에는 숨 쉰 후에 닫아주고 다음번 숨 쉴 때마다 다시 열어준다.

(유지관리)
ⓐ 용기와 고압도관, 등받이 등을 결합할 때에는 공구를 사용하는 부분인지 정확히 판단한다. 대부분의 부품은 손으로 완전히 결합할 수 있다.
ⓑ 용기는 고온 직사광선을 피하여 보관하고 충격을 받지 않도록 조심스럽게 다룬다. 특히 개폐밸브의 보호에 유의하고 개폐는 가볍게 한다.
ⓒ 공기의 누설을 점검할 때는 개폐밸브를 서서히 열어 압력계 지침이 가장 높이 상승하는 것을 기다려 개폐밸브를 잠근다. 이 경우 압력계 지침이 1분당 1Mpa이내로 변화할 때에는 사용상에 큰 지장은 없다.
ⓓ 사용 후 고압도관에 남아있는 공기를 제거하고, 면체 유리부분에 이물질이 닿지 않도록 한다.
ⓔ 고압조정기와 경보기 부분은 분해조정 하지 않는다.
ⓕ 실린더는 고온 직사광선을 피하여 보관하고 충격을 받지 않도록 조심스럽게 다룬다. 특히 개폐밸브의 보호에 유의하고 개폐는 가볍게 한다.
ⓖ 사용한 후에는 깨끗이 청소하고 잘 닦은 후 고온 및 습기가 많은 장소를 피해서 보관한다.
ⓗ 최근에 보급되는 면체에는 김서림 방지(Anti-Fog) 코팅이 되어 있어 물로 세척하면 코팅이 벗겨질 수 있다.
ⓘ 젖은 수건으로 세척한 후에는 즉시 마른 수건으로 잘 닦고 그늘에서 건조시킨다.
ⓙ 실린더 내의 공기는 공기호흡기를 사용하는 안전에 직접적인 영향을 미치므로 항상 청결하게 유지되어야 한다. 고압용기에 충전된 호흡용 공기는 매 1년마다 공기를 배출한 후 새로운 공기를 충전하여 보관한다.

11 정답 ②

사용가능시간(분)

$$= \frac{[용기 내 압력(kg/㎠) - 여유 압력(kg/cm2)] \times 용기 용량(\ell)}{매분당 호흡량(\ell)}$$

탈출개시압력

$$= \frac{\{탈출 소요시간(min) \times 매분당 호흡량(\ell)\}}{용기 용량(\ell)} + 여유 압력(kg/㎠)$$

12 정답 ②

안전유리	• 유리판 두장을 겹치고 사이에 얇은 플라스틱 필름을 삽입, 접착한 것이다. • 전면의 방풍유리에 사용되며 일부 차량은 뒷 유리창에도 사용한다. • 충격을 가하면 중간 필름층 때문에 유리가 흩어지지 않고 붙어있게 된다. • 파편으로 운전자와 승객이 부상당하는 것을 막기 위해서 사용한다.
파괴장비	• 차유리절단기 톱날 부분으로 안전유리를 잘라서 제거할 수 있다. 도구 뒷부분으로 유리창 모서리에 충격을 가하여 구멍을 뚫고 톱날부분을 넣어 잘라낸다. 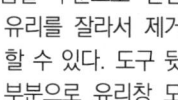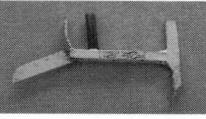 차 유리 절단기
강화유리	• 열처리된 강화유리는 측면 도어의 유리창과 후면 유리창에 사용된다. • 충격을 받으면 유리면 전체에 골고루 금이 가도록 열처리 되었다. • 충격을 받으면 전체가 작은 조각들로 분쇄된다. • 일반 유리와 같이 길고 날카로운 조각들이 생기지 않아 유리파편에 의한 부상 위험이 줄어든다. • 분쇄된 유리조각에 노출된 피부에 작은 손상이나 눈에 유리조각이 박힐 수도 있다.
파괴장비	• 센터 펀치 스프링이 장착된 펀치로 열처리 유리를 파괴할 때 사용한다. 유리창에 펀치 끝을 대고 누르면 안으로 눌려 들어갔다 튕겨 나오면서 순간적인 충격을 주어 유리창을 깨뜨린다.  센터펀치

13 정답 ②

중량벨트 : 본인에게 알맞은 중량벨트의 선택방법은 모든 장비를 착용한 상태에서 눈높이에 수면이 위치하도록 하는 것이다.

14 정답 ③

헬멧 제거하지 말아야 함 ★	• 헬멧이 환자를 평가하고 기도나 호흡을 관찰하는데 방해가 되지 않을 때 • 현재 기도나 호흡에 문제가 없을 때 • 헬멧 제거가 환자에게 더한 위험을 초래할 때 • 헬멧을 착용한 상태가 오히려 적절하게 고정되어 질 수 있을 때 • 헬멧을 쓴 상태가 긴 척추고정판에 환자를 고정시켰을 때 머리의 움직임이 없을 때

헬멧 제거 ★	• 헬멧이 기도와 호흡을 평가하고 관찰하는데 방해가 될 때 • 헬멧이 환자의 기도를 유지하고 인공호흡을 방해할 때 • 헬멧 형태가 척추고정을 방해할 때 - 예를 들면, 소방관 헬멧의 경우 넓은 가장자리 때문에 머리와 목을 고정시키기에는 부적절하다. • 고정시키기엔 헬멧 안에서의 공간이 넓어 머리가 움직일 때 • 환자가 호흡정지나 심장마비가 있을 때
헬멧 제거 방법	1. 대원은 환자의 아래턱 부분에 손가락을 이용해서 양측 헬멧을 잡아 머리를 고정시킨다. 2. 대원은 헬멧 고정 끈을 제거한다. 3. 대원은 한 손으로 환자의 아래턱각을 지지한다. - 엄지와 검지를 이용해 양측을 지지한다. 4. 대원의 다른 손은 '가'대원이 헬멧을 제거할 때까지 머리 고정을 위해 환자의 뒷머리 아래 손을 넣어 고정·지지한다. 5. 대원은 양쪽 귀가 나올 때까지 헬멧을 벌리면서 위로 잡아당긴다. 만약, 환자가 안경을 쓰고 있다면 안경을 우선적으로 제거한다. 6. 대원은 헬멧을 제거하는 동안 머리가 흔들리지 않도록 고정시켜 주고 '가'대원은 턱 밀어올리기법으로 머리 고정과 동시에 기도를 유지해 주어야 한다.

15   정답 ①

잔류 질소군	잠수 후 체내에 녹아 있는 질소의 양(잔류질소)의 표시를 영문 알파벳으로 표기한 것을 말한다. 가장 작은 양의 질소가 녹아 있음을 나타내는 기호는 A이다.
수면 휴식 시간	• 잠수 후 재 잠수 전까지의 수면 및 물 밖에서 진행되는 휴식시간을 말한다. • 12시간 내의 재 잠수를 계획하는데, 가장 중요한 것은 수면 및 물 밖의 휴식 동안 몸 안에 얼마만큼 잔류 질소가 남아 있는가 하는 것이다. • 수면 휴식시간을 많이 가질수록 이미 용해된 신체 내 질소는 호흡을 통해 밖으로 나간다. • 다시 잠수하기 전 체내에 잔류된 질소의 양을 알아보기 위하여 새로운 잠수기호를 설정한다. 이 기호는 수면휴식 시간표를 사용하면 쉽게 찾을 수 있다.
잔류질소 시간	체내의 잔류 질소량을 잠수하고자 하는 수심에 따라 결정되는 시간으로 바꾸어 표현한 것이다.
감압정지 와 감압시간	실제 잠수 시간이 최대 잠수 가능시간을 초과했을 때에 상승도중 감압표상에 지시된 수심에서 지시된 시간만큼 머무르는 것을 "감압정지"라 하고, 머무르는 시간을 "감압시간"이라 한다. 그리고 감압은 가슴 정 중앙이 지시된 수심에 위치하여야 한다.
재 잠수	스쿠버 잠수 후 10분 이후에서부터 12시간 내에 실행되는 스쿠버 잠수를 말한다.
총 잠수 시간	재 잠수 때에 적용할 잠수시간의 결정은 총 잠수시간으로 전 잠수로 인해 줄어든 시간(잔류 질소시간)과 실제 재 잠수 시간을 합하여 나타낸다.
최대 잠수 가능조정 시간	역시 재 잠수 때에 적용할 최대 잠수 가능시간의 결정은 잔류 질소시간에 따라 변한다. 따라서 최대 잠수 가능조정 시간은 최대 잠수 가능시간에서 잔류질소 시간을 뺀 나머지 시간이다.
안전 정지	모든 스쿠버잠수 후 상승할 때에 수심 5m 지점에서 약 5분간 정지하여 상승속도를 완화한다. 이러한 상승 중 정지를 "안전정지"라 한다. 이 안전정지 시간은 잠수시간 및 수면휴식 시간에 포함시키지 않는다. 또한 감압지시에 따른 감압과는 무관하다.

16   정답 ③

물과 반응하는 화학물질
① 금속류 외에 물과 반응하여 조연성·가연성 가스 또는 독성가스를 발생하는 화학물질이 있다.
② 제1류 위험물에 해당하는 무기과산화물(과산화나트륨, 과산화칼륨, 과산화칼슘 등), 삼산화크롬(CrO_3) 등은 물과 반응하여 산소를 발생한다.
③ 제3류 위험물에 해당하는 알킬알루미늄, 알킬리튬, 탄화칼슘(CaC_2), 탄화알루미늄 등은 물과 반응하여 메탄·에탄·아세틸렌 등 가연성가스를 생성한다.
④ 제3류 위험물인 금속의 인화물(인화칼륨, 인화칼슘 등)은 물과 만나면 맹독성 포스핀가스(PH_3)를 발생하며,
⑤ 제6류 위험물인 질산은 물과 만나면 급격히 발열하여 폭발에 이르기도 한다.

17   정답 ①

물의 물리적 성질
① 물은 상온에서 비교적 안정된 액체로 자연 상태에서는 기체(수증기), 액체, 고체(얼음)의 세 가지 형태로 존재한다.
② 0℃의 얼음 1g이 0℃의 액체 물로 변하는 데 필요한 용융열(용융잠열)은 79.7㎈/g이다.
③ 100℃의 액체 물 1g을 100℃의 수증기로 만드는 데 필요한 열량인 증발 잠열(기화열)은 539.6㎈/g으로 다른 물질에 비해 매우 큰 편이다.
④ 물 1g을 1℃ 올리는 데 필요한 열량인 비열은 1㎈/g·℃로 다른 물질에 비해 상당히 큰 편이다. 따라서 20℃의 물 1g을 100℃까지 가열하기 위해서는 80㎈의 열이 필요하다.
⑤ 대기압 하에서 100℃의 물이 액체에서 수증기로 바뀌면 체적은 약 1,700배 정도 증가한다(100℃의 포화수와 건조포화수증기의 비체적은 각각 0.001044ℓ/g, 1.673ℓ/g).
⑥ 1atm에서 물의 빙점(융점)은 0℃, 비점은 100℃이다. 이들 값은 압력에 따라 변한다.
⑦ 물의 비중은 1atm을 기준으로 4℃일 때 0.999972로 가장 무거우며 4℃보다 높거나 낮아도 이 값보다 작아진다.

18 정답 ④

동결방지제 (부동제)	• 소화약제로서 물의 큰 단점은 저온에서의 동결이다. • 이와 같은 단점을 보완하기 위해서 첨가하는 약제가 동결방지제이며 물의 물리·화학적 성질을 고려하여 일반적으로 자동차 냉각수 동결방지제로 많이 사용되는 에틸렌글리콜(ethylene glycol, $C_2H_4(OH)_2$)을 가장 많이 사용하고 있다.
증점제	• 물은 유동성이 크기 때문에 소화 대상물에 장시간 부착되어 있지 못한다. • 화재에 방사되는 물소화약제의 가연물에 대한 접착 성질을 강화시키기 위하여 첨가하는 물질을 증점제라 하며, • 물의 사용량을 줄일 수 있고 높은 장소(공중 소화)에서 사용 시 물이 분산되지 않으므로 목표물에 정확히 도달할 수 있어 소화 효과를 높일 수 있는 장점이 있어 산림화재 진압용으로 많이 사용된다. 반면 증점제를 사용하면 가연물에 대한 침투성이 떨어지고 방수 시에 마찰손실이 증가하고, 분무 시 물방울의 직경이 커지는 등의 단점이 있다. • 증점제로 유기계는 알킨산나트륨염, 펙틴(pectin), 각종 껌 등의 고분자 다당류, 셀룰로오스 유도체, 비이온성 계면 활성제가 있고 무기계로는 벤토나이트, 붕산염 등이 사용되고 있으며 산림화재용으로 사용되는 대표적인 증점제로는 CMC(Sodium Carboxy Methyl Cellulose) 등이 있다.
침투제	• 물은 표면장력이 커서 방수 시 가연물에 침투되기가 어렵기 때문에 표면장력을 작게 하여 침투성을 높여주기 위해 첨가하는 계면활성제의 총칭을 침투제(Wetting Agent)라 한다. • 일반적으로 첨가하는 계면 활성제의 양은 1% 이하이다. • 침투제가 첨가된 물을 "Wet Water"라고 부르며, 이것은 가연물 내부로 침투하기 어려운 목재, 고무, 플라스틱, 원면, 짚 등의 화재에 사용되고 있다.
강화액 소화약제	• 동절기 물소화약제가 동결되는 단점을 보완하고 물의 소화력을 높이기 위하여 화재에 억제 효과가 있는 염류를 첨가한 것이다. • 염류로는 알칼리 금속염의 탄산칼륨(K_2CO_3), 인산암모늄[$(NH_4)_2PO_4$] 등이 사용되고 여기에 침투제 등을 가하여 제조한다. • 수소 이온농도(pH)는 약알칼리성으로 11 ~ 12이며, 응고점은 −30℃ ~ −26℃ 이다. • 색상은 일반적으로 황색 또는 무색의 점성이 있는 수용액이다. • 강화액의 소화 효과는 물이 갖는 소화효과와 첨가제가 갖는 부촉매 효과를 합한 것이다. • 용도는 주로 소화기에 충약해서 목재 등의 고체 형태인 일반가연물 화재에 사용한다.
Rapid water	• 소방활동에서 호스 내의 물의 마찰손실을 줄이면 보다 많은 양의 방수가 가능해지고 가는 호스로도 방수가 가능해지므로 소방관의 부담이 줄게 된다. • 이와 같은 목적을 위해 첨가하는 약제로 미국 Union carbide사에서의 「rapid water」라는 명칭의 첨가제를 발매하고 있다. • 이것의 성분은 폴리에틸렌옥사이드(polyethylene oxide, HO−(CH_2CH_2)N−CH_2CH_2OHH_2O))이것을 첨가하면 물의 점성이 약 70% 정도 감소하여 방수량이 증가하게 된다.
유화제	중유나 엔진오일 등은 인화점이 높은 고 비점 유류이므로 화재 시 Emulsion형성을 증가시키기 위해 계면활성제를 첨가하여 사용하는 약제이다.
산 알카리제	• 산(H_2SO_4)과 알카리(N_aHCO_3)의 두 가지 약제가 혼합되면 화학작용에 의하여 이산화탄소와 포(거품)이 형성되어 용기 내에서 발생된 이산화탄소의 증기압에 의하여 포가 방출된다. • 주로 소화기에 이용되며 내통과 외통으로 구분하여 따로 약제를 저장하며 내부 저장용기에 물 30%와 진한 황산 70%의 수용액, 외부저장용기에는 물 90%와 탄산수소나토륨 10% 수용액을 충전하여 사용하는데 저장 및 보관, 용기에 대한 부식성, 불완전한 약제의 혼합이 소화의 신뢰성이 떨어져 거의 사용을 하지 않고 있다. • 산과 알카리 소화약제는 수용액 상태로 분리 저장되어 있다가 방출시 중간 혼합실에서 알카리와 산의 화학작용에 의하여 CO_2의 발생에 의하여 방출원의 압력을 동력원으로 하여 사용되며 소화기에 사용하는 것으로서 A급 화재에만 사용되고 있다. 알카리와 산의 반응식은 아래와 같다. $2N_aHCO_3 + H_2SO_4 \rightarrow N_{a2}SO_4 + 2H_2O + 2CO_2$

19 정답 ①

호흡기계

㉠ 공기는 입과 코로 들어와서 인두를 지나간다. 코 뒤에 위치한 부분은 코인두, 입 뒤에 위치한 부분은 입인두라고 한다. 인두 아래 부분은 인두후두부이고 그 아래에는 공기와 음식이 따로 들어갈 수 있도록 2부분으로 나누어진다.

㉡ 식도는 음식물이 위로 들어가는 길이고 기관은 공기가 허파로 들어가는 길이다.

㉢ 음식물이 기관으로 들어오는 것을 막기 위해 잎 모양의 후두덮개이 있어 음식물이 들어오면 기관 입구를 덮는다.

㉣ 후두덮개 아래, 기관 윗부분은 후두라고 하며 여기에 성대가 있다. 반지연골은 후두 아래 부분에 있다. 기관은 기관지라 불리는 2개의 관으로 나눠진다. 기관지는 각각 좌·우 허파와 연결되어 있고 다시 세기관지로 나누어진다.

후에 기록해 두어야 한다.

20 정답 ③

혈액

- 성인의 경우 체중 1kg당 약 70㎖의 혈액량을 갖고 있다.

적혈구	세포에 산소를 운반해 주고 이산화탄소를 받으며 혈액의 색을 결정하는 요소이다.
백혈구	면역체계의 일부분으로 감염을 방지한다.
혈소판	세포의 특수한 부분으로 지혈작용을 한다.
혈장	혈액량의 1/2 이상을 차지하며 전신에 혈구와 혈소판을 운반하는 역할을 하고 있다.

21 정답 ②

실혈에 따른 각 조직의 반응 및 증상/징후

기관	실혈 반응	증상 및 징후
뇌	심장과 호흡기능 유지를 위한 뇌 부분의 혈류량 감소	의식 변화 – 혼돈, 안절부절, 흥분
심혈관계	심박동 증가, 혈관수축	빠른호흡, 빠르고 약한 맥박, 저혈압, 모세혈관 재충혈 시간 지연
위장관계	소화기계 혈류량 감소	오심/구토
콩팥	염분과 수분 보유 기능 저하	소변생산량 감소, 심한 갈증
피부	혈관 수축으로 인한 혈류량 감소	차갑고 창백하며 축축한 피부, 청색증
팔다리	관류량 저하	말초맥박 저하, 혈압 저하

22 정답 ④

충수돌기염 (맹장염)	수술이 필요하며 증상 및 징후로는 오심/구토가 있으며 처음에는 배꼽부위 통증(처음)을 호소하다 우하복부(RLQ)부위의 지속적인 통증을 호소한다.
담낭염(쓸개염) /담석	쓸개염은 종종 담석으로 인해 야기되며 심한 통증 및 때때로 갑작스런 윗배 또는 우상복부(RUQ) 통증을 호소한다. 또한 이러한 통증을 어깨 또는 등쪽에서도 나타날 수 있다. 통증은 지방이 많은 음식물을 섭취할 때 더 악화될 수 있다.
췌장염(이자염)	만성 알콜환자에게 흔히 나타나며 윗배 통증을 호소한다. 췌장(이자)이 위 아래, 후복막에 위치해 있어 등/어깨에 통증이 방사될 수 있다. 심한 경우 쇼크 징후가 나타나기도 한다.
배대동맥류(AAA)★	① 배를 지나가는 대동맥벽이 약해지거나 풍선처럼 부풀어 올랐을 때 나타난다. ② 약하다는 것은 혈관의 안층이 찢어져 외층으로 피가 나와 점점 커지거나 심한 경우 터질 수 있다(만약 터진다면 사망가능성이 높아진다). ③ 작은 크기인 경우에는 즉각적인 수술이 필요하지 않다. 병력을 통해 배대동맥류를 진단 받은 적이 있고 현재 복통을 호소한다면 즉각적인 이송을 실시해야 한다. ④ 혈액유출이 서서히 진행된다면 환자는 날카롭거나 찢어질 듯한 복통을 호소하고 등쪽으로 방사통도 호소할 수 있다.

23 정답 ④

찰과상	표피가 긁히거나 마찰된 상태로 보통은 진피까지 손상을 입는다. 출혈은 적지만 심한 통증을 호소하며 대부분 상처 부위가 넓다. 오토바이 사고 환자에게 많다.
열상	피부손상 깊이와 넓이가 다양하며 날카로운 물체에 피부가 잘린 상처이다. 상처부위는 일직선으로 깨끗하게 또는 불규칙하게 잘릴 수 있으며 출혈은 상처부위 손상 정도에 따라 달라진다. 큰 혈관 손상을 동반한 열상은 치명적이며 얼굴, 머리, 생식기 부위 등 혈액 공급이 풍부한 곳은 출혈량이 많다.
결출상	피부나 조직이 찢겨져 너덜거리는 상태로 많은 혈관 손상으로 종종 출혈이 심각하다. 보통 산업현장에서 많이 발생한다.
절단	신체로부터 떨어져 나간 상태로 완전절단과 부분절단이 있다. 출혈은 적거나 많을 수 있는데 절단 부위가 어디냐에 따라 달라진다.
관통/찔린 상처	날카롭고 뾰족하거나 빠른 속도의 물체가 신체를 뚫은 형태로 피부표면의 상처뿐 아니라 내부 조직 손상도 초래한다. 외부출혈은 없어도 내부에서는 출혈이 진행될 수 있으며 머리, 목, 몸통부위 손상이라면 특히 주의해야 한다.
개방성 압좌상	피부가 파열되어 찢겨진 형태로 연부조직, 내부 장기 그리고 뼈까지 광범위하게 손상을 나타낸다. 이 손상 역시 외부출혈 외에도 내부출혈이 있을 수 있으므로 주의해야 한다.

24 정답 ①

F(face)	입 꼬리가 올라가도록 웃으면서 따라서 웃도록 시킨다. 치아가 보이지 않거나 양쪽이 비대칭인 경우 비정상
A(arm)	눈을 감고 양 손을 동시에 앞으로 들어 올려 10초간 멈추도록 한다. 양손의 높이가 다르거나 한 손을 전혀 들어 올리지 못할 경우 비정상이다.
S(speech)	하나의 문장을 얘기하고 따라하도록 시킨다. 말이 느리거나 못한다면 비정상이다.
T(time)	시계가 있다면 몇 시인지 물어보고 없다면 낮인지 밤인지 물어본다.

25 정답 ②

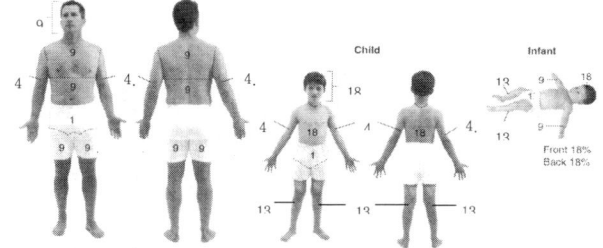

얼굴전면 18+4.5+18.5=41%

소방위 소방승진

제3회 모의고사 해설

문 항 수 : 75문항
응시시간 : 75분

과목	01	02	03	04	05	06	07	08	09	10	11	12	13	14	15	16	17	18	19	20	21	22	23	24	25
행정법	②	③	②	①	③	②	④	②	④	④	③	③	③	③	④	①	③	①	①	②	④	④	①	④	③
소방법령 Ⅳ	④	③	③	③	①	②	②	④	②	③	①	②	④	③	①	①	②	④	②	④	②	①	④	①
소방전술	④	①	②	②	②	④	①	②	②	④	①	②	③	②	④	②	②	①	①	③	③	②	①	③

행정법(소방위) [25문항]

01 정답 ②

① (○) 실권 또는 실효의 법리는 법의 일반원리인 신의성실의 원칙에 바탕을 둔 파생원칙인 것이므로 공법관계 가운데 관리관계는 물론이고 권력관계에도 적용되어야 함을 배제할 수는 없다 하겠으나 그것은 본래 권리행사의 기회가 있음에도 불구하고 권리자가 장기간에 걸쳐 그의 권리를 행사하지 아니하였기 때문에 의무자인 상대방은 이미 그의 권리를 행사하지 아니할 것으로 믿을 만한 정당한 사유가 있게 되거나 행사하지 아니할 것으로 추인케 할 경우에 새삼스럽게 그 권리를 행사하는 것이 신의성실의 원칙에 반하는 결과가 될 때 그 권리행사를 허용하지 않는 것을 의미한다(대판 1988.4.27. 87누915).

② (×) 행정청의 공적 견해표명이 있었는지의 여부를 판단함에 있어서는, 반드시 행정조직상의 형식적인 권한분장에 구애될 것은 아니고, 담당자의 조직상의 지위와 임무, 당해 언동을 하게 된 구체적인 경위 및 그에 대한 상대방의 신뢰가능성에 비추어 실질에 의하여 판단하여야 한다(대판 2008.10.9. 2008두6127).

③ (○) 개발이익환수에 관한 법률에 정한 개발사업을 시행하기 전에, 행정청이 토지 지상에 예식장 등을 건축하는 것이 관계 법령상 가능한지 여부를 질의하는 민원예비심사에 대하여 관련부서 의견으로 개발이익환수에 관한 법률에 '저촉사항 없음'이라고 기재하였다고 하더라도, 이후의 개발부담금부과처분에 관하여 신뢰보호의 원칙을 적용하기 위한 요건인, 개인에 대하여 신뢰의 대상이 되는 공적인 견해표명을 한 것이라고는 보기 어렵다(대판 2006.6.9. 2004두46).

④ (○) 조세법률관계에서 과세관청의 행위에 대하여 구 국세기본법 제15조, 제18조 제3항의 규정이 정하는 신의칙 내지 비과세의 관행이 성립되었다고 하려면 장기간에 걸쳐 어떤 사항에 대하여 과세하지 아니하였다는 객관적 사실이 존재할 뿐만 아니라 과세청 자신이 그 사항에 대하여 과세할 수 있음을 알면서도 어떤 특별한 사정에 의하여 과세하지 않는다는 의사가 있고 이와 같은 의사가 대외적으로 명시적 또는 묵시적으로 표시될 것임을 요한다고 해석되며, 같은 법 제18조 제3항 규정에서의 '일반적으로 납세자에게 받아들여진 세법의 해석 또는 국세행정의 관행'이란 비록 잘못된 해석 또는 관행이라도 특정납세자가 아닌 불특정한 일반납세자에게 정당한 것으로 이의 없이 받아들여져 납세자가 그와 같은 해석 또는 관행을 신뢰하는 것이 무리가 아니라고 인정될 정도에 이른 것을 말한다(대판 2010.4.15. 2007두19294).

02 정답 ③

① (○) 행정기본법 제6조 제1항

② (○) 조세환급금은 조세채무가 처음부터 존재하지 않거나 그 후 소멸하였음에도불구하고 국가가 법률상 원인 없이 수령하거나 보유하고 있는 부당이득에 해당하고, 환급가산금은 그 부당이득에 대한법정이자로서의 성질을 가진다. 이 때 환급가산금의 내용에 대한 세법상의 규정은 부당이득의 반환범위에 관한 민법 제748조에 대하여 그 특칙으로서의 성질을 가진다고 할 것이므로, 환급가산금은 수익자인 국가의 선의·악의를 불문하고 그 가산금에 관한 각 규정에서 정한 기산일과 비율에 의하여 확정된다(대판 2009.9.10. 2009다11808).

③ (×) 원상회복명령에 따른 복구의무는 타인이 대신하여 행할 수 있는 의무로서 일신전속적인 성질을 가진 것으로 보기 어려운 점에 비추어 보면, 산림을 무단형질변경한 자가 사망한 경우 당해 토지의 소유권 또는 점유권을 승계한 상속인은 그 복구의무를 부담한다고 봄이 상당하고, 따라서 관할 행정청은 그 상속인에 대하여 복구명령을 할 수 있다고 보아야 한다(대판 2005.8.9. 2003두9817등).

④ (○) 국가재정법 제96조 제1항 제69조

03 정답 ②

① (○) 법규명령의 위임근거가 되는 법률에 대하여 위헌결정이 선고되면 그 위임에 근거하여 제정된 법규명령도 원칙적으로 효력을 상실한다(대판 2001.6.12. 2000다18547).

② (×) 법규명령의 적법요건에 흠이 있으면 위법한 것이 되는데, 행정행위와 달리 위법한 법규명령은 취소가 아니라 당연무효이다. 한편, 이는 하자 있는 법규명령에 따른 '행정행위'의 하자 문제와 구별을 요하는바, 근거된 법규명령의 하자가 외관상 명백하면 무효가 되고, 외관상 명백하지 않다면 취소할 수 있는 행위가 된다.

③ (○) 국회입법에 의한 수권이 입법기관이 아닌 행정기관에게 법

률 등으로 구체적인 범위를 정하여 위임한 사항에 관하여는 당해 행정기관에게 법정립의 권한을 갖게 되고, 입법자가 규율의 형식도 선택할 수 있다 할 것이므로, 헌법이 인정하고 있는 위임입법의 형식은 예시적인 것으로 보아야 할 것이고, 그것은 법률이 행정규칙에 위임하더라도 그 행정규칙은 위임된 사항만을 규율할 수 있으므로, 국회입법의 원칙과 상치되지도 않는다(헌재 2006.12.28. 2005헌바59).
④ (○) 어떠한 고시가 일반적·추상적 성격을 가질 때에는 법규명령 또는 행정규칙에 해당할 것이지만, 다른 집행행위의 매개 없이 그 자체로서 직접 국민의 구체적인 권리의무나 법률관계를 규율하는 성격을 가질 때에는 행정처분에 해당한다.

04 정답 ①

① (×) 행정청이 개인택시사업면허를 받을 수 없는 자가 제출한 허위의 무사고증명 기재내용을 그대로 믿고 동인의 순위를 오인하여 개인택시사업면허를 발급한 경우 동 면허처분은 결국 면허를 받을 요건을 구비하지 못한 자에 대하여 면허를 발급한 하자있는 행정처분이므로 처분청은 그 하자를 이유로 스스로 이를 취소할 수 있고 이 경우 허위의 무사고 증명을 제출하여 사위의 방법으로 면허를 받은 사람은 그 이익이 위법하게 취득되었음을 알고 있어 그 취소가능성도 예상하고 있었을 것이므로 그 자신이 위 행정행위에 대한 신뢰이익을 원용할 수 없음은 물론 행정청이 이를 고려하지 아니하였다 하더라도 재량권의 남용이 논의될 여지가 없다고 봄이 신의칙과 공평의 원칙에 합당하다(대판 1986.8.19., 85누291).
② (○) 기부금품모집규제법상의 기부금품모집허가는 공익목적을 위하여 일반적·상대적으로 제한된 기본권적 자유를 다시 회복시켜주는 강학상의 허가에 해당하는 만큼 그에 대한 허가절차는 기부금품을 자유로이 모집할 수 있는 권리(이는 헌법상의 행복추구권에서 파생되는 일반적 행동자유권에 속한다) 자체를 제거해서는 아니되고, 허가절차에 규정된 법률요건을 충족하는 경우에는 국민에게 기본권 행사의 형식적 제한을 다시 해제할 것을 요구할 수 있는 법적 권리를 부여하여야 하므로, 같은 법이 비록 기부금품의 모집허가 대상사업을 같은 법 제4조 제2항 각 호에 규정된 사업에 국한시킴으로써 위 규정에 열거한 사항에 해당하지 아니한 경우에는 허가할 수 없다는 것을 소극적으로 규정하고 있다 하더라도 기부금품모집허가의 법적 성질이 강학상의 허가라는 점을 고려하면, 기부금품 모집행위가 같은 법 제4조 제2항의 각 호의 사업에 해당하는 경우에는 특별한 사정이 없는 한 그 모집행위를 허가하여야 하는 것으로 풀이하여야 한다. 준조세 폐해 근절 및 경제난 극복을 이유로 북한어린이를 위한 의약품 지원을 위하여 성금 및 의약품 등을 모금하는 행위 자체를 불허한 것이 재량권의 일탈·남용 및 비례의 원칙에 위반된다(대판 1999.7.23. 99두3690).
③ (○) 행정구역변경에 따라 장의자동차운수사업자인 원고에게 그 사업구역을 김제시와 김제군 중 하나를 선택할 기회를 주었음에도 7개월 이상 이에 응하지 아니하다가 양쪽 모두를 사업구역으로 하겠다고 요구하므로 차고지 소재지인 김제시를 원고의 사업구역으로 정하고 장의자동차운수사업자가 없게 된 김제군 사업구역으로 하여 제3자에게 신규면허처분을 하였다면, 사업구역을 축소한 결과가 되어 원고에게 경제적 손실을 가져온다 하더라도 이는 행정구역변경에 따른 사업구역조정이라는 공익상의 필요에 따른 것으로서 위 신규면허처분에 재량권 남용 등의 위법이 없다고 한 사례(대판 1992.4.28. 91누10220).
④ (○) 공유수면의 점·사용허가는 특정인에게 공유수면 이용권이라는 독점적 권리를 설정하여 주는 처분으로서 그 처분의 여부 및 내용의 결정은 원칙적으로 행정청의 재량에 속한다고 할 것이고, 이와 같은 재량처분에 있어서는 그 재량권 행사의 기초가 되는 사실인정에 오류가 있거나 그에 대한 법령적용에 잘못이 없는 한 그 처분이 위법하다고 할 수 없다(대판 2004. 5.28. 2002두5016).

05 정답 ③

③ (×) 일반국민의 이해관련과 많은 관련을 갖는 인·허가사업의 철회사유가 있더라도 국민의 생활편의를 고려하여 과징금을 부과하고 철회가 제한될 여지는 있다. 그러나 당해 인·허가처분이 경원자·경업자 등 제3자의 권리와 관련이 되면 철회될 수 있다. 지문상의 '제한되지 않는다'는 표현이 타당하지 않다.

06 정답 ②

① (○) 판례는 부관 아닌 부관만의 독립쟁송을 인정하지 않는다.
② (×) 종전의 허가가 기한의 도래로 실효한 이상 원고가 종전 허가의 유효기간이 지나서 신청한 이 사건 기간연장신청은 그에 대한 종전의 허가처분을 전제로 하여 단순히 그 유효기간을 연장하여 주는 행정처분을 구하는 것이라기 보다는 종전의 허가처분과는 별도의 새로운 허가를 내용으로 하는 행정처분을 구하는 것이라고 보아야 할 것이어서, 이러한 경우 허가권자는 이를 새로운 허가신청으로 보아 법의 관계 규정에 의하여 허가요건의 적합 여부를 새로이 판단하여 그 허가 여부를 결정하여야 할 것이다(대판 1995.11.10. 94누11866).
③ (○) 철회권 유보의 경우에도 철회는 철회를 요하는 공익상의 필요와 상대방의 권익보호, 법적 안정성 등의 여러 이익을 비교형량하여 철회 여부를 결정하여야 한다.
④ (○) 농수산물유통및가격안정에관한법률에 의한 도매시장의 지정도매인지정처분은 도매시장 개설자인 피고의 재량행위에 속하는 행정처분이라 할 것이므로 법규에 특별한 규정이 없더라도 그 처분에 조건, 기한, 부담, 철회권유보 등의 부관을 붙일 수 있다(대판 1990.10.16. 90누2253).

07 정답 ④

① (×) 철회의 효과는 장래효이다.
② (×) 행정행위를 한 처분청은 비록 그 처분 당시에 별다른 하자가 없었고, 또 그 처분 후에 이를 철회할 별도의 법적 근거가 없다 하더라도 원래의 처분을 존속시킬 필요가 없게 된 사정변경이 생겼거나 또는 중대한 공익상의 필요가 발생한 경우에는 그 효력을 상실케 하는 별개의 행정행위로 이를 철회할 수 있다(대판 2004.11.26. 2003두10251,10268).

③ (×) 원시적 하자는 취소의 사유이며, 철회는 새로운 사정의 발생을 이유로 한다.
④ (○) 행정행위의 철회권은 처분청만 가진다. 반면 취소권은 감독청도 행사할 수 있다.

08 정답 ②

① (○) 조세의 부과처분과 압류 등의 체납처분은 별개의 행정처분으로서 독립성을 가지므로 부과처분에 하자가 있더라도 그 부과처분이 취소되지 아니하는 한 그 부과처분에 의한 체납처분은 위법이라고 할 수 없다(대판 1987.9.22. 87누383).
② (×) 도시·군계획시설결정과 실시계획인가는 도시·군계획시설사업을 위하여 이루어지는 단계적 행정절차에서 별도의 요건과 절차에 따라 별개의 법률효과를 발생시키는 독립적인 행정처분이다. 그러므로 선행처분인 도시·군계획시설결정에 하자가 있더라도 그것이 당연무효가 아닌 한 원칙적으로 후행처분인 실시계획인가에 승계되지 않는다(대판 2017.7.18. 2016두49938).
③ (○) 대집행의 계고, 대집행영장에 의한 통지, 대집행의 실행, 대집행에 요한 비용의 납부명령 등은 타인이 대신하여 행할 수 있는 행정의무의 이행을 의무자의 비용부담하에 확보하고자 하는, 동일한 행정목적을 달성하기 위하여 단계적인 일련의 절차로 연속하여 행하여지는 것으로서, 서로 결합하여 하나의 법률효과를 발생시키는 것이므로, 선행처분인 계고처분이 하자가 있는 위법한 처분이라면, 비록 그 하자가 중대하고도 명백한 것이 아니어서 당연무효의 처분이라고 볼 수 없고 행정소송으로 효력이 다투어지지도 아니하여 이미 불가쟁력이 생겼으며, 후행처분인 대집행영장발부통보처분 자체에는 아무런 하자가 없다고 하더라도, 후행처분인 대집행영장발부통보처분의 취소를 청구하는 소송에서 청구원인으로 선행처분인 계고처분이 위법한 것이기 때문에 그 계고처분을 전제로 행하여진 대집행영장발부통보처분도 위법한 것이라는 주장을 할 수 있다(대판 1996.2.9. 95누12507).
④ (○) 인근 토지소유자 등으로 하여금 결정된 표준지공시지가를 기초로 하여 장차 토지보상 등이 이루어질 것에 대비하여 항상 토지의 가격을 주시하고 표준지공시지가결정이 잘못된 경우 정해진 시정절차를 통하여 이를 시정하도록 요구하는 것은 부당하게 높은 주의의무를 지우는 것이고, 위법한 표준지공시지가결정에 대하여 그 정해진 시정절차를 통하여 시정하도록 요구하지 않았다는 이유로 위법한 표준지공시지가를 기초로 한 수용재결 등 후행 행정처분에서 표준지공시지가결정의 위법을 주장할 수 없도록 하는 것은 수인한도를 넘는 불이익을 강요하는 것으로서 국민의 재산권과 재판받을 권리를 보장한 헌법의 이념에도 부합하는 것이 아니다. 따라서 표준지공시지가결정이 위법한 경우에는 그 자체를 행정소송의 대상이 되는 행정처분으로 보아 그 위법 여부를 다툴 수 있음은 물론, 수용보상금의 증액을 구하는 소송에서도 선행처분으로서 그 수용대상 토지 가격 산정의 기초가 된 비교표준지공시지가결정의 위법을 독립한 사유로 주장할 수 있다(대판 2008.8.21. 2007두13845).

09 정답 ④

① (×) 국세기본법 제22조의2의 시행 이후에도 증액경정처분이 있는 경우, 당초 신고나 결정은 증액경정처분에 흡수됨으로써 독립한 존재가치를 잃게 된다고 보아야 하므로, 원칙적으로는 당초 신고나 결정에 대한 불복기간의 경과 여부 등에 관계없이 증액경정처분만이 항고소송의 심판대상이 되고, 납세의무자는 그 항고소송에서 당초 신고나 결정에 대한 위법사유도 함께 주장할 수 있다고 해석함이 타당하다(대판 2009.5.14. 2006두17390).
② (×) 건설부장관이 행한 국립공원지정처분은 그 결정 및 첨부된 도면의 공고로써 그 경계가 확정되는 것이고, 시장이 행한 경계측량 및 표지의 설치 등은 공원관리청이 공원구역의 효율적인 보호, 관리를 위하여 이미 확정된 경계를 인식, 파악하는 사실상의 행위로 봄이 상당하며, 위와 같은 사실상의 행위를 가리켜 공권력행사로서의 행정처분의 일부라고 볼 수 없고, 이로 인하여 건설부장관이 행한 공원지정처분이나 그 경계에 변동을 가져온다고 할 수 없다(대판 1992.10.13. 92누2325).
③ (×) 구 교통안전공단법에 의하여 설립된 교통안전공단의 사업목적과 분담금의 부담에 관한 같은 법 제13조, 그 납부통지에 관한 같은 법 제17조, 제18조 등의 규정 내용에 비추어 교통안전공단이 그 사업목적에 필요한 재원으로 사용할 기금 조성을 위하여 같은 법 제13조에 정한 분담금 납부의무자에 대하여 한 분담금 납부통지는 그 납부의무자의 구체적인 분담금 납부의무를 확정시키는 효력을 갖는 행정처분이라고 보아야 할 것이고, 이는 그 분담금 체납자로부터 국세징수법에 의한 강제징수를 할 수 있음을 정한 규정이 없다고 하여도 마찬가지이다(대판 2000.9.8. 2000다12716).
④ (○) 세무조사결정은 납세의무자의 권리·의무에 직접 영향을 미치는 공권력의 행사에 따른 행정작용으로서 항고소송의 대상이 된다(대판 2011.3.10. 2009두23617).

10 정답 ④

① (○) 계획재량이란 행정주체에 허용되어 있는 행정계획 내용이나 개별적 수단에 대한 광범위한 형성의 자유를 말한다. 이는 실정법의 규정유무를 불문하고 계획결정에 있어서 본질적인 것으로 인정된다(대판 1998.4.24. 97누1501).
② (○) 행정주체가 가지는 이와 같은 형성의 자유는 무제한적인 것이 아니라 행정계획에 관련되는 자들의 이익을 공익과 사익 사이에서는 물론이고 공익 상호 간과 사익 상호 간에도 정당하게 비교교량해야 한다는 제한이 있다(대판 2023.11.16. 2022두61816).
③ (○) 자연환경 보호 등을 목적으로 하는 도시관리계획결정은 식생이 양호한 수림의 훼손 등과 같이 장래 발생할 불확실한 상황과 파급효과에 대한 예측 등을 반영한 행정청의 재량적 판단으로서, 그 내용이 현저히 합리성을 결여하거나 형평이나 비례의 원칙에 뚜렷하게 반하는 등의 사정이 없는 한 폭넓게 존중해야 한다(대판 2023.11.16. 2022두61816).
④ (×) 구 환경정책기본법 제25조의2에 따라 사전환경성검토를 거쳐야 하는 행정계획이나 개발사업에 대하여 사전환경성검토

를 거치지 아니하였는데도 행정계획을 수립하거나 개발사업에 대하여 허가 또는 승인 등을 하였다면 그 처분은 위법하다 할 것이나, 그러한 절차를 거쳤다면, 비록 그 사전환경성검토의 내용이 다소 부실하다 하더라도 그 부실의 정도가 사전환경성검토 제도를 둔 입법 취지를 달성할 수 없을 정도이어서 사전환경성검토를 하지 아니 한 것과 다를 바 없는 정도의 것이 아닌 이상, 그 부실은 당해 처분에 재량권 일탈·남용의 위법이 있는지 여부를 판단하는 하나의 요소로 됨에 그칠 뿐, 그 부실로 인하여 당연히 당해 처분이 위법하게 되는 것은 아니라고 할 것이다(대판 2014.7.24. 2012두4616).

11 정답 ③

① (×) 본행정처분을 할 수 있는 권한을 가진 행정청은 명문의 규정 없이도 확약을 할 수 있다(본처분권한내재설).
② (×) 행정절차법 제40조의2(확약)
  ① 법령등에서 당사자가 신청할 수 있는 처분을 규정하고 있는 경우 행정청은 당사자의 신청에 따라 장래에 어떤 처분을 하거나 하지 아니할 것을 내용으로 하는 의사표시(이하 "확약"이라 한다)를 할 수 있다.
  ② 확약은 문서로 하여야 한다.
③ (○) 행정절차법 제40조의2(확약)
  ④ 행정청은 다음 각 호의 어느 하나에 해당하는 경우에는 확약에 기속되지 아니한다.
    1. 확약을 한 후에 확약의 내용을 이행할 수 없을 정도로 법령 등이나 사정이 변경된 경우
    2. 확약이 위법한 경우
  ⑤ 행정청은 확약이 제4항 각 호의 어느 하나에 해당하여 확약을 이행할 수 없는 경우에는 지체 없이 당사자에게 그 사실을 통지하여야 한다.
④ (×) 확약은 처분성이 부정되므로 취소소송의 대상이 되지 않는다. 따라서, 행정청의 확약에 대해 이해관계가 있는 제3자라도 취소소송으로 다툴 수 없다.

12 정답 ③

① (○) 지방세법 제25조 제1항, 동법시행령 제8조는 강행규정이라 할 것이므로 지방세납세고지는 반드시 세액산출근거 등을 기재한 문서로써 하여야 하며 그 근거가 기재되지 아니한 납세고지서에 의한 납세고지는 위법하다. 세액산출근거가 누락된 납세고지서에 의한 과세처분의 하자의 치유를 허용하려면 늦어도 과세처분에 대한 불복여부의 결정 및 불복신청에 편의를 줄 수 있는 상당한 기간 내에 하여야 한다고 할 것이므로 위 과세처분에 대한 전심절차가 모두 끝나고 상고심의 계류중에 세액산출근거의 통지가 있었다고 하여 이로써 위 과세처분의 하자가 치유되었다고는 볼 수 없다(대판 1984.4.10. 83누393).
② (○) 행정절차법 제23조 제1항
③ (×) 피고가 당초 처분의 근거로 제시한 사유가 실질적인 내용이 없다고 보는 이상, 위 추가 사유는 그와 기본적 사실관계가 동일한지 여부를 판단할 대상조차 없는 것이므로, 결국 소송단계에서 처분사유를 추가하여 주장할 수 없다(대판 2017.8.29. 2016두44186).
④ (○) 과세처분시 납세고지서에 과세표준, 세율, 세액의 산출근거 등이 누락되어 있어 이러한 절차 내지 형식의 위법을 이유로 과세처분을 취소하는 판결이 확정된 경우에 그 확정판결의 기판력은 확정판결에 적시된 절차 내지 형식의 위법사유에 한하여 미친다고 할 것이므로 과세처분권자가 그 확정판결에 적시된 위법사유를 보완하여 행한 새로운 과세처분은 확정판결에 의하여 취소된 종전의 과세처분과는 별개의 처분으로서 확정판결의 기판력에 저촉되는 것은 아니다(대판 1986.11.11. 85누231).

13 정답 ③

③ (×) 이동형 영상정보처리기기의 운영에 관한 설명이다.
개인정보 보호법 제25조(고정형 영상정보처리기기의 설치·운영 제한) ① 누구든지 다음 각 호의 경우를 제외하고는 공개된 장소에 고정형 영상정보처리기기를 설치·운영하여서는 아니 된다.
1. 법령에서 구체적으로 허용하고 있는 경우
2. 범죄의 예방 및 수사를 위하여 필요한 경우
3. 시설의 안전 및 관리, 화재 예방을 위하여 정당한 권한을 가진 자가 설치·운영하는 경우
4. 교통단속을 위하여 정당한 권한을 가진 자가 설치·운영하는 경우
5. 교통정보의 수집·분석 및 제공을 위하여 정당한 권한을 가진 자가 설치·운영하는 경우
6. 촬영된 영상정보를 저장하지 아니하는 경우로서 대통령령으로 정하는 경우
※ 대통령령으로 정하는 경우
1. 출입자 수, 성별, 연령대 등 통계값 또는 통계적 특성값 산출을 위해 촬영된 영상정보를 일시적으로 처리하는 경우
2. 그 밖에 제1호에 준하는 경우로서 보호위원회의 심의·의결을 거친 경우

14 정답 ③

① (○) 공공기관의 정보공개에 관한 법률 제11조(정보공개 여부의 결정) ③ 공공기관은 공개 청구된 공개 대상 정보의 전부 또는 일부가 제3자와 관련이 있다고 인정할 때에는 그 사실을 제3자에게 지체 없이 통지하여야 하며, 필요한 경우에는 그의 의견을 들을 수 있다.
② (○) 공공기관의 정보공개에 관한 법률 제11조(정보공개 여부의 결정) ① 공공기관은 제10조에 따라 정보공개의 청구를 받으면 그 청구를 받은 날부터 10일 이내에 공개 여부를 결정하여야 한다.
③ (×) 공공기관의 정보공개에 관한 법률 제9조(비공개 대상 정보) ① 공공기관이 보유·관리하는 정보는 공개 대상이 된다. 다만, 다음 각 호의 어느 하나에 해당하는 정보는 공개하지 아니할 수 있다.
8. 공개될 경우 부동산 투기, 매점매석 등으로 특정인에게 이익 또는 불이익을 줄 우려가 있다고 인정되는 정보
④ (○) 공공기관의 정보공개에 관한 법률 제13조(정보공개 여부

결정의 통지) ② 공공기관은 청구인이 사본 또는 복제물의 교부를 원하는 경우에는 이를 교부하여야 한다.

15   정답 ④

① (×) 헌법상 영장주의에 위배되는 것으로는 볼 수 없고, 적법절차의 원칙에 위배되는 것으로 보기도 어렵다(헌재 2002.10.31. 2000헌가12).
② (×) 전영장주의를 규정한 헌법규정에 반한다고 볼 수는 없다(대판 1997.6.13. 96다56115).
③ (×) 직접강제에 해당한다.
④ (○) 경찰관 직무집행법 제11조의2(손실보상) ① 국가는 경찰관의 적법한 직무집행으로 인하여 다음 각 호의 어느 하나에 해당하는 손실을 입은 자에 대하여 정당한 보상을 하여야 한다.
  1. 손실발생의 원인에 대하여 책임이 없는 자가 재산상의 손실을 입은 경우(손실발생의 원인에 대하여 책임이 없는 자가 경찰관의 직무집행에 자발적으로 협조하거나 물건을 제공하여 재산상의 손실을 입은 경우를 포함한다)
  2. 손실발생의 원인에 대하여 책임이 있는 자가 자신의 책임에 상응하는 정도를 초과하는 재산상의 손실을 입은 경우

16   정답 ①

① (×) 장기미등기자가 이행강제금부과 전에 등기신청의무를 이행하였다면 이행강제금의 부과로써 이행을 확보하고자 하는 목적은 이미 실현된 것이므로 부동산실명법 제6조 제2항에 규정된 기간이 지나서 등기신청의무를 이행한 경우라 하더라도 이행강제금을 부과할 수 없다고 보아야 한다(대판 2016.6.23. 2015두36454).
② (○) 구 건축법상의 이행강제금은 구 건축법의 위반행위에 대하여 시정명령을 받은 후 시정기간 내에 당해 시정명령을 이행하지 아니한 건축주 등에 대하여 부과되는 간접강제의 일종으로서 그 이행강제금 납부의무는 상속인 기타의 사람에게 승계될 수 없는 일신전속적인 성질의 것이므로 이미 사망한 사람에게 이행강제금을 부과하는 내용의 처분이나 결정은 당연무효이고, 이행강제금을 부과받은 사람의 이의에 의하여 비송사건절차법에 의한 재판절차가 개시된 후에 그 이의한 사람이 사망한 때에는 사건 자체가 목적을 잃고 절차가 종료한다(대결 2006.12.8. 2006마470).
③ (○) 이행강제금은 의무자가 이를 이행하지 않는 한 반복해서 부과할 수 있고, 법정최고액의 한도 내에서 그 금액이 증액될 수도 있다.
④ (○) 전통적으로 행정대집행은 대체적 작위의무에 대한 강제집행수단으로, 이행강제금은 부작위의무나 비대체적 작위의무에 대한 강제집행수단으로 이해되어 왔으나, 이는 이행강제금제도의 본질에서 오는 제약은 아니며, 이행강제금은 대체적 작위의무의 위반에 대하여도 부과될 수 있다. 현행 건축법상 위법건축물에 대한 이행강제수단으로 대집행과 이행강제금(제83조 제1항)이 인정되고 있는데, 양 제도는 각각의 장·단점이 있으므로 행정청은 개별사건에 있어서 위반내용, 위반자의 시정의지 등을 감안하여 대집행과 이행강제금을 선택적으로 활용할 수 있으며,

이처럼 그 합리적인 재량에 의해 선택하여 활용하는 이상 중첩적인 제재에 해당한다고 볼 수 없다(헌재 2004.02.26. 2001헌바80).

17   정답 ③

① (○) 행정조사기본법 제12조(시료채취) ② 행정기관의 장은 제1항에 따른 시료채취로 조사대상자에게 손실을 입힌 때에는 대통령령으로 정하는 절차와 방법에 따라 그 손실을 보상하여야 한다.
② (○) 행정조사기본법 제5조(행정조사의 근거) 행정기관은 법령 등에서 행정조사를 규정하고 있는 경우에 한하여 행정조사를 실시할 수 있다. 다만, 조사대상자의 자발적인 협조를 얻어 실시하는 행정조사의 경우에는 그러하지 아니하다.
③ (×) 행정조사기본법 제28조(정보통신수단을 통한 행정조사) ① 행정기관의 장은 인터넷 등 정보통신망을 통하여 조사대상자로 하여금 자료의 제출 등을 하게 할 수 있다.
④ (○) 행정조사기본법 제14조(공동조사) ① 행정기관의 장은 다음 각 호의 어느 하나에 해당하는 행정조사를 하는 경우에는 공동조사를 하여야 한다.
  1. 당해 행정기관 내의 2 이상의 부서가 동일하거나 유사한 업무분야에 대하여 동일한 조사대상자에게 행정조사를 실시하는 경우
  2. 서로 다른 행정기관이 대통령령으로 정하는 분야에 대하여 동일한 조사대상자에게 행정조사를 실시하는 경우

18   정답 ①

① (×) 어떠한 행정처분이 후에 항고소송에서 취소되었다고 할지라도 그 기판력에 의하여 당해 행정처분이 곧바로 공무원의 고의 또는 과실로 인한 것으로서 불법행위를 구성한다고 단정할 수는 없는 것이고, 그 행정처분의 담당공무원이 보통 일반의 공무원을 표준으로 하여 볼 때 객관적 주의의무를 결하여 그 행정처분이 객관적 정당성을 상실하였다고 인정될 정도에 이른 경우에 「국가배상법」 제2조 소정의 국가배상책임의 요건을 충족하였다고 봄이 상당할 것이다(대판 2000.5.12. 99다70600).
② (○) 공무원에게 부과된 직무상 의무의 내용이 단순히 공공 일반의 이익을 위한 것이거나 행정기관 내부의 질서를 규율하기 위한 것이 아니고 전적으로 또는 부수적으로 사회구성원 개인의 안전과 이익을 보호하기 위하여 설정된 것이라면, 공무원이 그와 같은 직무상 의무를 위반함으로 인하여 피해자가 입은 손해에 대하여는 상당인과관계가 인정되는 범위 내에서 국가가 배상책임을 지는 것이다(대판 1993.2.12. 91다43466).
③ (○) 국가배상법이 정한 손해배상청구의 요건인 '공무원의 직무'에는 국가나 지방자치단체의 권력적 작용뿐만 아니라 비권력적 작용도 포함되지만, 단순한 사경제의 주체로서 하는 작용은 포함되지 아니한다(대판 1999.11.26. 98다47245).
④ (○) 공무원이 직무 수행 중 불법행위로 타인에게 손해를 입힌 경우에 국가나 지방자치단체가 국가배상책임을 부담하는 외에 공무원 개인도 고의 또는 중과실이 있는 경우에는 불법행위로 인한

손해배상책임을 지고, 여기서 공무원의 중과실이란 공무원에게 통상 요구되는 정도의 상당한 주의를 하지 않더라도 약간의 주의를 한다면 손쉽게 위법·유해한 결과를 예견할 수 있는 경우임에도 만연히 이를 간과함과 같은 거의 고의에 가까운 현저한 주의를 결여한 상태를 의미한다(대판 2011.9.8. 2011다34521).

19 정답 ①

① (○) 도시계획사업의 시행자가 그 사업에 필요한 토지를 협의취득하는 행위는 사경제주체로서 행하는 사법상의 법률행위에 지나지 않으며 공권력의 주체로서 우월한 지위에서 행하는 공법상의 행정처분이 아니므로 행정소송의 대상이 되지 않는다(대판 1992.10.27. 91누3871).
② (×) 공익사업을 위한 토지 등의 취득 및 보상에 관한 법률 제85조 (행정소송의 제기) ② 제1항에 따라 제기하려는 행정소송이 보상금의 증감(增減)에 관한 소송인 경우 그 소송을 제기하는 자가 토지소유자 또는 관계인일 때에는 사업시행자를, 사업시행자일 때에는 토지소유자 또는 관계인을 각각 피고로 한다.
③ (×) 공익사업을 위한 토지 등의 취득 및 보상에 관한 법률 제65조(일괄보상) 사업시행자는 동일한 사업지역에 보상시기를 달리하는 동일인 소유의 토지등이 여러 개 있는 경우 토지소유자나 관계인이 요구할 때에는 한꺼번에 보상금을 지급하도록 하여야 한다.
④ (×) 공익사업을 위한 토지 등의 취득 및 보상에 관한 법률 제84조(이의신청에 대한 재결) ① 중앙토지수용위원회는 제83조에 따른 이의신청을 받은 경우 제34조에 따른 재결이 위법하거나 부당하다고 인정할 때에는 그 재결의 전부 또는 일부를 취소하거나 보상액을 변경할 수 있다.

20 정답 ②

취소소송은 원칙적으로 원처분을 대상으로 하며, 재결은 예외적으로만 취소소송의 대상이 될 수 있다. 재결취소소송의 경우에는 재결 자체에 고유한 위법이 있음을 이유로 하는 경우에 한한다(행정소송법 제19조 단서). 이를 원처분중심주의라고 한다.
한편, 개별법률에서 원처분중심주의의 예외로서 재결주의를 채택하는 경우도 있다. 그 예로서, 감사원의 변상판정에 대한 재심의 판정(감사원법 제36조·제40조), 중앙노동위원회의 재심판정(노동위원회법 제27조 제1항), 특허심판원의 심결(특허법 제186조·제189조) 등에 대하여 각각 행정소송을 제기할 수 있다.
공립학교 교원의 징계처분에 대한 교원소청심사위원회의 결정에 대한 불복은 원처분주의의 사례이다.

21 정답 ④

① (○) 거부처분은 취소심판, 무효확인심판, 의무이행심판의 대상이 된다.
② (○) 행정처분의 당연무효를 주장하여 그 무효확인을 구하는 행정소송에 있어서는 원고에게 그 행정처분이 무효인 사유를 주장·입증할 책임이 있다(대판 2000.3.23. 99두11851).
③ (○) 당연무효의 행정처분을 소송목적물로 하는 행정소송에서는 존치시킬 효력이 있는 행정행위가 없기 때문에 행정소송법 제28조 소정의 사정판결을 할 수 없다(대판 1996.3.22. 95누5509).
④ (×) 취소소송을 통하여 무효인 처분을 다투어 무효선언을 구하는 경우에는 행정심판전치주의나 제소기간의 제한규정이 적용된다.

22 정답 ④

① (○) 행정소송법 제38조, 제44조 제1항
② (○) 대구경북과학기술원 총장은 교원에 대한 인사발령을 포함한 각종 업무를 수행하는 등 그 법인과는 별도의 독자적 기능을 수행하고 있는 점, 대구경북과학기술원 총장이 원고가 청구한 소청심사의 피청구인이었던 점, 대구경북과학기술원 총장이 국공립학교의 인사권자나 사립학교의 장과 마찬가지로 교원소청심사위원회의 결정에 기속되는 지위에 있는 점, 국공립학교의 인사권자나 사립학교의 장과 달리 공공단체의 성격을 가지는 대구경북과학기술원의 인사권자인 총장에게만 소청심사 기각결정에 뒤따르는 행정소송에 어떠한 지위로도 참여할 수 없게 하는 것은 절차적 방어권 보장과 관련하여 현저하게 불합리한 결과를 초래하고 형평에도 어긋나는 점 등을 살펴보면, 대구경북과학기술원의 교원이 자신에게 불리한 교원소청심사위원회의 결정에 대하여 행정소송을 제기한 경우에는 대구경북과학기술원의 인사 관련 업무에 대해 독자적 업무를 수행하는 기관인 총장에게 예외적으로 피고 측에 행정소송법 제16조에 의한 소송참가 또는 행정소송법 제8조 제2항, 민사소송법 제71조, 제78조에 의한 보조참가를 할 수 있는 당사자능력을 인정할 수 있다(대판 2023.10.26. 2018두55272).
③ (○) 소송사건에서 당사자의 일방을 보조하기 위하여 보조참가를 하려면 당해 소송의 결과에 대하여 이해관계가 있어야 할 것인바, 여기에서 말하는 이해관계라 함은 소송의 결과에 대하여 이해관계가 있어야 할 것인바, 여기에서 말하는 이해관계라 함은 사실상, 경제상 또는 감정상의 이해관계가 아니라 법률상의 이해관계를 가리킨다(대판 1997.12.26. 96다51714).
④ (×) 제3자는 소송의 결과에 따라 권리 또는 이익의 침해를 받게 될 자이어야 한다. 여기서 제3자란 당해 소송당사자 이외의 자를 말하며 국가·공공단체도 그에 포함될 수 있다. 그리고 이익이란 단순한 사실상 이익 내지 경제상의 이익이 아니라 법률상 이익을 의미한다. 소송의 결과에 따라 권리 또는 이익의 침해를 받는다라는 것은 판결의 형성력에 의해 권리 또는 이익을 박탈당하는 경우뿐만 아니라 판결의 행정청에 대한 기속력에 따른 행정청의 새로운 처분에 의해 권리 또는 이익의 침해를 받는 경우를 포함한다.

23 정답 ①

ㄱ. (○) 자유재량에 의한 행정처분이 그 재량권의 한계를 벗어난 것이어서 위법하다는 점은 그 행정처분의 효력을 다투는 자가 이를 주장·입증하여야 하고 처분청이 그 재량권의 행사가 정당한 것

이었다는 점까지 주장·입증할 필요는 없다(대판 1987.12.8. 87누861).
ㄴ. (×) 민사소송법 규정이 준용되는 행정소송에서의 증명책임은 원칙적으로 민사소송 일반원칙에 따라 당사자 간에 분배되고, 항고소송의 경우에는 그 특성에 따라 처분의 적법성을 주장하는 피고에게 적법사유에 대한 증명책임이 있다(대판 2016.10.27. 2015두42817).
ㄷ. (×) 민사소송이나 행정소송에서 사실의 증명은 추호의 의혹도 없어야 한다는 자연과학적 증명이 아니고, 특별한 사정이 없는 한 경험칙에 비추어 모든 증거를 종합적으로 검토하여 볼 때 어떤 사실이 있었다는 점을 시인할 수 있는 고도의 개연성을 증명하는 것이면 충분하다(대판 2018.4.12. 2017두74702).
ㄹ. (○) 허가신청에 대하여 허가기준 미달을 이유로 불허가한 처분이 적법하다는 주장과 입증의 책임은 처분청에게 있다(대판 1986.4.8. 86누107).

24 정답 ④

① (×) 직위해제처분은…당해 행정작용의 성질상 행정절차를 거치기 곤란하거나 불필요하다고 인정되는 사항 또는 행정절차에 준하는 절차를 거친 사항에 해당하므로, 처분의 사전통지 및 의견청취 등에 관한 행정절차법의 규정이 별도로 적용되지 아니한다고 봄이 상당하다(대판 2014.5.16. 2012두26180).
② (×) 임용권자가 일괄사표제출을 명하였다고 하여도 그 사표제출이 원고의 자유의사에 반하지 아니하는 이상 이에 기한 의원면직처분은 적법하다(대판 1981.11.24. 81누120).
③ (×) 당해 공무원의 동의 없는 지방공무원법 제29조의3의 규정에 의한 전출명령은 위법하여 취소되어야 한다(대판 2001.12.11. 99두1823).
④ (○) 지방공무원법 제62조 제3항, 제4항

25 정답 ③

① (○) 법정대리의 대리권은 피대리관청의 권한의 전부에 미친다는 점에서 이와 다르다.
② (○) 행정권한의 위임 및 위탁에 관한 규정 제9조
③ (×) 협의의 법정대리란 법정사실이 발생하면 법상 당연히 특정한 자에게 대리권이 부여되어 대리관계가 성립되는 경우이다(예 헌법 제71조·정부조직법 제7조 제2항). 지문은 지정대리를 말한다.
④ (○) 대판 1994.6.14. 94누1197

소방법령 Ⅳ (소방위) (25문항)

01 정답 ④

④ (×) 경력평정대상기간은 경력월수를 단위로 하여 계산하되, 15일 이상은 1월로 하고, 15일 미만은 경력에 산입하지 아니한다(소방공무원 승진임용 규정 시행규칙 제10조 제3항).

02 정답 ③

파견받을 기관의 장이 임용권자 또는 임용제청권자에게 미리 요청하여야 하는 경우는 ①, ②, ④의 경우와 함께 '관련 기관 간의 긴밀한 협조가 필요한 특수업무를 공동수행하기 위하여 필요한 경우'가 있다(소방공무원임용령 제30조 제3항).

03 정답 ③

③ (×) '본인의 정당한 요구가 있는 때'는 수정사유이다.
인사기록관리자는 다음 각호의 경우에는 인사기록을 재작성할 수 있다(소방공무원임용령 시행규칙 제12조 제5항).

> 1. 분실한 때
> 2. 파손 또는 심한 오손으로 사용할 수 없게 된 때
> 3. 정정부분이 많거나 기록이 명확하지 아니하여 착오를 일으킬 염려가 있는 때
> 4. 기타 인사기록관리자가 필요하다고 인정한 때

04 정답 ②

체력검정 기간 중 다음 각 호의 어느 하나에 해당하는 사람은 체력검정을 실시하지 아니할 수 있다(소방공무원 체력관리 규칙 제9조 제2항).

> 1. 파견·교육·기타 공무수행 등으로 해당연도 체력검정 기간 중 평가가 불가능한 사람
> 2. 공상(공무상 요양승인 기간 중에 있는 사람) 또는 소방활동 중 공상이 원인이 되어 「장애인복지법」 제32조에 따라 장애인 등록증 발급을 받았거나, 「국가유공자 등 예우 및 지원에 관한 법률」 제6조의4에 따라 상이등급 판정을 받은 사람
> 3. 병역휴직 및 육아휴직 중인 사람, 임신 중이거나 출산·유산 후 1년이 경과되지 않은 사람
> 4. 질병, 신체장애 등 사유로 체력검정이 불가능한 사람
> 5. 휴직(제3호에 따른 휴직은 제외), 직위해제, 정직 중인 사람
> 6. 경조사, 난임치료시술을 받은 사람
> 7. 그 밖에 특별한 사유로 소속 체력관리기관의 장이 검정이 불가능하다고 인정하는 사람

05 정답 ③

③ (×) 심사대상자별로 각 위원이 부여한 점수 중 최고점과 최저점을 제외한 나머지 점수를 합산(A)하고 보정지수(β)를 곱하여 위원평가 환산점을 산정한다.

06 정답 ①

① (×) 소방공무원 고충심사위원회의 심사를 거친 소방공무원의 재심청구와 소방령 이상의 소방공무원의 인사상담 및 고충은 「국가공무원법」에 따라 설치된 중앙고충심사위원회에서 심사한다(소방공무원법 제27조 제2항).

07 정답 ②

② (×) 인사위원회에 간사 약간인을 둔다(소방공무원 임용령 제11조 제1항). 간사는 인사위원회가 설치된 기관의 장이 소속공무원 중에서 임명한다(제2항).

08 정답 ③

③ (×) 신규채용을 통해 소방사로 임용된 사람은 최하급 소방기관에 보직해야 한다. 다만, 행정안전부령으로 정하는 자격증소지자를 해당 자격 관련부서에 보직하는 경우에는 그렇지 않다(소방공무원임용령 제26조 제2항).

09 정답 ④

④ (×) 강등·정직은 18개월, 감봉은 12개월, 견책은 6개월의 승진임용제한 기간이 있다(소방공무원 승진임용 규정 제6조 제1항 제2호).

10 정답 ②

② (×) 5일이 아니라 3일이다(소방공무원 징계령 제12조 제1항).

11 정답 ③

③ (×) 계급정년을 산정할 때에는 근속 여부와 관계없이 소방공무원 또는 경찰공무원으로서 그 계급에 상응하는 계급으로 근무한 연수(年數)를 포함한다(제2항).

12 정답 ①

정상참작 자료의 심사
가. 비위의 유형, 비위의 정도 및 과실의 경중
나. 혐의 당시 계급, 비위행위가 공직 내외에 미치는 영향 및 공적(功績)
다. 평소 행실, 뉘우치는 정도 및 수사 중 공무원 신분을 감추거나 속인 정황
라. 규제개혁 및 국정과제 등 관련 업무 처리의 적극성 또는 그 밖의 정상

13 정답 ②

제3류 위험물 및 지정수량

성질	위험등급	품명	지정수량
자연발화성 물질 및 금수성 물질	I	1. 칼륨, 2. 나트륨, 3. 알킬알루미늄, 4. 알킬리튬	10킬로그램
		5. 황린	20킬로그램
	II	6. 알칼리금속 및 알칼리토금속, 7. 유기금속화합물	50킬로그램
	III	8. 금속의 수소화물, 9. 금속의 인화물, 10. 칼슘 또는 알루미늄의 탄화물	300킬로그램
	I, II 또는 III	**11. 그 밖의 행정안전부령이 정하는 것** : 염소화규소화합물 12. 제1호 내지 제11호의1에 해당하는 어느 하나 이상을 함유한 것	10킬로그램, 20킬로그램, 50킬로그램 또는 300킬로그램

14 정답 ④

이동저장탱크로부터 직접 위험물을 자동차의 연료탱크에 주입할 수 있는 기준(개정 2024.05.20.)

① 건설공사를 하는 장소에서 주입설비를 부착한 이동탱크저장소로부터 해당 건설공사와 관련된 건설기계 중 덤프트럭과 콘크리트믹서트럭의 연료탱크에 인화점 40℃ 이상의 위험물을 주입하는 경우
② 재난이 발생한 장소에서 주입설비를 부착한 이동탱크저장소로부터 「소방장비관리법」 제8조에 따른 소방자동차의 연료탱크에 인화점 40℃ 이상의 위험물을 주입하는 경우
③ 재난이 발생한 장소에서 주입설비를 부착한 이동탱크저장소로부터 긴급구조지원기관 소속의 자동차의 연료탱크에 인화점 40℃ 이상의 위험물을 주입하는 경우
④ 그 밖에 재난에 긴급히 대응할 필요가 있는 경우로서 소방대장 및 긴급구조지원기관의 장이 지정하는 자동차

15 정답 ③

위험물 안전관리에 관한 협회의 설립인가 절차 등(법 제20조의2)

위험물 안전관리에 관한 협회(이하 "협회"라 한다)를 설립하려면 다음 각 호의 자 10명 이상이 발기인이 되어 정관을 작성한 후 창립총회의 의결을 거쳐 소방청장에게 인가를 신청해야 한다.
1. 제조소등의 관계인
2. 위험물운송자
3. 탱크시험자

4. 안전관리자의 업무를 위탁받아 수행할 수 있는 안전관리대행기관으로 소방청장의 지정을 받은 자

16 정답 ①

위험물제조소 내의 위험물을 취급하는 배관은 다음 각 호의 구분에 따른 압력으로 내압시험을 실시하여 누설 그 밖의 이상이 없는 것으로 해야 한다.
가. 불연성 기체를 이용하는 경우에는 최대상용압력의 1.1배 이상
나. 불연성 액체를 이용하는 경우에는 최대상용압력의 1.5배 이상

17 정답 ①

일반취급소의 소화난이도 I 등급

제조소 등의 구분	제조소등의 규모, 저장 또는 취급하는 위험물의 품명 및 최대수량 등
제조소 일반취급소	• 연면적 1,000㎡ 이상인 것 • 지정수량의 100배 이상인 것 (고인화점위험물만을 100℃ 미만의 온도에서 취급하는 것은 제외) • 지반면으로부터 6m 이상의 높이에 위험물 취급 설비가 있는 것 (고인화점위험물만을 100℃ 미만의 온도에서 취급하는 것은 제외) • 일반취급소로 사용되는 부분 외의 부분을 갖는 건축물에 설치된 것
옥내저장소	• 지정수량의 150배 이상인 것 • 연면적 150㎡를 초과하는 것 • 처마높이가 6m 이상인 단층건물의 것 • 옥내저장소로 사용되는 부분 외의 부분이 있는 건축물에 설치된 것
옥외탱크저장소	• 액표면적이 40㎡ 이상인 것 • 지반면으로부터 탱크 옆판의 상단까지 높이가 6m 이상인 것 • 지중탱크 또는 해상탱크로서 지정수량의 100배 이상인 것 • 고체위험물을 저장하는 것으로서 지정수량의 100배 이상인 것
암반탱크저장소	• 액표면적이 40㎡ 이상인 것 • 고체위험물만을 저장하는 것으로서 지정수량의 100배 이상인 것

18 정답 ②

제2류 위험물인 가연성 고체의 판정
고체로서 화염에 의한 **발화의 위험성 또는 인화의 위험성**을 판단하기 위하여 시험에서 고시로 정하는 성질과 상태를 나타내는 것

품명	용어내용
황	순도가 60중량퍼센트 이상인 것 (순도측정에 있어서 불순물은 활석 등 불연성 물질과 수분에 한함)
철분	철의 분말로서 53마이크로미터의 표준체를 통과하는 것이 50중량퍼센트 미만인 것을 제외
금속분	알칼리금속·알칼리토류금속·철 및 마그네슘 외의 금속의 분말을 말하며, 구리분·니켈분 및 150마이크로미터의 체를 통과하는 것이 50중량퍼센트 미만인 것은 제외한다.
마그네슘 및 마그네슘을 함유한 것	다음에 해당하는 것은 제외한다. • 2밀리미터의 체를 통과하지 아니하는 덩어리 상태의 것 • 지름 2밀리미터 이상의 막대 모양의 것
황화인·적린·황 및 철분	가연성 고체의 성상이 있는 것으로 봄
인화성 고체	고형알코올 그 밖에 1기압에서 **인화점이 섭씨 40도 미만**인 고체

19 정답 ④

소화난이도 III등급의 제조소등에 설치하는 소화설비

제조소등의 구분	소화설비	설치기준	
이동탱크 저장소	자동차용 소화기	무상의 강화액 8L 이상	2개 이상
		이산화탄소 3.2kg 이상	
		브로모클로로다이플루오로메탄(CF₂ClBr) 2L 이상	
		브로모트라이플루오로메탄(CF₃Br) 2L 이상	
		다이브로모테트라플루오로에탄(C₂F₄Br₂) 1L 이상	
		소화분말 3.3kg 이상	
	마른모래 및 팽창질석 또는 팽창진주암	마른모래 150L 이상(1.5단위)	
		팽창질석 또는 팽창진주암 640L 이상(4단위)	

20 정답 ②

제3류 자연발화성물질외의 물품에 있어서는 파라핀·경유·등유 등의 보호액으로 채워 밀봉하거나 불활성 기체를 봉입하여 밀봉하는 등 수분과 접하지 아니하도록 할 것

21 정답 ④

위험물운송자는 장거리(고속국도에 있어서는 340㎞ 이상, 그 밖의 도로에 있어서는 200㎞ 이상을 말한다)에 걸치는 운송을 하는 때에는 2명 이상의 운전자로 할 것. 다만, 다음의 어느 하나에 해당하는 경우에는 그러하지 아니하다.
① 운송책임자를 동승시킨 경우
② 운송하는 위험물이 제2류 위험물·제3류 위험물(칼슘 또는 알루미늄의 탄화물과 이것만을 함유한 것에 한한다)또는 제4류 위험물(특수인화물을 제외한다)인 경우
③ 운송도중에 2시간 이내마다 20분 이상씩 휴식하는 경우

22 정답 ②

주유취급소 담 또는 벽의 일부분에 방화상 유효한 구조의 유리를 부착할 수 있는 기준
- 유리를 부착하는 위치 : 주입구, 고정주유설비 및 고정급유설비로부터 4m 이상 거리를 둘 것
- 유리를 부착하는 방법 : 다음의 기준에 모두 적합할 것
  - 주유취급소 내의 지반면으로부터 70㎝를 초과하는 부분에 한하여 유리를 부착할 것
  - 하나의 유리판의 가로의 길이는 2m 이내일 것
  - 유리판의 테두리를 금속제의 구조물에 견고하게 고정하고 해당 구조물을 담 또는 벽에 견고하게 부착할 것
  - 유리의 구조: 접합유리(두장의 유리를 두께 0.76㎜ 이상의 폴리비닐부티랄 필름으로 접합한 구조를 말한다)로 하되, 「유리구획 부분의 내화시험방법(KS F 2845)」에 따라 시험하여 비차열 30분 이상의 방화성능이 인정될 것
- 유리를 부착하는 범위: 전체의 담 또는 벽의 길이의 10분의 2를 초과하지 아니할 것

23 정답 ①

권한의 위임 · 위탁

위임자→수임자		위임 또는 위탁 업무
시·도지사→소방서장	허가협의	1) 제조소등의 설치허가 또는 변경허가 2) 군사목적 또는 군부대시설을 위한 제조소등을 설치하거나 위치·구조 또는 설비의 변경에 관한 군부대의 장과의 협의
	검사	3) 탱크안전성능검사(기술원 위탁 제외) 4) 위험물제조등의 완공검사(기술원 위탁 제외)
	신고 등 수리	5) 제조소등의 설치자의 지위승계 신고의 수리 6) 제조소등의 용도폐지 신고의 수리 7) 제조소등의 사용 중지 신고 또는 재개 신고의 수리 8) 위험물의 품명·수량 또는 지정수량 배수의 변경 신고의 수리 9) 정기점검 결과의 수리
	행정처분	10) 예방규정의 수리·반려 및 변경명령 11) 제조소등 사용중지 대상에 대한 안전조치의 이행 명령 12) 제조소등의 설치 허가의 취소와 사용정지, 13) 과징금 처분 14) 제조소등의 관계인이 금연구역임을 알리는 표지를 설치하지 아니하거나 보완이 필요한 경우 일정한 기간을 정하여 그 시정을 명할 수 있는 권한

① 용량이 100만 리터 이상인 액체 위험물을 저장하는 탱크안전성능검사는 시·도지사 권한을 기술원에 위탁

24 정답 ④

다수의 제조소등을 설치한 자가 1인의 안전관리자를 중복하여 선임할 수 있는 경우(령 제12조)

위치·거리	제조소등 구분		개 수	인적조건
동일구 내에	보일러, 버너 등으로서 위험물을 소비하는 일반취급소와	그 일반취급소에 공급하기 위한 위험물을 저장하는 저장소를	7개 이하	동일인이 설치한 경우
동일구 내에 (일반취급소 간 보행거리 300m 이내)	충전하는 일반취급소와	일반취급소에 공급하기 위한 위험물을 저장하는 저장소를	5개 이하	
	옮겨담는 일반취급소와			
동일구 내에 있거나 상호 보행거리 100미터 이내의 거리에 있는 저장소로서	옥외탱크저장소		30개 이하	
	옥내저장소		10개 이하	
	옥외저장소			
	암반탱크저장소			
	지하탱크저장소		제한없음	
	옥내탱크저장소			
	간이탱크저장소			
• 동일구 내에 위치하거나 상호 보행거리 100미터 이내의 거리에 있고 • 각 제조소등에서 저장 또는 취급하는 위험물의 최대수량이 지정수량의 3천배 미만인 제조소등			5개 이하	
선박주유취급소의 고정주유설비에 공급하기 위한 위험물을 저장하는 저장소와 해당 선박주유취급소			제한없음	

25   정답 ①

사고조사위원회의 구성 등

구 분		규정 내용
목 적		위험물의 누출·화재·폭발 등의 사고가 발생한 경우 사고의 원인 및 피해 등의 조사를 위함
구성권자		소방청장(중앙119구조본부장 및 그 소속 기관의 장을 포함), 소방본부장 또는 소방서장
구 성		위원장 1명을 포함하여 7명 이내의 위원(위원장을 제외)
임명 또는 위촉	위원장	위원 중에서 소방청장, 소방본부장 또는 소방서장이 임명 또는 위촉
	위 원	소방청장, 소방본부장 또는 소방서장이 임명 또는 위촉
위원의 자격		1) 소속 소방공무원 2) 기술원의 임직원 중 위험물 안전관리 관련 업무에 5년 이상 종사한 사람 3) 한국소방안전원의 임직원 중 위험물 안전관리 관련 업무에 5년 이상 종사한 사람 4) 위험물로 인한 사고의 원인·피해 조사 및 위험물 안전관리 관련 업무 등에 관한 학식과경험이 풍부한 사람
임 기		**2년, 단 한차례 연임 가능**
수당, 여비		위원회에 출석한 위원에게는 예산의 범위에서 수당, 여비, 그 밖에 필요한 경비를 지급할 수 있다. 다만, 공무원인 위원이 그 소관 업무와 직접적으로 관련되어 위원회에 출석하는 경우에는 지급하지 않는다.

소방전술(소방위) (25문항)

01   정답 ④

백드래프트를 예방하거나 발생 가능성을 줄일 수 있는 3가지 전술

배연법 (지붕환기)	• 연소 중인 건물 지붕 채광창을 개방하여 환기시키는 것은 백드래프트의 위험으로부터 소방관을 보호할 수 있는 가장 효과적인 방법 중 하나이다. • 상황이 허락된다면, 지붕에 개구부를 만들어 환기한다. • 백드래프트에 의한 폭발이 일어나더라도, 대부분의 폭발력이 위로 분산될 것이다.
급냉법 (담금질)	• 화재가 발생된 밀폐 공간의 출입구에 완벽한 보호 장비를 갖춘 집중 방수팀을 배치하고 출입구를 개방하는 즉시 바로 방수함으로써 폭발 직전의 기류를 급냉시키는 방법이다. • 집중방수의 부가적인 효과는 일산화탄소 증기운의 농도를 폭발하한계 이하로 떨어뜨리는 것이다. • 배연법만큼 효과적이지 않지만, 이것이 유일한 방안인 경우가 많다.
측면 공격법	이것은 화재가 발생된 밀폐 공간의 개구부(출입구, 또는 창문) 인근에서 이용 가능한 벽 뒤에 숨어 있다가 출입구가 개방되자마자 개구부입구를 측면 공격하고, 화재 공간에 집중 방수함으로써 백드래프트 현상을 방지하는 방법이다.

02   정답 ①

① 모든 화재의 초기단계에 있어서 열의 전달은 전적으로 (전도)에 기인한다.
② (복사)는 중간 매개체의 도움 없이 발생하는 전자파(광파, 전파, 엑스레이 등)에 의한 에너지의 전달이다.
③ 화재 시 연기가 위로 향하는 것이나 화로에 의해 방안의 공기가 더워지는 것은 (대류)에 의한 현상 이다.

03   정답 ②

㉠ 플래시오버 : 성장기와 최성기간의 과도기적 시기이며 발화와 같은 특별한 현상이 아니다.
㉡ 최성기 : 발산되는 연소생성가스의 양과 발산되는 열은 구획실 배연구(환기구) 수와 크기에 의존한다.
㉢ 발화기 : 발화의 물리적 현상은 스파크나 불꽃에 의해 유도되거나 자연발화처럼 어떤 물질이 자체의 열에 의해 발화점에 도달한다.

04 정답 ②

일반 목조건물 화재	• 연소위험이 큰 쪽으로부터 순차 배치한다. • 관창은 각 차량에 적재되어 있어 분무전환을 할 수 있는 것을 사용한다. • 방수구는 3구를 원칙으로 한다.
구획별 관창 배치	• 인접 건물로 비화위험이 있는 화재는 연소위험이 있는 방향에 배치하고 기타 관창은 필요에 따라 배치한다. • 도로에 면하는 화재는 도로의 접하지 않는 쪽을 우선하여 배치하고 풍횡측, 풍상측의 순으로 포위한다. • 구획 중앙부 화재는 풍하측을 우선으로 하고 풍횡측, 풍상측의 순으로 포위한다.
대규모 건물	• 대구경의 관창을 사용한다. • 관창 배치 우선순위는 인접건물 또는 연소위험이 큰 곳으로 한다. • 방수포를 건물 측면에 배치하여 활용한다. • 연소저지선을 설정할 때의 관창 배치 중점장소는 방화벽, 방화구획, 건물의 구부러진 부분, 옥내계단 부분 등으로 한다. • 학교, 기숙사 등의 건물은 연소방향에 있는 작은 천장구획(12m 간격이내)을 방어 중점으로 천장을 파괴하여 천장에 방수한다. • 사찰, 중요문화재 건물이 접근 곤란할 때는 방수포를 활용하여 고압으로 대량 방수한다.
기상조건별 관창배치	• 풍속이 5m/sec 이상 : 비화발생 위험이 있으므로 풍하측에 비화경계 관창 배치 • 풍속이 3m/sec 초과 : 풍하측의 연소위험이 크므로 풍하측을 중점으로 관창 배치 • 풍속이 3m/sec 이하 : 방사열이 큰 쪽 방향을 중점으로 관창을 배치 • 강풍(대략 풍속 13m/sec 이상) 때는 풍횡측에 대구경 관창을 배치

05 정답 ②

셔터에서 연기가 분출하고 있는 경우
㉠ 공기호흡기를 착용하고 측면에 방수태세를 갖춘다.
㉡ 연기의 분출을 적게 하기 위해 셔터의 아래방향을 절단한다.
㉢ 셔터의 한 변을 절단하여 스레트를 빼기 전에 내부를 확인한다.
㉣ 스레트는 서서히 잡아 빼고 내부의 상황을 확인하면서 필요에 따라 분무방수를 한다. 단, 수손방지에 충분한 유의를 기할 필요가 있다.
㉤ 진입구를 만들 경우는 측면에 위치하여 백드래프트에 주의한다.
  ※ 동력절단기, 가스절단기, 산소절단기, 공기톱

06 정답 ④

목조건물 관창배치
목조건물 화재는 주위건물로의 연소 확대 저지를 중점으로 하기 때문에 관창의 배치도 연소 위험이 큰 쪽, 연소할 경우 진압활동이 곤란한 쪽으로의 배치를 우선한다.
① 관창배치의 우선순위는 화재의 뒷면, 측면 및 2층, 1층의 순으로 한다.(방화조건물 동일)
② 바람이 있는 경우 풍하, 풍횡, 풍상의 순으로 한다.
③ 경사지 등은 높은 쪽, 횡, 낮은 쪽의 순으로 한다.
④ 화재건물에 내화조 건물이 인접해 있는 경우는 내화조 건물에 개구부가 있다고 생각하고 경계 및 연소방지를 위하여 내화조 건물 내부로 신속하게 경계관창의 배치 또는 확인을 한다.

07 정답 ①

하인리히 이론
상해는 항상 사고에 의해 일어나고 사고는 항상 순차적으로 앞서는 요인의 결과로 일어난다고 하였다.

사회적 환경 및 유전적 요소	무모, 완고, 탐욕, 기타 바람직하지 못한 성격은 유전에 의해서 계승되며, 환경은 바람직하지 못한 성격을 조장하고 교육을 방해할 것이다. 유전 및 환경은 모두 인적 결함의 원인이 된다.
개인적 결함	신경질, 무분별, 무지 등과 같은 선천적 또는 후천적인 인적 결함은 불안전한 행동을 일으키거나 또는 기계적, 물리적인 위험성이 존재하게 하는데 밀접한 원인이 된다.
불안전한 행동이나 불안전한 상태	매달려 있는 짐 아래에 서 있다든지, 안전장치를 제거하는 등과 같은 사람의 불안전한 행동, 방호장치 없는 톱니바퀴, 난간이 없는 계단, 불충분한 조명 등과 같은 기계적 또는 물리적인 위험성은 직접적인 사고의 원인이 된다.
사고	물체의 낙하, 비래(飛來)물에 의한 타격 등과 같은 현상은 상해의 원인이 된다.
상해	좌상, 열상 등의 상해는 사고의 결과로서 생긴다.

08 정답 ②

훈련시트 작성의 유의점
① 시트는 대원의 친숙도가 큰 상황(예를 들면 사고 사례나 신체 훈련의 상황 등)으로부터 선정하는 방법이 부드럽게 진행이 된다.
② 한 장의 시트에 여러 가지 상황을 기입하지 말 것
③ 아주 자세한 부분까지 그려 넣지 말 것
④ 간단한 조사, 잘못된 조사가 되어서는 안 되기 때문에 고의로 제작한 도해가 아닐 것
⑤ 어두운 분위기가 아닌 밝은 분위기로 그려진 것이 좋다.
⑥ 도해의 상황이 광범위한 활동 등에 미치는 경우에는 그 가운데의 특정 부분에 한정하여 실시하는 것도 하나의 방법이다.

라운드	문제해결 라운드	위험예지훈련 라운드	위험예지훈련 진행방법
1R	위험사실을 파악 (현상파악)	'어떠한 위험이 잠재하고 있는가'	모두의 토론으로 그림 상황 속에 잠재한 위험요인을 발견한다.
2R	위험원인을 조사 (본질추구)	'이것이 위험의 요점이다'	발견된 위험요인 가운데 이것이 중요하다고 생각되는 위험을 파악하고 ○표, ◎표를 붙인다.
3R	대책을 세운다 (대책수립)	'당신이라면 어떻게 할 것인가'	◎표를 한 중요위험을 해결하기 위해서는 '어떻게 하면 좋은가'를 생각하여 구체적인 대책을 세운다.
4R	행동계획을 결정 (목표달성)	'우리들은 이렇게 한다'	대책 중 중점실시 항목에 ※표를 붙여 그것을 실천하기 위한 팀 행동 목표를 세운다.

감수성을 높임	안전을 확보하기 위해서는 위험에 대한 감수성을 높이는 것이 필요하다. 위험예지훈련은 소방활동이나 훈련·연습 중에서 위험요인을 발견 할 수 있는 <u>감수성을 소대원(개인) 수준에서 소대(팀)수준으로 높이는 훈련</u>이다.
모임의 중요성 인식	안전 확보를 위해서는 적극적인 토론과 화합이 필요하다. 위험예지훈련 위험요인에 대하여 토론, 이해연구를 돕기 위한 모임이며, 훈련이다. 토론이 중요한 의미를 가지므로 브레인스토밍 요령으로 다음 사항을 유의한다. ① 편안한 분위기에서 행한다. ② 전원이 자유롭게 발언한다. ③ <u>발언에 대하여 비판은 하지 않으며 논의도 하지 않는다.</u> ④ 타인의 이야기를 잘 듣고 서로가 자기의 생각을 높여가도록 한다. ⑤ <u>질보다는 양을 중요시한다.</u>

09 정답 ②

펌프프로포셔너
㉠ <u>방수측과 흡수측 사이의 바이패스 회로상에는 폼 이젝트 본체와 농도 조정밸브가 설치되어 있다.</u>
㉡ 펌프의 방수측 배관에 연결된 폼 송수밸브의 개방으로 방사되는 물은 송수라인을 통해 폼 이젝트 본체에서 분출되고 이때, 농도 조정밸브를 통과한 약액이 흡입되어 물과 혼합되어 포수용액이 된다. 현재 소방펌프자동차

10 정답 ④

구조활동 우선순위
① 구명(救命) → ② 신체구출 → ③ 정신적, 육체적 고통경감 → ④ 피해의 최소화

11 정답 ①

그리그리 (GriGri)	① 그리그리는 스토퍼와 같이 로프의 역회전을 방지할 수 있는 구조로 주로 확보용 장비이다. ② 주로 암벽 등에서 확보하는 장비로 사용되며 <u>짧은 거리를 하강할 때 이용하기도 한다.</u>
스톱하강기 (Stopper)	① 스톱은 로프 한 가닥을 이용하여 제동을 걸어준다. ② <u>하강 스피드의 조절이 용이하다.</u> ③ <u>우발적인 급강하 사고를 방지할 수 있기 때문에 최근 구조대에서 사용이 증가하고 있는 추세이다.</u> ※ 스톱하강기 사용요령 ① 스톱퍼의 한 면을 열어 로프를 삽입하고 아래쪽은 안전벨트의 카라비너에 연결한다. ② 오른손으로 아랫줄을 잡고 왼손으로 레버를 조작하면 쉽게 하강속도를 조절할 수 있다. ③ 손잡이를 꽉 잡으면 급속히 하강하므로 주의한다.
아이디 하강기	다기능 핸들을 사용하여 하강 조절 및 작업 현장에서 위치잡기가 용이하며, 고소 작업 및 로프엑세스 작업용으로 제작된 개인 하강용 장비이다.

※ 카라비너 : 강도는 제품별로 몸체에 표시되며 <u>일반적으로 종방향으로 25kN~30kN, 횡방향으로는 8kN~10kN 정도이다.</u>

12 정답 ②

도르래 사용
㉠ 도르래를 사용하는 경우 지지점으로 설정되는 부분의 강도를 면밀히 검토하여 하중을 이길 수 있는지 살펴보고 힘의 균형이 맞도록 설치하여야 한다. 또한 로프가 꼬이지 않도록 주의하여 작업한다.
㉡ 고정도르래는 힘의 방향만을 바꾸어 주지만 움직도르래를 함께 설치하면 힘의 이득을 얻을 수 있다. <u>고정도르래 1개와 움직도르래 1개를 설치하면 소요되는 힘은 1/2로 줄어들고 움직도르래의 숫자가 증가함에 따라 더욱 작은 힘으로 물체를 이동시킬 수 있다.</u>
㉢ 아래의 그림과 같이 도르래를 설치하여 <u>80kg의 무게를 들어 올린다고 가정하면 필요한 힘의 1/3인 약 26.7kg으로 물체를 이동시킬 수 있다.</u> 물론 장비 자체의 무게 및 마찰력을 제외한 것이다.

13 정답 ③

방사선 측정기
<u>개인이 휴대하여 실시간으로 방사선율 및 선량 등 측정하며 기준선량(율) 초과시 경보하여 구조대원의 안전을 확보하기 위한 장비이다.(가장 보편적으로 사용되는 장비)이다.</u>

14 정답 ②

동력절단기
㉠ 목재용 절단날을 보관할 때에는 기름을 엷게 발라둔다.
㉡ 철재용, 콘크리트용 절단 날에 심하게 물이 묻어 있는 경우에는 폐기하고 너무 장기간 보관하지 않도록 한다. 절단 날에 이상 마모 현상이 있을 때는 즉시 교환한다.
㉢ 철재 절단 날은 휘발유, 석유 등에 접촉되지 않도록 하고 유증기가 발생하는 곳에 보관해서도 안 된다. 접착제가 용해되어 강도가 크게 저하될 수 있다.
※ 수중에 사용할 수 있는 장비는 공기톱, 유압엔진구조기구이다.

15 정답 ④

야간투시경 (Night Vision)	카메라에서 적외선파장을 발산하여 측정하거나 달빛을 증폭하여 물체를 화면에 표시하는 것으로 다큐멘터리에서 동물의 움직임을 촬영할 때의 야시경과 같이 초록색 화면으로 보는 것이 그 예이다.
열화상카메라 (Infrared Thermal Camera)	• 적외선을 방사하지 않고 동물 등이 방사하는 적외선을 이용한다. • 피사체가 물체나 동물인 경우 물체의 온도에 따라 일정한 파장의 빛을 방출되는 원리를 이용한 것이다.

16 정답 ②

줄을 이용한 탐색

등고선 탐색★	① 해안선이나 일정간격을 두고 평행선을 따라 이동하며 물체를 찾는 방법으로 물체가 있는 수심과 위치를 비교적 정확하게 알고 있을 경우에 유용하다. ② 탐색 형태라기보다는 탐색기술의 한 방법으로 물체가 있다고 예상되는 지점보다 바다 쪽으로 약간 벗어난 곳에서부터 시작한다. ③ 예를 들어 해변의 경우 예상되는 지점보다 약 30m 정도 외해 쪽으로 벗어난 곳에서 해안선과 평행하게 이동하며 탐색한다. ④ 계획된 범위에 도달하면 해안선 쪽으로 약간 이동한 뒤 지나온 경로와 평행하게 되돌아가며 탐색한다. ⑤ 평행선과 평행선과의 거리는 시야범위 정도가 적당하며 경사가 급한 곳에서는 수심계로 수심을 확인하며 경로를 유지할 수도 있다.
U자 탐색★	탐색 구역을 "ㄹ"자 형태로 탐색하는 방법으로 장애물이 없는 평평한 지형에서 비교적 작은 물체를 탐색하는데 적합하다. 각 평행선의 간격은 시야거리 정도가 적당하며, 수류가 있을 경우에는 수류와 평행한 방향으로 이동한다.
소용 돌이 탐색★	비교적 큰 물체를 탐색하는데 적합한 방법으로 탐색구역의 중앙에서 출발하여 이동거리를 조금씩 증가시키면서 매번 한 쪽 방향으로 90°씩 회전하며 탐색한다.

줄을 이용하지 않는 탐색

원형 탐색	시야가 좋지 않으며 탐색면적이 좁고 수심이 깊을 때 활용하는 방법이다. ⓐ 인원과 장비의 소요가 적은 반면 탐색할 수 있는 범위가 좁다. ⓑ 탐색 구역의 중앙에서 구심점이 되어 줄을 잡고, 다른 한 사람이 줄의 반대쪽을 잡고 원을 그리며 한바퀴 돌면서 탐색한다. ⓒ 출발점으로 한바퀴 돌아온 뒤에 중앙에 있는 사람이 줄을 조금 풀어서 더 큰 원을 그리며 탐색하는 방법을 반복한다. 물론 줄은 시야거리 만큼씩 늘려나간다.
반원 탐색	조류가 세고 탐색면적이 넓을 때 사용한다. ⓐ 원형탐색을 응용한 형태로 해안선, 방파제, 부두 등에 의해 원형탐색이 어려울 경우 반원 형태로 탐색한다. ⓑ 원형 탐색과의 차이점은 원을 그리며 진행하다 계획된 지점이나 방파제 등의 장애물을 만날 경우 줄을 늘리고 방향을 바꾸어서 반대 방향으로 전진하며 탐색한다는 것이다. ⓒ 정박하고 있는 배에서 물건을 떨어뜨릴 경우 가라앉는 동안 수류가 흐르는 방향으로 약간 벗어나게 되기 때문에 수류의 역 방향은 탐색할 필요가 없다. ⓓ 이런 경우에 원형탐색을 한다면 비효율적이며 수류가 흘러가는 방향만을 반원탐색으로 탐색하는 것이 효과적이다.
왕복 탐색	시야가 좋고 탐색면적이 넓을 때 사용하는 방법이다. ⓐ 탐색구역의 외곽에 평행한 기준선을 두 줄로 설정하고, 기준선과 기준선에 수직방향의 줄을 팽팽하게 설치한다. ⓑ 실제 구조활동 시는 두 명의 다이버가 동시에 같은 방향으로 이동하면서 수색에 임한다. 특히 시야가 확보되는 않는 경우 긴급사항이 발생 시 반대에서 서로 비껴 지나가는 방법은 맞지 않으며 인명구조사 1급 교육시에도 두 명의 다이버는 동시에 같은 방향으로 이동하며 수색하는 방법으로 교육을 실시하고 있다.
직선 탐색	시야가 좋지 않고 탐색면적이 넓은 지역에 사용한다. ⓐ 탐색하는 구조대원의 인원수에 따라 광범위하게 탐색할 수 있고 폭넓게 탐색할 수 있으나 대원 상호간에 팀워크가 중요하다. ⓑ 먼저 탐색할 지역을 설정하고 수면의 구조대원이 수영을 하며 수중에 있는 여러 명의 구조대원을 이끌면서 탐색한다. ⓒ 구조대원간의 간격은 시정에 따라 적절하게 배치한다.

17
정답 ②

각 Placard의 색상이 가지는 의미
① 빨간색 : 가연성(Flammable)
② 오렌지 : 폭발성(Explosive)
③ 노란색 : 산화성(Oxidizer)
④ 녹 색 : 불연성(Non-Flammable)
⑤ 파란색 : 금수성(Not Wet)
⑥ 백 색 : 중독성(Inhalation)

18
정답 ②

전파경로에 따른 원인과 예방법

전파 경로	원인	관련 질환(병명)★★	예방법
공기에 의한 전파★	감염을 유발하는 작은 입자(5㎛ 이하)가 공기 중의 먼지와 함께 떠다니다가 흡입에 의해 감염이 발생한다.	홍역, 수두, 결핵	환자 이동을 최소화하고 이동이 불가피할 경우에는 환자에게 수술용 마스크를 착용하도록 한다.
비말에 의한 전파★	감염균을 가진 큰 입자(5㎛ 이상)가 기침이나 재채기, 흡입(suction) 시 다른 사람의 코나 점막 또는 결막에 튀어서 단거리(약 1m 이내)에 있는 사람에게 감염을 유발시킨다.	뇌수막염, 폐렴, 패혈증, 부비동염, 중이염, 백일해, 유행성귀밑샘염(유행성이하선염), 인플루엔자, 인두염, 풍진, 결핵, 코로나19	환자와 1m 이내에서 접촉할 경우는 마스크를 착용한다.
접촉에 의한 전파★	직접 혹은 간접 접촉에 의해 감염된다.	(해당질환) 소화기계, 호흡기계, 피부 또는 창상의 감염이나 다제내성균이 집락된 경우, 오랫동안 환경에서 생존하는 장 감염, 장출혈성 대장균(O157 : H7), 이질, A형 간염, 로타 바이러스, (피부감염) 단순포진 바이러스, 농가진, 농양, 봉소염, 욕창, 이, 기생충, 옴, 대상포진, 바이러스성 출혈성 결막염	㉠ 장갑을 착용하고 처치 후에는 오염된 장갑으로 환자나 기구를 만지지 않는다. ㉡ 처치 후 소독비누로 손을 씻거나 물 없이 사용하는 손 소독제를 사용한다. ㉢ 가운은 멸균될 필요는 없으며 깨끗하게 세탁된 가운이면 된다. ㉣ 입었던 가운으로 인해 주위 환경이 오염되지 않도록 한다. ㉤ 환자가 사용했던 물건이나 만졌던 것, 재사용 물품은 소독한다.

19
정답 ①

(생체징후)
• 생체징후는 호흡, 맥박, 혈압을 포함하며 동시에 의식수준(AVPU)도 평가해야 한다.
• 생체징후를 전부 평가하는 범위에는 피부와 동공 상태 평가도 포함된다.

(맥박)
㉠ 맥박은 뼈 위를 지나가며 피부표면 근처에 위치한 동맥에서 촉지할 수 있다. 완심실의 수축으로 생기는 압력의 파장으로 생기며 주로 노동맥에서 촉지 된다.
㉡ 노동맥은 손목 안쪽 엄지손가락 쪽에서 촉지할 수 있다.
㉢ 촉지되지 않는다면 목동맥을 촉지해야 한다.
㉣ 영아의 경우 위팔동맥에서 촉지해야 한다.

맥박 양상

맥 박	원 인
빠르고 규칙적이며 강함	운동, 공포, 열, 고혈압, 출혈 초기, 임신
빠르고 규칙적이며 약함	쇼크, 출혈 후기
느림	머리손상, 약물중독, 심질환, 소아의 산소결핍
불규칙적	심전도계 문제
무맥	심장마비, 중증 출혈, 중증 저체온증

20
정답 ①

제세동

심실세동 (V-Fib)	심장마비 후 8분 안에 심장마비 환자의 약 1/2에서 나타난다. 이는 심장의 많은 다른 부위에서 불규칙한 전기적 자극으로 일어나며 심장은 진동할 뿐 효과적으로 피를 뿜어내지 못한다. 초기에 제세동을 실시하면 매우 효과적일 수 있다.
심실빈맥 (V-Tach)	리듬은 규칙적이나 매우 빠른 경우를 말한다. 너무 빨리 수축해서 피가 충분히 심장에 고이지 않아 심장과 뇌로 충분한 혈액을 공급할 수 없다. V-Tach은 심장마비환자의 10%에서 나타나며 제세동은 반드시, 무맥 또는 무호흡 그리고 무의식 환자에게만 실시해야 한다.

① 심정지의 대부분은 심실세동에 의해 유발되며, 심실세동에서 중요한 처치는 전기적 제세동이다.
② 제세동 처치는 빨리 시행할수록 효과적이므로 현장에서 신속하게 시행되어야 한다.

③ 심실세동에서 제세동이 1분 지연될 때마다 제세동의 성공 가능성은 7~10%씩 감소한다.
④ 자동심장충격기는 의료지식이 충분하지 않은 일반인이나 의료제공자들이 쉽게 사용할 수 있도록 환자의 심전도를 자동으로 분석하여 제세동이 필요한 심정지를 구분해주며, 사용자가 제세동할 수 있도록 유도하는 장비이다.
⑤ 심실세동과 무맥성 심실빈맥은 제세동으로 치료가 될 수 있다.

21 정답 ③

APGAR 점수(출생 후 1분, 5분 후 재평가 실시

평가내용	점수		
	0	1	2
피부색 : 일반적 외형	청색증	몸은 핑크, 손과 팔다리는 청색	손과 발까지 핑크색
심장 박동수	없음	100회 이하	100회 이상
반사흥분도 : 찡그림	없음	자극 시 최소의 반응 /얼굴을 찡그림	코 안쪽 자극에 울고 기침, 재채기 반응
근육의 강도 : 움직임	흐늘거림/ 부진함	팔과 다리에 약간의 굴곡 제한된 움직임	적극적으로 움직임
호흡 : 쉼 쉬는 노력	없음	약하고/느림/ 불규칙	우렁참

※ 8~10점 : 정상출산으로 기본적인 신생아 관리
3~7점 : 경증의 질식 상태, 호흡을 보조함, 부드럽게 자극, 입-코 흡인
0~2점 : 심한 질식 상태, 기관 내 삽관, 산소공급, CPR

22 정답 ③

중증 Critical burn	① 흡인화상이나 골절을 동반한 화상 ② 손, 발, 회음부, 얼굴화상 ③ 체표면적 10% 이상의 3도 화상인 모든 환자 ④ 체표면적 25% 이상의 2도 화상인 10세 이상 50세 이하의 환자 ⑤ 체표면적 20% 이상의 2도 화상인 10세 미만 50세 이후의 환자 ⑥ 영아, 노인, 과거력이 있는 화상환자 ⑦ 원통형 화상, 전기화상
중등도 Moderate burn	① 체표면적 2% 이상 - 10% 미만의 3도 화상인 모든 화상 ② 체표면적 15% 이상, 25% 미만의 2도 화상인 10세 이상 50세 이하의 환자 ③ 체표면적 10% 이상, 20% 미만의 2도 화상인 10세 미만 50세 이후의 환자
경증 Minor burn	① 체표면적 2% 미만의 3도 화상인 모든 환자 ② 체표면적 15% 미만의 2도 화상인 10세 이상 50세 이하의 환자 ③ 체표면적 10% 미만의 2도 화상인 10세 미만 50세 이후의 환자

23 정답 ②

일반적인 부목사용 방법
① 부목 외에 다른 불필요한 것은 제거한다.
② 손상부위에 따라 가장 적합한 부목을 사용해라.
③ 뼈 손상 여부가 의심될 경우에는 손상됐다고 가정하고 부목으로 고정한다.
④ 근골격계 손상환자가 쇼크 징후 등을 보이면 즉각적으로 이송해야 하며, 부목에 앞서 신속한 이송이 필요한 경우는 긴 척추고정판을 이용해 환자를 고정해야 한다.
⑤ 심각한 손상 환자는 부목으로 고정하기 위해 시간을 지연해서는 안 되며 신속하게 이송해야 한다.
⑥ 부목 고정 전에 한 명의 대원은 손상부위 양 쪽을 각각 잡아 손상부위를 고정시킨다. 이는 부목으로 완전히 고정될 때까지 잡고 있어야 한다.
⑦ 부목 고정 전에 팔·다리 손상 먼쪽의 맥박, 운동기능 그리고 감각을 평가해야 한다. 부목 고정 후에도 다시 한 번 평가한다. 항상 부목 고정 전·후에 대해 기록해야 한다.
⑧ 손상부위의 의복은 잘라 내어 개방시킨 후 평가해야 한다.
⑨ 개방 상처는 멸균거즈로 드레싱한 후에 부목으로 고정해야 한다.
⑩ 팔다리의 심각한 변형이나 먼쪽의 청색증 또는 맥박이 촉지 되지 않는다면 부드럽게 손으로 견인하여 정상 해부학적 위치로 맞춘 후 부목으로 고정시킨다.
⑪ 뼈가 손상 부위 밖으로 나와 있다면 다시 원래 위치로 넣으려고 해서는 안 된다.
⑫ 불편감과 압박을 예방하기 위해 패드를 대준다.
⑬ 가능하다면 환자와 부목사이 빈 공간에 패드를 대준다.
⑭ 가능하다면 환자를 움직이기 전에 부목을 대준다. 위급한 상황이나 치명적인 상태인 경우에는 제외이다.
⑮ 손상부위 위·아래에 있는 관절을 고정시켜야 한다. 예를 들면 아래팔골절에는 팔목과 팔꿈관절을 고정시켜야 한다.
⑯ 관절부위 손상에는 위·아래 뼈를 고정시켜야 한다. 예를 들면 팔꿈치골절에는 위팔과 아래팔을 고정시켜야 한다.
⑰ 손과 다리를 포함한 먼쪽 팔다리손상에서 부목을 대줄 때는 순환상태를 평가하기 위해 손끝과 발끝은 보이게 해야 한다.
⑱ 팔, 손목, 손, 손가락 부목 전에는 팔찌, 시계, 반지 등을 제거해야 한다. 부종으로 인해 순환에 장애를 줄 수 있기 때문이다.

24 정답 ①

견인부목을 사용해서는 안 되는 경우
㉠ 엉덩이나 골반 손상, 무릎이나 무릎 인접부분 손상, 발목 손상, 종아리 손상
㉡ 부분 절상이나 견인기구 적용부위의 결출상

25 정답 ③

내장 통증	• 배내 장기는 많은 신경섬유를 갖고 있지 않아 종종 둔하고 아픈 듯 또는 간헐적으로 통증이 나타나 정확한 위치를 알아내기 힘들다. • <u>간헐적이고 마치 분만통증과 같은 복통은 흔히 배내 속이 빈 장기로 인해 나타난다. 그리고 둔하고 지속적인 통증은 종종 고형체의 장기로 인해 나타난다.</u>
벽쪽 통증	• 복강을 따라 벽쪽 복막에서 나타나는 통증이다. 넓게 분포하고 신경섬유로 인해 벽쪽 복막으로부터 유발된 통증은 내장 통증보다 더 쉽게 부위를 알 수 있으며 묘사할 수 있다. • 벽측 통증은 복막의 부분 자극으로 직접 나타난다. 이러한 통증은 내부출혈로 인한 자극 또는 감염·염증에 의해 나타날 수도 있다. 또한 날카롭거나 지속적이며 국소적인 경향을 나타낸다. • <u>SAMPLE력을 조사할 때 환자는 이러한 통증을 무릎을 굽힌 자세 또는 움직이지 않으면 나아지고 움직이면 다시 아프다고 표현하기도 한다.</u>
쥐어뜯는 듯한 통증	• 복통으로는 흔하지 않은 유형으로 대동맥을 제외한 대부분의 배내 장기는 이러한 통증을 느끼는 감각을 갖고 있지 않다. • <u>배대동맥류(abdominal aortic aneurysm)의 경우 대동맥 내층이 손상 받아 혈액이 외층으로 유출될 때 등쪽에서 이러한 통증이 나타난다.</u> • 유출된 혈액이 모여 마치 풍선과 같은 유형을 나타내기도 한다.
연관 통증	• <u>통증 유발부위가 아닌 다른 부위에서 느끼는 통증으로 예를 들어 방광에 문제가 있을 때 오른 어깨 뼈에 통증이 나타나는 것을 말한다.</u> • 방광으로부터 나온 신경이 어깨부위 통증을 감지하는 신경과 같이 경로를 나눠 쓰는 척수로 돌아오기 때문이다.

※ 주의 사항
심근경색으로 인한 통증은 배의 불편감(마치 소화가 안 되는 듯한)으로 나타나기도 한다. 이러한 통증은 보통 윗배에 나타나므로 주의해야 한다.

행정안전부
1. 정부중요시설 사고
2. 공동구재난(국토교통부가 관장하는 공동구는 제외)
3. 내륙에서 발생한 유도선등의 수난사고
4. 풍수해(조수는 제외), 지진, 화산, 낙뢰, 가뭄, 한파, 폭염으로 인한 사고로서 다른 재난관리주관기관에 속하지 아니하는 재난 및 사고

(환경부)
1. 수질분야 대규모 환경오염 사고
2. 식용수 사고
3. 유해화학물질 유출 사고
4. 조류(藻類) 대발생(녹조에 한정한다)
5. 황사
6. 환경부가 관장하는 댐의 사고
7. 미세먼지

소방위 소방승진

제4회 모의고사 해설

문 항 수 : 75문항
응시시간 : 75분

과목	01	02	03	04	05	06	07	08	09	10	11	12	13	14	15	16	17	18	19	20	21	22	23	24	25
행정법	④	③	②	②	②	③	③	①	①	④	③	①	②	②	②	②	①	③	④	②	④	③	②	④	③
소방법령 Ⅳ	④	④	②	④	①	④	②	④	③	④	③	①	④	④	②	③	②	④	①	③	②	②	①	④	②
소방전술	②	④	③	④	④	④	④	③	①	②	②	①	③	②	③	④	③	④	③	①	④	③	②	②	②

행정법(소방위) (25문항)

01 정답 ④

① (○) 텔레비전방송수신료는 대다수 국민의 재산권 보장의 측면이나 한국방송공사에게 보장된 방송자유의 측면에서 국민의 기본권실현에 관련된 영역에 속하고, 수신료금액의 결정은 납부의무자의 범위 등과 함께 수신료에 관한 본질적인 중요한 사항이므로 국회가 스스로 행하여야 하는 사항에 속하는 것임에도 불구하고 한국방송공사법 제36조 제1항에서 국회의 결정이나 관여를 배제한 채 한국방송공사로 하여금 수신료금액을 결정해서 문화관광부장관의 승인을 얻도록 한 것은 법률유보원칙에 위반된다(헌재결 1999.5.27. 98헌바70).

② (○) 국민주권주의, 권력분립주의 및 법치주의를 기본원리로 채택하고 있는 우리 헌법상 국민의 헌법상 기본권 및 기본의무와 관련된 중요한 사항 내지 본질적인 내용에 대한 정책형성기능은 원칙적으로 주권자인 국민에 의하여 선출된 대표자들로 구성되는 입법부가 담당하여 법률의 형식으로써 이를 수행하여야 하고, 이와 같이 입법화된 정책을 집행하거나 적용함을 임무로 하는 행정부나 사법부에 그 기능을 넘겨서는 아니된다(헌재 1999.1.28. 97헌가8).

③ (○) 기준시가는 토초세의 과세대상 및 과세표준이 되는 토지초과이득의 존부와 범위를 결정하는 지표가 된다는 점에서 국민의 납세의무의 성부 및 범위와 직접적인 관계를 가지고 있는 중요한 사항이므로, 기준시가의 산정기준이나 방법 등을 하위법규에 백지위임하지 아니하고 그 대강이라도 토초세법 자체에서 직접 규정해 두는 것이 국민생활의 법적 안정성과 예측가능성을 도모한다는 측면에서 보아 보다 더 합리적이고도 신중한 입법태도일 것이다. 그럼에도 불구하고 토초세법 제11조 제2항이 지가를 산정하는 기준과 방법을 직접 규정하지 아니하고 이를 전적으로 대통령령에 위임하고 있는 것은 헌법 제38조 및 제59조가 천명하고 있는 조세법률주의 혹은 위임입법의 범위를 구체적으로 정할 것을 지시하고 있는 헌법 제75조에 반하는 것이다(헌재 1994.7.29. 92헌바49등).

④ (×) 재량행위가 확대되는 것은 맞으나 재량행위를 확대하면 법치주의에 반할 염려가 있으므로 그에 대한 통제차원에서 법률유보의 범위가 확대되고 있다.

02 정답 ③

① (○) 필요성원칙은 목적달성에 적합한 수단 가운데 국민의 권리나 이익침해가 가장 적은 수단을 선택해야 함을 의미한다. 최소침해의 원칙이라고도 한다.

② (○) 조세법률관계에서 과세청의 행위에 대하여 구 국세기본법 제15조, 제18조 제3항의 규정이 정하는 신의칙 내지 비과세의 관행이 성립되었다고 하려면 장기간에 걸쳐 어떤 사항에 대하여 과세하지 아니하였다는 객관적 사실이 존재할 뿐만 아니라 과세관청 자신이 그 사항에 대하여 과세할 수 있음을 알면서도 어떤 특별한 사정에 의하여 과세하지 않는다는 의사가 있고 이와 같은 의사가 대외적으로 명시적 또는 묵시적으로 표시될 것임을 요한다고 해석되며, 같은 법 제18조 제3항 규정에서의 '일반적으로 납세자에게 받아들여진 세법의 해석 또는 국세행정의 관행'이란 비록 잘못된 해석 또는 관행이라도 특정납세자가 아닌 불특정한 일반납세자에게 정당한 것으로 이의 없이 받아들여져 납세자가 그와 같은 해석 또는 관행을 신뢰하는 것이 무리가 아니라고 인정될 정도에 이른 것을 말한다(대판 2010.4.15. 2007두19294).

③ (×) 신뢰보호원칙은 행정법의 일반원칙으로서, 신뢰보호원칙의 적용대상이 되는 선행조치에는 법령·행정규칙·합의·확약·행정계획·행정지도 기타 국가의 모든 행정작용이 포함된다.

④ (○) 실효의 원칙이 적용되기 위하여 필요한 요건으로서의 실효기간의 길이와 의무자인 상대방이 권리가 행사되지 아니하리라고 신뢰할 만한 정당한 사유가 있었는지의 여부는 일률적으로 판단할 수 있는 것이 아니라 구체적인 경우마다 권리를 행사하지 아니한 기간의 장단과 함께 권리자측과 상대방측 쌍방의 사정 및 객관적으로 존재한 사정 등을 모두 고려하여 사회통념에 따라 합리적으로 판단하여야 할 것이다. 근로자가 사직원의 작성·제출이 자신이 아닌 그의 형에 의하여 이루어졌음을 이유로 의원면직의 무효확인을 구하는 사안에서, 근로자의 형이 사직원을 제출하게 된 경위 및 근로자가 아무런 이의 없이 퇴직금을 수령한 점 등 제반 사정에 비추어 볼 때, 의원면직일로부터 5년 여가 경과한 후에 위와 같은 소를 제기하는 것은 신의칙 내지 금반언의 원칙에 반하는 것으로서 부적법하다(대판 2005.10.28. 2005다45827).

03 정답 ②

① (○) 사인의 공법상 행위는 명문으로 금지되거나 성질상 불가능한 경우가 아닌 한 그에 따른 행정행위가 행하여질 때까지 자유로이 철회하거나 보정할 수 있으므로 사업시행자 지정 처분이 행하여질 때까지 토지 소유자는 새로이 동의를 하거나 동의를 철회할 수 있다고 보아야 한다(대판 2014.7.10. 2013두7025).

② (×) 행정절차법 제17조 제5항은 신청인이 신청할 때 관계 법령에서 필수적으로 첨부하여 제출하도록 규정한 서류를 첨부하지 않은 경우와 같이 쉽게 보완이 가능한 사항을 누락하는 등의 흠이 있을 때 행정청이 곧바로 거부처분을 하는 것보다는 신청인에게 보완할 기회를 주도록 함으로써 행정의 공정성·투명성 및 신뢰성을 확보하고 국민의 권익을 보호하려는 행정절차법의 입법목적을 달성하고자 함이지, 행정청으로 하여금 신청에 대하여 거부처분을 하기 전에 반드시 신청인에게 신청의 내용이나 처분의 실체적 발급요건에 관한 사항까지 보완할 기회를 부여하여야 할 의무를 정한 것은 아니라고 보아야 한다(대판 2020.7.23. 2020두36007).

③ (○) 건축신고를 하려는 자는 인·허가의제사항 관련 법령에서 제출하도록 의무화하고 있는 신청서와 구비서류를 제출하여야 하는데, 이는 건축신고를 수리하는 행정청으로 하여금 인·허가의제사항 관련 법률에 규정된 요건에 관하여도 심사를 하도록 하기 위한 것으로 볼 수밖에 없다. 따라서 인·허가의제 효과를 수반하는 건축신고는 일반적인 건축신고와는 달리, 특별한 사정이 없는 한 행정청이 그 실체적 요건에 관한 심사를 한 후 수리하여야 하는 이른바 '수리를 요하는 신고'로 보는 것이 옳다(대판 2011.1.20. 2010두14954).

④ (○) 구 식품위생법 제25조 제2항, 제3항의 각 규정에 의하면, 지방세법에 의한 압류재산 매각절차에 따라 영업시설의 전부를 인수함으로써 그 영업자의 지위를 승계한 자가 관계 행정청에 이를 신고하여 행정청이 이를 수리하는 경우에는 종전의 영업자에 대한 영업허가 등은 그 효력을 잃는다 할 것인데, 위 규정들을 종합하면 위 행정청이 구 식품위생법 규정에 의하여 영업자지위승계신고를 수리하는 처분은 종전의 영업자의 권익을 제한하는 처분이라 할 것이고 따라서 종전의 영업자는 그 처분에 대하여 직접 그 상대가 되는 자에 해당한다고 봄이 상당하므로, 행정청으로서는 위 신고를 수리하는 처분을 함에 있어서 행정절차법 규정 소정의 당사자에 해당하는 종전의 영업자에 대하여 위 규정 소정의 행정절차를 실시하고 처분을 하여야 한다(대판 2003.2.14. 2001두70150).

04 정답 ②

행정기본법 제6조(행정에 관한 기간의 계산)
① 행정에 관한 기간의 계산에 관하여는 이 법 또는 다른 법령등에 특별한 규정이 있는 경우를 제외하고는 「민법」을 준용한다.
② 법령등 또는 처분에서 국민의 권익을 제한하거나 의무를 부과하는 경우 권익이 제한되거나 의무가 지속되는 기간의 계산은 다음 각 호의 기준에 따른다. 다만, 다음 각 호의 기준에 따르는 것이 국민에게 불리한 경우에는 그러하지 아니하다.
  1. 기간을 일, 주, 월 또는 연으로 정한 경우에는 기간의 첫날을 산입한다.
  2. 기간의 말일이 토요일 또는 공휴일인 경우에도 기간은 그 날로 만료한다.

행정기본법 제7조(법령등 시행일의 기간 계산) 법령등(훈령·예규·고시·지침 등을 포함한다. 이하 이 조에서 같다)의 시행일을 정하거나 계산할 때에는 다음 각 호의 기준에 따른다.
1. 법령등을 공포한 날부터 시행하는 경우에는 공포한 날을 시행일로 한다.
2. 법령등을 공포한 날부터 일정 기간이 경과한 날부터 시행하는 경우 법령등을 공포한 날을 첫날에 산입하지 아니한다.
3. 법령등을 공포한 날부터 일정 기간이 경과한 날부터 시행하는 경우 그 기간의 말일이 토요일 또는 공휴일인 때에는 그 말일로 기간이 만료한다.

05 정답 ②

① (○), ③ (○) 상급행정기관이 소속 공무원이나 하급행정기관에 대하여 업무처리지침이나 법령의 해석·적용 기준을 정해 주는 '행정규칙'은 일반적으로 행정조직 내부에서만 효력을 가질 뿐 대외적으로 국민이나 법원을 구속하는 효력이 없다. 처분이 행정규칙을 위반하였다고 해서 그러한 사정만으로 곧바로 위법하게 되는 것은 아니고, 처분이 행정규칙을 따른 것이라고 해서 적법성이 보장되는 것도 아니다. 처분이 적법한지는 행정규칙에 적합한지 여부가 아니라 상위법령의 규정과 입법 목적 등에 적합한지 여부에 따라 판단해야 한다(대판 2019.7.11. 2017두38874).

② (×) 법령의 위임이 없음에도 법령에 규정된 처분 요건에 해당하는 사항을 부령에서 변경하여 규정한 경우에는 그 부령의 규정은 행정청 내부의 사무처리 기준 등을 정한 것으로서 행정조직내에서 적용되는 행정명령의 성격을 지닐 뿐 국민에 대한 대외적 구속력은 없다고 보아야 한다(대판 2013.9.12. 2011두10584).

④ (○) 고시가 상위법령의 구체적 위임에 따라 만들어져 실질적으로 상위법령의 규정 내용을 보충하는 기능을 할 때에는 이른바 '법령보충적 행정규칙'으로서 상위법령과 결합하여 대외적으로 구속력을 가진다(대판 1994.3.8. 92누1728).

06 정답 ③

① (○) 동해시가 개인택시 면허발급의 우선순위를 정하면서 버스나 다른 사업용 자동차의 운전경력보다 택시 운전경력을 우대하고 나아가 같은 순위 내 경합이 있으면 다시 택시 운전경력자를 우선하도록 하는 내용의 '동해시 개인택시운송사업면허 사무처리규정'에 따라 면허발급대상 인원보다 후순위인 사람에게 개인택시운송사업면허 제외처분을 한 사안에서, 면허의 대상이 개인택시운송사업이어서 거기에 종사하게 될 자를 정할 때 버스나 다른 사업용 자동차의 운전경력에 비해 업무의 유사성이 높은 택시 운전경력이 더욱 유용하다는 판단 등이 고려된 위 규정의 취지 등에 비추어, 개인택시면허 신규발급의 우선순위에 관한 위 규정 제4조 제2항은 합목적적인 행정의 수단 내지 기준으로서 나름대로 합리적이고 타당한 것이므로 그에 따른 위 제외처분 역시

적법하다고 한 사례(대판 2009.7.9. 2008두110990).
② (○) 토지의 형질변경허가는 그 금지요건이 불확정개념으로 규정되어 있어 그 금지요건에 해당하는지 여부를 판단함에 있어서 행정청에게 재량권이 부여되어 있다고 할 것이므로, 같은 법에 의하여 지정된 도시지역 안에서 토지의 형질변경행위를 수반하는 건축허가는 결국 재량행위에 속한다(대판 2005.7.14. 2004두6181).
③ (×) 특허란 특정인을 위하여 새로운 권리를 설정하는 행위, 능력을 설정하는 행위, 포괄적인 법률관계를 설정하는 행위를 말한다.
④ (○) 석유사업법 제12조 제3항, 제9조 제1항, 제12조 제4항 등을 종합하면 석유판매업(주유소)허가는 소위 대물적 허가의 성질을 갖는 것이어서 그 사업의 양도도 가능하고 이 경우 양수인은 양도인의 지위를 승계하게 됨에 따라 양도인의 위 허가에 따른 권리의무가 양수인에게 이전되는 것이므로 만약 양도인에게 그 허가를 취소할 위법사유가 있다면 허가관청은 이를 이유로 양수인에게 응분의 제재조치를 취할 수 있다 할 것이고, 양수인이 그 양수후 허가관청으로부터 석유판매업허가를 다시 받았다 하더라도 이는 석유판매업의 양수도를 전제로 한 것이어서 이로써 양도인의 지위승계가 부정되는 것은 아니므로 양도인의 귀책사유는 양수인에게 그 효력이 미친다(대판 1986.7.22. 86누203).

07 정답 ③

① (×) 판례는 부관 가운데 '부담'만은 독립하여 다툴 수 있다는 입장이다.
② (×) 사도개설허가에는 본질적으로 사도를 개설하기 위한 토목공사 등 현실적인 도로개설공사가 따르기 마련이므로 허가를 하면서 공사기간을 특정하기도 하지만 사도개설허가는 사도를 개설할 수 있는 권한의 부여 자체에 주안점이 있는 것이지 공사기간의 제한에 주안점이 있는 것이 아닌 점 등에 비추어 보면 이 사건 제1처분에 명시된 공사기간은 변경된 허가권자인 보조참가인에 대하여 공사기간을 준수하여 공사를 마치도록 하는 의무를 부과하는 일종의 부담에 불과한 것이지, 사도개설허가 자체의 존속기간(즉, 유효기간)을 정한 것이라 볼 수 없고, 따라서 보조참가인이 이 사건 제1처분의 사도개설허가에서 정해진 공사기간 내에 사도로 준공검사를 받지 못하였다 하더라도, 이를 이유로 행정관청이 새로운 행정처분을 하는 것은 별론으로 하고, 사도개설허가가 당연히 실효되는 것은 아니다(대판 2004.11.25. 2004두7023).
③ (○) 행정기본법 제17조(부관) ① 행정청은 처분에 재량이 있는 경우에는 부관(조건, 기한, 부담, 철회권의 유보 등을 말한다. 이하 이 조에서 같다)을 붙일 수 있다. ② 행정청은 처분에 재량이 없는 경우에는 법률에 근거가 있는 경우에 부관을 붙일 수 있다.
④ (×) 행정처분에 부담인 부관을 붙인 경우 부관의 무효화에 의하여 본체인 행정처분 자체의 효력에도 영향이 있게 될 수는 있지만, 그 처분을 받은 사람이 부담의 이행으로 사법상 매매 등의 법률행위를 한 경우에는 그 부관은 특별한 사정이 없는 한 법률행위를 하게 된 동기 내지 연유로 작용하였을 뿐이므로 이는 법률행위의 취소사유가 될 수 있음은 별론으로 하고 그 법률행위 자체를 당연히 무효화하는 것은 아니다(대판 2009.6.25. 2006다18174).

08 정답 ①

① (×) 인허가의제는 사업시행자의 신청을 요건으로 하지 않는다. 주된 인허가에 관한 사항을 규정하고 있는 어떤 법률에서 주된 인허가가 있으면 다른 법률에 의한 인허가를 받은 것으로 의제한다는 규정을 둔 경우, 주된 인허가가 있으면 다른 법률에 의한 인허가가 있는 것으로 본다.
② (○) 행정기본법 제24조(인허가의제의 기준) ② 인허가의제를 받으려면 주된 인허가를 신청할 때 관련 인허가에 필요한 서류를 함께 제출하여야 한다. 다만, 불가피한 사유로 함께 제출할 수 없는 경우에는 주된 인허가 행정청이 별도로 정하는 기한까지 제출할 수 있다
③ (○) 행정기본법 제24조(인허가의제의 기준) ③ 주된 인허가 행정청은 주된 인허가를 하기 전에 관련 인허가에 관하여 미리 관련 인허가 행정청과 협의하여야 한다.
④ (○) 행정기본법 제25조(인허가의제의 효과) ② 인허가의제의 효과는 주된 인허가의 해당 법률에 규정된 관련 인허가에 한정된다.

09 정답 ①

행정기본법 제18조(위법 또는 부당한 처분의 취소)
① 행정청은 위법 또는 부당한 처분의 전부나 일부를 소급하여 취소할 수 있다. 다만, 당사자의 신뢰를 보호할 가치가 있는 등 정당한 사유가 있는 경우에는 장래를 향하여 취소할 수 있다.
② 행정청은 제1항에 따라 당사자에게 권리나 이익을 부여하는 처분을 취소하려는 경우에는 취소로 인하여 당사자가 입게 될 불이익을 취소로 달성되는 공익과 비교·형량(衡量)하여야 한다. 다만, 다음 각 호의 어느 하나에 해당하는 경우에는 그러하지 아니하다.
 1. 거짓이나 그 밖의 부정한 방법으로 처분을 받은 경우
 2. 당사자가 처분의 위법성을 알고 있었거나 중대한 과실로 알지 못한 경우
행정기본법 제19조(적법한 처분의 철회)
① 행정청은 적법한 처분이 다음 각 호의 어느 하나에 해당하는 경우에는 그 처분의 전부 또는 일부를 장래를 향하여 철회할 수 있다.
 1. 법률에서 정한 철회 사유에 해당하게 된 경우
 2. 법령등의 변경이나 사정변경으로 처분을 더 이상 존속시킬 필요가 없게 된 경우
 3. 중대한 공익을 위하여 필요한 경우
② 행정청은 제1항에 따라 처분을 철회하려는 경우에는 철회로 인하여 당사자가 입게 될 불이익을 철회로 달성되는 공익과 비교·형량하여야 한다.

10 정답 ④

① (○) 국책사업인 '한국형 헬기 개발사업'(Korean Helicopter Program)에 개발주관사업자 중 하나로 참여하여 국가 산하 중앙행정기관인 방위사업청과 '한국형헬기 민군겸용 핵심구성품 개발협약'을 체결한 甲 주식회사가 협약을 이행하는 과정에서 환율변동 및 물가상승 등 외부적 요인 때문에 협약금액을 초과하는 비용이 발생하였다고 주장하면서 국가를 상대로 초과비용의 지급을 구하는 민사소송을 제기한 사안에서, 위 협약의 법률관계는 공법관계에 해당하므로 이에 관한 분쟁은 행정소송으로 제기하여야 한다고 한 사례(대판 2017.11.9. 2015다215526)
② (○) 과학기술기본법령상 사업 협약의 해지 통보는 단순히 대등 당사자의 지위에서 형성된 공법상계약을 계약당사자의 지위에서 종료시키는 의사표시에 불과한 것이 아니라 행정청이 우월적 지위에서 연구개발비의 회수 및 관련자에 대한 국가연구개발사업 참여제한 등의 법률상 효과를 발생시키는 행정처분에 해당한다(대판 2014.12.11. 2012두28704).
③ (○) 공법상 계약의 무효확인소송, 공법상 계약에 의한 의무의 확인에 관한 소송, 의무불이행시의 의무이행을 구하는 소송 등은 행정소송법 제3조 제2호의 공법상 당사자소송에 의한다.
④ (×) 국가를 당사자로 하는 계약이나 공공기관의 운영에 관한 법률의 적용 대상인 공기업이 일방 당사자가 되는 계약(이하 편의상 '공공계약'이라 한다)은 국가 또는 공기업(이하 '국가 등'이라 한다)이 사경제의 주체로서 상대방과 대등한 지위에서 체결하는 사법상의 계약으로서 본질적인 내용은 사인 간의 계약과 다를 바가 없다(대판 2017.12.21. 2012다74076).

11 정답 ③

① (○) 행정절차법 제33조(증거조사) ③ 청문 주재자는 필요하다고 인정할 때에는 관계 행정청에 필요한 문서의 제출 또는 의견의 진술을 요구할 수 있다. 이 경우 관계 행정청은 직무 수행에 특별한 지장이 없으면 그 요구에 따라야 한다.
② (○) 행정절차법 제30조(청문의 공개) 청문은 당사자가 공개를 신청하거나 청문 주재자가 필요하다고 인정하는 경우 공개할 수 있다. 다만, 공익 또는 제3자의 정당한 이익을 현저히 해칠 우려가 있는 경우에는 공개하여서는 아니 된다.
③ (×) 행정절차법 제33조(증거조사) ① 청문 주재자는 직권으로 또는 당사자의 신청에 따라 필요한 조사를 할 수 있으며, 당사자 등이 주장하지 아니한 사실에 대하여도 조사할 수 있다.
④ (○) 행정절차법 제28조(청문 주재자) ② 행정청은 다음 각 호의 어느 하나에 해당하는 처분을 하려는 경우에는 청문 주재자를 2명 이상으로 선정할 수 있다. 이 경우 선정된 청문 주재자 중 1명이 청문 주재자를 대표한다.
1. 다수 국민의 이해가 상충되는 처분
2. 다수 국민에게 불편이나 부담을 주는 처분
3. 그 밖에 전문적이고 공정한 청문을 위하여 행정청이 청문 주재자를 2명 이상으로 선정할 필요가 있다고 인정하는 처분

12 정답 ①

① (×) 공개 청구의 대상이 되는 정보가 이미 다른 사람에게 공개되어 널리 알려져 있다거나 인터넷 등을 통하여 공개되어 인터넷 검색 등을 통하여 쉽게 알 수 있다는 사정만으로는 소의 이익이 없다거나 비공개 결정이 정당화될 수 없다(대판 2010.12.23. 2008두13101 등).
② (○) 법원이 행정청의 정보공개거부처분의 위법 여부를 심리한 결과 공개를 거부한 정보에 비공개대상정보에 해당하는 부분과 공개가 가능한 부분이 혼합되어 있고 공개청구의 취지에 어긋나지 아니하는 범위 안에서 두 부분을 분리할 수 있음을 인정할 수 있을 때에는, 위 정보 중 공개가 가능한 부분을 특정하고 판결의 주문에 행정청의 위 거부처분 중 공개가 가능한 정보에 관한 부분만을 취소한다고 표시하여야 한다(대판 2003.3.11. 2001두6425).
③ (○) 공공기관의 정보공개에 관한 법률 제11조 제5항
④ (○) 정보공개법 제9조 제1항 제6호 본문의 규정에 따라 비공개 대상이 되는 정보에는 구 공공기관의 정보공개에 관한 법률의 이름·주민등록번호 등 정보 형식이나 유형을 기준으로 비공개대상 정보에 해당하는지를 판단하는 '개인식별정보'뿐만 아니라 그 외에 정보의 내용을 구체적으로 살펴 '개인에 관한 사항의 공개로 개인의 내밀한 내용의 비밀 등이 알려지게 되고, 그 결과 인격적·정신적 내면생활에 지장을 초래하거나 자유로운 사생활을 영위할 수 없게 될 위험성이 있는 정보'도 포함된다고 새겨야 한다. 따라서 불기소처분 기록 중 피의자신문조서 등에 기재된 피의자 등의 인적사항 이외의 진술내용 역시 개인의 사생활의 비밀 또는 자유를 침해할 우려가 인정되는 경우 정보공개법 제9조 제1항 제6호 본문 소정의 비공개대상에 해당한다(대판 2012.6.18. 2011두2361).

13 정답 ②

① (×) 지방자치단체가 그 고유의 자치사무를 처리하는 경우 지방자치단체는 국가기관의 일부가 아니라 국가기관과는 별도의 독립한 공법인으로서 양벌규정에 의한 처벌대상이 되는 법인에 해당한다(대판 2009.6.11. 2008도6530등).
② (○) 통고처분은 상대방의 임의의 승복을 그 발효요건으로 하기 때문에 그 자체만으로는 통고이행을 강제하거나 상대방에게 아무런 권리의무를 형성하지 않으므로 행정심판이나 행정소송의 대상으로서의 처분성을 부여할 수 없고, 통고처분에 대하여 이의가 있으면 통고내용을 이행하지 않음으로써 고발되어 형사재판절차에서 통고처분의 위법·부당함을 얼마든지 다툴 수 있기 때문에 관세법 제38조 제3항 제2호가 법관에 의한 재판받을 권리를 침해한다든가 적법절차의 원칙에 저촉된다고 볼 수 없다(헌재 1998.5.28. 96헌바4).
③ (×) 질서위반행위규제법 제3조(법 적용의 시간적 범위) ② 질서위반행위 후 법률이 변경되어 그 행위가 질서위반행위에 해당하지 아니하게 되거나 과태료가 변경되기 전의 법률보다 가볍게 된 때에는 법률에 특별한 규정이 없는 한 변경된 법률을 적용한다.
④ (×) 질서위반행위규제법 제10조(심신장애)
① 심신(心神)장애로 인하여 행위의 옳고 그름을 판단할 능력이 없

거나 그 판단에 따른 행위를 할 능력이 없는 자의 질서위반행위는 과태료를 부과하지 아니한다.
② 심신장애로 인하여 제1항에 따른 능력이 미약한 자의 질서위반행위는 과태료를 감경한다.
③ 스스로 심신장애 상태를 일으켜 질서위반행위를 한 자에 대하여는 제1항 및 제2항을 적용하지 아니한다.

14 정답 ②

① (○) 피고가 이 사건 계고처분의 근거 법령으로 삼은 이 사건 조항은 "시행자는 제56조 제1항의 규정에 의하여 환지예정지를 지정하는 경우, 제58조 제1항의 규정에 의하여 종전의 토지에 관한 사용 또는 수익을 정지시키는 경우나 공공시설의 변경 또는 폐지에 관한 공사를 시행하는 경우에 필요한 때에는 시행지구 안에 있는 건축물 등 및 장애물 등을 이전하거나 제거할 수 있다"고 규정하고 있을 뿐이어서, 건축물 등의 소유자 또는 점유자에게 직접 그 이전 또는 제거의무를 부과하는 규정이 아님은 법문상 명백하다. 나아가, 이 사건 조항은 사업시행자로 하여금 사업의 목적을 달성하기 위하여 필요한 경우 시행지구 안에 있는 건축물 등을 이전하거나 제거할 수 있도록 규정하고 있으나 사업시행자가 건축물 등의 소유자 또는 점유자에 대하여 그 이전 또는 제거를 명할 수 있는 것으로는 규정하고 있지 아니한 점, 한편 사업시행지구 안에 있는 건축물 등이 법 제39조의 규정에 위반하여 설치된 위법 건축물 등일 경우에는 법 제39조 제3항에서 그 소유자 또는 점유자에게 이전 또는 원상회복이나 기타 필요한 조치를 명할 수 있도록 따로 규정하고 있는 점, 이 사건 조항의 취지는 사업의 시행에 장애가 되는 위법 상태를 시정하려는 것이 아니라 사업의 목적 달성에 필요한 상태를 적극적으로 실현하려는 데 있으므로 이 사건 조항에 의한 건축물 등의 이전 또는 제거에 소요되는 비용은 사업에 필요한 비용으로서 법 제72조에 따라 사업시행자가 부담한다고 해석되는 점, 따라서 사업시행자가 이 사건 조항에 근거하여 건축물 등의 소유자 또는 점유자에게 그 이전 또는 제거를 명함으로써 그러한 비용을 부담시킬 수 있다고 본다면 부당한 점 등을 종합해 보면, 이 사건 조항은 사업시행자에게 직접 건축물 등을 이전하거나 제거할 수 있는 권능을 부여하는 규정일 뿐, 사업시행자에게 건축물 등의 소유자 또는 점유자에 대하여 그 이전 또는 제거를 명할 수 있는 권능까지 부여하는 규정이라고 할 수 없다. 이와 같이 이 사건 조항은 원고들에게 직접 이 사건 지장물의 이전의무를 명하는 법령이 아닐 뿐 아니라, 피고가 원고들에게 그러한 의무를 명할 수 있는 근거 법령이 될 수도 없다. 한편 원심 판시와 같이 피고가 원고들에게 여러 차례 이 사건 지장물의 자진이전을 요구해 왔다 하더라도 이를 이 사건 지장물의 이전을 명한 피고의 행정처분이라고 볼 수 없으며, 달리 기록상 피고가 이 사건 조항이 아닌 다른 법령에 근거하여 적법하게 위와 같은 행정처분을 하였다고 볼 자료도 없다. 그렇다면, 이 사건 계고처분은 원고들에게 행정대집행법 제2조가 정한 바에 따라 명령된 이 사건 지장물 이전의무가 없음에도 그러한 의무의 불이행을 사유로 행하여진 것이어서 위법하고, 이 사건 통지처분 또한 위와 같이 위법한 이 사건 계고처분을 전제로 행하여진 것이므로 위법하다(대판 2010.6.24. 2010두1231).

② (×) 행정대집행법 제2조(대집행과 그 비용징수) 법률(법률의 위임에 의한 명령, 지방자치단체의 조례를 포함한다)에 의하여 직접 명령되었거나 또는 법률에 의거한 행정청의 명령에 의한 행위로서 타인이 대신하여 행할 수 있는 행위를 의무자가 이행하지 아니하는 경우 다른 수단으로써 그 이행을 확보하기 곤란하고 또한 그 불이행을 방치함이 심히 공익을 해할 것으로 인정될 때에는 당해 행정청은 스스로 의무자가 하여야 할 행위를 하거나 또는 제삼자로 하여금 이를 하게 하여 그 비용을 의무자로부터 징수할 수 있다.

③ (○) 행정대집행법상 대집행의 대상이 되는 대체적 작위의무는 공법상 의무이어야 할 것인데, 구 공공용지의 취득 및 손실보상에 관한 특례법에 따른 토지 등의 협의취득은 공공사업에 필요한 토지 등을 그 소유자와의 협의에 의하여 취득하는 것으로서 공공기관이 사경제주체로서 행하는 사법상 매매 내지 사법상 계약의 실질을 가지는 것이므로, 그 협의취득시 건물소유자가 매매대상 건물에 대한 철거의무를 부담하겠다는 취지의 약정을 하였다고 하더라도 이러한 철거의무는 공법상의 의무가 될 수 없고, 이 경우에도 행정대집행법을 준용하여 대집행을 허용하는 별도의 규정이 없는 한 위와 같은 철거의무는 행정대집행법에 의한 대집행의 대상이 되지 않는다(대판 2006.10.13. 2006두7096).

④ (○) 행정대집행법 제3조(대집행의 절차) ② 의무자가 전항의 계고를 받고 지정기한까지 그 의무를 이행하지 아니할 때에는 당해 행정청은 대집행영장으로써 대집행을 할 시기, 대집행을 시키기 위하여 파견하는 집행책임자의 성명과 대집행에 요하는 비용의 개산에 의한 견적액을 의무자에게 통지하여야 한다.

15 정답 ②

① (○) 행정법상의 질서벌인 과태료의 부과처분과 형사처벌은 그 성질이나 목적을 달리하는 별개의 것이므로 행정법상의 질서벌인 과태료를 납부한 후에 형사처벌을 한다고 하여 이를 일사부재리의 원칙에 반하는 것이라고 할 수는 없다(대판 1996.4.12. 96도158).

② (×) 시정명령을 받은 의무자가 그 시정명령의 취지에 부합하는 의무를 이행하기 위한 정당한 방법으로 행정청에 신청 또는 신고를 하였으나 행정청이 위법하게 이를 거부 또는 반려함으로써 결국 그 처분이 취소되기에 이르렀다면, 특별한 사정이 없는 한 그 시정명령의 불이행을 이유로 이행강제금을 부과할 수는 없다(대판 2018.1.25. 2015두35116).

③ (○) 건물의 소유자에게 위법건축물을 일정기간까지 철거할 것을 명함과 아울러 불이행할 때에는 대집행한다는 내용의 철거대집행 계고처분을 고지한 후 이에 불응하자 다시 제2차, 제3차 계고서를 발송하여 일정기간까지의 자진철거를 촉구하고 불이행하면 대집행을 한다는 뜻을 고지하였다면, 제2차, 제3차의 계고처분은 새로운 철거의무를 부과한 것이 아니고 다만 대집행기한의 연기통지에 불과하므로 행정처분이 아니다(대판 1994.10.28. 94누5144).

④ (○) 관할 행정청이 여객자동차운송사업자가 범한 여러 가지 위반행위 중 일부만 인지하여 과징금 부과처분을 하였는데 그 후 과징금 부과처분 시점 이전에 이루어진 다른 위반행위를 인지하여 이에 대하여 별도의 과징금 부과처분을 하게 되는 경우에도

종전 과징금 부과처분의 대상이 된 위반행위와 추가 과징금 부과처분의 대상이 된 위반행위에 대하여 일괄하여 하나의 과징금 부과처분을 하는 경우와의 형평을 고려하여 추가 과징금 부과처분의 처분 양정이 이루어져야 한다(대판 2021.2.4. 2020두48390).

16   정답 ②

② (×) 독촉은 국세징수권의 소멸시효의 진행을 중단시키는 효과를 발생한다(국세기본법 제28조).
① (○) 세무서장은 통화를 제외한 모든 재산을 원칙적으로 공매를 통해 매각하여야 한다(국세징수법 제61조 제1항). 그러나 예외적으로 수의계약에 의하여 이를 매각할 수 있다(동법 제62조).
③ (○) 과세관청이 체납처분으로서 행하는 공매는 우월한 공권력의 행사로서 행정소송의 대상이 되는 공법상의 행정처분이며 공매에 의하여 재산을 매수한 자는 그 공매처분이 취소된 경우에 그 취소처분의 위법을 주장하여 행정소송을 제기할 법률상 이익이 있다(대판 1984.9.25. 84누201).
④ (○) 국세징수법 제53조 제1항 제1호는 압류의 필요적 해제사유로 '납부, 충당, 공매의 중지, 부과의 취소 기타의 사유로 압류의 필요가 없게 된 때'를 들고 있는데, 여기에서의 '기타의 사유'라 함은 납세의무가 소멸되거나 혹은 체납처분을 하여도 체납세액에 충당할 잉여가망이 없게 된 경우는 물론 과세처분 및 그 체납처분절차의 근거 법률에 대한 위헌결정으로 후속 체납처분을 진행할 수 없는 등의 사유로 압류의 근거가 상실되었거나 압류를 지속할 필요성이 없게 된 경우도 포함한다(대판 2002.8.27. 2002두2383).

17   정답 ①

① (×) 사실상 군민의 통행에 제공되고 있던 도로 옆의 암벽으로부터 떨어진 낙석에 맞아 소외인이 사망하는 사고가 발생하였다고 하여도 동 사고지점 도로가 피고 군에 의하여 노선인정 기타 공용개시가 없었으면 이를 영조물이라 할 수 없다(대판 1981.7.7. 80다2478).
② (○) 광주공군비행장 주변에 입주한 군인, 군무원 및 가족들이 국가를 상대로 항공기 소음 피해에 대한 손해배상을 구한 사안에서, 광주공군비행장 주변의 소음피해가 소음도 80웨클(WECPNL) 이상인 경우 사회생활상 통상의 수인한도를 넘어 위법하다고 본 원심판단에 법리오해의 위법이 있다고 한 사례(대판 2015.10.15. 2013다23914).
③ (○) 국가배상법 제5조 소정의 영조물의 설치·관리상의 하자로 인한 책임은 무과실책임이고 나아가 민법 제758조 소정의 공작물의 점유자의 책임과는 달리 면책사유도 규정되어 있지 않으므로, 국가 또는 지방자치단체는 영조물의 설치·관리상의 하자로 인하여 타인에게 손해를 가한 경우에 그 손해의 방지에 필요한 주의를 해태하지 아니하였다 하여 면책을 주장할 수 없다(대판 1994.11.22. 94다32924).
④ (○) 영조물의 설치·관리상의 하자에 대한 입증책임은 원칙적으로 원고에게 있으나, 일반시민이 공물의 안전도에 관한 전문적 지식을 갖는다는 것은 통상 기대하기 어려우므로 개연성이론이나 일응 추정의 법리를 적용함이 타당하다. 즉 피해자가 하자의 개연성만 주장하면 하자가 추정되는 것으로 보고, 영조물로 인하여 손해가 발생하였다는 사실을 입증하면 하자의 존재가 추정된다는 것이 다수의 입장이다. 그러나 판례는 일응추정의 법리를 채택하지 않고 하자의 입증책임을 피해자에게 지우고 있으며, 다만 관리가능성과 회피가능성이 없었다는 점은 관리주체가 입증해야 한다고 한다(대판 1998.2.10. 97다32536).

18   정답 ③

① (×) 공익사업을 위한 토지 등의 취득 및 보상에 관한 법률 제45조(권리의 취득·소멸 및 제한)
① 사업시행자는 수용의 개시일에 토지나 물건의 소유권을 취득하며, 그 토지나 물건에 관한 다른 권리는 이와 동시에 소멸한다.
② 사업시행자는 사용의 개시일에 토지나 물건의 사용권을 취득하며, 그 토지나 물건에 관한 다른 권리는 사용 기간 중에는 행사하지 못한다.
② (×) 공익사업을 위한 토지 등의 취득 및 보상에 관한 법률 제67조(보상액의 가격시점 등) ① 보상액의 산정은 협의에 의한 경우에는 협의 성립 당시의 가격을, 재결에 의한 경우에는 수용 또는 사용의 재결 당시의 가격을 기준으로 한다.
③ (○) 공익사업을 위한 토지 등의 취득 및 보상에 관한 법률 제85조(행정소송의 제기) ① 사업시행자, 토지소유자 또는 관계인은 제34조에 따른 재결에 불복할 때에는 재결서를 받은 날부터 90일 이내에, 이의신청을 거쳤을 때에는 이의신청에 대한 재결서를 받은 날부터 60일 이내에 각각 행정소송을 제기할 수 있다.
☞ 즉 이의신청을 거치지 않고도 행정소송을 제기할 수 있다.
④ (×) 일반 공중의 이용에 제공되는 공공용물에 대하여 특허 또는 허가를 받지 않고 하는 일반사용은 다른 개인의 자유이용과 국가 또는 지방자치단체 등의 공공목적을 위한 개발 또는 관리·보존행위를 방해하지 않는 범위 내에서만 허용된다 할 것이므로, 공공용물에 관하여 적법한 개발행위 등이 이루어짐으로 말미암아 이에 대한 일정범위의 사람들의 일반사용이 종전에 비하여 제한받게 되었다 하더라도 특별한 사정이 없는 한 그로 인한 불이익은 손실보상의 대상이 되는 특별한 손실에 해당한다고 할 수 없다(대판 2002.2.26. 99다35300).

19   정답 ④

① (○) 재결 자체에 고유한 위법이 있음을 이유로 재결에 대해 소를 제기할 수 있다(원처분주의).
② (○) 재결 자체에 고유한 위법이 없는 경우에도 재결에 대한 취소소송을 제기한 경우에 소송상 처리에 대하여 ㉠ 행정소송법 제19조 단서를 소극적 소송요건으로 보아 각하판결을 해야 한다는 견해, ㉡ 재결 자체의 고유한 위법 여부는 본안판단사항으로 보아 기각판결을 해야 한다는 견해가 대립한다. 판례는 기각판결설을 취한다.
③ (○) 이른바 복효적 행정행위, 특히 제3자효를 수반하는 행정행위에 대한 행정심판청구에 있어서 그 청구를 인용하는 내용의 재

결로 인하여 비로소 권리이익을 침해받게 되는 자는 그 인용재결에 대하여 다툴 필요가 있고, 그 인용재결은 원처분과 내용을 달리하는 것이므로 그 인용재결의 취소를 구하는 것은 원처분에는 없는 재결에 고유한 하자를 주장하는 셈이어서 당연히 항고소송의 대상이 된다.—당해 재결과 같이 그 인용재결청인 문화체육부장관 스스로가 직접 당해 사업계획승인처분을 취소하는 형성적 재결을 한 경우에는 그 재결 외에 그에 따른 행정청의 별도의 처분이 있지 않기 때문에 재결 자체를 쟁송의 대상으로 할 수밖에 없다고 본 사례(대판 1997.12.23. 96누10911).

④ (×) 재결도 하나의 행정처분이므로 주체·절차·형식·내용상의 위법이 있으면 다툴 수 있다. 예컨대, 권한이 없는 기관이 재결하는 경우(주체면), 행정심판법상의 심판절차를 준수하지 않은 경우(절차면), 서면에 의하지 않은 재결(형식면), 위법하게 인용재결을 한 경우(내용면)이다. 이 중 주로 문제가 되는 것은 내용상 위법의 경우이다.

20 정답 ②

ㄱ. (○) 집행정지는 처분이 존재하는 취소소송, 무효등확인소송에 인정된다.

ㄴ. (×), ㄷ. (○) 행정소송법 제23조(집행정지) ② 취소소송이 제기된 경우에 처분등이나 그 집행 또는 절차의 속행으로 인하여 생길 회복하기 어려운 손해를 예방하기 위하여 긴급한 필요가 있다고 인정할 때에는 본안이 계속되고 있는 법원은 당사자의 신청 또는 직권에 의하여 처분등의 효력이나 그 집행 또는 절차의 속행의 전부 또는 일부의 정지를 결정할 수 있다. 다만, 처분의 효력정지는 처분등의 집행 또는 절차의 속행을 정지함으로써 목적을 달성할 수 있는 경우에는 허용되지 아니한다.

ㄹ. (×) 행정처분의 집행정지는 행정처분집행 부정지의 원칙에 대한 예외로서 인정되는 일시적인 응급처분이라 할 것이므로 집행정지결정을 하려면 이에 대한 본안소송이 법원에 제기되어 계속중임을 요건으로 하는 것이므로 집행정지결정을 한 후에라도 본안소송이 취하되어 소송이 계속하지 아니한 것으로 되면 집행정지결정은 당연히 그 효력이 소멸되는 것이고 별도의 취소조치를 필요로 하는 것이 아니다(대판 1975.11.11. 75누97).

21 정답 ④

④ (×) 판례는 절차적 심리설을 취하여 행정청은 인용이든 거부이든 어떠한 처분만 하면 된다고 한다. "부작위위법확인의 소는 행정청이 국민의 법규상 또는 조리상의 권리에 기한 신청에 대하여 상당한 기간내에 그 신청을 인용하는 적극적 처분 또는 각하하거나 기각하는 등의 소극적 처분을 하여야 할 법률상의 응답의무가 있음에도 불구하고 이를 하지 아니하는 경우, 판결(사실심의 구두변론 종결)시를 기준으로 그 부작위의 위법을 확인함으로써 행정청의 응답을 신속하게 하여 부작위 내지 무응답이라고 하는 소극적인 위법상태를 제거하는 것을 목적으로 하는 것이고, 나아가 당해 판결의 구속력에 의하여 행정청에게 처분 등을 하게 하고 다시 당해 처분 등에 대하여 불복이 있는 때에는 그 처분 등을 다투게 함으로써 최종적으로는 국민의 권리이익을 보호하려는 제도이다(대판 1990.9.25. 89누4758).

22 정답 ③

① (○) 과세관청의 사업자등록 직권말소행위도 폐업사실의 기재일 뿐 그에 의하여 사업자로서의 지위에 변동을 가져오는 것이 아니라는 점에서 항고소송의 대상이 되는 행정처분으로 볼 수 없다(대판 2011.1.27. 2008두2200). 위장사업자의 사업자명의를 직권으로 실사업자의 명의로 정정하는 행위 또한 당해 사업사실 중 주체에 관한 정정기재일 뿐이라는 취지.

② (○) 위법한 행정처분의 취소를 구하는 소는 위법한 처분에 의하여 발생한 위법상태를 배제하여 원상으로 회복시키고, 그 처분으로 침해되거나 방해받은 권리와 이익을 보호·구제하고자 하는 소송이므로, 처분 후의 사정에 의하여 권리와 이익의 침해 등이 해소된 경우에는 그 처분의 취소를 구할 소의 이익이 없다 할 것이고, 설령 그 처분이 위법함을 이유로 손해배상청구를 할 예정이라고 하더라도 달리 볼 것이 아니다.—공익근무요원 소집해제신청을 거부한 후에 원고가 계속하여 공익근무요원으로 복무함에 따라 복무기간 만료를 이유로 소집해제처분을 한 경우, 원고가 입게 되는 권리와 이익의 침해는 소집해제처분으로 해소되었으므로 위 거부처분의 취소를 구할 소의 이익이 없다고 한 사례(대판 2005.5.13. 2004두4369).

③ (×) 행정소송에서 쟁송의 대상이 되는 행정처분의 존부는 소송요건으로서 직권조사사항이고, 자백의 대상이 될 수 없는 것이므로, 설사 그 존재를 당사자들이 다투지 아니한다 하더라도 그 존부에 관하여 의심이 있는 경우에는 이를 직권으로 밝혀 보아야 할 것이고, 사실심에서 변론종결시까지 당사자가 주장하지 않던 직권조사사항에 해당하는 사항을 상고심에서 비로소 주장하는 경우 그 직권조사사항에 해당하는 사항은 상고심의 심판범위에 해당한다(대판 2004.12.24. 2003두15195).

④ (○) 건축허가권자가 건축불허가처분을 하면서 그 처분사유로 건축불허가 사유뿐만 아니라 구 소방법 제8조 제1항에 따른 소방서장의 건축부동의 사유를 들고 있다고 하여 그 건축불허가처분 외에 별개로 건축부동의처분이 존재하는 것이 아니므로, 그 건축불허가처분을 받은 사람은 그 건축불허가처분에 관한 쟁송에서 건축법상의 건축불허가 사유뿐만 아니라 소방서장의 부동의 사유에 관하여도 다툴 수 있다(대판 2004.10.15. 2003두6573).

23 정답 ②

① (×) 국가공무원법 제5조(정의) 이 법에서 사용하는 용어의 뜻은 다음과 같다.
1. "직위(職位)"란 1명의 공무원에게 부여할 수 있는 직무와 책임을 말한다.
2. "직급(職級)"이란 직무의 종류·곤란성과 책임도가 상당히 유사한 직위의 군을 말한다.

② (○) 지방공무원법 제8조, 제38조 제1항, 지방공무원임용령 제38조의3의 각 규정을 종합하면, 2급 내지 4급 공무원의 승진임용은 임용권자가 행정실적·능력·경력·전공분야·인품 및 적성 등을 고려하여 하되 인사위원회의 사전심의를 거치도록 하고 있는바, 4급 공무원이 당해 지방자치단체 인사위원회의 심의를 거쳐 3급 승진대상자로 결정되고 임용권자가 그 사실을 대내외에

공표까지 하였다면, 그 공무원은 승진임용에 관한 법률상 이익을 가진 자로서 임용권자에 대하여 3급 승진임용 신청을 할 조리상의 권리가 있다(대판 2008.4.10. 2007두18611).
③ (×) 공무원의 보수에 관한 법률에 그 지급근거가 되는 명시적 규정이 존재하여야 하고, 나아가 해당 보수 항목이 국가예산에도 계상되어 있어야만 한다(대판 2018.2.28. 2017두64606).
④ (×) 임용권자가 임용결격사유의 발생 사실을 알지 못하고 직위해제되어 있던 중 임용결격사유가 발생하여 당연퇴직된 자에게 복직처분을 하였다고 하더라도 이 때문에 그 자가 공무원의 신분을 회복하는 것은 아니다(대판 1997.7.8. 96누4275).

24　　정답 ④

④ (×) 개인의 프라이버시 영역에 경찰은 원칙적으로 간섭할 수 없다. 그러나 미성년자의 음주·흡연은 공공의 안녕과 질서에 영향을 미칠 수 있으므로 경찰권의 대상이 된다.

25　　정답 ③

① (×) 공공용물의 일반사용은 사용료를 징수하지 않는 것이 원칙이나, 예외적으로 재정적 목적이나 관리상 필요에 의하여 법률·조례 등에 의해 사용료를 징수할 수 있다.
② (×) 통설·판례는 특허사용권이 공물관리주체인 행정청에게 일정한 특별사용을 청구할 수 있는 채권이라고 한다. 그러나 일부 견해는 제3자와의 관계에서는 사법상의 재산권적 성질을 가지고, 제3자의 침해에 대한 방해배제청구권·원상회복청구권이 인정되는 점 등 일종의 물권적 성질을 가진다고 본다.
③ (○) 공용폐지의 의사표시는 명시적이든 묵시적이든 상관이 없으나 적법한 의사표시가 있어야 하고, 행정재산이 사실상 본래의 용도에 사용되지 않고 있다는 사실만으로 용도폐지의 의사표시가 있었다고 볼 수는 없으며, 원래의 행정재산이 공용폐지되어 취득시효의 대상이 된다는 사실에 대한 입증책임은 시효취득을 주장하는 자에게 있다(대판 1994.3.22. 93다56220).
④ (×) 공물의 부근에 거주하는 인접주민은 일반에게 인정되지 아니하는 특별한 공권을 갖기도 한다. 이러한 공권을 '인접주민의 강화된 일반사용권(이용권)'이라 부른다. 이는 인접주민 가운데 구체적으로 공물을 사용하는 경우에 인정된다.

소방법령 Ⅳ (소방위) (25문항)

01　　정답 ④

④ (×) 강등되거나 강임되었던 사람이 원 계급으로 승진된 경우에는 강등 또는 강임 전의 기간은 재직연수에 합산한다(공무원임용령 제31조 제4항).

02　　정답 ④

① (×) 징계위원회의 위원은 제1항에 따른 제척 사유에 해당하면 스스로 해당 징계등 사건의 심의·의결을 회피하여야 하며, 제2항(* 불공정한 의결을 할 우려가 있다고 의심할 만한 타당한 이유가 있을 때)에 따른 기피 사유에 해당하면 회피할 수 있다(소방공무원 징계령 제15조 제4항).
② (×) 징계위원회는 위원의 제척·기피 또는 회피로 인하여 제14조 제1항에 따른 심의·의결에 출석할 수 있는 위원 수가 과반수(과반수가 3명 미만인 경우에는 3명 이상)에 미달하는 경우에는 위원 과반수(과반수가 3명 미만인 경우에는 3명 이상)를 충족하는 때까지 해당 징계위원회가 설치된 기관의 장에게 해당 심의 대상자에 관한 안건에 한정하여 심의·의결에 참여할 임시위원의 임명 또는 위촉을 요청하여야 한다. 이 경우 해당 기관의 장은 지체 없이 임시위원을 임명 또는 위촉하여야 한다(제15조 제5항).
③ (×) 징계위원회의 위원 중 징계등 심의 대상자의 친족 또는 직근 상급자(징계 사유가 발생한 때의 직근 상급자였던 사람을 포함)나 그 징계등 사유와 관계가 있는 사람은 그 징계등 사건의 심의·의결에 관여하지 못한다(제15조 제1항).

03　　정답 ②

① (×) "보수"란 봉급과 그 밖의 각종 수당을 합산한 금액을 말한다.
③ (×) "승격"이란 외무공무원이 현재 임용된 직위의 직무등급보다 높은 직무등급의 직위(고위공무원단 직위는 제외한다)에 임용되는 것을 말한다.
④ (×) "연봉월액"이란 연봉에서 매월 지급되는 금액으로서 연봉을 12로 나눈 금액을 말한다.

04　　정답 ④

④ (×) '교육훈련 등 파견근무'가 잘못되었다. 피해자에게 교육훈련 등 파견근무, 다른 직위에의 전보, 근무 장소의 변경, 휴가 사용 권고 및 그 밖에 임용권자등이 필요하다고 인정하는 적절한 조치를 할 수 있다.

05　　정답 ①

① (×) 소방청장은 소방공무원의 능력을 발전시키고 소방사무의 연계성을 높이기 위하여 소방청과 시·도 간 및 시·도 상호 간에 인사교류가 필요하다고 인정하면 인사교류계획을 수립하여 이를 실시할 수 있다(소방공무원법 제9조 제1항).

06 정답 ④

1. 법 제7조 제2항 제1호 및 제4호(註: 퇴직공무원의 재임용, 5급 공무원 공개경쟁채용시험이나 사법시험등에 합격한 자의 임용) 에 따른 경력경쟁채용시험등
서류전형·종합적성검사와 면접시험. 다만, 시험실시권자가 필요하다고 인정하는 경우에는 체력시험을 병행 가능
2. 법 제7조 제2항 제2호·제3호 및 제6호부터 제8호(註: 자격증소지자, 임용예정에 상응한 근무실적이나 소방에 관한 전문기술 교육을 받은자, 외국어능통자, 경찰공무원, 의용소방대원)까지의 규정에 따른 경력경쟁채용시험등
서류전형·체력시험·종합적성검사·면접시험과 필기시험 또는 실기시험. 다만, 업무의 특수성 등을 고려하여 필요하다고 인정되는 경우에는 필기시험과 실기시험을 모두 병행하여 실시 가능

07 정답 ②

① (×) 소방공무원이 공무상 질병 또는 부상으로 인하여 치료 등의 요양을 하는 경우에는 특별위로금을 지급할 수 있다(소방공무원법 제19조 제1항).
③ (×) '확정된 날의 다음날'이 아니라 '확정된 날'이다.
④ (×) 특별위로금의 지급 기준 및 방법 등은 대통령령으로 정한다(소방공무원법 제19조 제2항).

08 정답 ④

해당 계급에서 격무·기피부서에 근무한 때에는 근무한 날부터 가점 평정하고 가점은 2.0점 이내이다(소방공무원 승진임용 규정 시행규칙 제15조의2).

09 정답 ③

시·도지사가 임용권을 행사하는 소방공무원을 대상으로 법 제20조 제3항에 따라 국내외 위탁교육을 실시할 때 다음 각 호의 어느 하나에 해당하는 경우에는 그 훈련기간 동안 그 인원에 해당하는 정원이 해당 기관에 따로 있는 것으로 본다(소방공무원임용령 제31조 제3항).

1. 시·도지사가 「소방공무원 교육훈련규정」 제37조에 따라 훈련기간이 6개월 이상인 국외 위탁교육훈련계획을 수립·시행함에 따라 결원 보충이 필요한 경우
2. 소방청장이 「소방공무원 교육훈련규정」 제37조에 따라 수립하는 훈련기간이 6개월 이상인 교육훈련계획에 따라 교육훈련대상자의 직급 및 인원이 기관별로 결정된 경우
3. 시·도지사가 「소방공무원 교육훈련규정」 제37조에 따라 소속 소방경 이하의 소방공무원을 대상으로 훈련기간이 6개월 이상인 국내 위탁교육훈련계획을 수립·시행함에 따라 결원 보충이 필요한 경우

10 정답 ④

소방청장의 자문에 응하게 하기 위하여 소방청에 소방공무원인사위원회를 둔다(소방공무원법 제4조 제1항 본문). 법 제6조 제3항 및 제4항에 따라 특별시장·광역시장·특별자치시장·도지사·특별자치도지사가 임용권을 행사하는 경우에는 특별시·광역시·특별자치시·도·특별자치도에 인사위원회를 둔다(제1항 단서).

11 정답 ③

③ (×) 기본경력 및 초과경력의 평정점수는 월별 점수에 근무한 기간(월)을 곱하여 소수점 셋째자리에서 반올림한다(소방공무원 승진임용 규정 시행규칙 별표3).

12 정답 ①

「국가공무원법」 제83조 제3항에 따라 수사기관으로부터 공무원의 범죄사건에 대한 결과통보를 받아 다음 각 호에 정하는 기준에 따라 징계의결요구를 할 때는 별표 1, 별표 1의2, 별표 1의3 및 별표 4와 「공무원 징계령 시행규칙」의 징계부가금 부과 기준을 따른다. 다만, 혐의없음 또는 죄가안됨 결정된 경우에는 내부종결 처리할 수 있다(소방공무원 징계양정 등에 관한 규칙 제5조의2).

1. 공소권없음 결정, 기소중지 결정 또는 참고인중지 결정된 경우에는 비위의 정도 및 과실의 경중, 고의성 유무 등 사안에 따라 혐의사실이 인정되는 경우에 징계의결 요구
2. 기소유예 결정, 공소제기 결정 및 기타의 경우에는 징계의결 요구

13 정답 ④

"자연발화성물질 및 금수성물질"이라 함은 고체 또는 액체로서 공기 중에서 발화의 위험성이 있거나 물과 접촉하여 발화하거나 가연성 가스를 발생하는 위험성이 있는 것을 말한다.

14 정답 ④

흡연장소의 지정기준 등(령 제18조의2) → 〈2024.07.23.. 신설, 2024.07.31. 시행〉

- 흡연장소는 폭발위험장소(「산업표준화법」 제12조에 따른 한국산업표준에서 정한 폭발성 가스에 의한 폭발위험장소의 범위를 말한다) 외의 장소에 지정하는 등 위험물을 저장·취급하는 건축물, 공작물 및 기계·기구, 그 밖의 설비로부터 안전 확보에 필요한 일정한 거리를 둘 것
- 흡연장소는 옥외로 지정할 것. 다만, 부득이한 경우에는 건축물 내에 지정할 수 있다.
- 흡연장소는 구획된 실(室)로 하되, 가연성의 증기 또는 미분이 실내에 체류하거나 실내로 유입되는 것을 방지하기 위한 구조 또는 설비를 갖출 것

- 소형수동식소화기(이에 준하는 소화설비를 포함한다)를 1개 이상 비치할 것

15 정답 ②

안전관리대행기관에 대한 행정처분기준

위반사항	행정처분기준		
	1차	2차	3차
(1) 허위 그 밖의 부정한 방법으로 등록을 한 때	지정취소		
(2) 탱크시험자의 등록 또는 다른 법령에 의한 안전관리업무대행기관의 지정·승인 등이 취소된 때	지정취소		
(3) 다른 사람에게 지정서를 대여한 때	지정취소		
(4) 안전관리대행기관의 지정기준에 미달되는 때	업무정지 30일	업무정지 60일	지정취소
(5) 소방청장의 지도·감독에 정당한 이유없이 따르지 아니한 때	업무정지 30일	업무정지 60일	지정취소
(6) 지정변경 신고를 연간 2회 이상 하지 아니한 때	경고 또는 업무정지 30일	업무정지 90일	지정취소
(7) 휴업 또는 재개업 신고를 연간 2회 이상 하지 아니한 때	**경고 또는 업무정지 30일**	**업무정지 90일**	**지정취소**
(8) 안전관리대행기관의 기술인력이 안전관리업무를 성실하게 수행하지 아니한 때	경고	업무정지 90일	지정취소

16 정답 ③

탱크시험자가 갖추어야 할 장비

구분	탱크시험자 등록기준
장비	① 필수장비 : 자기탐상시험기, 초음파두께측정기 및 다음 ㉠ 또는 ㉡의 장비를 둘 것 ㉠ 영상초음파시험기 ㉡ 방사선투과시험기 및 초음파시험기 ② 필요한 경우에 두는 장비 ㉠ 충·수압시험, 진공시험, 기밀시험 또는 내압시험의 경우 ⓐ 진공능력 53KPa 이상의 진공누설시험기 ⓑ 기밀시험장치(안전장치가 부착된 것으로서 가압능력 200KPa 이상, 감압의 경우에는 감압능력 10KPa 이상·감도 10Pa 이하의 것으로서 각각의 압력 변화를 스스로 기록할 수 있는 것) ㉡ 수직·수평도 시험의 경우 : 수직·수평도 측정기 ※ 둘 이상의 기능을 함께 가지고 있는 장비를 갖춘 경우에는 각각의 장비를 갖춘 것으로 본다.

17 정답 ②

제조소에는 저장 또는 취급하는 위험물에 따라 다음에 따른 주의사항을 표시한 게시판을 설치할 것

1) 제1류 위험물 중 알칼리금속의 과산화물과 이를 함유한 것 또는 제3류 위험물 중 금수성물질에 있어서는 "물기엄금"
2) 제2류 위험물(인화성고체를 제외한다)에 있어서는 "화기주의"
3) 제2류 위험물 중 인화성고체, 제3류 위험물 중 자연발화성물질, 제4류 위험물 또는 제5류 위험물에 있어서는 "화기엄금"

18 정답 ④

주유취급소의 고정주유설비 또는 고정급유설비는 다음 각목의 기준에 적합한 위치에 설치하여야 한다.

- 고정주유설비의 중심선을 기점으로 하여 도로경계선까지 **4m 이상**, 부지경계선·담 및 건축물의 벽까지 **2m(개구부가 없는 벽까지는 1m) 이상**의 거리를 유지하고, 고정급유설비의 중심선을 기점으로 하여 도로경계선까지 **4m 이상**, 부지경계선 및 담까지 1m 이상, 건축물의 벽까지 **2m(개구부가 없는 벽까지는 1m) 이상**의 거리를 유지할 것
- 고정주유설비와 고정급유설비의 사이에는 **4m 이상**의 거리를 유지할 것.

19 정답 ①

저장소의 구분에서 옥외저장소
옥외에 다음 각목의 1에 해당하는 위험물을 저장하는 장소.
- 제2류 위험물 중 황 또는 인화성고체(인화점이 섭씨 0도 이상인 것에 한한다)
- 제4류 위험물 중 제1석유류(인화점이 섭씨 0도 이상인 것에 한한다)·알코올류·제2석유류·제3석유류·제4석유류 및 동식물유류
- 제6류 위험물
- 제2류 위험물 및 제4류 위험물 중 특별시·광역시·특별자치시 또는 특별자치도의 조례에서 정하는 위험물(「관세법」제154조에 따른 보세구역안에 저장하는 경우에 한한다)

20 정답 ③

위험물의 구분

구분	정의
황	순도가 60중량퍼센트 이상인 것을 말한다.
철분	철의 분말로서 53마이크로미터의 표준체를 통과하는 것이 50중량퍼센트 이상인 것
금속분	알칼리금속·알칼리토류금속·철 및 마그네슘외의 금속의 분말을 말하고, 구리분·니켈분 및 150마이크로미터의 체를 통과하는 것이 50중량퍼센트 이상인 것
알코올류	1분자를 구성하는 탄소원자의 수가 1개 내지 3개의 포화1가 알코올의 함유량이 60중량퍼센트 이상인 수용액
과산화수소	그 농도가 36중량퍼센트 이상인 것
질산	그 비중이 1.49 이상인 것

21 정답 ②

제조소별 방유제 용량

탱크 수	제조소		옥외탱크저장소
	옥외 취급탱크	옥내 취급탱크	
1	취급탱크 용량의 50% 이상	탱크용량	• 인화성액체위험물 → 110% 이상 • 비인화성액체위험물 → 100% 이상
2 이상	최대인 탱크용량의 50%에 그 외의 탱크용량의 합의 10%를 합한 용량	최대탱크 용량	• 인화성액체위험물 → 최대탱크 용량의 110% 이상 • 비인화성 액체위험물 → 최대탱크 용량의 100% 이상

따라서 방유제 용량 = ($\frac{80,000L}{2}$ + (70,000L × 0.1)) = 47,000L

22 정답 ②

벌칙의 양형기준

위반내용	벌칙
정기**점검**을 하지 아니하거나 점검기록을 허위로 작성한 관계인으로서 허가를 받은 자	1년 이하의 징역 또는 1천만 원 이하의 벌금
정기**검사**를 받지 아니한 관계인으로서 허가를 받은 자	
운반용기에 대한 **검사**를 받지 아니하고 운반용기를 사용하거나 유통시킨 자	
소방청장, 시·도지사, 소방본부장 또는 소방서장의 **출입·검사** 또는 위험물 누출 등 **사고조사** 시 보고 또는 자료제출을 하지 아니하거나 허위로 보고 또는 자료제출을 한 자 또는 관계공무원의 출입·검사 또는 수거를 거부·방해 또는 기피한 자	
제조소등의 **완공검사**를 받지 아니하고 위험물을 저장·취급한 자	1천 500만 원 이하의 벌금
소방공무원이 위험물 제조소 등 관계인의 정당한 업무를 방해하거나 **출입·검사** 등을 수행하면서 알게 된 비밀을 누설한 자	1천만 원 이하의 벌금

23 정답 ①

제조소의 건축물 구조

위험물을 취급하는 건축물의 구조	건축재료 및 예외
(1) 지하층이 없도록 해야 한다.	다만, 위험물을 취급하지 아니하는 지하층으로서 위험물의 취급장소에서 새어나온 위험물 또는 가연성의 증기가 흘러 들어갈 우려가 없는 구조로 된 경우에는 그러하지 아니하다.
(2) 벽·기둥·바닥·보·서까래 및 계단	불연재료로 해야 한다.
(3) 연소의 우려가 있는 외벽	• 출입구 외의 개구부가 없는 내화구조의 벽으로 하여야 한다. • 이 경우 제6류 위험물을 취급하는 건축물에 있어서 위험물이 스며들 우려가 있는 부분에 대하여는 아스팔트 그 밖에 부식되지 아니하는 재료로 피복하여야 한다.
(4) 지붕	폭발력이 위로 방출될 정도의 가벼운 불연재료로 덮어야 한다. **지붕을 내화구조로 할 수 있는 경우** ① 제2류 위험물(분말상태의 것과 인화성고체는 제외) ② 제4류 위험물 중 제4석유류, 동식물유류 ③ 제6류 위험물 ④ 다음의 기준에 적합한 밀폐형 구조의 건축물인 경우 • 발생할 수 있는 내부의 과압(過壓) 또는 부압(負壓)에 견딜 수 있는 철근콘크리트조일 것 • 외부화재에 90분 이상 견딜 수 있는 구조일 것
(5) 출입구 및 비상구	60분+방화문·60분방화문 또는 30분방화문을 설치
(6) 연소의 우려가 있는 외벽에 설치하는 출입구	수시로 열 수 있는 자동폐쇄식의 60분+방화문 또는 60분방화문을 설치해야 한다.
(7) 창 또는 출입구에 유리를 이용하는 경우	망입유리로 해야 한다.
(8) 바닥	위험물이 스며들지 못하는 재료를 사용하고, 적당한 경사를 두어 그 최저부에 집유설비를 하여야 한다.

24 정답 ④

옥내저장창고의 기준 면적

구분	위험물을 저장하는 창고	기준면적
가	① 제1류 위험물 중 아염소산염류, 과염소산염류, 무기과산화물 그 밖에 지정수량 50kg인 위험물 ② 제3류 위험물 중 칼륨, 나트륨, 알킬알루미늄, 알킬리튬, 그 밖에 지정수량 10kg인 위험물 및 황린 ③ 제4류 위험물 중 특수인화물, 제1석유류, 알코올류 ④ 제5류 위험물 중 지정수량이 10kg인 위험물 ⑤ 제6류 위험물(과염소산, 과산화수소, 질산, 할로젠간화합물) ⑥ "가"의 위험물과 "나"의 위험물을 같은 창고에 저장할 때	1,000㎡ 이하
나	위 "가"의 위험물 외의 위험물	2,000㎡ 이하
다	"가"의 위험물과" 나"의 위험물을 내화구조의 격벽으로 완전구획된 실에 각각 저장하는 창고("가"의 위험물을 저장하는 실의 면적은 500㎡를 초과할 수 없다)	1,500㎡ 이하

25 정답 ②

정기점검의 기록·유지(제68조)
제조소등의 관계인은 정기점검 후 다음 각 호의 사항을 기록해야 한다.
1. 점검을 실시한 제조소등의 명칭
2. 점검의 방법 및 결과
3. 점검연월일
4. 점검을 한 안전관리자 또는 점검을 한 탱크시험자와 점검에 참관한 안전관리자의 성명

소방전술[소방위] [25문항]

01 정답 ②

Flashover를 지연시키는 3가지 방법
※ 나머지는 back draft대응방법임

배연 지연법	창문 등을 개방하여 배연(환기)함으로써, 공간 내부에 쌓인 열을 방출시켜 Flashover를 지연시킬 수 있으며 가시성 또한 향상시킬 수 있다.
공기차단 지연법	배연(환기)과 반대로 개구부(창문)을 닫아 산소를 감소시킴으로써 연소 속도를 줄이고 공간 내 열의 축적 현상도 늦추게 하여 지연시키는 방법을 쓸 수 있다. 이 방법은 관창호스 연결이 지연되거나 모든 사람이 대피했다는 것이 확인된 경우, 적합한 방법이다.
냉각 지연법	분말소화기 등 이동식 소화기를 분사하여 화재를 완전하게 진압하는 것은 일시적으로 온도를 낮출 수 있으며, Flashover를 지연시키고 관창호스를 연결할 시간을 벌 수 있다.

02 정답 ④

㉠ 이재민 100명 이상이 발생된 화재
㉡ 검토회의는 화재발생일로부터 10일 이내에 개최한다.
㉢ 건물구조별 표시방법은 목녹, 방황, 내적으로 표시한다.

통제관	① 대형화재 발생 시의 통제관은 소방본부장이 된다. ② 중요화재, 특수화재의 경우 통제관은 관할 소방서장으로 하되 필요한 경우 소방본부장이 할 수 있다.
참석자	① 소방활동에 참여한 직원(긴급구조통제단 각 부 및 유관기관 담당자를 포함) ② 예방관계 사무담당직원 ③ 기타 화재규모, 방어활동 등을 참작하여 통제관이 필요하다고 지정하는 사람

03 정답 ③

㉠ 인화점 : 가연성 액체 또는 고체로부터 발생한 인화성 증기의 농도가 점화원에 의해 착화 될 수 있는 최저온도를 말한다.
㉡ 발화점 : 외부의 직접적인 점화원이 없이 가열된 열의 축적으로 연소가 되는 최저온도이다.
㉢ 융점 : 대기압(1atm)하에서 고체가 녹아 액체가 되는 온도이다.
㉣ 잠열 : 어떤 물질에 열의 출입이 있더라도 물질의 온도는 변하지 않고 상태변화에만 사용되는 열을 잠열이라 한다.

04 정답 ④

현장정보수집 순위

제1순위	• 대피지연자가 있는가 • 전원 피난완료 했는가 • 부상자가 있는가 등 인명에 관한 정보
제2순위	• 가스누설과 폭발 • 유독가스 등에 의한 2차 화재발생 및 위험에 관한 정보
제3순위	• 연소확대 위험여부 • 계단, 건축시설 및 옥내소화전 등의 소방용 설비 사용가부 • 소방활동상 필요한 정보
제4순위	• 피해상황 • 출화원인 등 예방 • 진압상 문제점

05 정답 ④

인명검색 내부진입순서
• 출화건물, 주위건물 순으로 한다.
• 화점실, 인근실, 연소층, 화점상층, 화점하층의 순위로 한다.

06 정답 ④

유리파괴 요령

① 창유리 등의 파괴는 지휘자의 지시에 의한다.
② 유리낙하에 따른 2차 재해의 방지에 주력하고 특히 고층에서 파괴할 때는 지상과의 연락을 긴밀히 하여 유리의 낙하구역에 경계구역을 설정한다.
  ○ 경계구역은 풍속 15m 이상의 경우는 파괴하는 창의 높이를 반경으로 하고 풍속 15m 미만인 때는 창의 높이의 1/2 반경으로 한다.
③ 상공에서 낙하하는 유리파편은 나뭇잎과 같이 보여 서서히 낙하한다고 착각하기 쉽지만 실제의 낙하속도는 빨라 극히 위험하다. 또한 지상에 충돌한 반동으로 사방으로 비산하여 이 파편으로 부상당하는 예가 있다.
④ 두꺼운 유리 파괴 시 해머 등을 사용할 때는 충격에 의해 균형을 잃을 염려가 있으므로 신체확보에 주의한다.
⑤ 소방호스나 사다리 옆의 창유리 등을 파괴할 때는 유리파편이 사다리 등에 부딪쳐 떨어질 위험이 있다.
⑥ 창의 파괴에 의해서 백드래프트 또는 플래시오버를 일으킬 염려가 있는 경우 몸의 위치를 창의 측면이 되도록 한다. 또한 창의 좌측에 위치하여 잘 쓰는 팔(오른팔)을 사용한다.
⑦ 판유리의 파괴순서는 유리의 중량을 고려하여 윗부분부터 횡으로 파괴한다.
⑧ 보호장구를 착용한다.

5mm 이하의 보통 판유리	• 옥내에 진입이 가능한 경우 창의 잠금 부분 가까이를 손 넣을 정도로 파괴하여 잠금을 풀고 창을 개방한다. • 옥내에 진입할 수 없는 경우는 유리파편을 실내에 떨어지도록 파괴한다. 창의 상부에서 조금씩 파괴하면 파편도 적고 외부로의 비산도 적다. • 진입로가 되는 창의 파괴는 창틀의 유리파편을 완전히 제거하여 위해방지를 꾀한다. • 보통 유리의 비산 거리는 창 높이의 1/2 거리이다. 이에 따라서 경계구역을 설정한다. ※ 관창, 손도끼, 갈고리, 해머, 도끼, 지렛대,
6mm 이상 보통 판유리	• 파괴에는 강력한 충격력이 필요하며 예리한 기구가 효과적이다. • 유리의 두께가 불명인 경우는 가볍게 가격하여 유리에서 받는 반동 등을 고려하여 파괴에 요하는 충격력의 배분에 유의한다. • 12mm 이상 두꺼운 유리는 대해머로도 파괴가 용이하지 못하므로 유리의 열전도율이 낮은 특성을 이용하여 가스절단기로 급속 가열하여 열에 의해 파괴되도록 한다. 가열 직후 방수하여 급랭시키면 더욱 효과적이다. • 유리 파편낙하에 의한 2차 재해를 방지하기 위해 유리에 접착테이프, 모포시트 등을 붙여 외부로의 비산을 방지하는 방법도 있다. ※ 도끼, 대해머, 도어오프너, 가스절단기
망입유리	• 보호안경 및 헬멧의 안면보호렌즈를 활용하여 유리파편의 비산에 의한 위해를 방지한다. • 창의 중앙부분을 강타하여 금이 생기더라도 효과는 없으므로 반드시 창틀에 가까운 부분을 파괴한다. • 유리파편은 철선(약 1mm)에 부착하여 탈착되지 않기 때문에 창 전면을 파괴하는 경우는 도끼로 망선을 아치형으로 파괴한 다음 실내로 향하여 눌러 떨어뜨린다. • 부분적인 파괴는 망선을 노출시킨 후 펜치 등으로 절단한다. ※ 도어오프너, 해머, 도끼, 지렛대
방탄유리	• 충격에 의해 파괴되지만 탈락은 없다. 단, 충격을 가할 때 작은 파편이 비산하므로 방진안경 또는 헬멧의 후드를 활용하여 위해를 방지한다. • 해머, 도끼 등으로 유리를 가늘게 깨고 칼 등을 사용하여 플라스틱 막을 잘라 내거나 가스절단기 등으로 태워 자른다. ※ 도어오프너, 대해머, 도끼, 지렛대, 가스절단기
강화유리	• 강화유리 표면에 두께의 1/6에 달하는 갈라진 틈이 생기면 전체가 입상으로 파괴된다. • 문 또는 창의 4각 모서리(보통 좌하단)에 회사마크가 있으면 강화유리이며 도끼 또는 해머 등으로 일부분을 겨냥하여 파괴한다. 또한 강화유리는 내열, 내충격력이 강하므로 가능한 한 예리한 기구를 이용한다. • 테 없는 문, 회전문 등은 대부분 강화유리이다. ※ 도어오프너, 해머, 도끼, 지렛대, 가스절단기
복층유리	복층유리는 일반적으로 보통 판유리를 이용하고 있지만 예외로서 망입유리, 강화 유리를 이용한 것도 있는데 파괴요령은 위의 내용과 같다.

07 정답 ④

소방용수시설 설치기준

소화전	상수도와 연결하여 지하식 또는 지상식의 구조로 하고, 소방용 호스와 연결하는 소화전의 연결금속구의 구경은 65밀리미터로 한다.
급수탑	급수배관의 구경은 100밀리미터 이상으로 하고, 개폐밸브는 지상에서 1.5미터 이상 1.7미터 이하의 위치에 설치한다.
저수조	① 지면으로부터 낙차가 4.5미터 이하 ② 흡수부분의 수심은 0.5미터 이상 ③ 흡수관의 투입구가 사각형의 경우에는 한 변의 길이가 60센티미터 이상, 원형의 경우에는 지름이 60센티미터 이상일 것 ④ 소방차가 쉽게 접근하고 저수조에 물을 공급하는 방법은 상수도에 연결하여 자동으로 급수되는 구조일 것 ⑤ 흡수에 지장이 없도록 토사, 쓰레기 등을 제거할 수 있는 설비를 갖춰야 한다.

08 정답 ③

소방기본법 제50조 (벌칙) 다음 에 해당하는 자는 5년 이하의 징역 또는 5천만원 이하 의 벌금에 처한다.
① 정당한 사유 없이 소방용수시설 또는 비상소화장치를 사용하거나
② 소방용수시설 또는 비상소화장치의 효용을 해치거나
③ 그 정당한 사용을 방해한 사람

09 정답 ①

구 분	종 류	교육내용	교육방법의 요점
안전교육	지식교육	• 취급하는 기계·설비의 구조, 기능, 성능의 개념형성 • 재해발생 원리를 이해시킨다. • 안전관리, 작업에 필요한 법규, 규정, 기준을 알게 한다.	알아야 할 것의 개념 형성을 꾀한다.
	문제해결교육	• 원인지향의 문제해결로 과거·현재의 문제를 대상으로 하여 사실 확인에서 문제점의 발견, 원인탐구에서 대책을 세우는 순서를 알게 한다. • 목표지향의 문제처리를 할 수 있게 한다.	사고력과 종합능력을 육성한다.
인간형성	기능교육	• 화재진압·구조·구급 등의 작업방법, 기계·기구류의 취급 등 조작방법을 숙달시킨다.	응용능력의 육성이며 실기를 주체로 한다.
	태도교육	• 안전작업에 대한 몸가짐 마음가짐을 몸에 붙게 한다. • 안전규율, 직장규율을 몸에 붙이도록 한다. • 의욕을 갖게 한다.	안전의식에 관한 가치관 형성교육을 한다.

10 정답 ②

화재건수
① 1건의 화재란 : 1개의 발화점으로부터 확대된 것으로 발화부터 진화까지를 말하지만 다음과 같은 예외사항이 있다.
② 동일범이 아닌 각기 다른 사람에 의한 방화, 불장난은 동일 대상물에서 발화했더라도 각각 별개의 화재로 한다.
③ 동일 소방대상물의 발화점이 2개소 이상 있는 다음화재는 1건의 화재로 한다.
  - 누전점이 동일한 누전에 의한 화재
  - 지진, 낙뢰 등 자연현상에 의한 다발화재
④ 관할구역이 2개소 이상 걸친 화재에 대해서는 발화 소방대상물의 소재지를 관할하는 소방서에서 1건의 화재로 한다.

11 정답 ②

정적(스태틱)로프	• 신장율이 5% 미만 정도로 하중을 받아도 잘 늘어나지 않는다. • 마모 내구성이 강하고 파괴력에 견디는 힘이 높다. • 유연성이 낮아 조작이 불편하고 추락 시 하중이 그대로 전달되는 결점이 있다. • 뻣뻣하며 검정이나 흰색, 노란색 등 단일 색상으로 만들어져 외형만으로도 비교적 쉽게 구분이 가능하다. ※ 일반 구조활동용으로는 정적로프나 세미 스태틱(Semi-static Rope) 로프가 적합하다.
동적(다이내믹)로프	• 신장율이 7% 이상 정도로서 신축성이 높아 충격을 흡수하는 데 유리하므로 자유낙하가 발생할 수 있는 암벽등반에 유리하다. • 산악 구조활동과 장비의 고정 등에 적합하다. • 부드러우면서 여러 가지 색상이 섞인 화려한 문양이다.

12 정답 ①

슬링(Sling)
㉠ 슬링은 평평한 띠처럼 생긴 일종의 로프이다.
㉡ 로프에 비해 유연성이 높으면서도 다루기 쉬워 신체에 고정하는 경우 접촉 면적이 높아 안정감 있게 사용할 수 있다.
㉢ 슬링은 보통 20~25mm 내외의 폭으로 제조되며 형태에 따라 판형슬링(Tape Sling)과 관형슬링(Tube Sling)으로 구분한다.
㉣ 로프에 비해 상대적으로 값이 싸기 때문에 짧게 잘라서 등반시의 확보, 고정용 또는 안전벨트의 대용 등으로 다양하게 활용한다.
㉤ 슬링은 같은 굵기의 로프보다 강도는 우수하지만 충격을 받았을 때 잘 늘어나지 않기 때문에 슬링을 등반 또는 하강 시에 로프 대용으로 사용하는 것은 매우 위험하다.

13 정답 ③

헬기탑승 시 주의사항	① 헬리콥터에 다가갈 때에는 <u>기체의 전면으로 접근</u>하며 기장 또는 기내 안전원의 신호에 따라 탑승한다. ② 꼬리날개(Tail rotor)는 고속으로 회전하여 매우 위험하므로 절대 <u>기체의 뒤쪽으로 접근하지 않도록</u> 한다.
하강 준비	① 헬기 하강을 위하여 공중에서 로프를 투하하는 경우에는 로터의 하향풍에 로프가 휘말릴 수 있기 때문에 <u>반드시 로프백에 수납하여 투하</u>한다. 이때 투하된 로프가 지면에 완전히 닿았는지를 반드시 확인해야 한다. ② 하강위치에 접근하면 기내 안전요원의 지시로 현수로프의 카라비너를 기체에 설치된 지지점에 건다. ③ 하강준비 신호에 의해 왼손은 현수점측 로프를 잡고, 오른손은 하강측 로프를 허리 위치까지 잡아 제동하며 현수로프에 서서히 체중을 실어 헬리콥터의 바깥으로 이동하여 하강자세를 한다. 헬기의 구조에 따라 스키드 또는 문턱에서 하강자세를 취한다. ④ 발을 헬기에 붙인 채 최대한 몸을 뒤로 기울여 하늘을 쳐다보는 자세를 취한 다음 안전원의 '하강개시' 신호에 따라 발바닥으로 헬기를 살짝 밀며 제동을 풀고 한번에 하강한다. ⑤ <u>착지점 약 10m 상공에서 서서히 제동을 걸기 시작 지상 약 3m 위치에서는 반드시 정지할 수 있는 스피드까지 낮추어 지상에 천천히 착지한다.</u> 이때 로프가 접지된 것을 반드시 재확인하여야 한다. ⑥ 착지 후 신속히 현수로프를 제거하고 안전원에게 이탈 완료 신호를 보낸다.
헬기 유도	㉠ 헬기의 착륙을 유도하기 위해서는 수신호를 익혀두어야 한다. ㉡ 현장에서 헬기를 유도하는 요원은 헬멧을 착용하고 보호안경을 착용한다. ㉢ 착륙장소로부터 충분히 떨어져있고 헬기에서 잘 관측할 수 있는 곳을 택한다. ㉣ <u>유도시에는 바람을 등지고 서서 헬기가 정면에서 바람을 맞을 수 있도록 유도한다.</u> ㉤ 야간의 경우 조명은 필수적이다. 조명이 잘 갖추어져 있는 곳은 조종사의 지각을 도와준다. ㉥ 그러나 구조대원 개인적으로는 조명등 사용을 조심하여야 한다. 특히 강한 불빛을 헬기 진행방향의 왼쪽으로 비추거나 조종사에게 직접적으로 빛을 비추는 것은 금지해야 한다. ㉦ 현장에 자동차가 있는 경우 헤드라이트를 이용하여 착륙지점을 비추면 좋다.

14 정답 ②

구조대원이 갇혔거나 길을 잃었을 경우

㉠ <u>가능한 한 처음 검색을 시작했던 방향을 기억해 내어 돌아가야 한다.</u> 그것이 불가능하면 건물의 출구를 찾거나 적어도 화재현장을 벗어날 출구만큼은 찾아내야 한다.
㉡ 창문 밖으로 물건을 던져서 구조를 요청하는 신호를 보낼 수 있지만 <u>방화복이나 헬멧 등 보호장비를 던져서는 안 된다.</u>
㉢ 다른 대원의 도움을 받지 못하고 <u>혼자서 탈출해야 하는 경우 가장 손쉬운 방법은 호스를 따라서 나가는 것이다.</u>
㉣ 다른 대원이 위치를 알 수 있도록 큰 소리를 외치고 커플링의 결합부위를 찾아서 <u>숫 커플링이 향하는 쪽으로 기어 나간다.</u>
㉤ 랜턴이 천장을 비추도록 놓고 출입문 가운데나 벽에 누워서 발견되기 쉽게 한다.

15 정답 ③

침착	• 당황하게 되면 호흡이 빨라지고 공기소모량이 많아진다. 동작을 멈추고 자세를 낮추어 앉거나 포복자세로 엎드린다. • 어떤 경로를 통하여 이 장소에 도달했는지를 기억해 낸다. 다른 대원들의 대화나 신호, 호스나 장비에서 발생하는 소리, 사고 장소에서 발생하는 소음 등에 주의를 기울인다.
공기소모량 최소화	• 공기가 얼마 남지 않았다면 <u>건너뛰기 호흡법(Skip Breathing)</u>을 활용한다. • 먼저 평소처럼 숨을 들이쉬고 내쉬어야 할 때까지 숨을 참고 있다가 내쉬기 전에 한 번 더 들이마신다. <u>들이쉬는 속도는 평소와 같이 하고 내쉴 때에는 천천히 하여 폐 속의 이산화탄소 농도를 조절한다.</u> • 대원 고립 시 가장 오래 버틸 수 있는 호흡법은 카운트 호흡법을 고려할 수 있다. <u>카운트 호흡법은 숨을 들이 마시고, 참고, 내뱉는 것을 각각 5초간씩 하는 방식이다.</u>
양압조정기의 고장	• 양압조정기가 손상을 입어 <u>공기공급이 중단되었을 경우에는 바이패스 밸브를 열어 면체에 직접 공급되도록 한다.</u> • 최근 보급되는 공기호흡기는 면체에 적색으로 표시된 바이패스 밸브가 있다. 바이패스 밸브를 열어 숨을 들이쉰 후 닫고 다음번 호흡 시에 다시 열어준다.

16 정답 ④

경사형 붕괴	⊙ 마주보는 두 외벽 중 하나가 결함이 있을 때 발생한다. ⓒ 결함이 있는 외벽이 지탱하는 건물 지붕의 측면 부분이 무너져 내리면 삼각형의 공간이 발생하며 이렇게 형성된 빈 공간에 구조대상자들이 갇히는 경우가 많다. ⓒ 파편이 지지하고 있는 벽을 따라 빈 공간으로 진입하는 것이 붕괴위험도 적고 구조활동도 용이하다.
팬케이크형 붕괴★	⊙ '시루떡처럼 겹쳐졌다'는 표현으로서 마주보는 두 외벽에 모두 결함이 발생하여 바닥이나 지붕이 아래로 무너져 내리는 경우에 발생한다. ⓒ 팬케이크 붕괴에 의해 형성되는 공간은 다른 경우에 비해 협소하며 어디에 형성될지는 파악하기가 곤란하다. ⓒ 생존자가 발견될 것으로 예측되는 공간이 거의 생기지 않는 유형이지만 잔해 속에 생존자가 있다고 가정하고 구조활동에 임하여야 한다. (경사형 붕괴(좌)와 팬케이크 붕괴(우))
V자형 붕괴	⊙ 가구나 장비, 기타 잔해 같은 무거운 물건들이 바닥 중심부에 집중되었을 때 V형의 붕괴가 일어날 수 있다. ⓒ 양 측면에 생존공간이 만들어질 수 있는 가능성이 높다. V형 공간이 형성된 경우 벽을 따라 진입할 수 있으며 잔해제거 및 구조작업을 하기 전에 대형 잭이나 버팀목으로 붕괴물을 안정시킬 필요가 있다.
캔틸레버형 붕괴★	⊙ 각 붕괴의 유형 중에서 가장 안전하지 못하고 2차 붕괴에 가장 취약한 유형이다. ⓒ 건물에 가해지는 충격에 의하여 한쪽 벽판이나 지붕 조립부분이 무너져 내리고 다른 한 쪽은 원형을 그대로 유지하고 있는 형태의 붕괴를 말한다. ⓒ 이때 구조대상자가 생존할 수 있는 장소는 각 층들이 지탱되고 있는 끝 부분 아래에 생존공간이 생길 가능성이 많다. (V자형 붕괴(좌)와 켄틸레버형 붕괴)

17 정답 ③

미국 방화협회 표시법
ⓐ 고정 설치된 위험물(Fixed Storage)에 대한 표시방법이다.
ⓑ 마름모 형태의 도표인 위험식별 시스템은 물질의 누출 또는 화재와 같은 비상상태에서 각 화학물질의 고유한 위험과 위험도 순위를 한 눈에 알 수 있게 해 준다.
ⓒ 이 방법은 화학약품의 유해성을 확인하고자 하는 목적이 아니고 소방대의 비상작업에 필요한 전술상의 안전조치 수립에 필요한 지침의 역할과 함께 이 물질에 노출된 사람의 생명보호를 위한 즉각적인 정보를 현장에서 제공해 준다.
ⓓ 또한 위험물질에 대한 전문적인 지식이 부족한 사람이라도 그 특성과 취급상의 위험요인을 한 눈에 파악할 수 있도록 해주는 것이다.

도표는 해당 화학물질의 "인체유해성", "화재위험성", "반응성", "기타 중요한 특성"을 나타내고 특별한 위험성이 없는 "0"에서부터 극도의 위험을 나타내는 "4"까지 다섯가지 숫자 등급을 이용하여 각 위험성의 정도를 나타낸다. 마름모형 도표에서 왼쪽은 청색으로 인체유해성을, 위쪽은 적색으로 화재위험성을, 오른쪽은 황색으로 반응성을 나타낸다. 특히 하단부는 주로 물과의 반응을 표시하기 위해 사용되는데 "W"는 물의 사용이 위험하다는 것을 나타내고 산화성 화학물질은 ○ ×로 표시하기도 한다.

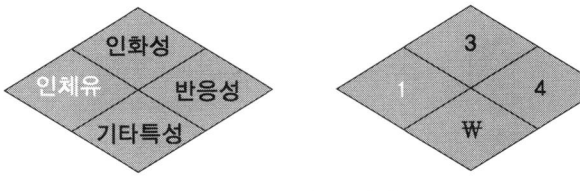

(NFPA 704 표시법)

18 정답 ③

제2류 일반 성질★	① 비교적 낮은 온도에서 착화하기 쉽고, 연소속도가 빠르며 연소열이 큰 고체이다. ② 모두 산소를 함유하고 있지 않은 강한 환원성 물질이다. ③ 산소화의 결합이 용이하고 저농도의 산소 하에서도 잘 연소한다. ④ 철분, 금속분, 마그네슘은 물과 산의 접촉으로 수소가스를 발생하고 발열한다. 특히, 금속분은 습기와 접촉할 때 조건이 맞으면 자연발화의 위험이 있다. ⑤ 대부분 비중이 1보다 크며 물에 녹지 않는다. ⑥ 산화제와 혼합한 것은 가열, 충격, 마찰에 의해 발화 또는 폭발위험이 있다. ⑦ 유황가루, 철분, 금속분은 밀폐된 공간 내에서 부유할 때 분진폭발의 위험이 있다. ⑧ 연소 시 다량의 유독가스를 발생하고 금속분 화재인 경우 물을 뿌리면 오히려 수소 가스가 발생하여 2차 재해를 가져온다.

3류 위험물 일반성질
① 무기 화합물과 유기 화합물로 구성되어 있다.
② 대부분이 고체이다.(단, 알킬알루미늄, 알킬리튬은 고체 또는 액체이다)
③ 칼륨(K), 나트륨(Na), 알킬알루미늄(RAl), 알킬리튬(RLi)을 제외하고 물보다 무겁다.
④ 물과 반응하여 가연성가스를 발생한다.(황린 제외)
⑤ 칼륨, 나트륨, 알칼리금속, 알칼리토금속은 보호액(석유)속에 보관한다.
⑥ 알킬알루미늄, 알킬리튬은 물 또는 공기와 접촉하면 폭발한다. (헥산 속에 저장)
⑦ 황린은 공기와 접촉하면 자연발화한다.(pH9의 물 속에 저장)
⑧ 가열 또는 강산화성 물질, 강산류와 접촉으로 위험성이 증가한다.

19 정답 ③

응상 폭발	용융 금속이나 금속조각 같은 고온물질이 물속에 투입되었을 때 고온의 열이 저온의 물에 짧은 시간에 전달되면 일시적으로 물은 과열상태로 되고 급격하게 비등하여 폭발현상이 나타나게 되는 것. ※ 수증기 폭발이 대표적이다.
기상 폭발 ★	수소, 일산화탄소, 메탄, 프로판, 아세틸렌 등의 가연성 가스와 조연성 가스가 혼합기체를 형성하고 점화원에 의하여 폭발하는 것을 말한다. ※ 가스폭발, 가스의 분해폭발, 분무폭발, 분진폭발

20 정답 ①

코인두기도기
① 코인두기도기는 구역반사를 자극하지 않아 사용빈도가 높다.
② 구강의 상처가 있거나 입을 벌릴 수 없는 경우 그리고 구역반사가 있는 환자 모두에게 사용될 수 있다.
③ 대부분 부드럽고 유연성 있는 라텍스 재질로 연부 조직의 손상이나 출혈 가능성이 적다.
④ 환자의 코가장자리에서 귓불까지의 길이를 측정한다.
⑤ 수용성 윤활제를 바른다.
⑥ 부드럽게 비스듬한 단면이 콧구멍 바닥이나 코중간뼈(콧구멍을 나누는 벽)을 향하여 넣는데
플랜지가 콧구멍에 걸릴 때까지 기도기를 넣는다.

21 정답 ④

코, 입-인두-인두후두부-후두덮개-기관지-세기관지-허파꽈리

22 정답 ③

당뇨의 생리학
• 당은 음식물 소화로 얻어지고 포도당으로 전환된다.
• 포도당과 영양분은 장에서 혈관으로 흡수되고 포도당이 뇌와 조직으로 흡수되기 위해서는 인슐린이라 불리는 호르몬이 필요하다.
• 인슐린은 포도당을 혈액에서 조직으로 이동시키고 포도당은 세포가 활동하는 것을 돕는다.
• 당뇨환자는 혈액내의 포도당을 조직으로 이동시키지 못한다.
• 당뇨환자는 크게 Ⅰ형과 Ⅱ형으로 나눌 수 있다. Ⅰ형은 적정량만큼 인슐린을 생산하지 못하는 경우로 인슐린 투여가 필요한 환자이다.
• 통상 학령기 아동의 2/1000가 Ⅰ형으로 성장과 활동에 따라 인슐린 양이 달라진다.
• 대부분의 환자는 Ⅱ형으로 인체 세포가 인슐린에 적절히 반응하지 못하는 것으로 노인환자가 많다. 이런 환자의 경우는 세포가 혈액으로부터 인슐린을 취하도록 구강용 혈당저하제를 복용해야 한다.
• 위의 Ⅰ, Ⅱ형 모두 혈액내 당수치가 증가되어 있기 때문에 인슐린과 구강용 혈당저하제로 혈액내 당을 조직으로 이동시켜 혈당을 낮추어야 한다. 고혈당으로 인한 의식변화가 저혈당보다 더 일반적이며 저혈당은 처방약을 과다복용하거나 너무 빠르게 혈당이 떨어졌을 때 일어난다.
※ 고혈당은 천천히 나타나며, 저혈당은 갑자기 나타난다.

23 정답 ③

1차 평가 AVPU
1. A(Alert 명료) : 질문에 적절한 반응이나 대답을 할 수 있는 상태
2. V(Verbal Stimuli 언어지시에 반응) : 질문에 적절한 반응이나 대답은 할 수 없으나 소리나 고함에 소리로 반응하는 상태(신음소리도 가능)
3. P(Pain Stimuli 자극에 반응) : 언어지시에는 반응하지 않고 자극에는 반응하는 상태
4. U(Unresponse 무반응) : 어떠한 자극에도 반응하지 않는 상태

24 정답 ②

화상깊이

1도 화상	• 경증으로 표피만 손상된 경우이다. • 햇빛(자외선)으로 인한 경우와 뜨거운 액체나 화학손상에서 많이 볼 수 있다. • 화상부위는 발적, 동통, 압통이 나타나며, 범위가 넓은 경우 심한 통증을 호소할 수 있으므로 처치가 필요한 경우가 있다.
2도 화상	• 표피와 진피가 손상된 경우로 열에 의한 손상이 많다. • 내부 조직으로 체액손실과 2차 감염과 같은 심각한 합병증을 유발할 수 있다. • 화상부위는 발적, 창백하거나 얼룩진 피부, 수포가 나타난다. • 손상부위는 체액이 나와 축축한 형태를 띠며 진피에 많은 신경섬유가 지나가 심한 통증을 호소한다.
3도 화상	• 대부분의 피부조직이 손상된 경우로 심한 경우 근육, 뼈, 내부 장기도 포함되는 경우가 있다. • 화상부위는 특징적으로 건조하거나 가죽과 같은 형태를 보이며 창백, 갈색 또는 까맣게 탄 피부색이 나타난다. • 신경섬유가 파괴되어 통증이 없거나 미약할 수 있으나 보통 3도 화상 주변 부위가 부분화상임으로 심한 통증을 호소한다.

25   정답 ②

골절	• 뼈가 부러진 경우를 말하며 심각한 출혈과 통증, 장기간 안정이 필요하다. • 관절을 형성하는 뼈의 끝부분이나 성장판이라 불리는 아동의 성장부위 골절은 심각한 결과를 초래한다.
탈구	• 연결부분에 위치한 관절의 정상 구조에서 어긋난 경우로 관절부위의 심한 굴곡이나 신전으로 발생한다. • 손가락 관절과 어깨 그리고 엉덩이에서 종종 발생한다.
염좌	관절을 지지하거나 둘러싼 인대의 파열이나 비정상적인 잡아당김으로 생긴다. 보통 인체에 변형된 충격(뒤틀림 등)으로 인해 발생한다.
좌상	뼈와 근육을 연결하는 힘줄이 비정상적으로 잡아당겨져 생긴다.

소방위 소방승진

제5회 모의고사 해설

문 항 수 : 75문항
응시시간 : 75분

과목	01	02	03	04	05	06	07	08	09	10	11	12	13	14	15	16	17	18	19	20	21	22	23	24	25
행정법	④	④	③	②	③	②	①	④	①	②	③	③	①	②	③	④	①	②	③	①	④	④	③	③	④
소방법령 Ⅳ	④	③	④	①	①	③	④	②	④	③	②	②	②	③	④	①	④	①	④	③	③	③	①	④	④
소방전술	②	③	④	③	④	③	②	①	④	②	①	④	②	①	①	③	②	④	②	④	④	①	①	②

행정법(소방위) (25문항)

01
정답 ④

① (○) 비례원칙은 행정법의 일반원칙으로서 침해행정뿐만 아니라 급부행정에도 적용된다. 급부행정에서는 비례의 원칙이 과잉급부금지의 원칙으로서 적용되는바, 행정청은 그 목적달성에 적합한 정도의 급부만을 해야 한다는 원칙이다.
② (○) 도시공원법 제6조 제2항에 의하여 공원관리청이 도시공원 또는 공원시설의 관리를 공원관리청이 아닌 자에게 위탁하면서 그 공원시설 등을 사용·수익할 권한까지 허용하고 있는 것은 상대방에게 권리나 이익을 부여하는 효과를 수반하는 수익적 행정행위로서, 관계 법령에 행정처분의 요건에 관하여 일의적으로 규정되어 있지 아니한 이상 관리청의 재량행위에 속하고, 이러한 재량행위에 있어서는 관계 법령에 명시적인 금지규정이 없는 한 행정목적을 달성하기 위하여 부관을 붙일 수 있으며, 그 부관의 내용이 이행가능하고 비례의 원칙 및 평등의 원칙에 적합하며 행정처분의 본질적 효력을 저해하지 아니하는 한도 내의 것인 이상 부관의 한계를 벗어난 위법이 있다고 할 수 없다(대판 2004.2.13. 2001다15828).
③ (○) 행정지도는 그 목적달성에 필요한 최소한도에 그쳐야 하며 아울러 상대방의 의사에 반하여 부당하게 강요하여서는 아니된다(행정절차법 제48조 제1항).
④ (×) 도로교통법 제148조의2 제1항 제1호는 도로교통법 제44조 제1항을 2회 이상 위반한 사람으로서 다시 같은 조 제1항을 위반하여 술에 취한 상태에서 자동차 등을 운전한 사람에 대해 1년 이상 3년 이하의 징역이나 500만 원 이상 1,000만 원 이하의 벌금에 처하도록 규정하고 있는데, 도로교통법 제148조의2 제1항 제1호에서 정하고 있는 '도로교통법 제44조 제1항을 2회 이상 위반한' 것에 개정된 도로교통법이 시행된 2011. 12. 9. 이전에 구 도로교통법(2011. 6. 8. 법률 제10790호로 개정되기 전의 것) 제44조 제1항을 위반한 음주운전 전과까지 포함되는 것으로 해석하는 것이 형벌불소급의 원칙이나 일사부재리의 원칙 또는 비례의 원칙에 위배된다고 할 수 없다(대판 2012.11.29. 2012도10269).

02
정답 ④

① (○) 행정의 자기구속의 법리는 재량행위 영역에서 행정권의 자의를 방지하고 행정의 재량권행사에 대한 사후적 사법통제를 확대하여 국민의 권익을 보호하는 기능이 있다.
② (○), ③ (○) 행정규칙이 법령의 규정에 의하여 행정관청에 법령의 구체적 내용을 보충할 권한을 부여한 경우, 또는 재량권행사의 준칙인 규칙이 그 정한 바에 따라 되풀이 시행되어 행정관행이 이룩되게 되면, 평등의 원칙이나 신뢰보호의 원칙에 따라 행정기관은 그 상대방에 대한 관계에서 그 규칙에 따라야할 자기구속을 당하게 되고, 그러한 경우에는 대외적인 구속력을 가지게 된다 할 것이다(헌재 1990.9.3. 90헌마13).
④ (×) 재량권의 범위 내의 행위는 부당의 문제에 그치는 것이나, 행정의 자기구속의 법리를 위반한 법령이나 행정권 행사는 위법한 것이 된다. 처분이라면 항고소송의 대상이 되고, 그 밖에 국가배상청구권, 불평등배제청구권, 동종의 급부청구권, 무하자재량행사청구권이 생길 수 있다.

03
정답 ③

① (○) 도시 및 주거환경정비법에 따른 주택재건축정비사업조합은 관할 행정청의 감독 아래 도시정비법상의 주택재건축사업을 시행하는 공법인으로서, 그 목적 범위 내에서 법령이 정하는 바에 따라 일정한 행정작용을 행하는 행정주체의 지위를 갖는다. 그리고 재건축조합이 행정주체의 지위에서 도시정비법 제48조에 따라 수립하는 관리처분계획은 정비사업의 시행 결과 조성되는 대지 또는 건축물의 권리귀속에 관한 사항과 조합원의 비용분담에 관한 사항 등을 정함으로써 조합원의 재산상 권리·의무 등에 구체적이고 직접적인 영향을 미치게 되므로, 이는 구속적 행정계획으로서 재건축조합이 행하는 독립된 행정처분에 해당한다(대판 2009.9.17. 2007다2428).
② (○) 행정절차법 제2조 제1호 나목, 행정소송법 제2조 제2항
③ (×) 지방자치단체도 국가와 다른 공공단체에 대하여는 행정객체로서의 지위를 갖는다.
④ (○) 용역계약에 의해 주차위반차량을 견인하는 민간사업자는 행정대행인 또는 행정보조인이지 공무수탁사인이 아니다.

04 정답 ②

① (○) 행정기본법 제34조(수리 여부에 따른 신고의 효력) 법령등으로 정하는 바에 따라 행정청에 일정한 사항을 통지하여야 하는 신고로서 법률에 신고의 수리가 필요하다고 명시되어 있는 경우(행정기관의 내부 업무 처리절차로서 수리를 규정한 경우는 제외한다)에는 행정청이 수리하여야 효력이 발생한다.
② (×) 행정절차법은 수리를 요하지 않는 신고를 규정하고 있고(제40조), 행정기본법은 수리를 요하는 신고를 규정하고 있다(제34조).
③ (○) 구 유통산업발전법 … 대규모점포의 개설 등록은 이른바 '수리를 요하는 신고'로서 행정처분에 해당한다(대판 2015.11.19. 2015두295).
④ (○) 행정절차법 제40조(신고)
① 법령등에서 행정청에 일정한 사항을 통지함으로써 의무가 끝나는 신고를 규정하고 있는 경우 신고를 관장하는 행정청은 신고에 필요한 구비서류, 접수기관, 그 밖에 법령등에 따른 신고에 필요한 사항을 게시(인터넷 등을 통한 게시를 포함한다)하거나 이에 대한 편람을 갖추어 두고 누구나 열람할 수 있도록 하여야 한다.
② 제1항에 따른 신고가 다음 각 호의 요건을 갖춘 경우에는 신고서가 접수기관에 도달된 때에 신고 의무가 이행된 것으로 본다. (각 호 생략)

05 정답 ③

① (○) 감사원규칙의 법적 성질에 관하여는 법규명령으로 보는 견해와 행정규칙으로 보는 견해로 대립되어 있다. 헌법이 일정한 법형식의 행정입법을 인정하는바 이를 예시적 규정으로 볼 때 감사원규칙을 법규명령으로 이해할 수 있다.
② (○) 구 청소년보호법 제49조 제1항, 제2항에 따른 같은법시행령 제40조 [별표 6]의 위반행위의종별에따른과징금처분기준은 법규명령이기는 하나 모법의 위임규정의 내용과 취지 및 헌법상의 과잉금지의 원칙과 평등의 원칙 등에 비추어 같은 유형의 위반행위라 하더라도 그 규모나 기간·사회적 비난 정도·위반행위로 인하여 다른 법률에 의하여 처벌받은 다른 사정·행위자의 개인적 사정 및 위반행위로 얻은 불법이익의 규모 등 여러 요소를 종합적으로 고려하여 사안에 따라 적정한 과징금의 액수를 정하여야 할 것이므로 그 수액은 정액이 아니라 최고한도액이다(대판 2001.3.9. 99두5207).
③ (×) 전결과 같은 행정권한의 내부위임은 법률이 위임을 허용하지 않는 경우에도 인정되는 것이므로, 설사 행정관청 내부의 사무처리규정에 불과한 전결규정에 위반하여 원래의 전결권자 아닌 보조기관 등이 처분권자인 행정관청의 이름으로 행정처분을 하였다고 하더라도 그 처분이 권한 없는 자에 의하여 행하여진 무효의 처분이라고는 할 수 없다(대판 1998.2.27. 97누1105).
④ (○) 상위법령을 시행하기 위하여 하위법령을 제정하거나 필요한 조치를 함에 있어서는 상당한 기간을 필요로 하며 합리적인 기간내의 지체를 위헌적인 부작위로 볼 수 없으나, 이 사건의 경우 현행 규정이 제정된 때(1976. 4. 15)로부터 이미 20년 이상이 경과되었음에도 아직 치과전문의제도의 실시를 위한 구체적 조치를 취하고 있지 아니하고 있으므로 합리적 기간내의 지체라고 볼 수 없고, 법률의 시행에 반대하는 여론의 압력이나 이익단체의 반대와 같은 사유는 지체를 정당화하는 사유가 될 수 없다(헌재 1998.7.16. 96헌마246).

06 정답 ②

① (○) 공권력의 행사 또는 불행사(불행사)로 인하여 헌법상 보장된 기본권을 침해받은 자는 법원의 재판을 제외하고는 헌법재판소에 헌법소원심판을 청구할 수 있다. 다만, 다른 법률에 구제절차가 있는 경우에는 그 절차를 모두 거친 후에 청구할 수 있다(헌법재판소법 제68조 제1항).
② (×) 우리나라는 구체적 규범통제를 취하고 있으므로 처분에 의하지 않은 법규명령 일반에 대한 추상적 규범통제는 허용되지 않는다.
③ (○) 행정적 통제로서 행정감독권에 의한 통제, 행정절차적 통제, 행정심판에 의한 통제 등이 있다.
④ (○) 법규명령에 대한 국회의 통제는 직접적 통제와 간접적 통제가 있다.

07 정답 ①

① (×) 구 청소년보호법에 따른 청소년유해매체물 결정 및 고시처분은 당해 유해매체물의 소유자 등 특정인만을 대상으로 한 행정처분이 아니라 일반 불특정 다수인을 상대방으로 하여 일률적으로 표시의무, 포장의무, 청소년에 대한 판매·대여 등의 금지의무 등 각종 의무를 발생시키는 행정처분으로서, 정보통신윤리위원회가 특정 인터넷 웹사이트를 청소년유해매체물로 결정하고 청소년보호위원회가 효력발생시기를 명시하여 고시함으로써 그 명시된 시점에 효력이 발생하였다고 봄이 상당하다(대판 2007.6.14. 2004두619).
② (○) 우편물이 등기취급의 방법으로 발송된 경우, 특별한 사정이 없는 한, 그 무렵 수취인에게 배달되었다고 보아도 좋을 것이나, 수취인이나 그 가족이 주민등록지에 실제로 거주하고 있지 아니하면서 전입신고만을 해 둔 경우에는 그 사실만으로써 주민등록지 거주자에게 송달수령의 권한을 위임하였다고 보기는 어려울 뿐 아니라 수취인이 주민등록지에 실제로 거주하지 아니하는 경우에도 우편물이 수취인에게 도달하였다고 추정할 수는 없고, 따라서 이러한 경우에는 우편물의 도달사실을 과세관청이 입증해야 할 것이고, 수취인이나 그 가족이 주민등록지에 실제로 거주하고 있지 아니하면서 전입신고만을 해 두었고, 그 밖에 주민등록지 거주자에게 송달수령의 권한을 위임하였다고 보기 어려운 사정이 인정된다면, 등기우편으로 발송된 납세고지서가 반송된 사실이 인정되지 아니한다 하여 납세의무자에게 송달된 것이라고 볼 수는 없다(대판 1998.2.13. 97누8977).
③ (○) 내용증명우편이나 등기우편과는 달리, 보통우편의 방법으로 발송되었다는 사실만으로는 그 우편물이 상당기간 내에 도달하였다고 추정할 수 없다(대판 2009.12.10. 2007두20140).
④ (○) 문화재보호법 제13조 제2항은, 같은 조 제1항에 의한 중요문화재 가지정의 효력이 가지정문화재의 소유자·점유자 또는 관리자에게 통지한 날로부터 발생한다고 규정하고 있는바, 여기에서 말하는 통지는 행정처분을 상대방에게 표시하는 것으로서 상

대방이 인식할 수 있는 상태에 둠으로써 족하고, 객관적으로 보아서 행정처분으로 인식할 수 있도록 고지하면 되는 것이다(대판 2003.7.22. 2003두513).

08 정답 ④

④ (×) 허가는 위험의 방지를 목적으로 금지하였던 바를 해제하는 행위이다. 예외적 승인은 행위 그 자체가 사회적으로 유해하기 때문에 법령에 의하여 일반적으로 금지된 행위를 예외적으로 적법하게 행사할 수 있도록 한다.

09 정답 ①

① (×) 회사 분할 시 특별한 규정이 없는 한 신설회사에 대하여 분할하는 회사의 분할 전 하도급거래 공정화에 관한 법률(이하 '하도급법'이라 한다) 위반행위를 이유로 하도급법 제25조 제1항에 따른 시정조치를 명하는 것은 허용되지 않는다. 구체적인 이유는 아래와 같다. ① 대법원은 2007. 11. 29. 선고 2006두18928 판결에서 법률 규정이 없는 이상 분할하는 회사의 분할 전 독점규제 및 공정거래에 관한 법률(이하 '공정거래법'이라 한다) 위반행위를 이유로 신설회사에 대하여 과징금을 부과하는 것은 허용되지 않는다고 판시하였다. 공정거래법에 따른 과징금 부과처분과 하도급법 제25조 제1항에 따른 시정조치명령 모두 해당 법 규정을 위반한 사업자를 처분 상대방으로 하는 점, 회사분할 전에 공정거래법 위반이나 하도급법 위반이 있는 경우 시정조치의 제재사유는 이미 발생하였고 신설회사로서는 제재사유를 제거할 수 있는 지위에 있지 않는 점(예를 들어 분할하는 회사가 목적물 등의 수령일부터 60일 이내에 하도급대금을 지급하지 않았다면 그 사실만으로 하도급법상 시정조치의 제재사유가 발생하고, 이후 신설회사가 이를 지급하였다고 하여 위 제재사유가 소멸하지는 않는다. 신설회사가 하도급대금 지급채무를 승계하였음에도 그로부터 일정 기한 내에 이를 지급하지 아니하는 경우 이것이 별도의 위반사실이 될 여지가 있을 뿐이다), 공정거래위원회는 사업자에게 하도급법 위반 제재사유가 있는 경우 시정조치 또는 과징금을 선택적으로 부과할 수 있고, 과징금 부과처분의 성격이 공정거래법상의 그것과 다르지 않은바, 제재사유 승계에 관한 특별한 규정이 없음에도 법 위반사유에 대한 처분의 선택에 따라 제재사유의 승계 여부가 달라지는 결과를 초래하는 것은 형평에 맞지 않은 점 등에 비추어 볼 때, 공정거래법상 과징금 부과처분에 관한 위 법리는 아래에서 보는 바와 같이 제재사유의 승계에 관하여 법률 규정을 두고 있지 않은 하도급법상 시정조치명령의 경우에도 그대로 적용되어야 한다. ② 현행 공정거래법은 분할하는 회사의 분할 전 공정거래법 위반행위를 이유로 신설회사에 과징금 부과 또는 시정조치를 할 수 있도록 규정을 신설하였다. 현행 하도급법은 과징금 부과처분에 관하여는 신설회사에 제재사유를 승계시키는 공정거래법 규정을 준용하고 있으나 시정조치에 관하여는 이러한 규정을 두고 있지 않다. 이와 같이 공정거래법과 하도급법이 회사분할 전 법 위반행위에 관하여 신설회사에 과징금 부과 또는 시정조치의 제재사유를 승계시킬 수 있는 경우를 따로 규정하고 있는 이상, 그와 같은 규정을 두고 있지 아니하는 사안, 즉 회사분할 전 법 위반행위에 관하여 신설회사에 시정조치의 제재사유가 승계되는지가 쟁점이 되는 사안에서는 이를 소극적으로 보는 것이 자연스럽다(대판 2023.6.15. 2021두55159).

② (○) 구 식품위생법 제22조 제5항, 구 식품위생법 시행령 제13조 제1항 제7호, 제13조의2 제3의2호에 의하면, 신고대상인 일반음식점 영업을 하고자 하는 때와 해당 영업의 영업장 면적 등 중요한 사항을 변경하고자 하는 때에는 이를 구청장 등에게 신고하도록 규정하고, 같은 법 제77조 제1호에서는 위와 같은 신고 의무를 위반한 자를 3년 이하의 징역 또는 3천만 원 이하의 벌금에 처하도록 규정하며, 같은 법 제25조 제1항은 영업의 신고를 한 자가 그 영업을 양도한 때에는 양수인이 영업자의 지위를 승계하도록 규정하는바, 위 신고의무 조항 및 처벌조항의 취지는 신고대상인 영업을 신고 없이 하거나 해당 영업의 영업장 면적 등 중요한 사항을 변경하였음에도 그에 관한 신고 없이 영업을 계속하는 경우 이를 처벌함으로써 그 신고를 강제하고 궁극적으로는 미신고 영업을 금지하려는 데 있는 것으로 보이는 점도 고려하면, 영업장 면적이 변경되었음에도 그에 관한 신고의무가 이행되지 않은 영업을 양수한 자도 역시 그와 같은 신고의무를 이행하지 않은 채 영업을 계속한다면 처벌대상이 된다고 보아야 한다(대판 2010.7.15. 2010도4869).

③ (○) 연령미달의 결격자인 피고인이 소외인의 이름으로 운전면허시험에 응시, 합격하여 교부받은 운전면허는 당연무효가 아니고 도로교통법 제65조 제3호의 사유에 해당함에 불과하여 취소되지 않는 한 유효하므로 피고인의 운전행위는 무면허운전에 해당하지 아니한다(대판 1982.6.8. 80도2646).

④ (○) 민사소송에 있어서 어느 행정처분의 당연무효 여부가 선결문제로 되는 때에는 이를 판단하여 당연무효임을 전제로 판결할 수 있고 반드시 행정소송 등의 절차에 의하여 그 취소나 무효확인을 받아야 하는 것은 아니다(대판 1972.10.10. 71다2279).

10 정답 ②

① (○) 표준지공시지가는 이를 인근 토지의 소유자나 기타 이해관계인에게 개별적으로 고지하도록 되어 있는 것이 아니어서 인근 토지의 소유자 등이 표준지공시지가결정 내용을 알고 있었다고 전제하기가 곤란할 뿐만 아니라, 결정된 표준지공시지가가 공시될 당시 보상금 산정의 기준이 되는 표준지의 인근 토지를 함께 공시하는 것이 아니어서 인근 토지 소유자는 보상금 산정의 기준이 되는 표준지가 어느 토지인지를 알 수 없으므로, 인근 토지 소유자가 표준지의 공시지가가 확정되기 전에 이를 다투는 것은 불가능하다. 더욱이 장차 어떠한 수용재결 등 구체적인 불이익이 현실적으로 나타나게 되었을 경우에 비로소 권리구제의 길을 찾는 것이 우리 국민의 권리의식임을 감안하여 볼 때, 인근 토지소유자 등으로 하여금 결정된 표준지공시지가를 기초로 하여 장차 토지보상 등이 이루어질 것에 대비하여 항상 토지의 가격을 주시하고 표준지공시지가결정이 잘못된 경우 정해진 시정절차를 통하여 이를 시정하도록 요구하는 것은 부당하게 높은 주의의무를 지우는 것이고, 위법한 표준지공시지가결정에 대하여 그 정해진 시정절차를 통하여 시정하도록 요구하지 않았다는 이유로 위법한 표준지공시지가를 기초로 한 수용재결 등 후행 행정처분에서 표준지공시

지가결정의 위법을 주장할 수 없도록 하는 것은 수인한도를 넘는 불이익을 강요하는 것으로서 국민의 재산권과 재판받을 권리를 보장한 헌법의 이념에도 부합하는 것이 아니다. 따라서 표준지공시지가결정이 위법한 경우에는 그 자체를 행정소송의 대상이 되는 행정처분으로 보아 그 위법 여부를 다툴 수 있음은 물론, 수용보상금의 증액을 구하는 소송에서도 선행처분으로서 그 수용대상 토지 가격 산정의 기초가 된 비교표준지공시지가결정의 위법을 독립한 사유로 주장할 수 있다(대판 2008.8.21. 2007두13845).

② (×) 적법한 건축물에 대한 철거명령은 그 하자가 중대하고 명백하여 당연무효라고 할 것이고, 그 후행행위인 건축물철거 대집행계고처분 역시 당연무효라고 할 것이다(대판 1999.4.27. 97누6780). 선행처분과 후행처분이 서로 독립하여 별개의 법률효과를 목적으로 하는 때에는 선행처분의 하자가 중대하고 명백하여 당연무효인 경우를 제외하고는 선행처분의 하자를 이유로 후행처분의 효력을 다툴 수 없다(대판 1996. 3. 22. 95누10075).

③ (○) 대집행의 계고·대집행영장에 의한 통지·대집행의·실행·대집행에 요한 비용의 납부명령 등은, (중략) 단계적인 일련의 절차로 연속하여 행하여지는 것으로서, 서로 결합하여 하나의 법률효과를 발생시키는 것이므로, 선행처분인 계고처분이 하자가 있는 위법한 처분이라면, 비록 하자가 중대하고도 명백한 것이 아니어서 당연무효의 처분이라고 볼 수 없고 대집행의 실행이 이미 사실행위로서 완료되어 계고처분의 취소를 구할 법률상 이익이 없게 되었으며, 또 대집행비용납부명령 자체에는 아무런 하자가 없다 하더라도, 후행처분인 대집행비용납부명령의 취소를 청구하는 소송에서 청구원인으로 선행처분인 계고처분이 위법한 것이기 때문에 그 계고처분을 전제로 행하여진 대집행비용납부명령도 위법한 것이라는 주장을 할 수 있다(대판 1993.11.9. 93누14271).

④ (○) 주택 재건축조합이 구 도시 및 주거환경정비법 시행 전에 재건축결의가 이루어졌으나 위 법률 시행 후 재건축결의 시와 비교하여 용적률, 세대수, 신축아파트 규모 등이 대폭 변경된 내용의 사업시행계획을 정기총회에서 단순 다수결로 의결하고 관할 구청장으로부터 재건축정비사업 시행인가를 받은 후 다시 임시총회를 개최하여 조합원 3분의 2 이상의 찬성으로 사업시행계획을 의결한 사안에서, 위 법 시행 후 재건축결의 시와 비교하여 용적률 등이 대폭 변경된 경우 사업시행계획 수립에 적용될 조합 정관의 결의요건에 관한 규정이 유효한지에 관하여는 하급심의 해석이 엇갈리는 상황이었고 이에 관한 명시적인 대법원판결도 없었던 점 등에 비추어 정기총회에서 사업시행계획 수립에 조합원 3분의 2 이상의 동의를 얻지 못한 하자가 있다고 하더라도 그 하자가 객관적으로 명백하다고 보기 어려워 무효사유가 아니라 취소사유에 불과하고, 사업시행계획에 관한 취소사유인 하자는 관리처분계획에 승계되지 아니하여 그 하자를 들어 관리처분계획의 적법 여부를 다툴 수 없다는 이유로, 관리처분계획이 적법하다고 본 원심의 결론은 정당하다고 한 사례(대판 2012.8.23. 2010두13463)

11 정답 ③

① (○) 공법상 계약은 공익의 실현수단이라는 점에서 ① 계약상의 내용이 영조물규칙·공급규정 등의 형식으로 행정주체가 일방적으로 정형화된 내용을 사전에 마련하거나(부합계약성), ② 독점적 사업의 경우처럼 계약이 강제되는 경우(계약강제성)가 많다.

② (○) 행정은 법률에 위반되어서는 아니된다는 법률우위의 원칙은 모든 행정작용에 적용된다.

③ (×) 계약직공무원에 관한 현행 법령의 규정에 비추어 볼 때, 계약직공무원 채용계약해지의 의사표시는 일반공무원에 대한 징계처분과는 달라서 항고소송의 대상이 되는 처분 등의 성격을 가진 것으로 인정되지 아니하고, 일정한 사유가 있을 때에 국가 또는 지방자치단체가 채용계약 관계의 한쪽 당사자로서 대등한 지위에서 행하는 의사표시로 취급되는 것으로 이해되므로, 이를 징계해고 등에서와 같이 그 징계사유에 한하여 효력 유무를 판단하여야 하거나, 행정처분과 같이 행정절차법에 의하여 근거와 이유를 제시하여야 하는 것은 아니다(대판 2002.11.26. 2002두5948).

④ (○) 공법상 계약의 무효확인소송, 공법상 계약에 의한 의무의 확인에 관한 소송, 의무불이행시의 의무이행을 구하는 소송 등은 행정소송법 제3조 제2호의 공법상 당사자소송에 의한다.

12 정답 ③

① (○) 행정절차법 제20조(처분기준의 설정·공표) ① 행정청은 필요한 처분기준을 해당 처분의 성질에 비추어 되도록 구체적으로 정하여 공표하여야 한다. 처분기준을 변경하는 경우에도 또한 같다.

② (○) 행정절차법 제15조(송달의 효력 발생) ② 제14조 제3항에 따라 정보통신망을 이용하여 전자문서로 송달하는 경우에는 송달받을 자가 지정한 컴퓨터 등에 입력된 때에 도달된 것으로 본다.

③ (×) 행정절차법 제38조의2(온라인공청회)
① 행정청은 제38조에 따른 공청회와 병행하여서만 정보통신망을 이용한 공청회(이하 "온라인공청회"라 한다)를 실시할 수 있다.
② 제1항에도 불구하고 다음 각 호의 어느 하나에 해당하는 경우에는 온라인공청회를 단독으로 개최할 수 있다.
  1. 국민의 생명·신체·재산의 보호 등 국민의 안전 또는 권익보호 등의 이유로 제38조에 따른 공청회를 개최하기 어려운 경우
  2. 제38조에 따른 공청회가 행정청이 책임질 수 없는 사유로 개최되지 못하거나 개최는 되었으나 정상적으로 진행되지 못하고 무산된 횟수가 3회 이상인 경우
  3. 행정청이 널리 의견을 수렴하기 위하여 온라인공청회를 단독으로 개최할 필요가 있다고 인정하는 경우. 다만, 제22조 제2항 제1호 또는 제3호에 따라 공청회를 실시하는 경우는 제외한다.

④ (○) 행정절차법 제14조(송달)
④ 다음 각 호의 어느 하나에 해당하는 경우에는 송달받을 자가 알기 쉽도록 관보, 공보, 게시판, 일간신문 중 하나 이상에 공고하고 인터넷에도 공고하여야 한다.
  1. 송달받을 자의 주소등을 통상적인 방법으로 확인할 수 없는

경우
2. 송달이 불가능한 경우

13 정답 ①

① (×) 행정기본법 제5조(다른 법률과의 관계) ② 행정에 관한 다른 법률을 제정하거나 개정하는 경우에는 이 법의 목적과 원칙, 기준 및 취지에 부합되도록 노력하여야 한다.
② (○) 행정기본법 제12조(신뢰보호의 원칙) ② 행정청은 권한 행사의 기회가 있음에도 불구하고 장기간 권한을 행사하지 아니하여 국민이 그 권한이 행사되지 아니할 것으로 믿을 만한 정당한 사유가 있는 경우에는 그 권한을 행사해서는 아니 된다. 다만, 공익 또는 제3자의 이익을 현저히 해칠 우려가 있는 경우는 예외로 한다.
③ (○) 행정기본법 제33조(즉시강제) ① 즉시강제는 다른 수단으로는 행정목적을 달성할 수 없는 경우에만 허용되며, 이 경우에도 최소한으로만 실시하여야 한다.
④ (○) 행정기본법 제20조(자동적 처분) 행정청은 법률로 정하는 바에 따라 완전히 자동화된 시스템(인공지능 기술을 적용한 시스템을 포함한다)으로 처분을 할 수 있다. 다만, 처분에 재량이 있는 경우는 그러하지 아니하다.

14 정답 ②

① (○) 개인정보 보호법 51조(단체소송의 대상 등) 다음 각 호의 어느 하나에 해당하는 단체는 개인정보처리자가 제49조에 따른 집단분쟁조정을 거부하거나 집단분쟁조정의 결과를 수락하지 아니한 경우에는 법원에 권리침해 행위의 금지·중지를 구하는 소송(이하 "단체소송"이라 한다)을 제기할 수 있다.
  1. 「소비자기본법」 제29조에 따라 공정거래위원회에 등록한 소비자단체로서 다음 각 목의 요건을 모두 갖춘 단체
    가. 정관에 따라 상시적으로 정보주체의 권익증진을 주된 목적으로 하는 단체일 것
    나. 단체의 정회원수가 1천명 이상일 것
    다. 「소비자기본법」 제29조에 따른 등록 후 3년이 경과하였을 것
  2. 「비영리민간단체 지원법」 제2조에 따른 비영리민간단체로서 다음 각 목의 요건을 모두 갖춘 단체
    가. 법률상 또는 사실상 동일한 침해를 입은 100명 이상의 정보주체로부터 단체소송의 제기를 요청받을 것
    나. 정관에 개인정보 보호를 단체의 목적으로 명시한 후 최근 3년 이상 이를 위한 활동실적이 있을 것
    다. 단체의 상시 구성원수가 5천명 이상일 것
    라. 중앙행정기관에 등록되어 있을 것
② (×) 개인정보 보호법 제47조(분쟁의 조정) ③ 제2항에 따라 조정안을 제시받은 당사자가 제시받은 날부터 15일 이내에 수락 여부를 알리지 아니하면 조정을 수락한 것으로 본다.
③ (○) 개인정보 보호법 제48조(조정의 거부 및 중지) ② 분쟁조정위원회는 신청된 조정사건에 대한 처리절차를 진행하던 중에 한 쪽 당사자가 소를 제기하면 그 조정의 처리를 중지하고 이를 당사자에게 알려야 한다.

④ (○) 개인정보 보호법 제40조(설치 및 구성) ④ 위원장은 위원 중에서 공무원이 아닌 사람으로 보호위원회 위원장이 위촉한다.

15 정답 ④

① (○) 질서위반행위규제법 제42조(과태료 재판의 집행) ① 과태료 재판은 검사의 명령으로써 집행한다. 이 경우 그 명령은 집행력 있는 집행권원과 동일한 효력이 있다.
② (○) 질서위반행위규제법 제4조(법 적용의 장소적 범위) ② 이 법은 대한민국 영역 밖에서 질서위반행위를 한 대한민국의 국민에게 적용한다.
③ (○) 질서위반행위규제법 제3조(법 적용의 시간적 범위) ② 질서위반행위 후 법률이 변경되어 그 행위가 질서위반행위에 해당하지 아니하게 되거나 과태료가 변경되기 전의 법률보다 가볍게 된 때에는 법률에 특별한 규정이 없는 한 변경된 법률을 적용한다.
④ (×) 질서위반행위규제법 제12조(다수인의 질서위반행위 가담) ② 신분에 의하여 성립하는 질서위반행위에 신분이 없는 자가 가담한 때에는 신분이 없는 자에 대하여도 질서위반행위가 성립한다.

16 정답 ④

① (○) 행정기본법 제30조(행정상 강제) ① 행정청은 행정목적을 달성하기 위하여 필요한 경우에는 법률로 정하는 바에 따라 필요한 최소한의 범위에서 다음 각 호의 어느 하나에 해당하는 조치를 할 수 있다.
  1. 행정대집행: 의무자가 행정상 의무(법령등에서 직접 부과하거나 행정청이 법령등에 따라 부과한 의무를 말한다. 이하 이 절에서 같다)로서 타인이 대신하여 행할 수 있는 의무를 이행하지 아니하는 경우 법률로 정하는 다른 수단으로는 그 이행을 확보하기 곤란하고 그 불이행을 방치하면 공익을 크게 해칠 것으로 인정될 때에 행정청이 의무자가 하여야 할 행위를 스스로 하거나 제3자에게 하게 하고 그 비용을 의무자로부터 징수하는 것
② (○), ④ (×) 행정대집행법 제6조(비용징수)
  ① 대집행에 요한 비용은 국세징수법의 예에 의하여 징수할 수 있다.
  ② 대집행에 요한 비용에 대하여서는 행정청은 사무비의 소속에 따라 국세에 다음가는 순위의 선취득권을 가진다.
  ③ 대집행에 요한 비용을 징수하였을 때에는 그 징수금은 사무비의 소속에 따라 국고 또는 지방자치단체의 수입으로 한다.
③ (○) 행정대집행법상 대집행의 대상이 되는 대체적 작위의무는 공법상 의무이어야 할 것인데, 사법상계약의 실질을 가지는 것이므로, 그 협의취득시 건물소유자가 매매대상 건물에 대한 철거의무를 부담하겠다는 취지의 약정을 하였다고 하더라도 이러한 철거의무는 공법상의 의무가 될 수 없고, 이 경우에도 행정대집행법을 준용하여 대집행을 허용하는 별도의 규정이 없는 한 위와 같은 철거의무는 행정대집행법에 의한 대집행의 대상이 되지 않는다(대판 2006.10.13. 2006두7096).

17 정답 ①

① (×) 허가권자는 제79조 제1항에 따라 시정명령을 받은 후 시정기간 내에 시정명령을 이행하지 아니한 건축주등에 대하여는 그 시정명령의 이행에 필요한 상당한 이행기한을 정하여 그 기한까지 시정명령을 이행하지 아니하면 다음 각 호의 이행강제금을 부과한다(건축법 제80조 제1항). 허가권자는 제1항 및 제2항에 따른 이행강제금을 부과하기 전에 제1항 및 제2항에 따른 이행강제금을 부과·징수한다는 뜻을 미리 문서로써 계고하여야 한다(제3항).

② (○) 전통적으로 행정대집행은 대체적 작위의무에 대한 강제집행수단으로, 이행강제금은 부작위의무나 비대체적 작위의무에 대한 강제집행수단으로 이해되어 왔으나, 이는 이행강제금제도의 본질에서 오는 제약은 아니며, 이행강제금은 대체적 작위의무의 위반에 대하여도 부과될 수 있다. 현행 건축법상 위법건축물에 대한 이행강제수단으로 대집행과 이행강제금(제83조 제1항)이 인정되고 있는데, 양 제도는 각각의 장·단점이 있으므로 행정청은 개별사건에 있어서 위반내용, 위반자의 시정의지 등을 감안하여 대집행과 이행강제금을 선택적으로 활용할 수 있으며, 이처럼 그 합리적인 재량에 의해 선택하여 활용하는 이상 중첩적인 제재에 해당한다고 볼 수 없다(헌재 2004.02.26. 2001헌바80).

③ (○) 공무원이 위법건축물임을 알지 못하여 공사 도중에 시정명령이 내려지지 않아 위법건축물이 완공되었다 하더라도, 위법건축물 완공 후에도 시정명령을 할 수 있고, 그 불이행에 대하여 이행강제금을 부과할 수 있다(대결 2002.8.16. 2002마1022).

④ (○) 허가권자는 제79조 제1항에 따라 시정명령을 받은 자가 이를 이행하면 새로운 이행강제금의 부과를 즉시 중지하되, 이미 부과된 이행강제금은 징수하여야 한다(건축법 제80조 제6항).

18 정답 ②

① (×) 행정조사기본법 제8조(조사대상의 선정) ③ 행정기관의 장이 제2항에 따라 열람신청을 받은 때에는 다음 각 호의 어느 하나에 해당하는 경우를 제외하고 신청인이 조사대상 선정기준을 열람할 수 있도록 하여야 한다.
  1. 행정기관이 당해 행정조사업무를 수행할 수 없을 정도로 조사활동에 지장을 초래하는 경우
  2. 내부고발자 등 제3자에 대한 보호가 필요한 경우

② (○) 행정조사기본법 제2조(정의) 이 법에서 사용하는 용어의 정의는 다음과 같다.
  2. "행정기관"이란 법령 및 조례·규칙(이하 "법령등"이라 한다)에 따라 행정권한이 있는 기관과 그 권한을 위임 또는 위탁받은 법인·단체 또는 그 기관이나 개인을 말한다.

③ (×) 행정조사기본법 제12조(시료채취)
  ① 조사원이 조사목적의 달성을 위하여 시료채취를 하는 경우에는 그 시료의 소유자 및 관리자의 정상적인 경제활동을 방해하지 아니하는 범위 안에서 최소한도로 하여야 한다.
  ② 행정기관의 장은 제1항에 따른 시료채취로 조사대상자에게 손실을 입힌 때에는 대통령령으로 정하는 절차와 방법에 따라 그 손실을 보상하여야 한다.

④ (×) 행정조사기본법 제5조(행정조사의 근거) 행정기관은 법령 등에서 행정조사를 규정하고 있는 경우에 한하여 행정조사를 실시할 수 있다. 다만, 조사대상자의 자발적인 협조를 얻어 실시하는 행정조사의 경우에는 그러하지 아니하다.

19 정답 ③

① (○) 법령이 공공기관에 부과한 신제품 인증을 받은 제품(이하 '인증신제품'이라 한다) 구매의무는 기업에 신기술개발제품의 판로를 확보하여 줌으로써 산업기술개발을 촉진하기 위한 국가적 지원책의 하나로 국민경제의 지속적인 발전과 국민의 삶의 질 향상이라는 공공 일반의 이익을 도모하기 위한 것이고, 공공기관이 구매의무를 이행한 결과 신제품 인증을 받은 자가 재산상 이익을 얻게 되더라도 이는 반사적 이익에 불과할 뿐 위 법령이 보호하고자 하는 이익으로 보기는 어렵다. 따라서 공공기관이 위 법령에서 정한 인증신제품 구매의무를 위반하였다고 하더라도, 이를 이유로 신제품 인증을 받은 자에 대하여 국가배상법 제2조가 정한 배상책임이나 불법행위를 이유로 한 손해배상책임을 지는 것은 아니다(대판 2015.5.28. 2013다41431).

② (○) 공무원에게 부과된 직무상 의무의 내용이 단순히 공공 일반의 이익을 위한 것이거나 행정기관 내부의 질서를 규율하기 위한 것이 아니고 전적으로 또는 부수적으로 사회구성원 개인의 안전과 이익을 보호하기 위하여 설정된 것이라면, 공무원이 그와 같은 직무상 의무를 위반함으로 인하여 피해자가 입은 손해에 대하여는 상당인과관계가 인정되는 범위 내에서 국가가 배상책임을 지는 것이고, 이때 상당인과관계의 유무를 판단함에 있어서는 일반적인 결과 발생의 개연성은 물론 직무상 의무를 부과하는 법령 기타 행동규범의 목적, 그 수행하는 직무의 목적 내지 기능으로부터 예견가능한 행위 후의 사정, 가해행위의 태양 및 피해의 정도 등을 종합적으로 고려하여야 한다(대판 2007.12.27. 2005다62747).

③ (×) 후보자가 되고자 하는 자가 자신의 피선거권 유무를 정확하게 확인할 수 있게 하고, 정당이 후보자가 되고자 하는 자의 범죄경력을 파악함으로써 부적격자를 공천함으로 인하여 생길 수 있는 정당의 신뢰도 하락을 방지할 수 있게 하는 등 개별적인 이익도 보호하기 위한 것이다(대판 2011.9.8. 2011다34521).

④ (○) 어떠한 행정처분이 후에 항고소송에서 취소되었다고 할지라도 그 기판력에 의하여 당해 행정처분이 곧바로 공무원의 고의 또는 과실로 인한 것으로서 불법행위를 구성한다고 단정할 수는 없는 것이고, 그 행정처분의 담당공무원이 보통 일반의 공무원을 표준으로 하여 볼 때 객관적 주의의무를 결하여 그 행정처분이 객관적 정당성을 상실하였다고 인정될 정도에 이른 경우에 국가배상법 제2조가 정한 국가배상책임의 요건을 충족하였다고 봄이 상당할 것이며, 이때에 객관적 정당성을 상실하였는지 여부는 피침해 이익의 종류 및 성질, 침해행위가 되는 행정처분의 태양 및 그 원인, 행정처분의 발동에 대한 피해자 측의 관여의 유무, 정도 및 손해의 정도 등 제반 사정을 종합하여 손해의 전보책임을 국가 또는 지방자치단체에 부담시켜야 할 실질적인 이유가 있는지 여부에 의하여 판단하여야 한다(대판 2012.5.24. 2012다11297).

20 정답 ①

① (○) 농지개량조합과 그 직원과의 관계는 사법상의 근로계약관계가 아닌 공법상의 특별권력관계이고, 그 조합의 직원에 대한 징계처분의 취소를 구하는 소송은 행정소송사항에 속한다(대판 1995.6.9. 94누10870).
② (×) 국유재산의 사용·수익허가에 대한 관리청의 사용료 부과는 항고소송의 대상이 되는 행정처분이라 할 것이다(대판 1996.2.13. 95누11023).
③ (×) 이 사건 지침에는 공공기관의 지방이전을 위한 정부 등의 조치와 공공기관이 이전할 혁신도시 입지선정을 위한 사항 등을 규정하고 있을 뿐 혁신도시입지 후보지에 관련된 지역 주민 등의 권리의무에 직접 영향을 미치는 규정을 두고 있지 않으므로, 피고가 원주시를 혁신도시 최종입지로 선정한 행위는 항고소송의 대상이 되는 행정처분으로 볼 수 없다(대판 2007.11.15. 2007두10198).
④ (×) 이는 국가 기타 행정기관으로부터 위탁받은 행정권한의 행사가 아니라 일반 사법상의 법률관계에서 이루어지는 단체 내부에서의 징계 내지 제재처분이다(대판 2008.1.31. 2005두8269).

21 정답 ④

① (○) 당사자의 신청이 있은 이후 당사자에게 생긴 사정의 변화로 인하여 위 부작위가 위법하다는 확인을 받는다고 하더라도 종국적으로 침해되거나 방해받은 권리와 이익을 보호·구제받는 것이 불가능하게 되었다면 그 부작위가 위법하다는 확인을 구할 이익은 없다. - 지방자치단체가 조례를 통하여 노동운동이 허용되는 사실상의 노무에 종사하는 공무원의 구체적 범위를 규정하지 않고 있는 것에 대하여 버스전용차로 통행위반 단속업무에 종사하는 자가 부작위위법확인의 소를 제기하였으나 상고심 계속중에 정년퇴직한 경우, 위 조례를 제정하지 아니한 부작위가 위법하다는 확인을 구할 소의 이익이 상실되었다고 한 사례(대판 2002.6.28. 2000두4750).
② (○) 소송은 처분의 신청을 한 자로서 부작위가 위법하다는 확인을 구할 법률상의 이익이 있는 자만이 제기 할 수 있는 것이므로, 당사자가 행정청에 대하여 어떠한 행정처분을 하여 줄 것을 요청할 수 있는 법규상 또는 조리상의 권리를 갖고 있지 아니하거나 부작위의 위법확인을 구할 법률상의 이익이 없는 경우에는 항고소송의 대상이 되는 위법한 부작위가 있다고 볼 수 없거나 원고적격이 없어 그 부작위위법확인의 소는 부적법하다(대판 2000.2.25. 99두11455).
③ (○) 개별법이 필요적 행정심판전치주의를 규정할 경우 부작위위법확인소송을 제기하려면 의무이행심판을 거쳐야 한다.
④ (×) 부작위위법확인의 소는 부작위상태가 계속되는 한 그 위법의 확인을 구할 이익이 있다고 보아야 하므로 원칙적으로 제소기간의 제한을 받지 않는다. 그러나 「행정소송법」 제38조 제2항이 제소기간을 규정한 같은 법 제20조를 부작위위법확인소송에 준용하고 있는 점에 비추어 보면, 행정심판 등 전심절차를 거친 경우에는 「행정소송법」 제20조가 정한 제소기간 내에 부작위위법확인의 소를 제기하여야 한다(대판 2009.7.23. 2008두10560).

22 정답 ④

① (○) 공익근무요원 소집해제신청을 거부한 후에 원고가 계속하여 공익근무요원으로 복무함에 따라 복무기간 만료를 이유로 소집해제처분을 한 경우, 원고가 입게 되는 권리와 이익의 침해는 소집해제처분으로 해소되었으므로 위 거부처분의 취소를 구할 소의 이익이 없다(대판 2005.5.13. 2004두4369).
② (○) 행정소송은 행정청의 위법한 처분 등을 취소·변경하거나 그 효력 유무 또는 존재 여부를 확인함으로써 국민의 권리 또는 이익의 침해를 구제하고 공법상의 권리관계 또는 법 적용에 관한 다툼을 적정하게 해결함을 목적으로 하므로, 대등한 주체 사이의 사법상 생활관계에 관한 분쟁을 심판대상으로 하는 민사소송과는 목적, 취지 및 기능 등을 달리한다. 또한 「행정소송법」 제4조에서는 무효확인소송을 항고소송의 일종으로 규정하고 있고, 「행정소송법」 제38조 제1항에서는 처분 등을 취소하는 확정판결의 기속력 및 행정청의 재처분 의무에 관한 「행정소송법」 제30조를 무효확인소송에도 준용하고 있으므로 무효확인판결 자체만으로도 실효성을 확보할 수 있다. 그리고 무효확인소송의 보충성을 규정하고 있는 외국의 일부 입법례와는 달리 우리나라 「행정소송법」에는 명문의 규정이 없어 이로 인한 명시적 제한이 존재하지 않는다. 이와 같은 사정을 비롯하여 행정에 대한 사법통제, 권익구제의 확대와 같은 행정소송의 기능 등을 종합하여 보면, 행정처분의 근거 법률에 의하여 보호되는 직접적이고 구체적인 이익이 있는 경우에는 「행정소송법」 제35조에 규정된 '무효확인을 구할 법률상 이익'이 있다고 보아야 하고, 이와 별도로 무효확인소송의 보충성이 요구되는 것은 아니므로 행정처분의 무효를 전제로 한 이행소송 등과 같은 직접적인 구제수단이 있는지 여부를 따질 필요가 없다(대판 2008.3.20. 2007두6342).
③ (○) 절차상 또는 형식상 하자로 무효인 행정처분에 대하여 행정청이 적법한 절차 또는 형식을 갖추어 다시 동일한 행정처분을 하였다면, 종전의 무효인 행정처분에 대한 무효확인 청구는 과거의 법률관계의 효력을 다투는 것에 불과하므로 무효확인을 구할 법률상 이익이 없다(대판 2010.4.29. 2009두16879).
④ (×) 규칙이 정한 바에 따라 선행처분을 가중사유 또는 전제요건으로 하는 후행처분을 받을 우려가 현실적으로 존재하는 경우에는, 선행처분을 받은 상대방은 비록 그 처분에서 정한 제재기간이 경과하였다 하더라도 그 처분의 취소소송을 통하여 그러한 불이익을 제거할 권리보호의 필요성이 충분히 인정된다고 할 것이므로, 선행처분의 취소를 구할 법률상 이익이 있다고 보아야 한다(대판 2006.6.22. 2003두1684).

23 정답 ③

① (○) 행정소송규칙 제14조(사정판결) 법원이 법 제28조 제1항에 따른 판결을 할 때 그 처분등을 취소하는 것이 현저히 공공복리에 적합하지 아니한지 여부는 사실심 변론을 종결할 때를 기준으로 판단한다.
② (○) 당연무효의 행정처분을 소송목적물로 하는 행정소송에서는 존치시킬 효력이 있는 행정행위가 없기 때문에 행정소송법 제28조 소정의 사정판결을 할 수 없다고 할 것이다(대판 1996.3.22.

95누5509).
③ (×) 원고의 청구가 이유 있다고 인정하는 경우에도 처분등을 취소하는 것이 현저히 공공복리에 적합하지 아니하다고 인정하는 때에는 법원은 원고의 청구를 기각할 수 있는데(행정소송법 제28조 제1항 본문), 이를 사정판결이라 한다.
④ (○) 행정소송법 제28조 제3항

24   정답 ③

① (○) 지방자치단체는 법령의 범위에서 그 사무에 관하여 조례를 제정할 수 있는바(지방자치법 제28조), 여기서 "지방자치단체의 사무"라 함은 지방자치단체의 관할구역의 자치사무(고유사무)와 법령에 의하여 자치단체에 속하는 사무(단체위임사무)를 의미한다. 따라서 본래 국가사무를 지방자치단체의 장이 국가의 일선행정관청으로서 처리하는 기관위임사무에 관한 사항은 법률의 위임이 없는 한 조례로써 규율할 수 없다.
② (○) 행정권한의 위임 및 위탁에 관한 규정 제4조(재위임) 특별시장·광역시장·특별자치시장·도지사 또는 특별자치도지사(특별시·광역시·특별자치시·도 또는 특별자치도의 교육감을 포함한다. 이하 같다)나 시장·군수 또는 구청장(자치구의 구청장을 말한다. 이하 같다)은 행정의 능률향상과 주민의 편의를 위하여 필요하다고 인정될 때에는 수임사무의 일부를 그 위임기관의 장의 승인을 받아 규칙으로 정하는 바에 따라 시장·군수·구청장(교육장을 포함한다) 또는 읍·면·동장, 그 밖의 소속기관의 장에게 다시 위임할 수 있다.
③ (×) 지방자치법 제158조(경비의 지출) 지방자치단체는 자치사무 수행에 필요한 경비와 위임된 사무에 필요한 경비를 지출할 의무를 진다. 다만, 국가사무나 지방자치단체사무를 위임할 때에는 사무를 위임한 국가나 지방자치단체에서 그 경비를 부담하여야 한다.
④ (○) 행정권한의 위임 및 위탁에 관한 규정 제6조(지휘·감독) 위임 및 위탁기관은 수임 및 수탁기관의 수임 및 수탁사무 처리에 대하여 지휘·감독하고, 그 처리가 위법하거나 부당하다고 인정될 때에는 이를 취소하거나 정지시킬 수 있다.

25   정답 ④

① (○) 지방자치법이 주민에게 주민투표권(제13조의2), 조례의 제정 및 개폐청구권(제13조의3), 감사청구권(제13조의4) 등을 부여함으로써 주민이 지방자치사무에 직접 참여할 수 있는 길을 일부 열어 놓고 있지만 이러한 제도는 어디까지나 입법에 의하여 채택된 것일 뿐 헌법에 의하여 보장되고 있는 것은 아니므로 주민투표권은 법률이 보장하는 권리일 뿐 헌법이 보장하는 기본권 또는 헌법상 제도적으로 보장되는 주관적 공권으로 볼 수 없다(헌재 2005.12.22. 2004헌마530).
② (○) 이 사건 조례안(註: 서울특별시 중구 사무의 민간위탁에 관한 조례안)이 지방자치단체 사무의 민간위탁에 관하여 지방의회의 사전 동의를 받도록 한 것은 지방자치단체장의 민간위탁에 대한 일방적인 독주를 제어하여 민간위탁의 남용을 방지하고 그 효율성과 공정성을 담보하기 위한 장치에 불과하고, 민간위탁의 권한을 지방자치단체장으로부터 박탈하려는 것이 아니므로, 지방자치단체장의 집행권한을 본질적으로 침해하는 것으로 볼 수 없다. 또한 지방자치단체장이 동일 수탁자에게 위탁사무를 재위탁하거나 기간연장 등 기존 위탁계약의 중요한 사항을 변경하고자 할 때 지방의회의 동의를 받도록 한 목적은 민간위탁에 관한 지방의회의 적절한 견제기능이 최초의 민간위탁 시뿐만 아니라 그 이후에도 지속적으로 이루어질 수 있도록 하는 데 있으므로, 이에 관한 이 사건 조례안 역시 지방자치단체장의 집행권한을 본질적으로 침해하는 것으로 볼 수 없다(대판 2011.2.10. 2010추11).
③ (○) 지방자치법 제19조(조례의 제정과 개정·폐지 청구) ① 주민은 지방자치단체의 조례를 제정하거나 개정하거나 폐지할 것을 청구할 수 있다.
④ (×) 지방자치법 제25조(주민소환) ① 주민은 그 지방자치단체의 장 및 지방의회의원(비례대표 지방의회의원은 제외한다)을 소환할 권리를 가진다.

소방법령 IV [소방위] (25문항)

01 정답 ④

④ (×) 교대제 근무의 범위 및 방법, 그 밖에 교대제 근무에 필요한 사항은 소방청장이 정한다(소방공무원 복무규정 제6조 제3항).

02 정답 ③

① (×) 소방사 채용시험의 출제수준은 소방업무수행에 필요한 기본적인 능력·지식을 검정할 수 있는 정도로 한다(제45조).
② (×) 공고내용을 변경하고자 할 때에는 시험실시 7일전까지 그 변경 내용을 공고하여야 한다(소방공무원임용령 제35조 제2항).
④ (×) 선발예정인원의 3배수 범위이다(제46조 제1항).

03 정답 ④

④ (×) 소방경 이하 계급으로의 승진임용예정 인원수를 정하는 경우에는 해당 계급으로의 승진임용예정 인원수의 30퍼센트 이내에서 특별승진임용예정 인원수를 따로 정할 수 있다. 다만, 제38조 제1항 제1호·제4호·제5호 및 같은 조 제2항에 따른 특별승진의 경우에는 그 비율을 초과하여 정할 수 있다(소방공무원 승진임용 규정 제4조 제4항).

04 정답 ①

소방청 및 시·도에 설치된 징계위원회의 경우에는 다음 각 목에 해당하는 사람
가. 법관·검사 또는 변호사로 10년 이상 근무한 사람
나. 「고등교육법」 제2조에 따른 학교(이하 "대학")에서 법률학·행정학 또는 소방 관련 학문을 담당하는 부교수 이상으로 재직 중인 사람
다. 소방공무원으로 소방정 또는 법률 제16768호 소방공무원법 전부개정법률 제3조의 개정규정에 따라 폐지되기 전의 지방소방정 이상의 직위에서 근무하고 퇴직한 사람으로서 퇴직일부터 3년이 경과한 사람
라. 민간부문에서 인사·감사 업무를 담당하는 임원급 또는 이에 상응하는 직위에 근무한 경력이 있는 사람

05 정답 ①

유형	전보 제한
• 퇴직소방공무원의 재임용 • 5급 공채시험 합격자 또는 사법시험 합격자 등	최초로 그 직위에 임용된 날부터 2년 이내(휴직·직위해제 및 정직 기간은 포함하지 아니함)에 다른 직위 또는 임용권자를 달리하는 기관에 전보할 수 없다. 〈예외〉 • 직제상의 최저단위 보조기관내에서의 전보의 경우 • 기구의 개편, 직제 또는 정원의 변경으로 인한 전보의 경우 • 당해 소방공무원의 승진 또는 강임의 경우 • 징계처분을 받은 경우 • 형사사건에 관련되어 수사기관에서 조사를 받고 있는 경우
• 임용예정 직무에 관련된 자격증 소지자의 임용 • 임용예정직에 상응하는 근무실적 또는 연구실적이 있거나 소방에 관한 전문기술교육을 받은 사람의 임용 • 외국어에 능통한 사람의 임용 • 경찰공무원을 그 계급에 상응하는 소방공무원으로 임용	최초로 그 직위에 임용된 날부터 5년 이내에 다른 직위 또는 임용권자를 달리하는 기관에 전보할 수 없다. 〈예외〉 • 직제상의 최저단위 보조기관내에서의 전보의 경우 • 기구의 개편, 직제 또는 정원의 변경으로 인한 전보의 경우 • 당해 소방공무원의 승진 또는 강임의 경우 • 징계처분을 받은 경우 • 형사사건에 관련되어 수사기관에서 조사를 받고 있는 경우

06 정답 ③

20년 이상 근속하고 정년퇴직일 전 1년 이상의 기간 중 자진하여 퇴직하는 사람으로서 재직 중 특별한 공적이 있다고 인정되는 사람 ☞ 제5조(승진소요최저근무연수)를 적용하지 아니하되, 제6조(신임교육과정을 졸업하지 못한 사람, 관리역량교육과정을 수료하지 못한 사람, 소방정책관리자교육과정을 수료하지 못한 사람은 제외)에 따라 승진임용이 제한되지 않는 사람이어야 함(제41조 제3항).
그리고 이 경우 해당 소방공무원이 재직기간 중 중징계 처분 또는 다음 각 호의 어느 하나에 해당하는 사유로 경징계 처분을 받은 사실이 없어야 한다(소방공무원 승진임용 규정 제41조의2 제1항).
1. 「국가공무원법」 제78조의2 제1항 각 호의 징계 사유(註: 금전, 물품, 부동산, 향응 또는 그 밖에 대통령령으로 정하는 재산상 이익을 취득하거나 제공한 경우+공금에 대한 횡령, 배임, 절도, 사기 또는 유용)
2. 「성폭력범죄의 처벌 등에 관한 특례법」 제2조에 따른 성폭력범죄
3. 「성매매알선 등 행위의 처벌에 관한 법률」 제2조 제1항 제1호에 따른 성매매
4. 「양성평등기본법」 제3조 제2호에 따른 성희롱
5. 「도로교통법」 제44조 제1항에 따른 음주운전 또는 같은 조 제2항에 따른 음주측정에 대한 불응

07 정답 ④

④ (×) 위원회는 회의 결과에 따라 별지 제1호 서식의 임용심사위원회 의결서를 작성하여 회의일부터 10일 이내에 임용권자 또는 임용제청권자에게 제출해야 한다(소방공무원임용령 시행규칙 제2조의2 제5항). 임용권자 또는 임용제청권자는 채용후보자에 대한 자격상실을 결정하거나 시보임용소방공무원에 대한 면직 또는 면직 제청을 결정한 경우에는 제5항에 따른 의결서의 사본을 첨부하여 해당 채용후보자 또는 시보임용소방공무원에게 통보해야 한다(제6항).

08 정답 ②

② (○) 소방공무원임용령 시행규칙 제19조의2

09 정답 ④

④ (×) 경비의 '전부'가 아니라 2분의1이다(소방공무원 교육훈련 규정 제12조, [별표2]).

10 정답 ③

파견사유	파견기간
1. 다른 국가기관 또는 지방자치단체나 그 외의 기관·단체에서 국가적 사업을 수행하기 위하여 특히 필요한 경우	2년 이내 (필요한 경우 총 파견기간 5년의 범위에서 연장 가능) ※ 1~3호 중 "직제상 파견"의 경우 파견기간 2년을 초과할 수 있고, 총 파견기간은 5년을 초과하여 연장할 수 있음
2. 다른 기관의 업무폭주로 인한 행정지원의 경우	
3. 관련 기관 간의 긴밀한 협조가 필요한 특수업무를 공동수행하기 위하여 필요한 경우	
7. 국내의 연구기관, 민간기관 및 단체에서의 업무수행·능력개발이나 국가정책 수립과 관련된 자료수집 등을 위하여 필요한 경우	
5. 「공무원 인재개발법」에 따른 공무원교육훈련기관의 교수요원으로 선발되거나 그 밖에 교육훈련 관련 업무수행을 위하여 필요한 경우	1년 이내 (필요한 경우 총 파견기간 2년의 범위에서 연장 가능)
4. 「공무원 인재개발법」 또는 법 제20조 제3항(이 영 제3조 제1항 및 같은 조 제5항 제1호·제3호에 따라 시·도지사가 임용권을 행사하는 소방공무원에 한정한다)에 따른 교육훈련을 위하여 필요한 경우	교육훈련을 위하여 필요한 기간
6. 국제기구, 외국의 정부 또는 연구기관에서의 업무수행 및 능력개발을 위하여 필요한 경우	업무수행 및 능력개발을 위하여 필요한 기간

11 정답 ②

① (×) 인사기록을 「공무원 인사기록·통계 및 인사사무 처리 규정」 제37조의3에 따른 표준인사관리시스템(이하 "표준인사관리시스템")으로 작성·유지·관리할 수 있다. 다만, 제11조 제1호의 소방공무원 인사기록카드는 표준인사관리시스템으로 작성·유지·관리해야 한다(소방공무원임용령 시행규칙 제10조의1 제1항).

② (○) 소방청장, 특별시장·광역시장·특별자치시장·도지사·특별자치도지사, 중앙소방학교장, 중앙119구조본부장, 국립소방연구원장, 지방소방학교장, 서울종합방재센터장, 소방서장, 119특수대응단장 및 소방체험관장(이하 "인사기록관리자"라 한다)은 소속 소방공무원에 대한 인사기록을 작성·유지·관리해야 한다(소방공무원임용령 시행규칙 제10조 제1항).

③ (×) 소방공무원은 성명·주소 기타 인사기록의 기록내용을 변경하여야 할 정당한 사유가 있는 때에는 그 사유가 발생한 날부터 30일 이내에 소속 인사기록관리자에게 신고해야 한다(소방공무원임용령 시행규칙 제14조 제2항).

④ (×) 소방공무원의 승진·전출 등으로 인사기록관리자가 변경된 경우 변경 전 인사기록관리자는 변경 후 인사기록관리자에게 지체 없이 해당 소방공무원의 인사기록카드(표준인사관리시스템을 통해 송부한다)와 최근 3년간(소방위 이하의 소방공무원인 경우에는 최근 2년간)의 근무성적평정표 및 경력·교육훈련성적·가점 평정표 사본(전자문서를 포함한다)을 송부해야 한다(소방공무원임용령 시행규칙 제13조 제3항).

12 정답 ②

② (×) 채용후보자명부의 유효기간은 2년으로 하되, 임용권자는 필요에 따라 1년의 범위에서 그 기간을 연장할 수 있다(소방공무원임용령 제18조 제1항).

13 정답 ②

제5류 위험물 및 지정수량

성질	위험등급	품명	지정수량
자기반응성 물질	제1종: Ⅰ 제2종: Ⅱ	1. 유기과산화물, 2. 질산에스터류 3. 나이트로화합물 4. 나이트로소화합물, 5. 아조화합물 6. 다이아조화합물, 7. 하이드라진유도체 8. 하이드록실아민, 9. 하이드록실아민염류 10. **그 밖의 행정안전부령이 정하는 것 : 금속의 아지화합물, 질산구아니딘** 11. 제1호 내지 제10호의1에 해당하는 어느 하나 이상을 함유한 것	1종 : 10kg 2종 : 100kg

14 정답 ③

예방규정의 이행 실태 평가(시행규칙 제63조의2)

① 평가의 구분
예방규정의 이행 실태 평가는 다음 각 호의 구분에 따라 실시한다.

구분	평가실시
최초평가	예방규정을 최초로 제출한 날부터 3년이 되는 날이 속하는 연도에 실시
정기평가	최초평가 또는 직전 정기평가를 실시한 날을 기준으로 4년마다 실시. 다만, 수시평가를 실시한 경우에는 수시평가를 실시한 날을 기준으로 4년마다 실시한다.
수시평가	위험물의 누출·화재·폭발 등의 사고가 발생한 경우 소방청장이 제조소등의 관계인 또는 종업원의 예방규정 준수 여부를 평가할 필요가 있다고 인정하는 경우에 실시

② 서면점검 및 현장검사
소방청장은 평가를 실시하는 경우 제조소등의 위험성 등을 고려하여 **서면점검 또는 현장검사의 방법**으로 실시할 수 있다. 이 경우 현장검사는 소방청장이 정하여 고시하는 고위험군의 제조소등에 대하여만 실시한다.

③ 평가실시일 등 통보
소방청장은 평가를 실시하는 경우 평가실시일 **30일 전**까지(수시평가의 경우에는 7일 전까지를 말한다) 제조소등의 관계인에게 평가실시일, 평가항목 및 세부 평가일정에 관한 사항을 통보해야 한다.

④ 평가항목 또는 평가면제
평가는 예방규정에 포함되어야 할 사항의 세부항목에 대하여 실시한다. 다만, 평가실시일부터 **직전 1년 동안**「산업안전보건법」제46조제4항에 따른 공정안전보고서의 이행 상태 평가 또는「화학물질관리법」제23조의2제2항에 따른 화학사고예방관리계획서의 이행 여부 점검을 받은 경우로서 해당 평가 또는 점검 항목과 중복되는 항목이 있는 경우에는 해당 항목에 대한 평가를 면제할 수 있다.

⑤ 예방규정의 이행 실태 평가의 통보
소방청장은 예방규정의 이행 실태 평가를 완료한 때에는 그 결과를 해당 제조소등의 관계인에게 통보해야 한다. 이 경우 소방청장은 제조소등의 관계인에게 화재예방과 화재 등 재해발생시 비상조치의 효율적 수행을 위하여 필요한 조치 등의 이행을 권고할 수 있다.

15 정답 ④

위험물 안전관리에 관한 협회

법조문	규정내용
위험물 안전관리에 관한 협회 (법 제29조의2)	① 제조소등의 관계인, 위험물운송자, 탱크시험자 및 안전관리자의 업무를 위탁받아 수행할 수 있는 안전관리대행기관으로 소방청장의 지정을 받은 자는 위험물의 안전관리, 사고 예방을 위한 안전기술 개발, 그 밖에 위험물 안전관리의 건전한 발전을 도모하기 위하여 위험물 안전관리에 관한 협회(이하 "협회"라 한다)를 설립할 수 있다. ② 협회는 법인으로 한다. ③ **협회는 소방청장의 인가를 받아 주된 사무소의 소재지에 설립등기를 함으로써 성립한다.** ④ 협회의 설립인가 절차 및 정관의 기재사항 등에 관하여 필요한 사항은 대통령령으로 정한다. ⑤ 협회의 업무는 정관으로 정한다. ⑥ 협회에 관하여 이 법에서 규정한 것 외에는「민법」중 **사단법인**에 관한 규정을 준용한다.
위험물 안전관리에 관한 협회의 설립인가 절차 등 (영 제20조의2)	① 위험물 안전관리에 관한 협회(이하 "협회"라 한다)를 설립하려면 다음 각 호의 자 **10명 이상**이 발기인이 되어 정관을 작성한 후 창립총회의 의결을 거쳐 소방청장에게 **인가**를 신청해야 한다. 1. 제조소등의 관계인 2. 위험물운송자 3. 탱크시험자 4. 안전관리자의 업무를 위탁받아 수행할 수 있는 안전관리대행기관으로 소방청장의 지정을 받은 자 ② 소방청장은 인가를 하였을 때에는 그 사실을 공고해야 한다.
정관의 기재사항 (영 제20조의3)	협회의 정관에는 다음 각 호의 사항이 포함되어야 한다. 1. 목적 2. 명칭 3. 주된 사무소의 소재지 4. 업무 및 자산·회계에 관한 사항 5. **회원의 가입·탈퇴 및 회비에 관한 사항** 6. 임원의 정원·임기 및 선출 방법 7. 기구와 조직에 관한 사항 8. 총회와 이사회에 관한 사항 9. 정관의 변경에 관한 사항 10. 해산에 관한 사항

16 정답 ①

방유제는 높이 0.5m 이상 3m 이하, 두께 0.2m 이상, 지하매설깊이 1m 이상으로 할 것.
빨간키 68페이 학습정리 참고

17 정답 ④

이동저장탱크는 그 내부에 **4,000ℓ 이하**마다 **3.2㎜ 이상**의 강철판 또는 이와 동등 이상의 강도·내열성 및 내식성이 있는 금속성의 것으로 칸막이를 설치하여야 한다. 다만, 고체인 위험물을 저장하거나 고체인 위험물을 가열하여 액체 상태로 저장하는 경우에는 그러하지 아니하다.

18 정답 ①

제조소등의 완공검사 신청시기(시행규칙 제20조)
- 지하탱크가 있는 제조소등의 경우 : 해당 지하탱크를 매설하기 전
- 이동탱크저장소의 경우 : 이동저장탱크를 완공하고 상치 장소를 확보한 후
- 이송취급소의 경우 : 이송배관 공사의 전체 또는 일부를 완료한 후. 다만, 지하·하천 등에 매설하는 이송배관의 공사의 경우에는 이송배관을 매설하기 전
- 전체 공사가 완료된 후에는 완공검사를 실시하기 곤란한 경우 : 다음 각목에서 정하는 시기
  - 위험물설비 또는 배관의 설치가 완료되어 기밀시험 또는 내압시험을 실시하는 시기
  - 배관을 지하에 설치하는 경우에는 시·도지사, 소방서장 또는 기술원이 지정하는 부분을 매몰하기 직전
  - 기술원이 지정하는 부분의 비파괴시험을 실시하는 시기
- 위의 각 목에 해당하지 아니하는 제조소등의 경우 : 제조소등의 공사를 완료한 후

19 정답 ④

탱크안전성능검사의 신청시기
- 기초·지반검사 : 위험물탱크의 기초 및 지반에 관한 공사의 개시 전
- 충수·수압검사 : 위험물을 저장 또는 취급하는 탱크에 배관 그 밖의 부속설비를 부착 전
- 용접부검사 : 탱크 본체에 관한 공사의 개시 전
- 암반탱크검사 : 암반탱크의 본체에 관한 공사의 개시 전

20 정답 ③

소화설비 별 학습정리

구분	옥내소화전	옥외소화전	S/P설비	물분무
방수량	260L/분	450L/분	80L/분	20L/㎡/분
방수시간	30분	30분	30분	30분
최대 방수량	7.8㎥	13.5㎥	2.4㎥	-
최대설치개수	5개	4개	30개	가장 많은 개수
수원량	39㎥ (7.8㎥ × 설치개수)	54㎥ (13.5㎥ × 설치개수)	72㎥ (30㎥ × 헤드 설치개수)	-
방수압력	350kPa	350kPa	100kPa	350kPa
수평거리	25m	40m	1.7m	
비상전원	45분	45분	45분	45분

21 정답 ③

위험물 제조소등 채광·조명·환기 및 배출설비의 설치 기준

(1) 채광·조명 및 환기설비

구 분	설비기준
채광설비	• 불연재료로 할 것 • 연소의 우려가 없는 장소에 설치하되 채광면적을 최소로 할 것
조명설비	• 가연성가스 등이 체류할 우려가 있는 장소 : 방폭 등 • 전선재질 : 내화·내열전선 • 점멸스위치는 출입구 바깥 부분에 설치할 것(다만, 스위치의 스파크로 인한 화재·폭발의 우려가 없을 경우에는 그렇지 않다)
환기설비	• 환기는 자연배기방식으로 할 것 • 급기구는 해당 급기구가 설치된 실의 바닥면적 150㎡마다 1개 이상으로 하되, 급기구의 크기는 800㎠ 이상으로 할 것(다만 바닥면적 150㎡ 미만인 경우에는 다음의 크기로 할 것) | 바닥면적	급기구의 면적
60㎡ 미만	150㎠ 이상
60㎡ 이상 90㎡ 미만	300㎠ 이상
90㎡ 이상 120㎡ 미만	450㎠ 이상
120㎡ 이상 150㎡ 미만	600㎠ 이상 | • 급기구는 낮은 곳에 설치하고 가는 눈의 구리망 등으로 인화방지망을 설치할 것 • 환기구는 지붕위 또는 지상 2m 이상의 높이에 회전식 고정벤티레이터 또는 루프팬 방식으로 설치할 것

(2) 배출설비

구 분	설비기준
설치대상	인화점이 70℃ 미만인 위험물의 저장창고에 있어서는 가연성의 증기 또는 미분이 체류할 우려가 있는 건축물
배출설비	• 국소방식이어야 함 **전역방식으로 할 수 있는 것** • 위험물취급설비가 배관이음 등으로만 된 경우 • 건축물의 구조·작업장소의 분포 등의 조건에 의하여 전역방식이 유효한 경우 • 배풍기·배출덕트·후드 등을 이용하여 강제적으로 배출하는 것으로 할 것
배출능력	• 국소방식 : 1시간당 배출장소용적의 20배 이상인 것으로 해야 함 • 전역방식 : 바닥면적 1㎡당 18m³ 이상으로 할 수 있음
급기구	높은 곳에 설치하고, 가는 눈의 구리망등으로 인화방지망을 설치할 것
배출구	• 지상 2m 이상으로서 연소의 우려가 없는 장소에 설치할 것 • 배출덕트가 관통하는 벽 부분의 바로 가까이에 화재 시 자동으로 폐쇄되는 방화댐퍼를 설치할 것
배풍기	• 강제배기방식으로 해야 할 것 • 옥내덕트의 내압이 대기압 이상이 되지 아니하는 위치에 설치할 것

22   정답 ③

제조소등의 행정처분

위반행위	행정처분		
	1차	2차	3차
정기점검을 하지 아니하거나 점검기록을 허위로 작성한 관계인으로서 제조소등 설치허가(허가 면제 또는 협의로서 허가를 받은 경우 포함)를 받은 자	사용정지 10일	사용정지 30일	허가 취소
정기검사를 받지 아니한 관계인으로서 제조소등 설치허가를 받은 자	사용정지 10일	사용정지 30일	허가 취소
위험물안전관리자 대리자를 지정하지 아니한 관계인으로서 위험물 제조소등 설치 허가를 받은 자	사용정지 10일	사용정지 30일	허가 취소
안전관리자를 선임하지 아니한 관계인으로서 위험물 제조소등 설치허가를 받은 자	사용정지 15일	사용정지 60일	허가 취소
위험물 제조소등 변경허가를 받지 아니하고 제조소등을 변경한 자	경고 또는 사용정지 15일	사용정지 60일	허가 취소
제조소등의 완공검사를 받지 아니하고 위험물을 저장·취급한 자	사용정지 15일	사용정지 60일	허가 취소
위험물 저장·취급기준 준수명령 또는 응급조치명령을 위반한 자	사용정지 30일	사용정지 60일	허가 취소
수리·개조 또는 이전의 명령에 따르지 아니한 자	사용정지 30일	사용정지 90일	허가 취소
위험물 제조소등 사용중지 대상에 대한 안전조치 이행명령을 따르지 아니한 자	경고	허가취소	

23   정답 ①

예방규정 제출 등 각종 규제대상

구 분	대상이 되는 제조소등	해당 없는 대상
예방규정 제출 대상	• 지정수량의 10배 이상의 위험물을 취급하는 제조소 또는 일반취급소 • 지정수량의 100배 이상의 위험물을 저장하는 옥외저장소 • 지정수량의 150배 이상의 위험물을 저장하는 옥내저장소 • 지정수량의 200배 이상의 위험물을 저장하는 옥외탱크저장소 • 암반탱크저장소 • 이송취급소	지하탱크저장소 옥내탱크저장소 간이탱크저장소 이동탱크저장소 주유취급소 판매취급소
예방규정 이행평가 대상	예방규정을 정하여 제출해야하는 제조소등 가운데 저장 또는 취급하는 위험물의 최대수량의 합이 지정수량의 3천배 이상인 제조소등을 말한다.	
정기점검 대상	• 예방규정 제출 대상 • 지하탱크저장소, 이동탱크저장소 • 위험물을 취급하는 탱크로서 지하에 매설된 탱크가 있는 제조소·주유취급소 또는 일반취급소	옥내탱크저장소 간이탱크저장소 판매취급소
정기검사 대상	액체위험물을 저장 또는 취급하는 50만 리터 이상의 옥외탱크저장소	
자체소방대를 두어야 하는 제조소등	• 취급하는 제4류 위험물의 최대수량의 합이 지정수량의 3천배 이상의 제조소 • 저장하는 제4류 위험물의 최대수량이 지정수량의 50만배 이상의 옥외탱크저장소 • 취급하는 제4류 위험물의 최대수량의 합이 지정수량의 3천배 이상의 일반취급소	
중복선임 시 안전관리 보조자 대상	• 제조소 • 일반취급소 • 이송취급소	

24   정답 ④

가. 이송취급소의 배관을 지하에 매설하는 경우 배관의 외면과 지표면과의 거리는 산이나 들에 있어서는 (0.9)m 이상, 그 밖의 지역에 있어서는 (1.2)이상으로 할 것.

나. 이송취급소의 내압시험의 배관 등은 최대상용압력의 (1.25)배 이상의 압력으로 (ㄹ게)시간 이상 수압을 가하여 누설 그 밖의 이상이 없을 것.

25   정답 ④

①②③은 1500만원 이하의 벌금
④의 경우 1차 250만원, 2차 400만원, 3차 500만원의 과태료

소방전술(소방위) (25문항)

01 정답 ②

충분한 공기	화재의 진행을 위해서는, 발화기를 넘어서 연소가 지속될 수 있도록 한다.
배연구(환기구)의 크기, 수 및 위치	그 공간 내에서 화재가 어떻게 진행하는가를 결정한다.
구획실의 크기, 형태 및 천장의 높이	많은 양의 뜨거운 가스층이 형성될 수 있는지를 결정한다.
최초가연물의 위치	뜨거운 가스층이 증가하는 데에 있어서 매우 중요하다. • 구획실의 중앙에서 연소하는 가연물의 화염은 구획실의 벽이나 구석에 있는 가연물보다 더 많은 공기를 흡수하고 더욱 차갑다.
연소하는 구획실에서 진행되는 온도의 변화	가연물이 타면서 발산하는 에너지의 직접적 결과이다. • 물질과 에너지는 보존되므로, 화재에 의해 야기되는 질량의 어떤 손실은 에너지의 형태로 변환된다. • 화재에서 일정시간동안 발산되는 열에너지의 양을 열 발산율이라 한다.
추가적 가연물의 이용가능성 및 위치	화재에 의해 생성되는 열과 가연물들 간의 한 가지 중요한 상호관계는 최초 발화된 가연물들로부터 떨어져 있는 추가적인 가연물들의 발화이다. • 구획실 화재에서 생성되는 열은 열의 3가지 전달과정에 의해 최초 가연물들로부터 그 공간 내에 있는 다른 가연물(추가적 가연물들)로 전달된다. • 초기의 화염에서 상승하는 열은 대류에 의해 전달된다. • 뜨거운 가스가 구획실 내부의 다른 가연물의 표면 위를 지나갈 때에, 열은 전도에 의해 다른 가연물로 전달된다.
복사에너지	구획실 화재가 성장기로부터 최성기로 전환되는 데 있어서 중요한 역할을 한다. • 뜨거운 가스층이 천장부분에서 형성될 때에, 연기 속에 들어 있는 뜨거운 미립자들은 구획실에 있는 다른 가연물들로 에너지를 방사하기 시작한다. • 이렇게 발화원에서 떨어져 있는 가연물들은 때때로 '표적 가연물(target fuels)'이라고 불린다. • 복사에너지가 증가하게 되면, 표적 가연물은 열분해반응을 시작하고 가연성가스를 발산하기 시작한다. • 구획실 내의 온도가 이들 가스의 발화온도에 도달하면, 방 전체는 화재로 휩싸이게 된다.(플래시오버)

화재의 잠재적 성장가능성을 측정하는 데 필요한 정보이용	• 높은 열발산율을 가진 물질들(폴리우레탄, 폼을 넣은 가구, 폴리우레탄 포말 매트리스, 또는 나무 팔렛트더미 등)은 일단 발화가 일어나면 급속한 연소가 예상된다. • 일반적으로, 저밀도의 물질들(예를 들면, 폴리우레탄 포말)은 비슷한 구성의 고밀도 물질들(예를 들면, 면으로 구성된 물질)보다 더 빠르게 연소한다(상대적으로 높은 열발산율을 가진다).

02 정답 ③

화재의 진행단계 참고

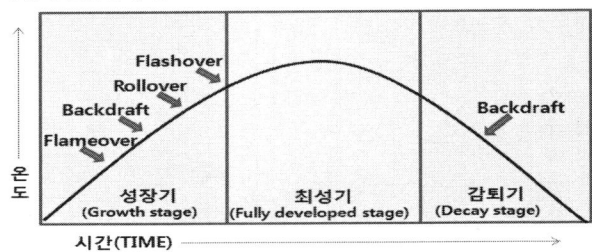

㉠ 백드래프트 : 폐쇄된 건축물 내에서 화재가 진행될 때 연소과정은 산소공급이 부족한 상태에서 서서히 훈소된다.
㉡ 플래시오버 : 화점 주위에서 화재가 서서히 진행하다가 어느 정도 시간이 경과함에 따라 대류와 복사현상에 의해 일정 공간 안에 있는 가연물이 발화점까지 가열되어 일순간에 걸쳐 동시 발화되는 현상을 말한다.
㉢ 롤오버 : 전형적으로 공간 내의 화재가 성장단계에 있고, 소방관들이 화점에 진입하기 전에 복도에 머무를 때 발생한다.
㉣ 플래임오버 : 복도와 같은 통로공간에서 벽, 바닥 표면의 가연물에 화염이 급속하게 확산되는 현상을 묘사하는 용어이다.

03 정답 ④

화재현장에서 발생하는 유독가스

종류	발생 조건	허용농도(TWA)
일산화탄소 (CO)	불완전 연소 시 발생	50ppm
아황산가스 (SO_2)	중질유, 고무, 황화합물 등의 연소 시 발생	5ppm
염화수소 (HCl)	플라스틱, PVC	5ppm
시안화수소 (HCN)	우레탄, 나일론, 폴리에틸렌, 고무, 모직물 등의 연소	10ppm
암모니아 (NH_3)	열경화성 수지, 나일론 등의 연소 시 발생	25ppm
포스겐 ($COCl_2$)	프레온 가스와 불꽃의 접촉	0.1ppm

04 정답 ③

수평 배연

① 배연요령
  ㉠ 창문이나 출입문처럼 벽에 있는 출구를 통하여 연기가 빠져나가게 하는 것을 수평배연이라 한다.
  ㉡ 일반적으로 수직배연을 하기에 알맞은 건물이 수평배연에도 좋다.
  ㉢ 수평배연은 바람의 방향에 따라서 풍상 방향의 개구부를 급기구로 풍하방향의 개구부를 배출구로 설정하는 것이 가장 효과적이다.

② 유의점
  ㉠ 바람이 불지 않을 때에는 수평배연의 효과가 감소한다.
  ㉡ 바람의 영향을 받는 곳은 급기구와 배기구 설정에 유의한다.
  ㉢ 아래층에서 배출된 연기가 상층의 개구부를 통해 유입되지 않도록 유의한다.

05 정답 ④

간접공격법(로이드레만전법)

① 개요: 연기와 열을 제거하기 위해 물의 흡열작용에 의한 냉각과 환기에 의한 옥내 고온기체 및 연기의 배출을 보다 유효하게 하기 위하여 안개모양의 방수를 간접공격법(로이드레만전법)이라 한다. 즉, 물의 큰 기화잠열(538cal)과 기화시의 체적팽창력을 활용하여 배연·배열하는 방법인 것이다.

② 간접공격법의 요령
  ㉠ 연소물체 또는 옥내의 온도가 높은 상층부를 향하여 방수한다.
  ㉡ 고온에 가열된 증기의 증가에 의해서 대원이 피해를 받지 않는 위치를 선정한다.
  ㉢ 방수 시 개구부는 가능한 한 작게 하는 것이 위험성을 감소시킨다.
  ㉣ 가열증기가 몰아칠 염려가 있는 경우는 분무방수에 의한 고속분무로 화점실 천정 면에 충돌시켜 반사방수를 병행한다.
    ※ 외부에서 실내로 간접공격 시 물줄기의 형태는 직사방수하여, 분무방수 시 물줄기를 타고 화점실로 공급되는 공기의 양을 최소화 한다.
  ㉤ 옥내의 연소가 완만하여 열기가 적은 연기의 경우는 간접공격의 전법을 이용하는 것은 효과는 적으므로 유의한다.

06 정답 ③

합동조사단 구성, 운영

소방청장	사상자가 30명 이상이거나 2개 시·도 이상에 걸쳐 발생한 화재(임야화재는 제외한다. 이하 같다)
소방본부장	사상자가 20명 이상이거나 2개 시·군·구 이상에 발생한 화재
소방서장	사망자가 5명 이상이거나 사상자가 10명 이상 또는 재산피해액이 100억원 이상 발생한 화재

① 목조 또는 내화조 건물의 경우 격벽으로 방화구획이 되어 있는 경우도 같은 동으로 한다.
② 건물의 70% 이상(입체면적에 대한 비율을 말함. 이하 같다)이 소실되었거나 그 미만이라도 잔존부분이 보수를 하여도 재사용 불가능한 것
③ 건물의 소실면적 산정은 소실 바닥면적으로 한다.

07 정답 ②

확대 위험성과 불안정성	재해는 예고 없이 돌발적으로 발생하고 항상 상태변화의 연속으로 예측이 극히 곤란하다. 또한 인적·물적 피해의 확대 위험성을 수반하며 급속하게 진행되므로 대상물이 불안정한 특성이 있다.
활동 장해	재해현장에는 소방대원의 행동을 저해하는 각종 요인이 있다. 출동시에는 도로상 교통혼잡과 주차위반 차량 등으로 인하여 현장 도착이 지연되고, 화재현장에서의 화염, 열기, 연기 등으로 활동장해를 받게 된다.
행동의 위험성	재해현장에서 소방대원의 행동은 평상시에 있어서 일반인의 생활행동과 역행하는 등 전혀 다른 위험성이 존재하고 있다. 근무자나 거주자가 당황해서 피난 나오는 장소로 소방대원은 현장 임무수행을 위하여 진입하는 경우이다. 화재현장에서 소방대원은 담을 넘는다든지 사다리를 활용하여 2층이나 3층 혹은 인접 건물로 진입하거나, 통행이 어려운 곳을 통과하거나, 오르기 힘든 곳을 오르거나, 화염 등으로 위험하여 들어갈 수 없는 곳을 진입하여야 하는 경우가 있다.
활동환경의 이상성	화재현장 상황은 항상 정상적인 상태를 상실한 상황이 연출된다. 또한 가스, 유류, 화공약품 등에 의한 폭발현상 등 예측 불가능한 상황이 항상 잠재되어 있으며, 사람들은 이상심리에 지배되어 긴장, 흥분상태에 있고, 소방대원의 심리상태도 역시 마찬가지이다.
정신적·육체적 피로	현장활동은 많은 체력이 소모되는 격무이며, 예고 없이 갑작스럽게 이루어지므로 시간이 경과할수록 정신적·육체적 피로가 가중된다. 소방활동은 체력소모, 피로증대를 초래하고 정신적인 부담도 크므로 이로 인한 주의력, 사고력 감퇴와 동시에 위험성이 증대함에 유의해야 한다.

08 정답 ①

위험물화재의 특수현상 개념 비교

구분	오일오버 (Oilover)	보일오버 (Boilover)	후로스오버 (Frothover)	슬로프오버 (Slopover)
특성	화재로 저장탱크내의 유류가 외부로 분출하면서 탱크가 파열하는 현상	탱크표면화재로 원유와 물이 함께 탱크 밖으로 흘러 넘치는 현상	유류표면 아래 비등하는 물에 의해 탱크 내 유류가 넘치는 현상	유류 표면온도에 의해 물이 수증기가 되어 팽창, 비등함에 따라 유류를 외부로 비산시키는 현상
위험성	위험성이 가장 높음	대규모 화재로 확대되는 원인	직접적 화재발생요인은 아님	직접적 화재발생요인은 아님

09 정답 ④

로프총 사용 시 유의점

① 즉시 발사할 것이 아니면 장전하여 두지 말아야 하며, 만약 장전 후 잠시 기다리게 될 경우에는 반드시 안전핀을 눌러둔다.
② 장전 후에는 총구를 수평면 기준으로 45도 이상의 각도를 유지해야 격발이 된다. 총구를 내려서 격발이 되지 않으면 노리쇠만 뒤로 당겨준다. 45도 이하의 각도를 유지하고 있는 경우에도 갑작스러운 충격을 받으면 발사될 수도 있음을 유의한다. 부득이 45도 이하의 각도로 발사할 필요가 있는 경우에는 총을 뒤집으면 격발이 가능하다.
③ 발사하기 전에 구조대상자에게 안내 방송을 하고 착탄 예상지점 주변의 인원을 대피시켜 안전사고가 발생하지 않도록 한다.
④ 견인탄을 장전하지 않았더라도 사람을 향해 공포를 발사하면 안 된다. 추진탄의 압력이나 고압공기에 의해 부상을 입을 우려가 있다. 장기간 사용한 총은 안전핀을 눌러 놓아도 격발장치가 풀려 자동 격발될 수 있다.
⑤ 견인탄은 탄두와 날개를 완전하게 결합하고 견인로프가 풀리지 않도록 결착한다. 사용한 견인탄은 탄두에 이상이 없는 경우에 날개를 교환하면 재사용할 수 있다.
⑥ 공압식과 화약식에 사용하는 견인탄은 내경은 같으나 재질과 중량에 차이가 있으므로 교환 사용하지 않도록 한다.
⑦ 견인로프의 길이는 120m로서 원거리 발사 시에는 로프끝 부분이 로프 홀더에서 이탈하여 견인탄과 함께 끌려갈 우려가 있으므로 로프를 홀더에 집어넣고, 바깥쪽 로프 끝을 홀더 뚜껑에 끼워서 견인로프가 빠지지 않도록 한다.
⑧ 발사 후에는 탄피를 제거하고 총기 손질에 준하여 약실을 청소한다.

10 정답 ②

Scale : Best = 1, Poorest = 8

성능 \ 종류	마닐라삼	면	나일론	폴리에틸렌	H. Spectra® Polyethylene	폴리에스터	Kevlar® Aramid
비 중	1.38	1.54	1.14	0.95	0.97	1.38	1.45
신장율	10~15%	5~10%	20~34%	10~15%	4% 이하	15~20%	2~4%
인장강도*	7	8	3	6	1	4	2
내충격력*	5	6	1	4	7	3	7
내 열 성	177℃ 탄화	149℃ 탄화	249℃ 용융	166℃ 용융	135℃ 용융	260℃ 용융	427℃ 탄화
내마모성*	4	8	3	6	1	2	5
전기저항	약	약	약	강	강	강	약
저항력 - 햇볕 - 부패 - 산 - 알칼리 - 오일, 가스	중 약 약 약 약	중 약 약 약 약	중 강 약 중 중	최약 강 중 중 중	중 강 강 강 강	강 강 중 약 중	중 강 약 중 중

11 정답 ①

유압전개기 주요문제점 및 해결방안

문제점	조치방법
커플링이 잘 연결되지 않을 때	• Lock ling을 풀고 다시 시도한다. • 유압호스에 압력이 존재하는지 점검한다. • 엔진작동을 중지하고 밸브를 여러 번 변환 조작한다.(만일 이것이 안 될 때에는 강제로 압력을 빼 주어야 한다. - 압력제거기를 사용하거나 A/S 요청)
컨트롤 밸브를 조작하여도 전개기가 작동하지 않을 때	• 펌프를 테스트한다(펌핑이 되고, 매뉴얼 밸브가 오픈포지션에 있어야 함.) • 유압 오일을 확인하고 양이 부족하면 보충한다.
전개기가 압력을 유지하지 못할 때	• 시스템에 에어가 유입되었을 때 • 핸들의 밸브가 잠겨 있는지 확인한다. • 실린더 바닥의 밸브를 재조립한다.
컨트롤 밸브 사이에서 오일이 샐 때	• 커플링의 풀림 여부를 확인한다. • 안전스크류를 조인다. • 계속 오일이 새면 씰을 교환한다.

12 정답 ④

피셔맨매듭

㉠ 두 로프가 다른 로프를 묶고 당겨서 매듭부분이 맞물리도록 하는 방법이다.
㉡ 신속하고 간편하게 묶을 수 있으며 매듭의 크기가 작다.
㉢ 두 줄을 이을 때 연결매듭으로 많이 활용되는 매듭이지만 힘을 받은 후에는 풀기가 매우 어려워 장시간 고정시켜 두는 경우에 주로 사용한다.
㉣ 매듭 부분을 이중으로 하면(이중피셔맨매듭) 매듭이 더욱 단단하고 쉽사리 느슨해지지 않는다.

※ 3가지 형태의 매듭분류

마디짓기 (결절)	로프의 끝이나 중간에 마디나 매듭·고리를 만드는 방법 ✪ 옭매듭(엄지매듭), 두겹옭매듭(고리 옭매듭), 8자매듭, 두겹8자매듭, 이중8자매듭, 줄사다리매듭, 고정매듭, 두겹고정매듭, 나비매듭
이어매기 (연결)	한 로프를 다른 로프와 서로 연결하는 방법 ✪ 바른매듭, 한겹매듭, 두겹매듭, 8자연결매듭, 피셔맨매듭,
움켜매기 (결착)	로프를 지지물 또는 특정 물건에 묶는 방법 ✪ 말뚝매기매듭, 절반매듭, 잡아매기매듭, 감아매기매듭, 클램하이스트매듭

13 정답 ②

① 나비매듭 : 중간 부분이 손상된 로프를 임시로 사용하고자 하는 경우에 손상된 부분이 가운데로 오도록 하여 매듭을 만들면 손상된 부분에 힘이 가해지지 않아 응급대처가 가능하다.
② 두겹고정매듭 : 완만한 경사면에서 확보물 없이 3명 이상이 한 줄 로프를 잡고 등반하는 경우 중간에 위치한 사람들이 이 매듭을 만들어 어깨와 허리에 걸면 로프가 벗겨지지 않고 활동이 용이하다.
③ 줄사다리매듭 : 로프에 일정한 간격을 두고 수 개의 옭매듭을 만들어 로프를 타고 오르거나 내릴 때에 지지점으로 이용할 수 있도록 하는 매듭이다.
④ 이중8자매듭 : 로프 끝에 두 개의 고리를 만들 수 있어 두 개의 확보물에 로프를 고정하는 경우에 매우 유용하다.

14 정답 ①

제한속도 80km/h인 도로에서 사고가 발생한 경우 사고지점의 후방 (15m) 정도에 구조차량이 주차하고 후방으로 (80m) 이상 유도표지를 설치한다.

15 정답 ①

한 겨드랑이 끌기	• 구조대원이 구조대상자의 후방으로 접근하여 한쪽 손으로 구조대상자의 같은 쪽 겨드랑이를 잡는다. • 이때 구조대원의 손은 겨드랑이 밑에서 위로 끼듯이 잡고 구조대상자가 수면과 수평을 유지하도록 하고 횡영 동작으로 이동을 시작한다. • 일반적으로 먼 거리를 이동할 때에 사용한다.
두 겨드랑이 끌기	• 두 겨드랑이 끌기도 같은 방법으로 하되 구조대원이 두 팔을 모두 사용하는 것이 다르다. • 구조대상자의 자세가 수직일 경우에는 두 팔로 겨드랑이를 잡고 팔꿈치를 구조대상자의 등에 댄다. • 손으로는 끌고 팔꿈치로는 미는 동작을 하여 구조대상자의 자세가 수면과 수평이 되도록 이끈다. • 두 겨드랑이 끌기에서는 팔 동작을 하지 않는 배영으로 이동한다.
손목 끌기	• 주로 구조대상자의 전방으로 접근할 때 사용한다. • 구조대원은 오른손으로 구조대상자의 오른손을 잡는다. • 만약 구조대상자의 얼굴이 수면을 향하고 있을 때에는 하늘을 향하도록 돌려놓는다. • 이때에는 구조대상자를 1m 이상 끌고 가다가 잡고 있는 손을 물 밑으로 큰 반원을 그리듯 하며 돌려서 얼굴이 위로 나오도록 한다.

16 정답 ③

㉠ 밀도	밀도란 단위 부피에 대한 질량의 비율을 말한다. 물의 밀도는 약 9,800 N/㎥이며 공기의 밀도는 약 12 N/㎥에 불과하다. 따라서 수중에서는 빛의 전달, 소리의 전달, 열의 전달 등 여러 가지 측면에서 대기 중과 많은 차이를 보이며 특히 높은 밀도 때문에 많은 저항을 받아 행동에 제약을 받고 체력소모가 크다.
㉡ 빛의 전달과 투과	ⓐ 물속에서는 빛의 굴절로 인해 물체가 실제보다 25% 정도 가깝고 크게 보인다. ⓑ 물의 색깔은 여러 요인의 영향을 받는다. 예를 들면, 적도의 해수는 짙은 파랑색인 반면에 고위도 해역의 해수는 남색이다. ⓒ 이러한 차이는 주로 고위도 해역에 플랑크톤의 생물이 더 많이 존재하기 때문이며, 플랑크톤이 국부적으로 일정해역에서 번성하면 '적조'나 '녹조'현상이 발생한다. ⓓ 해수를 컵에 담고 보아도 파란색을 띠지는 않는다. 파장이 가장 짧은 청색광선이 깊이 파고 들어가 산란되어 바다가 파랗게 보이는 것이다. ⓔ 색깔은 수심이 깊어질수록 흡수된다. 환경에 따라 다르지만 대체로 빨간색은 15~20m의 수심에서 사라지며, 노란색은 20m 수심에서 사라진다.

ⓒ 소리 전달	ⓐ 수중에서는 대기보다 소리가 4배 정도 빠르게 전달되기 때문에 소리의 방향을 판단하기 어렵다. ⓑ 수중에서는 말을 할 수 없으므로 손동작이나 몸짓으로 수화를 사용하여 의사를 전달하기도 하며 수중에서도 사용가능한 기록판에 글씨나 그림을 그리기도 한다. ⓒ 전문적인 산업잠수에서 유·무선 시스템을 이용한 수중통화장치를 이용하여 직접 대화가 가능하여 레저스포츠 다이빙에도 많이 보급되어 있다.	
	✪ 공기 중에서는 소리의 속도가 340m/Sec이고 양쪽 귀에 전달되는 소리의 시간차로 방향을 알 수 있다. 그러나 수중에서는 공기보다 수중에서 약 4배(1,550m/Sec) 빠르게 전달되어 소리 나는 방향을 파악하기 곤란하다.	
ⓓ 열 전달	물은 공기보다 약 25배 빨리 열을 전달한다. 따라서 우리가 물속에서 활동을 하게 되면 쉽게 추워진다는 것을 알 수 있다. 물속에서 활동할 때에는 체온 손실을 막을 수 있는 잠수복이 반드시 필요하며 수온에 따라 적절한 잠수복을 선택하여야 한다.	
ⓔ 수압	일반적으로 해수면에서의 기압은 대체로 높이 10.33m, 밑면적 1㎠인 물(담수) 기둥의 밑바닥이 받은 압력과 같다. 물 1ℓ의 무게는 1kg이므로 그 물 기둥의 부피를 계산하여 무게를 산출하면 1.033ℓ의 부피에 1.033kg이 된다. 이것을 1대기압(atm)이라고 하며 영국식 단위계인 Psi (Pound per square inch)로는 14.7Psi이다. 1atm = 1.033kg/㎠ = 14.7Psi = 101,325Pa = 1.01325bar 우리가 수중으로 들어가면 기압과 수압을 동시에 받게 된다. 이렇게 수중에서 실제로 받는 압력을 절대압이라 한다. 즉, 물속 10m에서는 2기압 상태에 놓이게 된다.	

17 정답 ③

비상정지장치
로프가 절단된 경우라든가, 그 외 예측할 수 없는 원인으로 카의 하강속도가 현저히 증가한 경우에, 그 하강을 멈추기 위해, 가이드레일을 강한 힘으로 붙잡아 엘리베이터 몸체의 강하를 정지시키는 장치로 조속기에 의해 작동된다.

18 정답 ②

구 분	분 류	성 질	종 류
가스 상태에 따른 분류	압축 가스	상온에서 압축하여도 액화하기 어려운 가스로 임계(기체가 액체로 되기 위한 최고온도)가 상온보다 낮아 상온에서 압축시켜도 액화되지 않고 단지 기체 상태로 압축된 가스를 말함	수소, 산소, 질소, 메탄 등
	액화 가스	상온에서 가압 또는 냉각에 의해 비교적 쉽게 액화되는 가스로 임계온도가 상온보다 높아 상온에서 압축시키면 비교적 쉽게 액화되어 액체상태로 용기에 충전하는 가스	액화암모니아, 염소, 프로판, 산화에틸렌 등
	용해 가스	가스의 독특한 특성 때문에 용매를 추진시킨 다공물질에 용해시켜 사용되는 가스로 아세틸렌가스는 압축하거나 액화시키면 분해 폭발을 일으키므로 용기에 다공 물질과 가스를 잘 녹이는 용제(아세톤, 디메틸포름아미드 등)를 넣어 용해시켜 충전한다.	아세틸렌
연소성에 따른 분류	가연성 가스	산소와 결합하여 빛과 열을 내며 연소하는 가스를 말하며 수소, 메탄, 에탄, 프로판 등 32종과 공기 중에 연소하는 가스로서 폭발 한계 하한이 10% 이하인 것과 폭발 한계의 상/하한의 차가 20% 이상인 것을 대상으로 한다.	메탄, 에탄, 프로판, 부탄, 수소 등
	불연성 가스	스스로 연소하지도 못하고 다른 물질을 연소시키는 성질도 갖지 않는 가스	질소, 아르곤, 이산화 탄소 등 불활성가스
	조연성 가스	가연성 가스가 연소되는 데 필요한 가스. 지연성 가스라고도 함	공기, 산소, 염소 등
독성에 따른 분류	독성 가스	공기 중에 일정량 존재하면 인체에 유해한 가스, 허용농도가 200ppm 이하인 가스	염소, 암모니아, 일산화 탄소 등 31종
	비독성 가스	공기 중에 어떤 농도 이상 존재하여도 유해하지 않는 가스	산소, 수소 등

19 정답 ④

현장도착 후 기본예방법
① 날카로운 기구를 사용할 경우에는 손상을 당하지 않도록 주의한다.
② 바늘 끝이 사용자의 몸 쪽으로 향하지 않도록 한다.
③ 사용한 바늘은 다시 뚜껑을 씌우거나, 구부리거나, 자르지 말고 그대로 주사바늘통에 즉시 버린다.
④ 부득이 바늘 뚜껑을 씌워야 할 경우는 한 손으로 조작하여 바늘 뚜껑을 주사바늘에 씌운 후 닫도록 한다.
⑤ 주사바늘, 칼날 등 날카로운 기구는 구멍이 뚫리지 않는 통에 모은다.
⑥ 심폐소생술 시행 시 반드시 일 방향 휴대용 마스크를 이용하며 직접 접촉을 피한다.
⑦ 피부염이나 피부에 상처가 있는 처치자는 환자를 직접 만지거나 환자의 검체를 맨손으로 접촉하지 않도록 한다.
⑧ 장갑은 한 환자에게 사용하더라도 오염된 신체부위에서 깨끗한 부위로 이동할 경우 교환해야 한다.

20 정답 ①

전염질환의 특징

질 병	전염 경로	잠복기
AIDS	HIV에 감염된 혈액, 성교, 수혈, 주사바늘, 모태감염	몇 개월 또는 몇 년
수두	공기, 감염부위의 직접 접촉	11~21일
풍진	공기, 모태감염	10~12일
간염	혈액, 대변, 체액, 오염된 물질	유형별로 몇 주~몇 개월
뇌수막염(세균성)	입과 코의 분비물	2~10일
이하선염	침 또는 침에 오염된 물질	14~24일
폐렴(세균성, 바이러스성)	입과 코의 분비물	며칠
포도상구균 피부질환	감염부위와의 직접 접촉 또는 오염된 물질과의 접촉	며칠
결핵(TB)	호흡기계 분비(비말 등) 공기	2~6주
백일해	호흡기계 분비물, 공기	6~20일

21 정답 ④

성인은 한번에 15초 이상 흡인해서는 안 된다.
- 15초 실시하면 양압환기를 2분간 실시해야 한다.
- 목 또는 척추손상 환자는 긴 척추 고정판에 고정시킨 후 흡인해 주어야 한다.

22 정답 ④

오염통제구역
㉠ 오염 통제구역은 오염구역과 안전구역 사이에 위치해 있으며 다음과 같이 제독 텐트 및 필요 시 펌프차량 등이 위치해 오염을 통제하는 구역이다. 이 구역 역시 오염 가능성이 있는 곳으로 적정 장비 및 훈련을 받은 최소인원으로 구성되어 제독활동을 진행해야 한다.
㉡ 오염구역 활동이 끝난 후에는 대원들은 제독활동을 해야 하며 환자들은 오염구역에서 제독텐트에 들어가기 전에 전신의 옷과 악세사리를 벗어 비닐백에 담아 밀봉 후 다시 드럼통에 담아 이중으로 밀봉해야 한다.(이때, 유성펜을 이용해 비닐백 위에 이름을 적는다.)
㉢ 제독 텐트는 좌·우로 남녀를 구분하여 처치하며 보통 가운데 통로는 대원들이 사용한다.
㉣ 텐트 내부는 호스를 이용해 물이나 공기 또는 약품으로 제독활동을 하며 텐트 출구 쪽에는 1회용 옷과 슬리퍼 또는 시트가 준비되어 있다.
㉤ 오염통제구역 내 구급처치는 기본인명소생술로 기도, 호흡, 순환(지혈), 경추고정, CPR, 전신중독 평가 및 처치가 포함된다.
㉥ 정맥로 확보 등과 같은 침습성 과정은 가급적 제독 후 안전구역에서 실시해야 하며 오염통제구역에서 사용한 구급장비는 안전구역에서 사용해서는 안 된다.

23 정답 ①

순환계
㉠ 순환계는 인체 각 부분에 혈액을 공급해 주는 역할을 하며 심장은 피를 뿜어내는 역할을 한다. 이때 혈관 벽에 전해지는 힘을 혈압이라고 한다.
㉡ 혈압이 낮으면 충분한 혈액을 공급받지 못해 조직은 손상을 받는다.
㉢ 혈압이 높으면 뇌동맥이 파열되어 뇌졸중을 유발하고 조직은 손상받는다.
㉣ 인체 혈관은 항상 압력을 받는 상태로 왼심실이 피를 뿜어 낼 때 혈압이 올라간다. 이때를 수축기압이라고 하며 왼심실이 쉬는 동안의 동맥 내 압력을 이완기압이라고 한다.
㉤ 혈압은 수은의 'mm' 단위, 즉 'mmHg'로 측정된다.
  ⓐ 성인의 경우 수축기압이 90 미만인 경우 낮다고 하며 140 이상이거나 이완기압이 90 이상일 때를 높다고 한다.
  ⓑ 고혈압은 치명적이지 않지만 수축기압이 200 이상이거나 이완기압이 120 이상인 경우에는 위험하다.

24 정답 ①

지혈대 사용방법
1. 상처 부위로부터 5~8㎝ 떨어진 위쪽에 적용한다.
2. 10cm 폭에 6-8겹의 붕대를 두 번 감아 묶고 매듭 안으로 지혈대를 넣는다.
3. 출혈이 멈추면 막대가 풀려 느슨해지지 않도록 주의한다.
4. 지혈대를 사용한 시간을 기록지에 적는다.
5. 상처부위 감염을 방지하기 위해 소독드레싱을 실시한다.
6. 추가 출혈이 있는지 계속 관찰한다.
7. 의료기관 외에서 지혈대를 풀어서는 안 된다.
   ※ 혈압기계의 커프를 지혈대로 사용할 수도 있다. 이는 치명적인 출혈일 때에만 사용해야 하며 지혈대를 사용할 때의 압력과 시간을 기록해야 한다. 커프에 바람이 빠지는지 관찰하고 필요하다면 바람을 불어 넣어주거나 겸자로 줄을 조여도 된다.

25 정답 ②

코삽입관	용도	비강용 산소투여 장치로 환자의 거부감을 최소화 시켰으며 낮은 산소를 요구하는 환자에게 사용된다. 환자의 코에 삽입하는 2개의 돌출관을 통해 환자에게 산소를 공급하며 유량을 분당 1~6L로 조절하면 산소농도를 24~44%로 유지할 수 있다.
	구분	성인용, 소아용
	주의사항	• 유량속도가 많아지면 두통이 야기될 수 있다. • 장시간 이용 시 코 점막 건조를 예방하기 위해 가습산소를 공급한다. • 비강내 손상이 있는 환자에게는 사용을 억제하고 다른 기구를 사용한다.
단순 얼굴 마스크	용도	입과 코를 동시에 덮어주는 산소공급기구로 작은 구멍의 배출구와 산소가 유입되는 관 및 얼굴에 고정시키는 끈으로 구성되어 있다. 6~10L의 유량으로 흡입 산소농도를 35~60%까지 증가시킬 수 있다.
	특징	• 성인용, 소아용으로 구분 • 이산화탄소 배출구멍이 있으나 너무 작아 불편감을 호소하기도 한다. • 얼굴에 완전히 밀착되지 않아 충분한 산소가 공급되지 않을 수 있다. • 이산화탄소 잔류로 인해 산소공급량은 높을수록 효과적이다.
비재 호흡 마스크	용도	심한 저산소증 환자에게 고농도의 산소를 제공하기에 적합
	특징	• 체크(일방향) 밸브가 달려 있다. • 산소저장낭이 달려있어 호흡 시 100%에 가까운 산소를 제공할 수 있다. • 산소 저장낭을 부풀려 사용하고 최소 분당 10~15L 유량의 산소를 투여하면 85~100%의 산소를 공급할 수 있다. • 얼굴밀착의 정도에 따라 산소농도가 달라진다.
벤튜리 마스크	용도	특수한 용도로 산소를 제공할 경우에 사용되며 표준 얼굴 마스크에 연결 된 공급배관을 통해 특정 산소 농도를 공급해 주는 호흡기구
	규격	24%, 28%, 31%, 35%, 40%, 50%(53%)
	특징	• 일정한 산소가 공급될 때 공기의 양도 일정하게 섞여 들어가는 형태 • 만성폐쇄성폐질환(COPD)환자에게 유용 • 분당 산소 유입량은 2~8L

2025 소방승진 소방위 파이널 봉투모의고사

개정 2판 1쇄 인쇄	2025년 8월 25일
개정 2판 1쇄 발행	2025년 8월 29일
지은이	김경진, 박이준, 문옥섭
발행인	이재남
발행처	㈜이패스코리아
	[본사] 서울특별시 영등포구 경인로 775 에이스하이테크시티 2동 1104호
전화	02-511-4212
팩스	02-6345-6701
홈페이지	www.kfs119.co.kr
이메일	newsguy78@epasskorea.com
등록번호	제318-2003-000119호(2003년 10월 15일)

* 편저자와 협의하여 인지는 생략했습니다.
* 이 책을 무단으로 전재 또는 복제하면 [저작권법] 제136조에 의해 5년 이하의 징역 또는 5천만원 이하의 벌금에 처해지거나 병과될 수 있습니다.
* 파본은 구입처에서 교환해 드립니다.

최단기 소방승진 이패스 소방사관

www.kfs119.co.kr

※ 이 책은 저작권법에 의해 보호를 받는 저작물이므로 무단전재와 복제를 금합니다.
※ 본 교재의 저작권은 이패스코리아에 있습니다.

2025년 소방승진(소방위) 공개경쟁채용시험 답안지

2025년 소방승진(소방위) 공개경쟁채용시험 답안지

2025 소방승진 소방위 파이널 봉투모의고사 <정오표>

(250902기준)

페이지	교정 전	교정 후
P.18	3회 <20번> 문제 수정 다음 제세동 리듬에 대한 설명으로 옳지 않은 것은?	다음 제세동 리듬에 대한 설명으로 옳은 것은?
P.16	4회 <11번> 문제 수정 구조로프에 대한 설명으로 옳지 않은 것은?	구조로프(스태틱)에 대한 설명으로 옳지 않은 것은?
P.13	1회 <1번> 정답 수정 ④	②
P.31	2회 <1번> 정답 수정 ④	①,④
P.37	2회 <25번> 정답 수정 ②	③
P.50	3회 <13번> 정답 수정 ③	①
P.87	5회 <4번> 정답 수정 ③	②

이상 끝.

2025년 소방위 소방승진 제1회

응시번호	
성명	

【시험 과목】

편철순서	제1과목	제2과목	제3과목
과목명	행정법(25문항)	소방법령 Ⅳ(25문항)	소방전술 (25문항)

응시자 준수사항

☞ 시험지를 받으면 "시험 감독관 또는 방송"의 안내에 따라 다음 사항을 반드시 지켜 주시기 바랍니다.

1. 시험지 표지의 응시번호 및 성명"을 기재하여 주십시오.

2. 시험이 시작되면 시험지의 "편철순서", "페이지 수량", "인쇄 상태"를 반드시 확인한 후에 문제를 푸십시오.
   ※ 본 시험지는 총 20페이지입니다.

3. 시험이 시작되면 문제를 주의 깊게 읽고, 문항의 취지에 가장 적합한 하나의 정답만을 고르십시오. 운영요원에게 문제 내용에 관한 질문은 하실 수 없습니다.

※ 본 시험지는 공개이므로 시험이 종료된 후 가지고 나갈 수 있습니다.

※ 본 표지는 실제 시험지를 모델로 제작되었습니다.

epasskorea

소방위 소방승진

제1회 모의고사

문 항 수 : 75문항
응시시간 : 75분

행정법 (25문항)

01 행정법의 법원(法源)에 대한 설명으로 옳지 않은 것은? (다툼이 있는 경우 판례에 의함)

① 과세할 수 있는 어느 사항에 대하여 비록 장기간에 걸쳐 과세하지 아니한 상태가 계속되었다 하더라도 그것이 착오로 인한 것이라면 그와 같은 비과세는 일반적으로 납세자에게 받아들여진 국세행정의 관행으로 되었다 할 수 없다.
② 남북 사이의 화해와 불가침 및 교류협력에 관한 합의서는 법적 구속력이 있는 것은 아니어서 이를 국가 간의 조약 또는 이에 준하는 것으로 볼 수 없고, 따라서 국내법과 동일한 효력이 인정되는 것도 아니다
③ 「국회법」에 따라 하는 국회의장의 법률 공포는 서울특별시에서 발행되는 둘 이상의 일간신문에 게재함으로써 한다.
④ 세무조사가 과세자료의 수집 또는 신고내용의 정확성 검증이라는 본연의 목적이 아니라 부정한 목적을 위하여 행하여졌다고 하더라도, 이러한 세무조사에 의하여 수집된 과세자료를 기초로 한 과세처분은 위법하지 않다.

02 「행정기본법」상 제재처분의 제척기간인 5년이 지나면 제재처분을 할 수 없는 경우는?

① 정당한 사유 없이 행정청의 조사·출입·검사를 기피·방해·거부하여 제척기간이 지난 경우
② 거짓이나 그 밖의 부정한 방법으로 인허가를 받거나 신고를 한 경우
③ 당사자가 인허가나 신고의 위법성을 경과실로 알지 못한 경우
④ 제재처분을 하지 아니하면 국민의 안전·생명 또는 환경을 심각하게 해치거나 해칠 우려가 있는 경우

03 행정법의 기본원리에 관한 설명으로 옳지 않은 것은? (다툼이 있는 경우 판례에 의함)

① 실효의 원칙이 적용되기 위한 요건으로서 실효기간이 길이와 의무자인 상대방이 권리가 행사되지 아니하리라고 신뢰할 만한 정당한 사유가 있었는지의 여부는 구체적인 경우마다 권리를 행사하지 아니한 기간의 장단, 당사자 쌍방의 사정 및 객관적으로 존재한 사정 등을 고려하여 사회통념에 따라 판단하여야 한다.
② 위험한 건물에 대하여 개수명령으로써 목적을 달성할 있음에도 불구하고 철거명령을 발령하는 것은 비례원칙의 내용 중 필요성 원칙에 반한다.
③ 구여객자동차 운수사업법및 동법 시행령상 개인 택시운송사업자의 운전면허가 취소된 때에는 그의 개인택시운송사업면허를 취소할 수 있도록 규정되어 있으므로, 개인택시운송사업자 甲이 운전면허 취소 사유인 음주운전 교통사고로 사망하였다면 그 운전면허 취소처분이 없더라도 관할관청은 甲에 대한 개인택시운송사업면허를 취소할 수 있다.
④ 과세관청이 납세의무자에게 부가가치세 면세사업자용 사업자등록증을 교부한 행위는 그가 영위하는 사업에 관하여 부가가치세를 과세하지 아니함을 시사하는 언동이나 공적인 견해를 표명한 것으로 볼 수 없다.

04 공법관계에 관한 소송이 아닌 것은? (다툼이 있는 경우 판례에 따름)

① 행정재산의 사용허가 신청에 대한 거부를 다투는 소송
② 서울시립무용단 단원의 해촉에 관한 소송
③ 공익사업으로 인하여 이주하게 된 주거용 건축물의 세입자에게 인정되는 주거이전비 보상을 둘러싼 소송
④ 한국마사회 기수의 면허취소를 다투는 소송

05 위임명령의 한계에 대한 설명으로 옳지 않은 것은? (다툼이 있는 경우 판례에 의함)

① 법률의 시행령이나 시행규칙의 내용이 모법 조항의 취지에 근거하여 이를 구체화하기 위한 것인 때에는 모법의 규율 범위를 벗어난 것으로 볼 수 없다. 이러한 경우에는 모법에 이에 관하여 직접 위임하는 규정을 두지 않았다고 하여도 이를 무효라고 볼 수 없다.
② 헌법에서 채택하고 있는 조세법률주의의 원칙상 과세요건과 징수절차에 관한 사항을 명령·규칙 등 하위법령에 구체적·개별적으로 위임하여 규정할 수 없다.
③ 법률이 공법적 단체 등의 정관에 자치법적 사항을 위임한 경우에는 헌법 제75조가 정하는 포괄적인 위임입법의 금지는 원칙적으로 적용되지 않지만, 그 사항이 국민의 권리·의무에 관련되는 것일 경우에는 적어도 국민의 권리·의무에 관한 기본적이고 본질적인 사항은 국회가 정하여야 한다.
④ 법률에서 위임받은 사항에 관하여 대강을 정하고 그 중의 특정사항을 범위를 정하여 하위법령에 다시 위임하는 경우에는 재위임이 허용된다. 이러한 법리는 조례가 「지방자치법」에 따라 주민의 권리제한 또는 의무부과에 관한 사항을 법률로부터 위임받은 후, 이를 다시 지방자치단체장이 정하는 '규칙'이나 '고시' 등에 재위임하는 경우에도 마찬가지이다.

06 행정규칙에 관한 설명으로 옳지 않은 것은? (다툼이 있는 경우 판례에 따름)

① 행정규칙은 특별한 사정이 없는 한 대외적으로 국민이나 법원을 구속하는 효력이 없다.
② 처분이 행정규칙을 따른 것이면 적법성이 보장된다.
③ 행정규칙이 그 정한 바에 따라 되풀이 시행되어 행정관행이 이루어지게 되면 행정기관은 그 상대방에 대한 관계에서 그 규칙에 따라야 할 자기구속을 받게 된다.
④ 행정규칙에 따른 처분의 적법성 여부는 상위법령의 규정과 입법 목적 등에 적합한지 여부에 따라 판단해야 한다.

07 재량행위에 해당하는 것을 모두 고른 것은? (다툼이 있으면 판례에 따름)

ㄱ. 「국유재산법」에 의한 국유재산의 무단점유 등에 대한 변상금부과
ㄴ. 「농지법」에 따른 농지의 전용행위를 수반하는 건축허가
ㄷ. 「자연공원법」상 자연공원사업시행허가
ㄹ. 「민법」상 비영리법인설립허가

① ㄱ, ㄴ
② ㄷ, ㄹ
③ ㄱ, ㄴ, ㄷ
④ ㄴ, ㄷ, ㄹ

08 하천점용허가에 대한 설명으로 옳은 것은? (다툼이 있는 경우 판례에 의함)

① 위법한 점용허가를 다투지 않고 있다가 제소기간이 도과한 경우에는 처분청이라도 그 점용허가를 취소할 수 없다.
② 하천점용허가에 조건인 부관이 부가된 경우 해당 부관에 대해서는 독립적으로 소를 제기할 수 없다.
③ 하천점용허가는 성질상 일반적 금지의 해제에 불과하여 허가의 일정한 요건을 갖춘 경우 기속적으로 판단하여야 한다.
④ 점용허가취소처분을 취소하는 확정판결의 기속력은 판결의 주문에 미치는 것으로 그 전제가 되는 처분 등의 구체적 위법사유에 관한 이유 중의 판단에 대해서는 인정되지 않는다.

09 행정행위의 하자로서 무효사유가 아닌 것은? (다툼이 있는 경우 판례에 의함)

① 국토계획법령이 정한 도시계획시설사업의 대상 토지의 소유와 동의요건을 갖추지 못하였음에도 도시계획시설사업의 사업시행자 지정처분을 한 경우
② 조세부과처분의 근거가 되었던 법률규정에 대하여 위헌결정이 내려진 후 체납처분을 한 경우
③ 학교환경위생정화위원회의 심의절차를 누락한 채 학교환경위생정화구역에서의 금지행위 및 시설해제 여부에 관한 행정처분을 한 경우
④ 먼저 설정되어 있는 어업권의 목적인 어장과 위치가 중복되는 어장에 관하여 뒤에 어업권 면허처분을 한 경우

10 행정행위에 대한 설명으로 옳은 것은? (다툼이 있는 경우 판례에 의함)

① 행정청이 행정처분을 하면서 논리적으로 당연히 수반되어야 하는 의사표시를 명시적으로 하지 않았으면, 그것이 행정청의 추단적 의사에 부합하고 상대방이 이를 알 수 있는 경우에도, 행정처분에 이와 같은 의사표시가 묵시적으로 포함되어 있다고 볼 수 없다.
② 사전에 당해 행정처분의 취소판결이 있어야만 그 행정처분의 위법을 이유로 한 손해배상청구를 할 수 있는 것은 아니다.
③ 구속력이란 행정행위가 적법요건을 구비하면 법률행위적 행정행위의 경우 법령이 정하는 바에 의해, 준법률행위적 행정행위의 경우 행정청이 표시한 의사의 내용에 따라 일정한 법적 효과가 발생하여 당사자를 구속하는 실체법상 효력이다.
④ 공정력은 행정청의 권력적 행위뿐 아니라 비권력적 행위, 사실행위, 사법행위에도 인정된다.

11 행정절차법령상 처분의 신청에 대한 설명으로 옳지 않은 것은?

① 행정청은 신청인의 편의를 위하여 다른 행정청에 신청을 접수하게 할 수 있다.
② 행정청은 신청에 구비서류의 미비 등 흠이 있는 경우 접수를 거부하여야 한다.
③ 행정청은 처리기간이 "즉시"로 되어 있는 신청의 경우에는 접수증을 주지 아니할 수 있다.
④ 행정청은 다수의 행정청이 관여하는 처분을 구하는 신청을 접수한 경우에는 관계 행정청과의 신속한 협조를 통하여 그 처분이 지연되지 아니하도록 하여야 한다.

12 「공공기관의 정보공개에 관한 법률상 이의신청」에 관한 내용이다. ( )에 들어갈 숫자의 합은?

○ 청구인이 정보공개와 관련한 공공기관의 비공개 결정 또는 부분 공개 결정에 대하여 불복이 있거나 정보공개 청구 후 ( )일이 경과하도록 정보공개 결정이 없는 때에는 공공기관으로부터 정보공개 여부의 결정 통지를 받은 날 또는 정보공개 청구 후 ( )일이 경과한 날부터 ( )일 이내에 해당 공공기관에 문서로 이의신청을 할 수 있다.
○ 공공기관은 이의신청을 받은 날부터 ( )일 이내에 그 이의신청에 대하여 결정하고 그 결과를 청구인에게 지체 없이 문서로 통지하여야 한다.

① 60
② 67
③ 70
④ 77

13 「개인정보 보호법」상 개인정보 보호제도에 대한 설명으로 옳은 것은?

① 개인정보처리자는 당초 수집 목적과 합리적으로 관련된 범위에서 정보주체에게 불이익이 발생하는지 여부, 암호화 등 안전성 확보에 필요한 조치를 하였는지 여부 등을 고려하더라도 정보주체의 동의 없이는 개인정보를 제3자에게 제공할 수 없다.
② 살아 있는 개인에 관하여 알아볼 수 있는 정보라도 가명처리함으로써 원래의 상태로 복원하기 위한 추가 정보의 사용·결합 없이는 특정 개인을 알아볼 수 없게 된 정보는 이 법에 따른 개인정보에 해당하지 아니한다.
③ 정보주체가 자신의 개인정보에 대한 열람을 공공기관에 요구하고자 할 때에는 공공기관에 직접 열람을 요구하거나 대통령령으로 정하는 바에 따라 개인정보 보호위원회를 통하여 열람을 요구할 수 있다.
④ 공정거래위원회에 등록한 소비자단체 가운데 일정한 요건을 갖춘 단체는 집단분쟁조정절차와 무관하게 법원에 단체소송을 제기할 수 있다.

14 행정의 실효성 확보수단의 예와 그 법적 성질의 연결이 옳지 <u>않은</u> 것은? (다툼이 있는 경우 판례에 의함)

① 「건축법」에 따른 이행강제금의 부과 – 집행벌
② 「식품위생법」에 따른 영업소 폐쇄 – 직접강제
③ 「경찰관직무집행법」에 따른 피구호자에 대한 구호조치 – 대집행
④ 「부동산등기 특별조치법」에 따른 과태료의 부과 – 행정벌

15 행정벌에 대한 설명으로 옳은 것은? (다툼이 있는 경우 판례에 의함)

① 「관세법」상 통고처분은 상대방의 임의의 승복을 그 발효요건으로 하기 때문에 그 자체만으로는 통고이행을 강제하거나 상대방에게 아무런 권리의무를 형성하지 않는다.
② 질서위반행위 후 법률이 변경되어 그 행위가 질서위반행위에 해당하지 아니하게 된 때에는 법률에 특별한 규정이 없는 한 변경되기 전의 법률을 적용한다.
③ 스스로 심신장애 상태를 일으켜 질서위반행위를 한 자에 대하여는 과태료를 감경한다.
④ 「도로교통법」에 따른 경찰서장의 통고처분에 대하여 항고소송을 제기할 수 있다.

16 「행정대집행법」상 행정대집행에 대한 설명으로 옳은 것은? (다툼이 있는 경우 판례에 의함)

① 대집행의 계고는 대집행의 의무적 절차의 하나이므로 생략할 수 없지만, 철거명령과 계고처분을 1장의 문서로 동시에 행할 수는 있다.
② 대집행계고 시 대집행할 행위의 내용 및 범위는 반드시 대집행계고서에 의해서만 특정되어야 하는 것은 아니다.
③ 대체적 작위의무가 법률의 위임을 받은 조례에 의해 직접 부과된 경우에는 대집행의 대상이 되지 아니한다.
④ 후행처분인 대집행비용납부명령 취소청구 소송에서 선행처분인 계고처분이 위법하다는 이유로 대집행비용납부명령의 취소를 구할 수 없다.

17 과징금 부과처분에 대한 설명으로 옳지 않은 것은? (다툼이 있는 경우 판례에 의함)

① 「부동산 실권리자명의 등기에 관한 법률」상 명의신탁자에 대한 과징금의 부과 여부는 행정청의 재량행위이다.
② 영업정지에 갈음하여 부과되는 이른바 변형된 과징금의 부과 여부는 통상 행정청의 재량행위이다.
③ 「독점규제 및 공정거래에 관한 법률」상의 과징금은 법이 규정한 범위 내에서 그 부과처분 당시까지 부과관청이 확인한 사실을 기초로 일의적으로 확정되어야 할 것이지, 추후에 부과금 산정기준이 되는 새로운 자료가 나왔다고 하여 새로운 부과처분을 할 수 있는 것은 아니다.
④ 과징금은 행정상 제재금이고 범죄에 대한 국가 형벌권의 실행이 아니므로 행정법규 위반에 대해 벌금 이외에 과징금을 부과하는 것은 이중처벌금지의 원칙에 위반되지 않는다.

18 「국가배상법」상 이중배상금지에 대한 설명으로 옳지 않은 것은? (다툼이 있는 경우 판례에 의함)

① 예비군대원이 전투·훈련 등 직무 집행과 관련하여 순직한 경우에 그 유족이 다른 법령에 따라 유족연금의 보상을 지급받을 수 있을 때에도 그 유족은 자신의 정신적 고통에 대한 위자료를 청구할 수 있다.
② 군인이 교육훈련으로 공상을 입은 경우라도 「국가유공자 예우 등에 관한 법률」 등에 의하여 재해보상금·유족연금·상이연금 등 별도의 보상을 받을 수 없는 경우에는 「국가배상법」 제2조 제1항 단서의 적용 대상에서 제외하여야 한다.
③ 훈련으로 공상을 입은 군인이 「국가배상법」에 따라 손해배상금을 지급받은 다음 「보훈보상대상자 지원에 관한 법률」이 정한 보훈급여금의 지급을 청구하는 경우, 국가는 「국가배상법」 제2조 제1항 단서에 따라 그 지급을 거부할 수 있다.
④ 「국가배상법」 제2조 제1항 단서에서 정한 '다른 법령의 규정'에 따른 보상금청구권이 모두 시효로 소멸된 경우라고 하더라도 「국가배상법」 제2조 제1항 단서 규정이 적용된다.

19 처분의 효력 유무 또는 존재 여부가 민사소송의 선결문제로 되어 당해 민사소송의 수소법원이 이를 심리·판단하는 경우에 준용되는 행정소송법 규정이 아닌 것은?

① 피고경정
② 행정심판기록의 제출명령
③ 직권심리
④ 행정청의 소송참가

20 행정심판법상 직접처분과 간접강제에 관한 설명으로 옳은 것은?

① 거부처분 취소심판의 경우 행정심판위원회는 직접 처분을 할 수 있다.
② 의무이행심판의 인용재결이 처분명령재결인 경우 행정심판위원회는 직접 처분을 할 수 없다.
③ 간접강제 결정에 기초한 강제집행에 관하여 「행정심판법」에 특별한 규정이 없는 사항에 대하여는 「행정기본법」의 규정을 준용한다.
④ 행정심판의 청구인은 간접강제 결정에 불복하는 경우 그 결정에 대하여 행정소송을 제기할 수 있다.

21 행정소송법상 항고소송에 관한 내용으로 옳지 않은 것은? (다툼이 있으면 판례에 따름)

① 국민건강보험공단이 행한 '직장가입자 자격상실 및 자격변동안내' 통보는 가입자 자격의 변동 여부 및 시기를 확인하는 의미에서 한 사실상 통지행위에 불과할 뿐, 항고소송의 대상이 되는 행정처분에 해당하지 않는다.
② 국가기관은 취소소송의 당사자가 될 수 있다.
③ 행정규칙에 의한 불문경고조치는 항고소송의 대상이 되는 행정처분에 해당하지 아니한다.
④ 대리권을 수여받은 데 불과하여 그 자신의 명의로는 행정처분을 할 권한이 없는 행정청의 경우 대리관계를 밝힘이 없이 그 자신의 명의로 행정처분을 하였다면 그에 대하여는 처분명의자인 해당 행정청이 항고소송의 피고가 되는 것이 원칙이다.

22 항고소송의 피고에 관한 설명으로 옳지 <u>않은</u> 것은? (다툼이 있는 경우 판례에 의함)

① 국가공무원에 대한 징계처분의 처분청이 대통령인 경우에는 소속 장관이 피고가 된다.
② 대리기관이 대리관계를 표시하고 피대리 행정청을 대리하여 행정처분을 한 때에는 피대리 행정청이 피고가 되어야 한다.
③ 처분등이 있은 뒤에 그 처분등에 관계되는 권한이 다른 행정청에 승계된 때에는 그 처분등에 대한 사무가 귀속되는 국가 또는 지방자치단체를 피고로 한다.
④ 「행정소송법」 제14조에 의한 피고경정은 사실심 변론종결에 이르기까지 허용된다.

23 항고소송의 대상인 처분에 대한 설명으로 옳지 <u>않은</u> 것은? (다툼이 있는 경우 판례에 의함)

① 거부처분이 있은 후 당사자가 다시 신청을 한 경우에는 그 내용이 새로운 신청을 하는 취지라면 관할 행정청이 이를 다시 거절하는 것은 새로운 거부처분이라고 보아야 한다.
② 행정청이 식품위생법령에 따라 영업자에게 행정제재처분을 한 후 당초 처분을 영업자에게 유리하게 변경하는 처분을 한 경우, 취소소송의 대상 및 제소기간 판단기준이 되는 처분은 유리하게 변경한 처분이다.
③ 부당한 공동행위의 자진신고자가 한 감면신청에 대해 공정거래위원회가 감면불인정 통지를 한 것은 항고소송의 대상인 행정처분으로 볼 수 있다.
④ 이미 직위해제처분을 받아 직위해제된 공무원에 대하여 행정청이 새로운 사유에 기하여 직위해제처분을 하였다면, 이전 직위해제처분의 취소를 구하는 소송을 제기하는 것은 부적법하다.

24 행정소송법상 제3자에 의한 재심청구에 관한 설명이다. ( )에 들어갈 내용으로 옳은 것은?

> 재심청구는 확정판결이 있음을 안 날로부터 ( ) 이내, 판결이 확정된 날로부터 ( ) 이내에 제기하여야 하며, 이 기간은 ( )으로 한다.

① ㄱ: 60일, ㄴ: 90일, ㄷ: 시효기간
② ㄱ: 30일, ㄴ: 60일, ㄷ: 시효기간
③ ㄱ: 60일, ㄴ: 1년, ㄷ: 불변기간
④ ㄱ: 30일, ㄴ: 1년, ㄷ: 불변기간

25 판례에 의할 때 공무원의 신분관계에 관한 설명으로 옳은 것은?

① 「국가공무원법」상의 직위해제처분에는 의견청취에 관한 「행정절차법」 규정이 적용된다.
② 공무원에 대한 직위해제처분이 있은 후 동일한 사유로 다시 해임처분을 하는 것은 일사부재리의 법리에 어긋난다.
③ 임용행위의 하자로 임용행위가 취소되어 소급적으로 공무원의 지위를 상실한 자도 「공무원연금법」에서 정한 퇴직급여를 청구할 수 있다.
④ 임용 당시 공무원임용 결격사유가 있었다면, 비록 국가의 과실에 의하여 임용결격자임을 전혀 알지 못하였다 하더라도 그 임용행위는 당연 무효이다.

소방법령 Ⅳ (25문항)

01 소방공무원의 고충심사 절차의 내용으로 옳지 <u>않은</u> 것은?

① 고충심사위원회는 심사일 3일 전까지 청구인 및 처분청에 심사일시 및 장소를 알려야 한다.
② 고충심사위원회로부터 청구서 부본을 송부받은 처분청이나 관계 기관의 장은 청구서 부본을 송부받은 날부터 14일 이내에 고충심사청구에 대한 답변서와 청구인 수만큼의 부본을 제출해야 한다.
③ 고충심사위원회는 청구서에 흠이 있다고 인정할 때에는 청구서를 접수한 날로부터 7일이내에 상당한 기간을 정하여 청구인에게 이의 보완을 요구할 수 있으며, 청구인 동기간내에 이를 보완하여야한다.
④ 심사결과 고충심사청구가 상당한 이유가 있다고 인정되어서 시정을 요청받은 처분청 또는 관계 기관의 장은 특별한 사유가 없으면 이를 이행하고, 시정 요청을 받은 날부터 30일 이내에 그 처리 결과를 설치기관의 장에게 알려야 한다.

02 「소방공무원 승진임용 규정」 및 같은 법 시행규칙상 승진대상자명부 작성에 관한 내용으로 옳지 <u>않은</u> 것은?

① 승진대상자명부는 「소방공무원 승진임용 규정」에 의한 작성기준일부터 20일 이내에 작성하여야 한다.
② 승진에 필요한 요건을 갖춘 소방령 이하 계급의 소방공무원에 대해서는 근무성적평정점 70퍼센트, 경력평정점 15퍼센트 및 교육훈련성적평정점 15퍼센트의 비율에 따라 계급별로 승진대상자명부를 작성해야 한다.
③ 승진임용되거나 승진후보자로 확정된 사람은 승진대상자명부에서 삭제하고, 해당 서식의 비고란에 승진임용일 또는 승진후보자로 확정된 날과 그 사유를 적는다.
④ 소방위인 소방공무원의 교육훈련성적평정점 중 직장훈련성적은 명부작성 기준일부터 최근 2년 이내에 해당 계급에서 3회 평정한 평정점의 평균으로 산정한다.

03 소방공무원의 육아휴직, 시간선택제근무 등에 관한 내용으로 옳지 <u>않은</u> 것은?

① 시간선택제전환소방공무원의 1일 근무시간은 최소 3시간 이상이어야 한다.
② 시간선택제근무는 그 소방공무원이 원하는 경우에는 분할하여 실시할 수 있다.
③ 시간선택제전환소방공무원의 근무시간은 1주당 15시간 이상 35시간 이하의 범위에서 해당 소방공무원이 정한다.
④ 소방공무원이 출산휴가 또는 육아휴직을 하거나 시간선택제전환소방공무원으로 지정된 때의 업무대행 소방공무원은 1명을 지정함을 원칙으로 하고, 업무의 특성상 여러 명을 지정할 필요가 있는 경우에는 최소한의 인원으로 하되, 5명을 초과할 수 없다.

04 소방공무원의 특별승진에 관한 내용으로 옳지 <u>않은</u> 것은?

① 직무 수행능력이 탁월하여 소방행정발전에 지대한 공헌실적이 있다고 임용권자가 인정하는 사람은 소방령 이하 계급으로 승진할 수 있다.
② 20년 이상 근속하고 정년퇴직일 전 1년 이상의 기간 중 자진하여 퇴직하는 사람으로서 재직 중 특별한 공적이 있다고 인정되는 사람은 소방정감 이하 계급으로의 승진할 수 있다.
③ 위험직무순직공무원으로서 천재·지변·화재 기타 이에 준하는 재난에 있어서 위험을 무릅쓰고 헌신분투하여 다수의 인명을 구조하거나 재산의 피해를 방지한 사람은 2계급 특별승진시킬 수 있다.
④ 청렴과 봉사정신으로 직무에 정려하여 다른 공무원의 귀감이 되는 공적이 있다고 인정되는 특별유공자의 공적은 소방공무원이 해당 계급에서 이룩한 공적으로 한정한다.

05 「소방공무원 복무규정」상 소방공무원의 복무규정에 관한 내용으로 옳지 않은 것은?

① 소방청장은 소방기관에 대하여 복무점검 또는 조치의 적정성을 확인하기 위해 필요한 자료의 제출을 요구할 수 있으며, 필요하다고 인정되는 경우에는 직접 복무점검을 하거나 의무 위반행위를 조사할 수 있다.
② 소방기관의 장은 다른 소방공무원의 모범이 될 공적이 있는 소방공무원에게 15일 이내의 포상휴가를 1회 줄 수 있다.
③ 소방공무원은 휴무일이나 근무시간 외에 공무가 아닌 사유로 3시간 이내에 직무에 복귀하기 어려운 지역으로 여행하려는 경우 원칙적으로 소속 소방기관의 장에게 신고하여야 한다.
④ 소방기관의 장은 소방공무원이 승진시험에 응시할 때에 직접 필요한 기간을 공가로 승인하여야 한다.

06 소방공무원 신임교육과정의 교육을 받은 사람이 정당한 사유없이 훈련을 중도에 포기하였고, 또한 교육 기간에 해당하는 기간 동안의 복무의무를 이행하지 아니한 때 소요경비의 반납액은 최대 얼마인가? (의무복무월수 5개월, 근무월수 1개월, 소요경비 50만 원을 전제)

① 50만 원　　② 45만 원
③ 40만 원　　④ 35만 원

07 소방공무원 채용후보자의 자격상실 사유로 틀린 것은?

① 채용후보자로서 교육훈련을 받는 중 질병, 병역 복무 또는 그 밖에 교육훈련을 계속할 수 없는 불가피한 사정 외의 사유로 퇴교처분을 받은 경우
② 「소방공무원 징계령」상 경징계 사유에 해당하는 비위를 2회 이상 저지른 경우
③ 6월 이상의 장기요양을 요하는 질병이 있는 경우
④ 채용후보자로서 품위를 크게 손상하는 행위를 함으로써 소방공무원으로서의 직무를 수행하기 곤란하다고 인정되는 경우

08 소방공무원의 인사교류에 대한 설명으로 옳지 않은 것은?

① 소방청과 그 소속기관 소속 소방공무원으로서 시·도 소속 소방공무원으로의 임용예정계급이 인사교류 당시의 계급보다 상위계급인 경우 인사교류 대상자 본인의 동의나 신청이 있어야 한다.
② 소방청장은 인사교류계획을 수립함에 있어서 시·도지사로부터 교류대상자의 추천이 있거나 해당 시·도로 전입요청이 있는 경우에는 이를 최대한 반영하여야 한다.
③ 임용권자는 소방공무원을 전입 또는 전출하려는 경우에는 소방공무원 전입·전출동의요구서에 따라 해당 소방기관의 장의 동의를 받아야 하나, 소방공무원의 인사교류계획을 수립하여 전입 또는 전출하는 경우에는 동의를 받지 않을 수 있다.
④ 소방청장은 소방인력 관리를 위해 필요한 경우에는 소방청과 시·도 간 및 시·도 상호 간의 인사교류를 제한할 수 있다.

09 승진소요최저근무연수에 포함되는 기간을 설명한 내용으로 잘못된 것은?

① '형사 사건으로 기소된 자(약식명령이 청구된 자는 제외)'에 해당하여 직위해제처분을 받은 사람의 처분 사유가 된 형사사건이 법원의 판결에 따라 무죄로 확정된 경우 그 직위해제 기간
② 국외 유학을 하게 되어 휴직한 경우에 그 휴직 기간의 50퍼센트에 해당하는 기간
③ 「공무원 재해보상법」에 따른 공무상 질병 또는 부상으로 인하여 신체·정신상의 장애로 장기 요양이 필요함에 따라 휴직한 경우에 그 휴직 기간
④ '금품비위, 성범죄 등 대통령령으로 정하는 비위행위로 인하여 감사원 및 검찰·경찰 등 수사기관에서 조사나 수사 중인 자로서 비위의 정도가 중대하고 이로 인하여 정상적인 업무수행을 기대하기 현저히 어려운 자'에 해당하여 직위해제처분을 받은 사람에 대하여 검사가 불기소를 한 경우 그 직위해제 기간

10 소청심사위원회의 소청 제도에 관한 내용으로 옳지 않은 것은?

① 결정에는 각하, 기각, 취소 또는 변경, 취소 또는 변경명령, 무효 또는 존재여부 확인, 의무이행결정이 있다.
② 소청 사건의 결정은 재적 위원 3분의 2 이상의 출석과 출석 위원 과반수의 합의에 따르되, 의견이 나뉘어 출석 위원 과반수의 합의에 이르지 못하였을 때에는 과반수에 이를 때까지 소청인에게 가장 불리한 의견에 차례로 유리한 의견을 더하여 그중 가장 유리한 의견을 합의된 의견으로 본다.
③ 소청심사위원회는 임시결정을 한 경우 외에는 소청심사청구를 접수한 날부터 60일 이내에 이에 대한 결정을 하여야 한다. 다만 불가피하다고 인정되면 소청심사위원회의 의결로 30일을 연장할 수 있다.
④ 소청심사위원회의 취소명령 또는 변경명령 결정으로 종전에 행한 징계처분 또는 징계부가금 부과처분은 취소 또는 변경된다.

11 다음 중 임기제 소방공무원에게 적용되는 휴직사유를 모두 고르면?

ㄱ. 「병역법」에 따른 병역 복무를 마치기 위하여 징집 또는 소집된 때
ㄴ. 신체·정신상의 장애로 장기 요양이 필요할 때
ㄷ. 8세 이하 또는 초등학교 2학년 이하의 자녀를 양육하기 위하여 필요하거나 여성공무원이 임신 또는 출산하게 된 때
ㄹ. 부모, 부모(배우자의 부모를 포함), 배우자, 자녀 또는 손자녀를 부양하거나 돌보기 위하여 필요한 경우

① ㄱ, ㄹ
② ㄱ, ㄴ, ㄷ
③ ㄴ, ㄷ, ㄹ
④ ㄱ, ㄴ, ㄷ, ㄹ

12 다음 중 소방공무원을 신규채용할 때에 시보임용을 면제할 수 있는 경우를 모두 고르면?

ㄱ. 임용권자 또는 임용제청권자가 시보임용예정자에 대하여 소방학교 또는 각급 공무원 교육원 기타 소방기관에 위탁하여 직무수행에 필요한 교육훈련을 시킨 경우
ㄴ. 정규의 소방공무원이었던 자가 퇴직당시보다 하위의 계급으로 임용되는 경우
ㄷ. 소방공무원으로서 소방공무원승진임용규정에서 정하는 상위계급에의 승진에 필요한 자격요건을 갖춘 자가 승진예정계급에 해당하는 계급의 공개경쟁채용시험에 합격하여 임용되는 경우
ㄹ. 정규의 소방공무원이었던 자가 퇴직당시의 계급으로 임용되는 경우

① ㄱ, ㄴ
② ㄱ, ㄷ
③ ㄴ, ㄷ, ㄹ
④ ㄱ, ㄴ, ㄷ, ㄹ

13 「위험물안전관리법 시행령」상 제1류 위험물의 품명으로 옳은 것은?

① 질산
② 과염소산
③ 과산화수소
④ 과염소산염류

14 위험물안전관리법상 제조소등에서 흡연 금지등에 관한 내용으로 옳지 않은 것은?

① 누구든지 제조소등에서는 지정된 장소가 아닌 곳에서 흡연을 하여서는 아니 된다.
② 제조소등의 관계인은 해당 제조소등이 금연구역임을 알리는 표지를 설치하여야 한다.
③ 소방본부장 또는 소방서장은 제조소등의 관계인이 금연구역임을 알리는 표지를 설치하지 아니하거나 보완이 필요한 경우 일정한 기간을 정하여 그 시정을 명할 수 있다.
④ 흡연장소의 지정 기준·방법 등은 대통령령으로 정하고, 금연구역을 알리는 표지를 설치하는 기준·방법 등은 행정안전부령으로 정한다.

15 「위험물안전관리법 시행규칙」상 예방규정의 이행 실태 평가에 대한 규정내용이다. ( ) 들어갈 내용으로 옳은 것은?

〈보기〉
예방규정의 이행 실태 평가는 다음 각 호의 구분에 따라 실시한다.
1. 최초평가: 예방규정을 최초로 제출한 날부터 (ㄱ)이 되는 날이 속하는 연도에 실시
2. 정기평가: 최초평가 또는 직전 정기평가를 실시한 날을 기준으로 (ㄴ)마다 실시. 다만, 수시평가를 실시한 경우에는 수시평가를 실시한 날을 기준으로 (ㄷ)마다 실시한다.
3. 수시평가: 위험물의 누출·화재·폭발 등의 사고가 발생한 경우 소방청장이 제조소등의 (ㄹ)의 예방규정 준수 여부를 평가할 필요가 있다고 인정하는 경우에 실시

	ㄱ	ㄴ	ㄷ	ㄹ
①	4년	4년	4년	안전관리자 또는 종업원
②	3년	3년	3년	안전관리자 또는 종업원
③	4년	3년	3년	관계인 또는 종업원
④	3년	4년	4년	관계인 또는 종업원

16 「위험물안전관리법」상 위험물 안전관리에 관한 협회의 설립목적에 해당하지 않는 것은?

① 위험물의 안전관리
② 사고 예방을 위한 안전기술 개발
③ 위험물 안전관리의 건전한 발전을 도모
④ 소방기술과 안전관리에 관한 교육 및 조사·연구

17 「위험물안전관리법 시행규칙」상 안전관리대행기관 지정 등에 관한 내용이다. ( )에 들어갈 내용으로 옳은 것은?

가. 안전관리대행기관은 지정받은 사항의 변경이 있는 경우에는 그 사유가 있는 날부터 (ㄱ)이내에 위험물안전관리대행기관 변경신고서에 행정안전부령으로 정하는 서류를 첨부하여 (ㄷ)에게 제출해야 한다.
나. 안전관리대행기관은 휴업·재개업 또는 폐업을 하려는 경우에는 휴업·재개업 또는 폐업하려는 날 (ㄴ)전까지 위험물안전관리대행기관 휴업·재개업·폐업 신고서에 위험물안전관리대행기관지정서를 첨부하여 (ㄷ)에게 제출해야 한다.

	ㄱ	ㄴ	ㄷ
①	1일	14일	시·도지사
②	14일	1일	시·도지사
③	1일	14일	소방청장
④	14일	1일	소방청장

18 「위험물안전관리법」 및 같은 법 시행령, 시행규칙상 〈보기〉의 옥외저장탱크의 주위에 보유하여야 하는 최소 공지의 너비로 옳은 것은?

〈보기〉
- 위험물의 종류 : 제4류 위험물 중 제2석유류 (비수용성)
- 저장하는 위험물의 최대수량 : 2,000,000리터
- 기준에 적합한 물분무설비에 의한 방호조치 여부 : 있음

① 2.5미터
② 3.0미터
③ 4.5미터
④ 9.0미터

19 「위험물안전관리법」 및 같은 법 시행규칙상 아염소산염류를 운반하고자 수납할 때 그 운반용기의 외부에 표기해야 하는 주의사항으로 옳은 것만을 <보기>에서 모두 고른 것은? (다만, UN의 위험물 운송에 관한 권고에서 정한 기준 또는 소방청장이 정하여 고시하는 기준은 고려하지 않는다.)

<보기>
ㄱ. 가연물접촉주의   ㄴ. 공기접촉엄금
ㄷ. 화기엄금   ㄹ. 화기주의
ㅁ. 충격주의   ㅂ. 물기엄금

① ㄱ,
② ㄴ, ㄷ
③ ㄱ, ㄹ, ㅁ
④ ㄱ, ㄹ, ㅁ, ㅂ

20 「위험물안전관리법 시행규칙」상 탱크안전성능시험자가 변경사항을 신고해야 하는 중요사항으로 옳지 않은 것은?

① 영업소 소재지의 변경
② 기술능력의 변경
③ 보유장비의 변경
④ 상호 또는 명칭의 변경

21 「위험물안전관리법」 및 같은 법 시행령상 관계인이 예방규정을 정하여야 하는 제조소등에 해당하지 않는 것은?

① 6,000 L의 알코올류를 취급하는 제조소
② 30,000 kg의 황을 저장하는 옥외저장소
③ 15,000 kg의 염소산염류를 저장하는 옥내저장소
④ 150,000 L의 등유를 저장하는 옥외탱크저장소

22 「위험물안전관리법」 및 같은 법 시행령, 시행규칙상 위험물의 지정수량과 위험등급의 연결이 옳지 않은 것은?

① 황린 — 20 kg — Ⅰ등급
② 금속분 — 500 kg — Ⅲ등급
③ 나트륨 — 10 kg — Ⅰ등급
④ 할로겐간화합물 — 300 kg — Ⅱ등급

23 「위험물안전관리법 시행규칙」상 제조소등의 변경허가를 받아야 하는 경우로 옳지 않은 것은?

① 옥내저장소의 건축물의 벽·기둥·바닥·보 또는 지붕을 증설 또는 철거하는 경우
② 옥외탱크저장소의 기초·지반을 정비하는 경우
③ 옥외저장소의 위치를 이전하는 경우
④ 제조소, 옥외탱크저장소, 지하탱크저장소, 주유취급소의 경우 300m(지상에 설치하지 않는 배관의 경우에는 30m)를 초과하는 위험물의 배관을 신설하는 경우

24 「위험물안전관리법 시행규칙」상 제조소의 위치·구조 및 설비의 기준에 대한 내용으로 옳지 않은 것은?

① 취급하는 위험물의 최대수량이 지정수량 10배 이하인 경우 위험물을 취급하는 건축물 그 밖의 시설(위험물을 이송하기 위한 배관 그 밖에 이와 유사한 시설을 제외한다)의 주위에는 3m 이상의 공지를 보유하여야 한다.
② 벽·기둥·바닥·보·서까래 및 계단을 불연재료로 하고, 연소(延燒)의 우려가 있는 외벽(소방청장이 정하여 고시하는 것에 한한다. 이하 같다)은 출입구 외의 개구부가 없는 내화구조의 벽으로 하여야 한다.
③ 저장 또는 취급하는 위험물이 황화인인 경우 화기주의를 표시한 주의사항 게시판을 설치하여야 한다.
④ 환기설비의 급기구는 급기구가 설치된 바닥면적이 90 m² 일 경우 급기구의 크기는 350 cm² 이상으로 하여야 한다.

25 「위험물안전관리법 및 시행규칙」상의 규정 내용 중에서 ㄱ~ㄹ에 들어갈 숫자를 모두 합한 값으로 옳은 것은?

> (가) 제조소등의 설치자의 지위를 승계한 자는 승계한 날부터 (ㄱ)일 이내에 시·도지사에게 신고해야 한다.
>
> (나) 제조소등의 용도를 폐지한 때에는 용도를 폐지한 날부터 (ㄴ)일 이내에 시·도지사에게 신고해야 한다.
>
> (다) 제조소의 관계인은 안전관리자를 선임한 날부터 (ㄷ)일 이내에 소방본부장 또는 소방서장에게 신고해야 한다
>
> (라) 제조소등의 관계인은 제조소등의 사용을 중지하거나 중지한 제조소등의 사용을 재개하려는 경우에는 해당 제조소등의 사용을 중지하려는 날 또는 재개하려는 날의 14일 전까지 행정안전부령으로 정하는 바에 따라 제조소등의 사용 중지 또는 재개를 시·도지사에게 신고하여야 한다.

① 120 ② 88
③ 72   ④ 59

소방전술 (25문항)

01 안전교육의 방법에 대한 설명으로 옳은 것은?

① 강의식 교육 : 강의내용이나 진행방법을 자유롭게 변경시킬 수 있으며, 교육생의 적극적인 참여를 가져온다.
② 시범실습식 교육 : 행동요소를 포함하는 기술교육에 적합하며, 이해도 측정이 용이하다
③ 토의식 교육 : 자아실현욕구 등에 따른 기법으로서 흥미가 있고 학습동기를 유발할 수 있다.
④ 사례연구법 : 현실적인 문제의 학습이 가능하며, 원칙과 룰(rule)의 체계적 습득이 쉽다.

02 가스의 열 균형에 관한 설명으로 옳지 <u>않은</u> 것은?

① 가장 온도가 높은 가스는 최상층에 모이는 경향이 있고, 반면 낮은 층에는 보다 차가운 가스가 모이게 된다.
② 온도가 가장 높은 가스층에 물을 뿌리게 되면, 물은 수증기로 급속히 변화하여 구획실 내의 가스와 급속히 섞이게 된다.
③ 열 균형을 이루고 있는 가스층에 직접 방수를 한다면, 높은 곳에서 배연구 밖으로 나가는 가장 뜨거운 가스층은 방해를 받을 수 있다.
④ 열균형에 대응하기 위한 적절한 조치로는 구획실을 배연시켜 뜨거운 가스를 빠져나가게 하고, 뜨거운 가스층으로부터 가장 위쪽에 있는 화점에 방수를 하는 것이다.

03 백드래프트 징후와 소방전술에 대한 설명으로 옳지 <u>않은</u> 것은?

① 일반적으로 적절한 내부공격시점은 지붕배연작업 후이다.
② 배연작업 후에 창문이나 문을 통한 배연 또는 진입을 시도해서는 안 된다.
③ 건물외부 관점에서는 거의 완전히 폐쇄된 건물이어야 한다.
④ 건물내부 관점에서는 압력차에 의해 공기가 빨려들어오는 특이한 소리(휘파람소리 등)와 진동의 발생이다.

04 저층건물에서 짙은 연기의 흐름을 좌우하는 요소로 볼 수 <u>없는</u> 것은?

① 연소 압력, 창문
② 공조시스템
③ 대류의 흐름
④ 화재로 인한 열

05 소방호스 지지 및 결속요령에 대한 설명으로 옳은 것은?

① 소방호스에 로프로 말뚝매기를 하는 것이 효과적이며 원칙으로 1본에 1개소를 고정한다.
② 4층 이상의 경우는 진입층에서 고정한다.
③ 충수된 소방호스의 중량은 40mm가 약 60kg이다.
④ 소방호스의 지지점은 결합부의 바로 밑이 가장 효과적이다.

06 재해예방 대책의 기본원리 5단계 중 3단계에 해당하는 것은?

㉠ 사고원인 및 경향성 분석, 사고기록 및 관계자료 분석, 인적·물적 환경조건 분석, 작업공정 분석, 교육훈련 및 직장배치 분석, 안전수칙 및 방호장비의 적부 분석
㉡ 각종 사고 및 활동기록의 검토, 작업 분석, 안전점검 및 검사, 사고조사, 안전회의 및 토의, 근로자의 제안 및 여론 조사 등에 의하여 불안전 요소를 발견
㉢ 기술적 개선, 배치조정, 교육훈련의 개선, 안전행정의 개선, 규정 및 수칙 등 제도의 개선, 안전운동의 전개 등 효과적인 개선방법을 선정
㉣ 경영자의 안전목표 설정, 안전관리자 선임, 안전라인 및 참모조직, 안전활동 방침 및 계획수립, 조직을 통한 안전활동 전개
㉤ 시정책은 3E, 즉 기술(Engineering), 교육(Education), 관리(Enforcement)를 완성함으로써 이루어진다.

① ㉠　　　　② ㉡
③ ㉢　　　　④ ㉣

07 사고현장 구조 활동 순서로 바르게 나열된 것은?

> ㉠ 2차 재해의 발생위험을 제거한다.
> ㉡ 현장활동에 방해되는 각종 장해요인을 제거한다.
> ㉢ 구조대상자의 상태 악화 방지에 필요한 조치를 취한다.
> ㉣ 구조대상자의 구명에 필요한 조치를 취한다.
> ㉤ 구출활동을 개시한다.

① ㉠ - ㉡ - ㉣ - ㉢ - ㉤
② ㉡ - ㉢ - ㉣ - ㉠ - ㉤
③ ㉠ - ㉢ - ㉣ - ㉡ - ㉤
④ ㉡ - ㉠ - ㉣ - ㉢ - ㉤

08 재난관리 주관기관에 대한 내용으로 행정안전부 소관이 아닌 것은?

① 정부중요시설사고
② 유해화학물질 유출사고
③ 공동구 재난
④ 풍수해

09 소독과 멸균에 대한 용어의 정의로서 옳지 않은 것은?

① 소독 : 가장 기초단계이며, 일반적으로 물과 기계적인 마찰, 세제를 사용한다.
② 살균제 : 미생물 중 병원성 미생물을 사멸시키기 위한 물질을 말한다.
③ 화학제 : 진균과 박테리아의 아포를 포함한 모든 형태의 미생물을 파괴하는 것이다.
④ 멸균 : 물리적, 화학적 과정을 통하여 모든 미생물을 완전하게 제거하고 파괴시키는 것을 말한다.

10 다음 구조장비에 대한 설명으로 옳은 것은?

① 도르래와 쥬마를 결합한 형태의 장비로 도르래의 역회전을 방지할 수 있어 안전하게 작업이 가능하고 힘의 소모를 막을 수 있다.
② 로프로 물체를 인양하거나 하강시킬 때 로프가 꼬여 장비나 구조대상자가 회전하는 것을 방지하는 장비이다.
③ 도르래 하나에 걸리는 하중을 2개의 도르래로 분산시켜주므로 외줄 선상의 로프나 케이블 상에서 수평 이동할 때 용이하다.
④ 프의 굵기와 홈의 크기가 맞아야 안전하게 사용할 수 있으며 크기와 재질, 구조가 다양하므로 용도에 적합한 장비를 이용하도록 한다.

11 로프의 기본매듭에 대한 설명으로 옳은 것은?

① 8자매듭 : 조여지지 않으므로 로프를 물체에 묶어 지지점을 만들거나 유도 로프를 결착하는 경우 등에 활용한다.
② 두겹8자매듭 : 로프에 고리를 만들어 카라비너에 걸거나 나무, 기둥 등에 확보하고자 하는 경우 등에 폭넓게 활용한다.
③ 8자연결매듭 : 두 줄을 이을 때 연결매듭으로 많이 활용되는 매듭이지만 힘을 받은 후에는 풀기가 매우 어려워 장시간 고정시켜 두는 경우에 주로 사용한다.
④ 이중8자매듭 : 간편하고 튼튼하기 때문에 로프에 고리를 만드는 경우 가장 많이 활용된다.

12 구조의 4단계에 대한 내용으로 바르게 연결된 것은?

> ㉠ 인명구조와 수색활동을 위해 일부의 잔해물은 제거되었지만 본격적인 구조작업을 위해서 제거하여야 할 잔해물을 신중히 선정하고 조심스럽게 작업을 시작한다.
> ㉡ 아직도 실종 중인 사람이 있거나 도저히 구조대상자에게 도달할 수 없는 경우 조직적으로 해당영역을 들어내는 방식으로 진행한다.
> ㉢ 위치가 분명하게 파악되고 구조방법을 신속히 결정할 수 있는 구조대상자에게만 적용된다.
> ㉣ 건물이 튼튼하게 보호받을 수 있는 부분, 특히 비상대피시설, 계단 아래의 공간 등 어느 정도 안전을 보장받을 수 있는 곳에 갇혀있는 사람들이나 심각한 부상으로 자력탈출이 불가능한 구조대상자의 위치를 파악하는 단계이다.

① ㉣ – ㉢ – ㉠ – ㉡
② ㉢ – ㉣ – ㉠ – ㉡
③ ㉠ – ㉣ – ㉢ – ㉡
④ ㉢ – ㉡ – ㉠ – ㉣

13 "인간사슬 구조요령"에 대한 설명으로 옳은 것은?

① 서로를 잡을 때는 각자의 손바닥을 잡아야 연결이 끊어지지 않는다.
② 구조대상자 가장 가까이 접근하는 사람은 넓적다리 정도의 깊이까지 들어가 구조한다.
③ 이때 체중이 가벼운 사람이 사슬의 시작부분에 위치하도록 한다.
④ 인간사슬방법은 하천이나 호수에서도 응용할 수 있다.

14 통제단의 역할에 대한 설명으로 옳은 것은?

① 하나의 시·군·구에 재난이 발생하였으나 해당 지역의 시·군·구 긴급구조통제단의 대응능력을 초과한 상황은 대응 2단계이다.
② 재난현장의 구조활동 등 초동 조치상황에 대한 언론 발표 등은 각급통제단장이 한다.
③ 각급통제단장은 긴급구조 활동을 종료하려는 때에는 긴급구조지원기관과 협의하여 결정하여야 한다.
④ 취재인력 등 보도업무 종사자는 제1통제선에 출입할 수 없다.

15 물소화약제 한계에 대한 설명으로 옳은 것은?

① 제3류 위험물에 해당하는 리튬(Li), 나트륨(Na), 칼륨(K) 등 알카리금속과 칼슘(Ca)등의 알카리토금속, 제2류 위험물에 해당하는 철가루, 마그네슘 등 금속 또는 금속가루는 물과 반응하여 산소를 발생한다.
② 중유화재에는 봉상으로 물을 분사하여 유화소화를 하는 것이 유리하다.
③ 전기화재에서 물을 사용한 소화는 가능하지만 감전사고의 위험이 있으므로 이러한 감전사고의 위험성을 줄이기 위해서는 일정한 거리를 유지하면서 적상으로 분사하여야 한다.
④ 물보다 비중이 큰 유류인 중유의 탱크 화재에서는 무상이 아닌 봉상이나 적상으로 분사하면 물의 분사 압력으로 불이 붙은 중유입자가 물입자와 함께 탱크 밖으로 비산하여 화재를 더욱 확대시킬 우려가 있다.

16 공기포 소화약제에 대한 설명으로 옳은 것은?

① 내 알코올 포 소화약제 : 대표적으로 미국 3M사의 라이트 워터(Light Water)라는 상품명의 제품이 많이 팔리고 있는데 유면상에 형성된 수성막이 기름보다 가벼운 것처럼 보이기 때문에 만들어진 상품명이다.
② 수성막포 소화약제 : 장기 보존성은 원액이든 수용액이든 타 포 원액보다 우수하며, 약제의 색깔은 갈색이며 독성은 없다.
③ 합성계면활성제포 소화약제 : 불소계 계면활성제를 첨가함으로써 안정제인 철염의 첨가량을 줄였기 때문에 침전물이 거의 생성되지 않아 장기 보관(8~10년)이 가능하다.
④ 불화단백포 소화약제 : 동물성 단백질인 동물의 피, 뿔, 발톱을 알칼리로 가수 분해 과정의 중간 정도 상태에서 분해를 중지시킨 것이 이 소화약제의 주성분으로 흑갈색의 특이한 냄새가 나는 끈끈한 액체이다.

17 소방자동차 방수 및 흡수요령을 설명한 것으로 옳지 않은 것은?

① 급수탑을 이용하여 물을 받을 때는 물탱크 상부 뚜껑 개방 후 직접 받는다.
② 흡수구, 중계구를 통해 소화전 또는 소방자동차로부터 나오는 물을 물탱크로 보수할 경우에는 자체급수 밸브를 개방하여 직접 받는다.
③ 보수구를 통해 소화전 또는 소방자동차로부터 나오는 물을 물탱크로 보수할 경우에는 보수구밸브를 개방하여 직접 받는다.
④ 중계관을 이용하여 물을 공급받을 때는 연성계를 이용하여 송수압력을 확인하고 송수압력보다 높게 펌프압력을 유지해야 한다.

18 구조장비의 분류에서 측정용 장비에 해당 되는 것은?

① 풍향·풍속계 ② 119구조견
③ 수중음향탐지기 ④ 구조로봇

19 화재조사 용어의 정의에 대한 설명으로 옳은 것은?

① 감식 : 화재와 관계되는 물건의 형상, 구조, 재질, 성분, 성질 등 이와 관련된 모든 현상에 대하여 과학적 방법에 의한 필요한 실험을 행하고 그 결과를 근거로 화재원인을 밝히는 자료를 얻는 것을 말한다.
② 감정 : 화재원인의 판정을 위하여 전문적인 지식, 기술 및 경험을 활용하여 주로 시각에 의한 종합적인 판단으로 구체적인 사실관계를 명확하게 규명하는 것을 말한다.
③ 잔가율 : 피해물의 내용연수가 다한 경우 잔존하는 가치의 재구입비에 대한 비율을 말한다.
④ 잔불정리 : 화재 초진 후 잔불을 점검하고 처리하는 것을 말한다. 이 단계에서는 열에 의한 수증기나 화염 없이 연기만 발생하는 연소현상이 포함될 수 있다.

20 주요병력 및 세부신체검진에서 의식이 있는 경우 현병력에 대한 OPQRST를 질문하는데 있어서 다음 내용과 관계 깊은 것은?

> 어떤 움직임이나 압박 또는 외부요인이 증상을 악화 또는 완화시키는지?

① O ② P
③ Q ④ R

21 심폐소생술 실시 요령에서 제세동기 사용 후 곧바로 실시해야 할 것은?

① 가슴압박
② 맥박확인
③ 니트로글리세린 투여
④ 리듬분석

22 다음 중 열경련에 대한 설명으로 옳은 것은?

① 열 손상에서 가장 위험한 단계로 체온조절기능 부전으로 나타난다.
② 적절한 휴식 없이 진화하는 소방대원 및 통풍이 안 되는 작업복을 입고 일할 때 많이 발생한다.
③ 여름철에 어린아이나 노약자에게 많이 일어나며 보통 며칠에 걸쳐 진행된다.
④ 더운 곳에서 격렬한 활동으로 땀을 많이 흘려 전해질(특히, 나트륨) 부족으로 나타난다.

23 환자 병력을 효과적으로 수집하기 위해 SAMPLE력 형식을 취하는데 다음 설명에서 옳지 <u>않은</u> 것은?

① S : 호흡보조근 사용을 보고, 호흡음을 듣고, 피부가 차갑고 축축한 것을 느끼고, 호흡에서 아세톤 냄새가 나는 것 등은 징후이다.
② M : 환자가 현재 복용하고 있는 약물이 무엇인지 아는 것은 과거병력 및 현 질환에 대한 중요한 단서를 제공한다.
③ P : 과거력이 있는 환자의 경우 가슴통증 환자는 니트로글리세린, 천식환자는 천식약 그리고 알레르기 환자는 자가 에피네프린 약 등을 갖고 있는 경우가 많다.
④ L : 가슴통증 환자는 많은 양의 산소를 공급받고 똑같은 처치를 받는다. 그러나 새벽 3시에 가슴통증으로 깨어난 환자는 체육관에서 운동 중 가슴통증을 호소하는 환자보다 심근경색일 가능성이 높다.

24 심폐소생술의 합병증에 대한 설명으로 옳지 <u>않은</u> 것은?

① 심폐소생술이 시행된 환자의 약 25%에서는 심각한 합병증이 발생하며, 약 3%에서는 치명적인 손상이 발생한다.
② 심폐소생술 중 발생하는 합병증은 주로 가슴압박에 의하여 유발되며, 가장 흔히 발생하는 합병증은 갈비뼈골절로서 약 40%에서 발생된다.
③ 가슴압박이 적절하여도 상부 갈비뼈 또는 하부갈비뼈의 골절, 기흉이 나타날 수 있다.
④ 허파흡인은 인공호흡에 의하여 발생하는 합병증이다.

25 표준작전절차(SOP)에서 지휘형태 선택 기준으로 다음 내용과 관계 깊은 것은?

> 배연, 검색구조, 내부관리 등과 같은 실제임무를 이행하는 단위지휘관이 사용 가능

① 이동지휘
② 방면지휘
③ 고정지휘
④ 전진지휘

최단기 소방승진 이패스 소방사관

www.kfs119.co.kr

※ 이 책은 저작권법에 의해 보호를 받는 저작물이므로 무단전재와 복제를 금합니다.
※ 본 교재의 저작권은 이패스코리아에 있습니다.

2025년 소방위 소방승진 제2회

응시번호	
성명	

【시험 과목】

편철순서	제1과목	제2과목	제3과목
과목명	행정법(25문항)	소방법령 Ⅳ(25문항)	소방전술 (25문항)

응시자 준수사항

☞ 시험지를 받으면 "시험 감독관 또는 방송"의 안내에 따라 다음 사항을 반드시 지켜 주시기 바랍니다.

1. 시험지 표지의 응시번호 및 성명"을 기재하여 주십시오.

2. 시험이 시작되면 시험지의 "편철순서", "페이지 수량", "인쇄 상태"를 반드시 확인한 후에 문제를 푸십시오.
   ※ 본 시험지는 총 20페이지입니다.

3. 시험이 시작되면 문제를 주의 깊게 읽고, 문항의 취지에 가장 적합한 하나의 정답만을 고르십시오. 운영요원에게 문제 내용에 관한 질문은 하실 수 없습니다.

※ 본 시험지는 공개이므로 시험이 종료된 후 가지고 나갈 수 있습니다.

※ 본 표지는 실제 시험지를 모델로 제작되었습니다.

epasskorea

소방위 소방승진

제2회 모의고사

문 항 수 : 75문항
응시시간 : 75분

행정법 (25문항)

01 행정법의 법원(法源)에 대한 설명으로 옳지 <u>않은</u> 것은? (다툼이 있는 경우 판례에 의함)

① 개정 법령이 기존의 사실 또는 법률관계를 적용대상으로 하면서 국민의 재산권과 관련하여 종전보다 불리한 법률효과를 규정하고 있는 경우, 그러한 사실 또는 법률관계가 개정 법률이 시행되기 이전에 이미 완성 또는 종결된 것이 아니라면 소급입법금지원칙에 위반된다.
② 행정소송에 관하여 「행정소송법」에 특별한 규정이 없는 사항에 대하여는 「법원조직법」과 「민사소송법」 및 「민사집행법」의 규정을 준용한다.
③ 평등원칙은 일체의 차별적 대우를 부정하는 절대적 평등을 의미하는 것이 아니라 입법과 법의 적용에 있어서 합리적인 근거가 없는 차별을 배제하는 상대적 평등을 뜻한다.
④ 행정상 법률관계에도 민중적 관습법이 적용된다.

02 행정법의 일반원칙에 대한 설명으로 옳지 <u>않은</u> 것은? (다툼이 있는 경우 판례에 의함)

① 병무청 담당부서의 담당공무원에게 공적 견해의 표명을 구하는 정식의 서면질의 등을 하지 아니한 채 총무과 민원팀장에 불과한 공무원이 민원봉사차원에서 상담에 응하여 안내한 것을 신뢰한 경우, 신뢰보호의 원칙이 적용되지 않는다.
② 제1종 보통면허로 운전할 수 있는 차량을 음주운전한 경우 제1종 보통면허의 취소 외에 동일인이 소지하고 있는 제1종 대형면허와 원동기장치자전거면허는 취소할 수 없다.
③ 개인택시 면허제도의 성격상 그 자격요건이나 우선순위의 요건을 일정한 범위 내에서 강화하고 그 요건을 변경함에 있어 유예기간을 두지 아니하였다 하더라도 그러한 점만으로는 행정청의 면허신청 접수거부처분이 신뢰보호의 원칙이나 형평의 원칙, 재량권의 남용에 해당하지 아니한다.
④ 주택사업계획승인을 발령하면서 주택사업계획승인과 무관한 토지를 기부채납하도록 부관을 붙인 경우는 부당결부금지원칙에 반해 위법하다.

03 행정법의 효력에 대한 설명으로 옳지 <u>않은</u> 것은? (다툼이 있는 경우 판례에 의함)

① 신뢰보호의 요청에 우선하는 심히 중대한 공익상의 사유가 소급입법을 정당화하는 경우 등에는 예외적으로 진정소급입법이 허용된다.
② 부진정소급입법은 원칙적으로 허용되지만 소급효를 요구하는 공익상의 사유와 신뢰보호의 요청 사이의 교량과정에서 신뢰보호의 관점이 입법자의 형성권에 제한을 가하게 된다.
③ 경과규정 등의 특별규정 없이 법령이 변경된 경우, 그 변경 전에 발생한 사항에 대하여 적용할 법령은 개정 후의 신법령이다.
④ 2025년 9월 1일의 법률로 2024년도의 세율을 인상하는 것은 소급효금지원칙에 반한다.

04 사인의 공법행위로서의 신고에 대한 설명으로 옳지 않은 것은? (다툼이 있는 경우 판례에 의함)

① 「부가가치세법」상 사업자등록은 단순한 사업사실의 신고에 해당하므로, 과세관청이 직권으로 등록을 말소한 행위는 항고소송의 대상인 행정처분에 해당하지 않는다.
② 허가대상 건축물의 양수인이 건축법령에 규정되어 있는 형식적 요건을 갖추어 행정청에 적법하게 건축주 명의변경 신고를 한 경우, 행정청은 실체적인 이유를 들어 신고의 수리를 거부할 수 없다.
③ 구 「체육시설의 설치·이용에 관한 법률」의 규정에 따라 체육시설의 회원을 모집하고자 하는 자의 '회원모집계획서 제출'은 수리를 요하는 신고이며, 이에 대하여 회원모집계획을 승인하는 시·도지사 등의 검토결과 통보는 수리행위로서 행정처분에 해당한다.
④ 구 「장사 등에 관한 법률」상 납골당설치 신고는 수리를 요하지 않는 자기완결적 신고에 해당하므로, 형식적 요건을 갖춘 신고서가 접수기관에 도달한 때 곧바로 효력이 발생한다.

05 행정법상 법률요건과 법률사실에 관한 설명으로 옳지 않은 것은? (다툼이 있는 경우 판례에 의함)

① 특별시장 등이 거짓이나 부정한 방법으로 화물자동차 유가보조금(부정수급액)을 교부받은 운송사업자 등으로부터 부정수급액을 반환받을 권리에 대해서는 「지방재정법」에서 정한 5년의 소멸시효가 적용된다.
② 「국유재산법」상 변상금부과처분에 대한 취소소송이 진행되는 동안에는 그 부과권의 소멸시효는 진행하지 아니한다.
③ 제3자가 체납자가 납부해야 할 체납액을 체납자 명의로 완납한 경우, 제3자는 국가에 대하여 부당이득 반환을 청구할 수 없다.
④ 조세채권의 소멸시효기간이 완성된 후에 부과된 과세처분은 당연무효이다.

06 다음 중 행정규칙에 대한 설명으로 가장 옳지 않은 것은?

① 법령보충적 행정규칙은 법령의 수권에 의하여 인정되고, 그 수권은 포괄위임금지의 원칙상 구체적·개별적으로 한정된 사항에 대하여 행해져야 한다.
② 대법원 판례에 의하면, 법령보충적 행정규칙은 행정기관에 법령의 구체적 사항을 정할 수 있는 권한을 부여한 상위 법령과 결합하여 대외적 효력을 갖게 된다.
③ 헌법재판소 판례에 의하면, 헌법상 위임입법의 형식은 열거적이기 때문에, 국민의 권리·의무에 관한 사항을 고시 등 행정규칙으로 정하도록 위임한 법률 조항은 위헌이다.
④ 헌법재판소 판례에 의하면, 재량준칙인 행정규칙도 행정의 자기구속의 법리에 의거하여 헌법소원심판의 대상이 될 수 있다.

07 처분에 관한 판례의 입장으로 옳지 않은 것은?

① 구 「도시계획법」에 정한 처분이나 조치명령을 받은 자가 이에 위반한 경우 이로 인하여 동법 제92조에 정한 처벌을 하기 위하여는 그 처분이나 조치명령이 적법한 것이라야 하고, 그 처분이 당연무효가 아니라 하더라도 그것이 위법한 처분으로 인정되는 한 동법 제92조 위반죄가 성립될 수 없다.
② 조세의 과오납이 부당이득이 되기 위하여는 납세 또는 조세의 징수가 전혀 법률상의 근거가 없거나 과세처분의 하자가 중대하고 명백하여 당연무효이어야 하고, 과세처분의 하자가 단지 취소할 수 있는 정도에 불과할 때에는 과세관청이 이를 스스로 취소하거나 항고소송절차에 의하여 취소되지 않는 한 그로 인한 조세의 납부가 부당이득이 된다고 할 수 없다.
③ 과세처분에 관한 이의신청절차에서 과세관청이 이의신청 사유가 옳다고 인정하여 과세처분을 직권으로 취소한 이상 그 후 특별한 사유 없이 이를 번복하고 종전 처분을 되풀이하는 것은 허용되지 않는다.
④ 여러 처분사유에 관하여 하나의 제재처분을 하였을 때 그중 일부가 인정되지 않고 나머지 처분사유들만으로 처분의 정당성이 인정된다고 하더라도 그 처분은 위법하다고 보아 취소할 수 있다.

08 행정행위의 하자의 치유에 대한 설명으로 옳지 <u>않은</u> 것은? (다툼이 있는 경우 판례에 의함)

① 주택재건축정비사업조합설립인가처분 당시 토지소유자 등의 동의율을 충족하지 못한 하자는 소제기 이후에 추가동의서가 제출되어 동의율을 충족한다면 치유된다.
② 하자의 치유는 늦어도 행정처분에 대한 불복 여부의 결정 및 불복신청을 할 수 있는 상당한 기간 내에 해야 하므로, 소가 제기된 이후에는 하자의 치유가 인정될 수 없다.
③ 행정행위의 하자의 치유는 원칙적으로 허용될 수 없고, 예외적으로 행정행위의 무용한 반복을 피하고 당사자의 법적 안정성을 위해 허용하는 때에도 국민의 권리나 이익을 침해하지 않는 범위에서 인정될 수 있다.
④ 압류처분의 단계에서 독촉의 흠결과 같은 절차상의 하자가 있었다고 하더라도 그 이후에 이루어진 공매절차에서 공매통지서가 적법하게 송달된 바가 있다면 매수인이 매각결정에 따른 매수대금을 납부한 이후에는 다른 특별한 사정이 없는 한, 당해 공매처분을 취소할 수 없다.

09 다음 중 판례에 의하여 재량권의 일탈·남용이라고 인정된 처분은?

① 약사의 의약품 개봉판매행위는 약사법에 의하여 금지되어 있는데 이를 위반한 약사에 대하여 구 약사법령에 근거한 15일 영업정지에 갈음하는 과징금 855만원을 부과한 처분
② 명예퇴직 합의 후 명예퇴직 예정일 사이에 허위로 병가를 받아 다른 회사에 근무하였음을 사유로 한 징계해임처분
③ 단원에게 지급될 급량비를 바로 지급하지 않고 모아두었다가 지급한 시립무용단원에 대한 해촉처분
④ 교통경찰관이 법규위반자에게 만원권 지폐 한 장을 두 번 접어서 면허증과 함께 달라고 한 경우에 내려진 해임처분

10 甲은 건축물을 신축하기 위하여 허가청인 A에게 건축허가(주된 허가)를 신청하였다. 甲은 건축허가를 신청하면서 개발행위허가도 받고자 하는데, 건축법상 甲이 건축허가를 받으면 「국토의 계획 및 이용에 관한 법률」에 따른 개발행위허가(관련 허가)를 받은 것으로 의제된다. 이에 관한 설명으로 옳지 <u>않은</u> 것은? (단, 관련 허가의 허가청은 B임)

① 甲은 건축허가를 A에게 신청하면서 개발행위허가에 필요한 서류를 함께 제출하여야 한다.
② A는 건축허가를 하기 전에 개발행위허가에 관하여 미리 B와 협의하여야 한다.
③ B는 개발행위허가에 관한 법령을 위반하여 협의에 응해서는 아니 된다.
④ A와 B 사이에 협의가 되면 건축허가와 개발행위허가를 모두 받은 것으로 본다.

11 행정행위의 직권취소에 관한 설명으로 옳지 <u>않은</u> 것은? (다툼이 있으면 판례에 따름)

① 취소사유로는 위법이 있는 경우만이 아니라 부당한 경우도 포함한다.
② 처분청은 그 처분의 성립에 하자가 있는 경우 이를 취소할 별도의 법적 근거가 없다고 하더라도 직권으로 이를 취소할 수 있다.
③ 행정청은 당사자에게 권리나 이익을 부여하는 처분을 취소하려는 경우, 당사자가 중대한 과실로 처분의 위법성을 알지 못하면 취소로 인하여 입게 될 불이익을 취소로 달성되는 공익과 비교·형량하여야 한다.
④ 행정행위의 취소는 일단 유효하게 성립한 행정행위를 성립 당시 존재하던 하자를 사유로 소급하여 효력을 소멸시키는 행정처분이다.

12 「행정기본법」상 처분의 재심사에 대한 설명으로 옳지 않은 것은?

① 처분으로 법률상 이익이 침해된 제3자는 해당 처분에 대해 재심사를 신청할 수 있다.
② 처분에 관한 법원의 확정판결이 있는 경우, 그러한 처분은 재심사의 대상에서 제외된다.
③ 신청을 받은 행정청은 특별한 사정이 없으면 신청을 받은 날부터 90일(합의제행정기관은 180일) 이내에 처분의 재심사 결과를 신청인에게 통지하여야 한다.
④ 처분의 재심사 결과 중 처분을 유지하는 결과에 대해서는 행정소송을 통하여 불복할 수 없다.

13 행정절차법의 내용으로 옳은 것은?

① 행정청은 신청인의 편의를 위하여 신청인이 다른 행정청에 처분을 구하는 신청을 접수하게 할 수 없다.
② 다수의 당사자등에 의해 선정된 대표자가 있는 경우에는 당사자 등은 직접 또는 그 대표자를 통하여 행정절차에 관한 행위를 할 수 있다.
③ 행정청은 처분을 할 때에는 단순·반복적인 처분으로서 당사자가 그 이유를 명백히 알 수 있는 경우에도 당사자에게 그 근거와 이유를 사전에 제시하여야 한다.
④ 행정청은 다수의 행정청이 관여하는 처분을 구하는 신청을 접수한 경우에는 관계 행정청의 신속한 협조를 통하여 그 처분이 지연되지 아니하도록 하여야 한다.

14 「공공기관의 정보공개에 관한 법률」상 정보공개에 대한 설명으로 옳지 않은 것은? (다툼이 있는 경우 판례에 의함)

① 정보공개청구는 정보공개를 구하는 자가 공개를 구하는 정보를 행정기관이 보유·관리하고 있을 상당한 개연성이 있다는 점을 입증함으로써 족하다 할 것이지만, 공공기관이 그 정보를 보유·관리하고 있지 아니한 경우에는 특별한 사정이 없는 한 정보공개거부처분의 취소를 구할 법률상의 이익이 없다.
② 교육공무원의 근무성적평정 결과를 공개하지 아니한다고 규정하고 있는 「교육공무원 승진규정」을 근거로 정보공개청구를 거부하는 것은 위법하다.
③ 재소자가 교도관의 가혹행위를 이유로 형사고소 및 민사소송을 제기하면서 그 증명자료 확보를 위해 '징벌위원회 회의록' 등의 정보공개를 요청한 경우, 징벌위원회 회의록 중 징벌절차 진행 부분은 비공개 사유에 해당한다.
④ 공개청구된 정보가 수사의견서인 경우 수사의 방법 및 절차 등이 공개되더라도 수사기관의 직무수행을 현저히 곤란하게 하지 않는 때에는 비공개대상정보에 해당하지 않는다.

15 행정기본법상 행정상 강제에 관한 설명으로 옳지 않은 것은?

① 직접강제는 다른 모든 수단으로는 행정목적을 달성할 수 없는 경우에만 허용되며, 이 경우에도 최소한으로만 실시하여야 한다.
② 외국인의 출입국·난민인정·귀화·국적회복에 관한 사항에 관하여는 「행정기본법」 제5절(행정상 강제)을 적용하지 아니한다.
③ 행정청은 이행강제금을 부과받은 자가 납부기한까지 이행강제금을 내지 아니하면 국세강제징수의 예 또는 「지방행정제재·부과금의 징수 등에 관한 법률」에 따라 징수한다.
④ 행정청은 이행강제금을 부과하기 전에 미리 의무자에게 적절한 이행기간을 정하여 그 기한까지 행정상 의무를 이행하지 아니하면 이행강제금을 부과한다는 뜻을 문서로 계고하여야 한다.

16 통고처분에 대한 설명으로 가장 옳지 않은 것은?

① 경찰서장이 범칙행위에 대하여 통고처분을 한 이상, 통고처분에서 정한 범칙금 납부 기간까지는 원칙적으로 경찰서장은 즉결심판을 청구할 수 없고, 검사도 동일한 범칙행위에 대하여 공소를 제기할 수 없다.
② 「관세법」상 통고처분을 할 것인지의 여부는 관세청장 또는 세관장의 재량에 맡겨져 있으므로 관세청장 또는 세관장이 관세범에 대하여 통고처분을 하지 아니한 채 고발하였다는 것만으로 그 고발이 부적법한 것은 아니다.
③ 「조세범 처벌절차법」상 지방국세청장 또는 세무서장이 조세범칙행위에 대하여 고발을 한 후에 동일한 조세범칙행위에 대하여 통고처분을 하였다면 조세범칙행위에 대한 고발은 효력을 상실한다.
④ 구 「도로교통법」상 범칙금 납부통고서를 받은 자가 그 범칙금을 납부한 경우 그 범칙행위에 대하여 다시 벌받지 아니한다고 규정하고 있는바, 이는 범칙금의 납부에 확정재판의 효력에 준하는 효력을 인정하는 취지로 해석하여야 한다.

17 국가배상책임에 관한 설명으로 옳지 않은 것은? (다툼이 있는 경우 판례에 따름)

① 「국가배상법」은 「민법」 제756조 제1항 단서상의 사용자 면책조항에 상응하는 규정을 두고 있지 않다.
② 국가가 국가배상책임을 이행한 경우 공무원에게 경과실이 있으면 국가는 그 공무원에게 구상할 수 있다.
③ 「국가배상법」 제2조상의 직무행위에는 입법작용과 사법작용이 포함된다.
④ 「국가배상법」 제5조상의 공공의 영조물에는 행정주체가 적법한 권한에 기하여 관리하고 있는 공물뿐만 아니라 사실상 관리하고 있는 공물도 포함된다.

18 공익사업을 위한 토지 등의 취득 및 보상에 관한 법률상 사업인정과 수용재결에 관한 설명으로 옳지 않은 것은? (다툼이 있는 경우 판례에 따름)

① 수용재결은 행정심판의 재결의 성질을 갖는다.
② 사업인정에 불가쟁력이 발생한 경우 당연무효가 아닌 한 사업인정의 하자를 이유로 수용재결의 취소를 구할 수 없다.
③ 사업인정은 사업인정이 고시된 날부터 효력을 발생한다.
④ 수용재결의 효과로서 수용에 의한 사업시행자의 토지소유권 취득은 법률의 규정에 의한 원시취득이다.

19 행정심판에 관한 설명으로 옳지 않은 것은? (다툼이 있는 경우 판례에 따름)

① 행정처분의 취소를 구하는 심판에서 처분청은 당초 처분의 근거로 삼은 사유와 기본적 사실관계가 동일성이 있다고 인정되는 한도 내에서 다른 사유를 추가 또는 변경할 수 있다.
② 「행정심판법」은 당사자심판에 관해서 규정하고 있지 않다.
③ 무효등확인심판에는 사정재결을 할 수 있다.
④ 재결에 의하여 취소되는 처분이 당사자의 신청을 거부하는 것을 내용으로 하는 경우에는 그 처분을 한 행정청은 재결의 취지에 따라 다시 이전의 신청에 대한 처분을 하여야 한다.

20 「행정소송법」상 취소소송에 규정된 사항으로 당사자소송에 준용되는 것을 모두 고른 것은?

ㄱ. 재판관할
ㄴ. 행정심판기록의 제출 명령
ㄷ. 직권심리
ㄹ. 집행정지

① ㄱ, ㄴ
② ㄷ, ㄹ
③ ㄱ, ㄴ, ㄷ
④ ㄱ, ㄴ, ㄷ, ㄹ

21 항고소송에 대한 설명으로 옳은 것은? (다툼이 있는 경우 판례에 의함)

① 소송에 있어서 처분권주의는 사적자치에 근거를 둔 법질서에 뿌리를 두고 있으므로 취소소송에는 적용되지 않는다.
② 「행정소송법」은 법원이 직권으로 재결을 행한 행정청에 자료제출을 요구할 수 있음을 규정하고 있다.
③ 행정처분의 무효확인을 구하는 소에는 특단의 사정이 없는 한 취소를 구하는 취지도 포함되어 있다.
④ 부작위위법확인소송에서 사인의 신청권의 존재여부는 부작위의 성립과 관련하므로 원고적격의 문제와는 관련이 없다.

22 행정심판재결이 취소소송의 대상이 되는 경우에 해당하지 않는 것은?

① 적법한 행정심판을 청구하였는데 각하재결이 내려지자, 해당 행정심판청구인이 취소소송을 제기하는 경우
② 인근주민이 주유소영업허가처분의 취소를 구하는 행정심판을 제기하였는데 인용재결이 내려지자, 그 허가처분의 상대방이 취소소송을 제기하는 경우
③ 행정심판의 제기요건을 결여하였음에도 불구하고 각하하지 않고 인용재결을 한 경우
④ 3개월 영업정지처분을 받은 영업자가 해당 처분의 취소를 구하는 행정심판을 제기하여 3개월의 영업정지처분을 2개월의 영업정지처분에 갈음하는 과징금부과처분으로 변경하라는 일부기각(일부인용)의 이행재결이 내려지자, 그 영업자가 취소소송을 제기하는 경우

23 사정판결에 대한 설명으로 옳지 않은 것은? (다툼이 있는 경우 판례에 의함)

① 사정판결에서의 소송비용은 승소한 피고가 부담한다.
② 사정판결은 항고소송 중 취소소송 및 무효등확인소송에서 인정되는 판결의 종류이다.
③ 법원이 사정판결을 함에 있어서는 미리 원고가 그로 인하여 입게 될 손해의 정도와 배상방법 그 밖의 사정을 조사하여야 한다.
④ 법원이 직권으로 사정판결을 할 수 있다.

24 A시의 시장은 감사원으로부터 감사원법에 따라 시의 공무원 甲에 대한 징계 요구를 받게 되자 감사원에 징계 요구에 대한 재심의를 청구하였다. 그런데 감사원이 재심의청구를 기각하는 결정(이하 '재심의결정')을 하자 甲은 감사원의 징계요구 및 그에 대한 재심의결정의 취소를 구하였고, A시의 시장은 감사원의 재심의결정의 취소를 구하는 소를 제기하였다. 한편 요구받은 징계를 하지 않더라도 A시의 시장이 불이익을 받는 규정은 없다. 이에 관한 설명으로 옳지 않은 것을 모두 고른 것은? (다툼이 있는 경우 판례에 의함)

> ㄱ. A시의 시장이 기관소송으로서 제기한 소송은 허용된다.
> ㄴ. 징계 요구 그 자체만으로 징계 요구 대상 공무원의 권리의무에 직접적인 변동을 초래한다.
> ㄷ. 감사원의 재심의결정은 행정처분이다.
> ㄹ. 감사원의 징계 요구는 A시의 시장에 대한 행정처분이다.

① ㄱ, ㄴ
② ㄷ, ㄹ
③ ㄱ, ㄴ, ㄷ
④ ㄱ, ㄴ, ㄷ, ㄹ

25 국유재산법상 국유재산에 대한 설명으로 옳지 않은 것은? (다툼이 있는 경우 판례에 의함)

① 공용재산이란 국가가 직접 공공용으로 사용하거나 대통령령으로 정하는 기한까지 사용하기로 결정한 재산을 말한다.
② 국유 일반재산인 대지에 대한 대부계약이 해지되어 국가가 원상회복으로 지상의 시설물을 철거하려는 경우, 행정대집행법에 따라 대집행을 하여야 하고 민사소송의 방법으로 시설물의 철거를 구하는 것은 허용되지 않는다.
③ 관할 행정청이 관련 법령에 따라 사업실시계획을 인가고시함으로써 공원시설의 종류·위치 및 범위 등이 구체적으로 확정되거나 도시계획사업 시행으로 도시공원이 실제로 설치된 국유 토지는 행정재산에 해당한다.
④ 국유 일반재산의 대부료 징수에 관하여 국세 체납처분의 예에 따른 간이하고 경제적인 특별한 구제절차가 마련되어 있으므로, 특별한 사정이 없는 한 민사소송으로 일반재산의 대부료 지급을 구하는 것은 허용되지 않는다.

소방법령 IV (25문항)

01 소방공무원 인사기록 열람에 관한 내용으로 옳지 않은 것은?

① 인사기록을 열람한 자는 인사기록의 내용을 누설하여서는 아니된다.
② 인사기록을 열람할 수 있는 자는 본인, 인사기록관리자, 인사기록관리담당자, 기타 소방공무원 인사자료의 보고 등을 위하여 필요하여 인사기록관리자의 허가를 받은 사람이다.
③ 소방공무원 인사자료의 보고등을 위하여 필요한 자는 인사기록관리담당자의 허가와 참여하에 정해진 장소에서 열람해야 한다.
④ 본인은 인사기록관리자의 허가를 받아 인사기록관리담당자의 참여하에 정해진 장소에서 열람해야 한다.

02 채용후보자명부에 등재된 사람 중 채용후보자명부의 유효기간이 만료될 때까지 임용되지 아니한 사람에 대하여는 별도정원으로 임용할 수 있다. 이 경우 그 별도정원은 어떻게 처리되는가?

① 그 신규임용후보자가 임용된 후 해당 직급에 신규채용자가 있을 때에 소멸한 것으로 본다.
② 그 신규임용후보자가 임용된 후 해당 직급에 신규채용자가 있을 때에 추가된 것으로 본다.
③ 그 신규임용후보자가 임용된 후 해당 직급에 이에 상응하는 결원이 발생한 때에 소멸한 것으로 본다.
④ 그 신규임용후보자가 임용된 후 해당 직급에 이에 상응하는 결원이 발생한 때에 추가된 것으로 본다.

03 소방공무원의 결격사유로 가장 적절하지 않은 것은?

① 징계로 해임처분을 받은 때부터 3년이 지나지 아니한 사람
② 미성년자에 대하여 「성폭력범죄의 처벌 등에 관한 특례법」상 성폭력범죄를 범한 사람으로서 금고 이상의 형의 집행유예를 선고받고 그 집행유예가 확정된 날부터 25년이 지나지 아니한 사람
③ 「스토킹범죄의 처벌 등에 관한 법률」상 스토킹범죄를 범한 사람으로서 100만원 이상의 벌금형을 선고받고 그 형이 확정된 후 3년이 지나지 아니한 사람
④ 공무원으로 재직기간 중 직무와 관련하여 「형법」상 횡령·배임 또는 업무상 횡령·배임죄를 범한 자로서 300만원 이상의 벌금형을 선고받고 그 형이 확정된 후 2년이 지나지 아니한 사람

04 소방공무원의 복무규정에 대한 설명으로 옳은 것은?

① 휴무일 또는 근무시간 외에 공무가 아닌 사유로 국외지역으로 여행하고자 할 경우에는 여행 시작 2일 전까지 직원은 소속 소방관서의 장 또는 직근 상급감독자에게 신고하여야 한다.
② 비상근무시 휴무일이나 근무시간 외에 공무가 아닌 사유로 3시간 이내에 직무에 복귀하기 어려운 지역으로 여행하려는 경우에는 소속 소방기관의 장에게 신고하여야 한다.
③ 휴무일이나 근무시간 외에 공무가 아닌 사유로 2시간 이내에 직무에 복귀하기 어려운 지역으로 여행하려는 경우에는 소속 소방기관의 장에게 신고하여야 한다.
④ 비상근무의 발령권자는 비상상황이 종료되는 즉시 비상근무를 해제하고, 비상근무 해제시 비상근무 발령권자가 소방본부장 또는 소방서장인 경우에는 3시간 이내에 해제일시, 사유 및 비상근무결과 등을 소방서장은 소방본부장에게 보고하여야 한다.

05 승진대상자명부의 조정에 대한 설명으로 옳지 않은 것은?

① 승진대상자명부의 조정은 승진심사 또는 승진시험을 실시하는 날의 전일까지 할 수 있다.
② 승진대상자명부를 조정한 경우에는 조정한 다음 날로부터 효력을 가진다.
③ 전·출입자가 있는 경우에 전출기관은 승진대상자명부에서 전출자를 삭제하고 그 전출자의 평정관계서류를 전입기관에 이관하며, 전입기관은 이관받은 평정관계서류에 의하여 승진대상자명부의 해당순위에 전입자를 기재한다.
④ 승진임용제한사유에 해당하는 사람은 승진대상자명부에서 삭제하고, 승진제외자명부에 추가하며, 그 사유를 해당 서식의 비고란에 각각 적는다.

06 경력경쟁채용시험에 의한 신규채용과 관련하여 다음의 빈칸에 들어갈 숫자의 합은?

- 경위 이하의 경찰공무원으로서 최근 5년 이내에 화재감식 또는 범죄수사업무에 종사한 경력이 ( )년 이상인 사람을 채용할 수 있다.
- 5년 이상 의용소방대원으로 계속하여 근무하고 있는 사람을 그 지역에 소방서·119지역대 또는 119안전센터가 처음으로 설치된 날로부터 ( )년 이내에 그 지역의 소방공무원으로 임용하는 경우로 한정한다.
- 공개경쟁시험으로 임용하는 것이 부적당한 경우에, 행정안전부령으로 정하는 임용예정 분야별 채용계급에 해당하는 자격증을 소지한 후 해당 분야에서 ( )년 이상 종사한 경력이 있어야 한다.

① 5　　② 6
③ 7　　④ 8

07 소방공무원 징계위원회의 구성과 운영에 관한 내용으로 옳은 것은?

① 징계위원회의 회의에서 위원이 발언한 내용이 적힌 문서(전자적으로 기록된 문서는 제외)는 공개하지 아니한다.
② 위원장이 부득이한 사유로 직무를 수행할 수 없는 때에는 소속 기관장이 민간위원 가운데 직무대행자를 지정한다.
③ 징계위원회의 회의는 위원장과 위원장이 회의마다 지정하는 4명 이상 6명 이하의 위원으로 구성한다. 이 경우 민간위원이 위원장을 포함한 위원 수의 3분의 1 이상 포함되어야 한다.
④ 징계사유가 「양성평등기본법」에 따른 성희롱에 해당하는 징계 사건이 속한 징계위원회의 회의를 구성하는 경우에는 피해자와 같은 성별의 위원이 위원장을 제외한 위원 수의 3분의 1 이상 포함되어야 한다.

08 소속 소방공무원을 파견할 때 임용권자 또는 임용제청권자가 원칙적으로 인사혁신처장과 협의하여야 하는 경우가 아닌 것은?

① 공무원교육훈련기관의 교수요원으로 선발되거나 그 밖에 교육훈련 관련 업무수행을 위하여 필요한 경우
② 국제기구, 외국의 정부 또는 연구기관에서의 업무수행 및 능력개발을 위하여 필요한 경우
③ 다른 기관의 업무폭주로 인한 행정지원의 경우
④ 다른 국가기관 또는 지방자치단체나 그 외의 기관·단체에서 국가적 사업을 수행하기 위하여 특히 필요한 경우

09 교육훈련기관의 장은 소방공무원 교육훈련에 관한 기본정책 및 기본지침에 따라 다음 연도의 교육훈련계획을 수립하여 언제까지 누구에게 보고해야 하는가?

① 매년 12월 31일까지, 소방청장에게
② 매년 11월 30일까지, 소방청장에게
③ 매년 10월 31일까지, 인사혁신처장에게
④ 매년 11월 30일까지, 인사혁신처장에게

10 「소방공무원 승진임용 규정 시행규칙」상 대우공무원에 관한 내용으로 옳지 않은 것은?

① 소방장이 대우공무원으로 선발되기 위해서는 승진소요최저근무연수를 경과하고 해당 계급에서 5년 이상 근무해야 한다.
② 임용권자 또는 임용제청권자는 매월 말 5일 전까지 대우공무원 발령일을 기준으로 하여 대우공무원 선발요건에 적합한 대상자를 결정하여야 하고, 그 다음 월 1일에 일괄하여 대우공무원으로 발령하여야 한다.
③ 대우공무원이 징계 또는 직위해제 처분을 받거나 휴직하더라도 「공무원 수당 등에 관한 규정」에서 정하는 바에 따라 대우공무원수당을 감액하여 계속 지급한다.
④ 대우공무원이 강임되는 경우 강임된 계급의 근무기간에 관계없이 강임일자에 강임된 계급의 바로 상위계급의 대우공무원으로 선발할 수 있다.

11 다음의 승진심사를 위하여 구성되는 심사위원회의 위원으로 위촉될 수 있는 사람으로서 가장 옳지 않은 것은?

> 현장에서 발생한 공무 중의 부상으로 사망하여 사망 경위가 명확하고 재직 중 특별한 공적이 있다고 인정되는 경우에 해당하여 승진심사위원회의 심사를 거치지 않고 특별승진임용하는 경우, 사후 추인 여부에 대한 심사를 위하여 구성되는 중앙승진심사위원회

① 소방 관련 업무에 대한 전문지식이 있거나 관련 분야에서 12년 이상 근무한 사람
② 특별승진심사대상자보다 상위계급의 소방공무원으로서 소방청장이 지명하는 사람
③ 대학에서 조교수 이상의 직에 10년 근무한 사람
④ 검사의 직에 10년 근무한 사람

12 소방공무원의 채용시험 또는 소방간부후보생 선발시험에서 그 시험을 정지 또는 무효로 하거나 합격을 취소하고, 그 처분이 있은 날부터 5년간 소방공무원 임용령에 따른 시험의 응시자격을 정지하는 사유는?

① 시험 시작 전에 시험문제를 열람하는 행위
② 시험 시작 전 또는 종료 후에 답안을 작성하는 행위
③ 통신기기, 그 밖의 신호 등을 이용하여 해당 시험 내용에 관하여 다른 사람과 의사소통하는 행위
④ 인사혁신처장이 정하여 고시하는 금지약물을 복용하거나 금지방법을 사용하는 행위(체력시험에 영향을 미칠 목적이 없는 경우)

13 「위험물안전관리법 시행령」상 제2류 위험물의 품명으로 옳은 것은?

① 칼륨
② 나트륨
③ 금속분
④ 금속의 수소화물

14 「위험물안전관리법 시행령」상 예방규정의 이행 실태 평가에 대상으로 옳은 것은?

① 이송취급소
② 암반탱크저장소
③ 자위소방대를 설치해야 할 제조소등
④ 지정수량 100만배 이상의 위험물을 저장하는 옥외탱크저장소

15 「위험물안전관리법 시행규칙」상 셀프주유취급소의 고정주유설비 및 고정급유설비 연속주유량과 주유시간 상한에 관한 내용에서 ( )에 들어갈 내용으로 옳은 것은?

> - 셀프용고정주유설비 1회의 연속주유량 및 주유시간의 상한을 미리 설정할 수 있는 구조일 것. 이 경우 연속주유량 및 주유시간의 상한은 휘발유는 (ㄱ)L 이하, (ㄴ)분 이하로 하고, 경유는 (ㄷ)L 이하, (ㄹ)분 이하로 할 것
> - 셀프용고정급유설비의 1회의 연속급유량 및 급유시간의 상한을 미리 설정할 수 있는 구조일 것 이 경우 급유량의 상한은 (ㅁ)ℓ 이하, 급유시간의 상한은 (ㅂ)분 이하로 할 것.

	ㄱ	ㄴ	ㄷ	ㄹ	ㅁ	ㅂ
①	100	4	200	12	100	6
②	100	4	600	12	100	6
③	50	6	200	6	100	4
④	50	6	100	6	100	4

16 「위험물안전관리법」 및 같은 법 시행령상 정기점검을 하여야 하는 제조소등에 해당하지 않는 것은?

① 지정수량의 10배의 위험물을 취급하는 제조소
② 제4류 위험물(특수인화물을 제외한다)만을 지정수량의 50배 이하로 위험물을 보일러·버너 또는 이와 비슷한 것으로서 위험물을 소비하는 장치로 이루어진 일반취급소
③ 지정수량의 150배의 위험물을 저장하는 옥외저장소
④ 지정수량의 10배의 위험물을 저장하는 이동탱크저장소

17 「위험물안전관리법 시행규칙」상 제조소등에서의 위험물의 저장 및 취급에 관한 기준 중 위험물의 유별 저장·취급의 공통기준으로 옳은 것은?

① 제1류 위험물은 가연물과의 접촉·혼합이나 분해를 촉진하는 물품과의 접근 또는 과열·충격·마찰 등을 피하는 한편, 알카리금속의 과산화물 및 이를 함유한 것에 있어서는 물과의 접촉을 피하여야 한다.
② 제2류 위험물 중 자연발화성물질에 있어서는 불티·불꽃 또는 고온체와의 접근·과열 또는 공기와의 접촉을 피하고, 금수성물질에 있어서는 물과의 접촉을 피하여야 한다.
③ 제3류 위험물은 산화제와의 접촉·혼합이나 불티·불꽃·고온체와의 접근 또는 과열을 피하는 한편, 철분·금속분·마그네슘 및 이를 함유한 것에 있어서는 물이나 산과의 접촉을 피하고 인화성 고체에 있어서는 함부로 증기를 발생시키지 아니하여야 한다.
④ 제4류 위험물은 가연물과의 접촉·혼합이나 분해를 촉진하는 물품과의 접근 또는 과열을 피하여야 한다.

18 「위험물안전관리법 시행규칙」상 옥외탱크저장소의 위치·구조 및 설비의 기준에 관한 내용이다. 빈칸에 들어갈 숫자로 옳은 것은?

> 가. 지정수량의 950배를 저장하는 옥외탱크저장소의 보유공지는 (ㄱ)m 이상이다.
> 나. 펌프설비의 주위에는 너비 (ㄴ)m 이상의 공지를 보유해야 한다. 다만, 방화상 유효한 격벽을 설치하는 경우와 제6류 위험물 또는 지정수량의 (ㄷ)배 이하 위험물의 옥외저장탱크의 펌프설비에 있어서는 그러하지 아니하다.

	ㄱ	ㄴ	ㄷ
①	3	3	20
②	3	5	10
③	5	3	10
④	5	5	20

19 「위험물안전관리법 시행규칙」상 소화설비 설치기준으로 옳지 않은 것은?

① 위험물은 지정수량의 10배를 1소요단위로 한다.
② 저장소의 건축물은 외벽이 내화구조인 것은 연면적 100㎡를 1소요단위로 할 것
③ 제조소등에 전기설비(전기배선, 조명기구 등은 제외한다)가 설치된 경우에는 당해 장소의 면적 100㎡마다 소형수동식소화기를 1개 이상 설치할 것
④ 옥내소화전은 제조소등의 건축물의 층마다 당해 층의 각 부분에서 하나의 호스접속구까지의 수평거리가 25m 이하가 되도록 설치할 것

20 「위험물안전관리법」 및 같은 법 시행령상 운송책임자의 감독 및 지원을 받아 운송해야 하는 위험물로 옳은 것은?

① 아세트알데하이드
② 유기과산화물
③ 알킬리튬
④ 질산염류

21 「위험물안전관리법 시행규칙」상 화학소방자동차에 갖추어야 하는 소화능력 또는 설비의 기준으로 옳은 것은?

① 포수용액 방사차 : 포수용액의 방사능력이 매분 1,000 L 이상일 것
② 분말 방사차 : 1,000 kg 이상의 분말을 비치할 것
③ 할로젠화합물 방사차 : 할로젠화합물의 방사능력이 매초 40 kg 이상일 것
④ 이산화탄소 방사차 : 1,000 kg 이상의 이산화탄소를 비치할 것

22 다음은 「위험물안전관리법 시행규칙」상 특정·준특정 옥외탱크저장소의 관계인이 소방본부장 또는 소방서장으로부터 받아야 하는 정밀정기검사 및 중간정기검사 시기이다. ( ) 안에 들어갈 수치합으로 옳은 것은?

> 1. 정밀정기검사는 다음의 어느 하나에 해당하는 기간 내에 1회
>   가. 특정·준특정 옥외탱크저장소의 설치허가에 따른 완공검사필증을 발급받은 날부터 (㉠)년
>   나. 최근의 정밀정기검사를 받은 날부터 (㉡)년
> 2. 중간정기검사는 다음의 어느 하나에 해당하는 기간 내에 1회
>   가. 특정·준특정 옥외탱크저장소의 설치허가에 따른 완공검사필증을 발급받은 날부터 (㉢)년
>   나. 최근의 정밀정기검사 또는 중간정기검사를 받은 날부터 (㉣)

① 30 ② 31
③ 32 ④ 33

23 「위험물안전관리법 시행규칙」상 위험물제조소등의 위치·구조·설비기준 중 위험물의 유출을 방지하기 위한 방유턱과 출입문 등 턱 높이 기준을 맞게 설명하고 있는 것은?

① 제조소에서 옥외에 액체위험물을 취급하는 설비의 바닥은 바다의 둘레에 높이 0.15m 이상의 턱을 등 위험물이 외부로 흘러나가지 아니하도록 하여야 한다.
② 판매취급소 배합실의 출입구에는 0.15m 이상의 문턱을 설치해야 한다.
③ 옥외저장탱크의 펌프설비는 펌프실의 바닥의 주위에는 높이 0.2m 이상의 턱을 만들어야 한다.
④ 주유취급소 펌프실 등의 출입구에는 바닥으로부터 0.15m 이상의 턱을 설치할 것

24 「위험물안전관리법령」상 한국소방산업기술원에 위탁할 수 있는 소방본부장 또는 소방서장의 업무 내용으로 옳은 것은?

① 저장용량이 50만 리터 이상인 옥외탱크저장소의 정기검사
② 지정수량의 1천배 이상의 위험물을 취급하는 제조소 또는 일반취급소의 설치 또는 변경(사용 중인 제조소 또는 일반취급소의 보수 또는 부분적인 증설을 제외한다)에 따른 완공검사
③ 위험물 운반용기 검사
④ 용량이 100만리터 이상인 액체위험물을 저장하는 탱크안전성능검사

25 위험물안전관리법상 판매취급소의 배합실에서 배합하거나 옮겨 담는 작업을 할 수 없는 위험물로 옳은 것은?

① 도료류
② 윤활유
③ 염소산염류
④ 제1석유류

소방전술 (25문항)

01 위험물의 분류에서 지정수량의 연결이 옳지 않은 것은?

① 과망간산염류 : 300kg
② 철분 : 500kg
③ 칼슘 또는 알루미늄의 탄화물 : 300kg
④ 과산화 수소 : 200kg

02 다음 중 플래시오버의 징후와 특징에 대한 설명으로 옳지 않은 것은?

① 바닥에서 천장까지 고온상태
② 일정공간 내에서의 전면적인 자유연소
③ 두텁고, 뜨겁고, 진한 연기가 위로 쌓임
④ 일정공간 내에서의 계속적인 열집적

03 붕괴위험성 평가에 대한 설명으로 옳지 않은 것은?

① 내화조 : 콘크리트 바닥층의 강도
② 준 내화조 : 철재구조의 지붕 붕괴의 취약성
③ 조적조 : 벽 붕괴
④ 경량 목구조 : 지붕과 바닥 층을 지탱하는 트러스트 구조의 연결부분

04 가스의 불완전 연소현상에 관한 설명으로 다음 내용과 관계 깊은 것은?

> 가스의 연소가 염공의 가스 유출속도보다 더 클 때, 또는 연소속도는 일정해도 가스의 유출속도가 더 작게 되었을 때 불꽃이 버너 내부로 들어가는 현상

① Lifting   ② 황염
③ Flash back   ④ Blow off

05 소방호스연장과 관창배치의 일반적 유의사항으로 옳은 것은?

① 화면에 평행하는 도로는 소방호스를 보호하기 위해 도로경계석 밑으로 호스를 연장한다.
② 소요 호스는 수리위치에서 출화 지점까지의 거리에 10% 정도의 여유를 둔 호스 수로 한다.
③ 소방차 방수구 측 여유호스는 위해 방지를 위해서 펌프측의 5~6m에 둔다.
④ 진입목표 계단이 4층 이하의 경우는 옥내연장 또는 적재사다리에 의한 연장으로 한다.

06 소방차 흡수 및 방수준비 진행순서를 올바르게 나열한 것은?

> ⓐ 클러치 페달을 밟는다. 오토미션 차량은 중립(N) 위치 재확인한다.
> ⓑ 클러치 페달을 서서히 놓는다.(물 펌프가 회전한다.) 엔진소리가 바뀌는지 확인하고 펌프가 회전하는 소리를 듣는다.
> ⓒ 엔진의 속도를 낮게 유지하고 변속기가 중립(N) 위치에 있는지 확인한다.
> ⓓ 동력인출장치(P.T.O)를 작동시킨다.
> ⓔ 흡수호스를 흡수구에 연결하고 호스 스트레이너를 완전히 수중에 가라 앉힌다.

① ⓒ - ⓔ - ⓐ - ⓓ - ⓑ
② ⓐ - ⓓ - ⓑ - ⓒ - ⓔ
③ ⓓ - ⓑ - ⓐ - ⓒ - ⓔ
④ ⓒ - ⓓ - ⓐ - ⓔ - ⓑ

07 화재조사 및 보고규정에서 용어에 정의로써 옳은 것은?

① 발화지점 : 화재가 발생한 장소를 말한다.
② 손해율 : 화재 당시에 피해물의 재구입비에 대한 현재가의 비율을 말한다.
③ 최초착화물 : 발화열원에 의해 불이 붙은 최초의 가연물을 말한다.
④ 최종잔가율 : 고정자산을 경제적으로 사용할 수 있는 연수를 말한다.

08 구조현장에서 임무부여 사항으로 옳지 않은 것은?

① 명령을 하달할 때에는 모든 대원을 집합시켜 전달한다.
② 중요한 장비의 조작은 해당 장비의 조작법을 숙달한 대원에게 부여한다.
③ 현장 확인 후 구출방법 순서를 결정한 시점에서 대원 개개인별로 명확히 지정한다.
④ 위험작업은 가급적이면 상급자에게 임무를 부여한다.

09 로프의 수명에 관한 설명으로 옳은 것은?

① 손상된 부분이 있는 로프는 반드시 수선해서 사용하도록 한다.
② 로프강도가 저하되는 것은 사용 횟수와 관계가 있다.
③ 매주사용하는 로프는 2년 마다 교체한다.
④ 스포츠 클라이밍에 사용된 로프는 1년 마다 교체한다.

10 공기호흡기의 압력조정기 고장 및 유지관리에 관한 설명으로 옳지 않은 것은?

① 충격이나 이물질로 인해서 고장이 발생할 수 있으나 면체 좌측의 바이패스 밸브를 열어 공기를 직접 공급해줄 수 있다.
② 바이패스 밸브는 평소 쉽게 열리지만 압력이 걸리면 개폐가 용이하지 않다.
③ 고압용기에 충전된 호흡용 공기는 매 1년마다 공기를 배출한 후 새로운 공기를 충전하여 보관한다.
④ 고압조정기와 경보기 부분은 분해조정 하지 않는다.

11 공기호흡기 탈출개시압력에 대한 공식이 옳은 것은?

① [탈출 소요시간(min)×매분당 호흡량(ℓ)] / 여유 압력(kg/cm^2)+용기 용량(ℓ)
② [탈출 소요시간(min)×매분당 호흡량(ℓ)] / 용기 용량(ℓ)+여유 압력(kg/cm^2)
③ [용기 내 압력(kg/cm^2)−여유 압력(kg/cm^2)]×용기 용량(ℓ) / 매분당 호흡량(ℓ)
④ [용기 내 압력(kg/cm^2)−용기 용량(ℓ)]×여유 압력(kg/ℓ) / 매분당 호흡량(ℓ)

12 차량유리파괴에서 안전유리에 관한 설명으로 옳지 않은 것은?

① 유리판 두장을 겹치고 사이에 얇은 플라스틱 필름을 삽입, 접착한 것이며 차 유리 절단기를 사용한다.
② 일반 유리와 같이 길고 날카로운 조각들이 생기지 않아 유리파편에 의한 부상 위험이 줄어든다.
③ 운전자와 승객을 보호하기 위해 충격을 가하면 중간 필름층 때문에 유리가 흩어지지 않고 붙어있게 된다.
④ 전면의 방풍유리에 사용되며 일부 차량은 뒷 유리창에도 사용한다.

13 잠수장비에 대한 설명으로 옳지 않은 것은?

① 호흡기 : 처음 단계에서는 탱크의 압력을 9~11bar(125~150Psi)까지 감소시키고, 이 중간 압력은 두 번째 단계를 거쳐 주위의 압력과 같아지게 된다.
② 중량벨트 : 본인에게 알맞은 중량벨트의 선택방법은 모든 장비를 착용한 상태에서 턱 높이에 수면이 위치하도록 하는 것이다.
③ 공기통 : 장기간 보관할 때 공기통에 공기를 50bar로 압축하여 세워두고, 다음번 사용할 때에는 공기통을 깨끗이 비우고 새로운 공기를 압축하여 사용한다.
④ 부력조절기 : 사용 후 깨끗한 물로 씻어야 하고, 내부도 물로 헹구어서 공기를 넣어 통풍이 잘되는 곳에서 말려야 한다.

14 다음 중 헬멧을 제거하지 말아야 할 경우로써 옳지 않은 것은?

① 헬멧이 환자의 기도를 유지하고 인공호흡을 방해할 때
② 헬멧이 기도와 호흡을 평가하고 관찰하는데 방해가 될 때
③ 헬멧을 착용한 상태가 오히려 적절하게 고정되어질 수 있을 때
④ 헬멧 형태가 척추고정을 방해할 때

15 잠수에 사용되는 용어에 대한 설명으로 옳지 않은 것은?

① 실제 잠수 시간이 최대 잠수 가능시간을 초과했을 때에 상승도중 감압표상에 지시된 수심에서 지시된 시간만큼 머무르는 것을 "감압정지"라 하고 감압은 얼굴 정 중앙이 지시된 수심에 위치하여야 한다.
② 재잠수란 스쿠버 잠수 후 10분 이후에서부터 12시간 내에 실행되는 스쿠버 잠수를 말한다.
③ 모든 스쿠버잠수 후 상승할 때에 수심 5m 지점에서 약 5분간 정지하여 상승속도를 완화한다. 이러한 상승 중 정지를 "안전정지"라 한다.
④ 실제잠수시간이란 수면에서 하강하여 최대수심에서 활동하다가 상승을 시작할 때까지의 시간을 말한다.

16 물과 반응하는 화학물질로써 다음 ( )안에 들어갈 내용으로 포스핀과 관계 있는 것은?

> ⊙ 제1류 위험물에 해당하는 무기과산화물(과산화나트륨, 과산화칼륨, 과산화칼슘 등), 삼산화크롬(CrO_3) 등은 물과 반응하여 (ⓐ)를 발생하고,
> ⓒ 제3류 위험물에 해당하는 알킬알루미늄, 알킬리튬, 탄화칼슘(CaC_2), 탄화알루미늄 등은 물과 반응하여 메탄·에탄·아세틸렌 등 (ⓑ)를 생성한다.
> ⓒ 제3류 위험물인 금속의 인화물(인화칼륨, 인화칼슘 등)은 물과 만나면 (ⓒ)를 발생하며
> ⓔ 제6류 위험물인 질산은 물과 만나면 급격히 발열하여 (ⓓ)에 이르기도 한다.

① ⓐ
② ⓑ
③ ⓒ
④ ⓓ

17 물의 물리적 성질에 대한 설명으로 옳지 않은 것은?

① 물의 비중은 1atm을 기준으로 4℃일 때 0.999972로 가장 무거우며 4℃보다 높으면 이 값보다 커진다.
② 100℃의 액체 물 1g을 100℃의 수증기로 만드는 데 필요한 열량인 증발 잠열(기화열)은 539.6cal/g으로 다른 물질에 비해 매우 큰 편이다.
③ 1atm에서 물의 빙점(융점)은 0℃, 비점은 100℃이다.
④ 대기압 하에서 100℃의 물이 액체에서 수증기로 바뀌면 체적은 약1,700배 정도 증가한다.

18 물소화약제 첨가제의 종류에 대한 설명으로 옳지 않은 것은?

① 증점제 : 물의 사용량을 줄일 수 있고 높은 장소(공중소화)에서 사용 시 물이 분산되지 않으므로 목표물에 정확히 도달할 수 있어 소화 효과를 높일 수 있는 장점이 있어 산림화재 진압용으로 많이 사용된다.
② 침투제 : 물은 표면장력이 커서 방수 시 가연물에 침투되기가 어렵기 때문에 표면장력을 작게 하여 침투성을 높여주기 위해 첨가하는 계면활성제의 총칭을 침투제라 한다.
③ 유화제 : 중유나 엔진오일 등은 인화점이 높은 고 비점 유류이므로 화재 시 Emulsion형성을 증가시키기 위해 계면활성제를 첨가하여 사용하는 약제이다.
④ 산 알카리제 : 저온에서의 동결을 방지하고 이와 같은 단점을 보완하기 위해서 첨가하는 약제가 동결방지제이며 물의 물리·화학적 성질을 고려하여 일반적으로 자동차 냉각수 동결방지제로 많이 사용되는 에틸렌글리콜을 가장 많이 사용하고 있다.

19 호흡기계에 대한 설명으로 옳은 것은?

① 식도는 음식물이 위로 들어가는 길이고 기관은 공기가 허파로 들어가는 길이다.
② 오른쪽 허파는 2개 엽을 갖고 있고 왼쪽 허파는 3개 엽을 갖고 있다. 배와 가슴을 나누는 것은 가로막이다.
③ 날숨은 가로막과 늑간근이 수축할 때 일어난다. 이때 갈비뼈는 올라가고 팽창되며 가로막은 내려간다.
④ 들숨은 가로막과 늑간근이 이완될 때 일어나며 흉강 크기는 작아지고 갈비뼈는 아래로 내려가고 수축되며 가로막은 올라간다.

20 다음 중 혈액에 대한 설명으로 옳은 것은?

① 적혈구 : 면역체계의 일부분으로 감염을 방지한다.
② 백혈구 : 세포에 산소를 운반해 주고 이산화탄소를 받으며 혈액의 색을 결정하는 요소이다.
③ 혈소판 : 세포의 특수한 부분으로 지혈작용을 한다.
④ 혈장 : 혈액량의 20% 이상을 차지하며 전신에 혈구와 혈소판을 운반하는 역할을 하고 있다.

21 저혈량 쇼크의 실혈에 따른 증상 및 징후로 다음 내용과 관계 깊은 것은?

> 빠른호흡, 빠르고 약한 맥박, 저혈압, 모세혈관 재충혈 시간 지연

① 뇌   ② 심혈관계
③ 위장관계   ④ 콩팥

22 복통유발 질병에 대한 내용으로 통증부위가 바르게 연결 된 것은?

① 충수돌기염 : 우상복부(RUQ)
② 담낭염 : 우하복부(RLQ)
③ 췌장염 : 날카롭거나 찢어질 듯한 복통을 호소
④ 배대동맥류 혈액유출 : 등쪽으로 방사통

23 개방성 연부조직 손상에 관한 설명으로 옳은 것은?

① 찰과상 : 피부손상 깊이와 넓이가 다양하며 날카로운 물체에 피부가 잘린 상처이다.
② 열상 : 피부나 조직이 찢겨져 너덜거리는 상태로 많은 혈관 손상으로 종종 출혈이 심각하며, 보통 산업현장에서 많이 발생한다.
③ 결출상 : 표피가 긁히거나 마찰된 상태로 보통은 진피까지 손상을 주며, 출혈은 적지만 심한 통증을 호소하며 대부분 상처 부위가 넓다.
④ 절단 : 신체로부터 떨어져 나간 상태로 완전절단과 부분절단이 있다.

24 의식이 있는 뇌졸중 환자를 평가하는 방법(FAST)으로 옳지 않은 것은?

① 입 꼬리가 올라가도록 웃으면서 따라서 웃도록 시킨다. 치아가 보이거나 양쪽이 비대칭인 경우 비정상이다.
② 눈을 감고 양 손을 동시에 앞으로 들어 올려 10초간 멈추도록 한다. 양손의 높이가 다르거나 한 손을 전혀 들어 올리지 못할 경우 비정상이다
③ 하나의 문장을 얘기하고 따라하도록 시킨다. 말이 느리거나 못한다면 비정상이다.
④ 시계가 있다면 몇 시인지 물어보고 없다면 낮인지 밤인지 물어본다.

25 소아의 화상범위 파악에서 다음 내용과 관계 깊은 것은?

> ㉠ 얼굴전면   ㉡ 오른쪽 팔 앞부분
> ㉢ 오른쪽 다리 앞부분

① 55%   ② 41%
③ 36%   ④ 27%

최단기 소방승진 이패스 소방사관

www.kfs119.co.kr

※ 이 책은 저작권법에 의해 보호를 받는 저작물이므로 무단전재와 복제를 금합니다.
※ 본 교재의 저작권은 이패스코리아에 있습니다.

2025년 소방위 소방승진 제3회

응시번호	
성명	

【시험 과목】

편철순서	제1과목	제2과목	제3과목
과목명	행정법(25문항)	소방법령 Ⅳ(25문항)	소방전술 (25문항)

응시자 준수사항

☞ 시험지를 받으면 "시험 감독관 또는 방송"의 안내에 따라 다음 사항을 반드시 지켜 주시기 바랍니다.

1. 시험지 표지의 응시번호 및 성명"을 기재하여 주십시오.

2. 시험이 시작되면 시험지의 "편철순서", "페이지 수량", "인쇄 상태"를 반드시 확인한 후에 문제를 푸십시오.
   ※ 본 시험지는 총 20페이지입니다.

3. 시험이 시작되면 문제를 주의 깊게 읽고, 문항의 취지에 가장 적합한 하나의 정답만을 고르십시오. 운영요원에게 문제 내용에 관한 질문은 하실 수 없습니다.

※ 본 시험지는 공개이므로 시험이 종료된 후 가지고 나갈 수 있습니다.

※ 본 표지는 실제 시험지를 모델로 제작되었습니다.

epasskorea

소방위 소방승진 제3회 모의고사

문 항 수 : 75문항
응시시간 : 75분

행정법 (25문항)

01 행정법의 일반원칙에 대한 설명으로 옳지 않은 것은? (다툼이 있는 경우 판례에 의함)

① 실권의 법리는 신의성실원칙에서 파생된 원칙으로서 공법관계 가운데 권력관계뿐 아니라 관리관계에도 적용될 수 있다.
② 행정청의 공적 견해표명이 있었는지의 여부를 판단하는 데 있어서는 행정조직상의 형식적인 권한분장만이 그 기준이 되며, 담당자의 조직상의 지위와 임무, 당해 언동을 하게 된 구체적인 경위 등은 상대방의 신뢰여부를 판단하는 기준이 아니다.
③ 「개발이익환수에 관한 법률」에 정한 개발사업을 시행하기 전에, 행정청이 민원예비심사로서 관련부서 의견으로 '저촉사항 없음'이라고 기재한 것은 공적인 견해표명이라고 볼 수 없다.
④ 비과세관행의 성립을 위해서는 과세관청 스스로 과세할 수 있음을 알면서도 어떤 특별한 사정 때문에 과세하지 않는다는 의사가 있고, 이와 같은 의사는 명시적 또는 묵시적으로 표시되어야 한다.

02 행정법관계에 대한 설명으로 옳지 않은 것은? (다툼이 있는 경우 판례에 의함)

① 행정에 관한 기간의 계산에 관하여는 「행정기본법」 또는 다른 법령등에 특별한 규정이 있는 경우를 제외하고는 「민법」을 준용한다.
② 조세환급금은 조세채무가 처음부터 존재하지 않거나 그 후 소멸하였음에도 불구하고 국가가 법률상 원인 없이 수령하거나 보유하고 있는 부당이득에 해당하고, 환급가산금은 그 부당이득에 대한 법정이자로서의 성질을 가진다.
③ 구 「산림법」에 의해 형질변경허가를 받지 아니하고 산림을 형질변경한 자가 사망한 경우, 해당 토지의 소유권을 승계한 상속인은 그 복구의무를 부담하지 않으므로, 행정청은 그 상속인에 대하여 복구명령을 할 수 없다.
④ 국가에 대한 금전채권은 다른 법률에 특별한 규정이 없는 한 5년간 행사하지 않으면 소멸된다.

03 법규명령에 대한 설명으로 가장 옳지 않은 것은? (다툼이 있는 경우 판례에 의함)

① 법규명령의 위임근거가 되는 법률에 대하여 위헌결정이 선고되면 그 위임에 근거하여 제정된 법규명령은 별도의 폐지행위가 있어야 효력을 상실하는 것이 아니다.
② 국민의 권리를 제한하는 내용의 법규명령(X)이 법률의 위임 없이 위법하게 제정되었다. 이 경우 X법령의 위법성이 중대명백한 경우에는 X법령은 당연무효이지만, 그렇지 않은 경우 X법령은 취소되기 전까지는 유효한 법령이다.
③ 헌법이 인정하고 있는 위임입법의 형식은 예시적인 것으로 보아야 한다.
④ 법규명령이 구체적인 집행행위 없이 직접 개인의 권리의무에 영향을 주는 경우 처분성이 인정된다.

04 재량권의 일탈 또는 남용에 관한 판례의 내용으로 옳지 않은 것은?

① 허위의 무사고증명을 제출하여 개인택시면허를 받은 자에 대한 면허를 취소함에 있어서 행정청이 그 자의 신뢰이익을 고려하지 아니하였다면 재량권 남용이다.
② '준조세 폐해 근절 및 경제난 극복'이라는 이유를 내세워 북한 어린이를 위한 의약품지원을 위하여 성금 및 의약품 등을 모금하는 행위 자체를 불허한 것은 재량권의 일탈 또는 남용이다.
③ 자동차운송사업 신규면허처분이 기존업자의 사업구역을 축소한 결과가 되어 경제적 손실을 가져온다 하더라도 그것이 행정구역변경에 따른 사업구역 조정이라는 공익상의 필요에 따른 것이라면 신규면허처분에 재량권 남용 등의 위법이 없다.
④ 공유수면점용허가는 허가의 요건이 충족된 경우에도 공익을 이유로 거부할 수 있다.

05 다음 중 복효적 행정행위에 대해서 가장 잘못 설명하고 있는 것은?

① 복효적 행정행위라 함은 당해 처분의 직접 상대방에게 이익 혹은 불이익이 되는 처분이 제3자에게는 반대로 불이익 또는 이익이 되는 처분을 말한다.
② 복효적 행정행위가 소송상 문제가 되는 영역은 주로 경업자소송이나 인인소송 등이다.
③ 복효적 행정행위인 인가·허가의 사업을 철회할 경우 수급의 균형이 깨져서 이해관계 있는 제3자의 이용에 혼란을 가져올 우려가 있더라도 철회권은 제한되지 아니한다.
④ 우리나라 행정절차법상 제3자에 대한 통지가 행정청의 의무는 아니다.

06 행정행위의 부관에 대한 설명으로 옳지 않은 것은? (다툼이 있는 경우 판례에 의함)

① 부담이 아닌 부관만의 취소를 구하는 소송이 제기된 경우에 법원은 각하판결을 하여야 한다.
② 행정행위에 부가된 허가기간은 그 자체로서 항고소송의 대상이 될 수 없을 뿐만 아니라 그 기간의 연장 신청의 거부에 대하여도 항고소송을 청구할 수 없다.
③ 행정청은 철회권이 유보되어 있는 경우에도 행정행위의 철회에 관한 일반원칙을 준수하여야 한다.
④ 행정청은 법적 근거가 있는 경우에 한하여 재량행위에 부관을 붙일 수 있는 것은 아니다.

07 다음 중 행정행위의 철회에 대한 설명으로 옳은 것은?

① 행정행위의 철회의 효과는 취소와 같이 소급하여 발생한다.
② 행정행위의 철회의 절차는 행정쟁송절차에 의하여 엄격하게 이루어진다.
③ 행정행위의 철회는 행정행위의 원시적 하자를 이유로 한다.
④ 행정행위의 철회권은 처분청만이 가진다.

08 행정행위의 하자의 승계에 대한 설명으로 옳지 않은 것은? (다툼이 있는 경우 판례에 의함)

① 조세의 부과처분과 압류 등의 체납처분은 별개의 행정처분으로서 독립성을 가지므로 부과처분에 하자가 있더라도 그 부과처분이 취소되지 아니하는 한 그 부과처분에 의한 체납처분은 위법이라고 할 수는 없다.
② 도시·군계획시설결정과 실시계획인가는 도시·군계획시설사업을 위하여 이루어지는 단계적 행정절차에서 서로 결합하여 하나의 법률효과를 발생시키므로 선행처분인 도시·군계획시설결정의 하자는 후행처분인 실시계획인가에 승계된다.
③ 행정대집행법상 선행처분인 계고처분의 하자는 대집행영장 발부통보처분에 승계된다.
④ 수용보상금의 증액을 구하는 소송에서, 선행처분으로서 그 수용대상 토지가격 산정의 기초가 된 비교표준지공시지가결정의 위법을 독립한 사유로 주장할 수 있다.

09 행정처분에 대한 판례의 태도로 옳은 것은?

① 증액경정처분이 있는 경우, 원칙적으로는 당초 신고나 결정에 대한 불복기간의 경과 여부 등에 관계없이 증액경정처분만이 항고소송의 대상이 되고 납세의무자는 그 항고소송에서 당초 신고나 결정에 대한 위법사유를 주장할 수 없다.
② 권한 있는 장관이 행한 국립공원지정처분에 따라 공원관리청이 행한 경계측량 및 표지의 설치는 행정처분이다.
③ 교통안전공단이 구「교통안전공단법」에 의거하여 교통안전분담금 납부의무자에게 한 분담금납부통지는 행정처분이 아니다.
④ 종합소득세 부과처분을 위한 과세관청의 세무조사결정은 항고소송의 대상이 되는 행정처분이다.

10 행정계획에 관한 설명으로 옳지 <u>않은</u> 것은? (다툼이 있는 경우 판례에 따름)

① 행정주체는 구체적인 행정계획을 입안·결정하면서 비교적 광범위한 형성의 자유를 가진다.
② 행정주체가 기반시설을 조성하기 위하여 도시·군계획시설결정을 할 때 행사하는 재량권에는 한계가 있다.
③ 자연환경 보호 등을 목적으로 하는 도시관리계획결정은 행정청의 재량적 판단으로서, 그 내용이 현저히 합리성을 결여하거나 형평이나 비례의 원칙에 뚜렷하게 반하는 등의 사정이 없는 한 폭넓게 존중되어야 한다.
④ 구「환경정책기본법」제25조의2에 따라 사전환경성검토를 거쳐야 하는 행정계획이나 개발사업에 대하여 사전환경성검토를 거친 경우, 그 부실의 정도가 사전환경성검토 제도를 둔 입법 취지를 달성할 수 없을 정도가 아니더라도 그 부실로 인하여 행정계획은 위법하게 된다.

11 행정청의 확약에 대한 설명으로 옳은 것은? (다툼이 있는 경우 판례에 의함)

① 재량행위에 대해 상대방에게 확약을 하려면 확약에 대한 법적 근거가 있어야 한다.
②「행정절차법」상 법령등에서 당사자가 신청할 수 있는 처분을 규정하고 있는 경우 행정청은 당사자의 신청에 따라 장래에 어떤 처분을 하거나 하지 아니할 것을 내용으로 하는 확약을 할 수 있으며, 문서 또는 말에 의해 확약을 할 수 있다.
③「행정절차법」상 행정청은 확약을 한 후에 확약의 내용을 이행할 수 없을 정도로 법령등이나 사정이 변경된 경우에는 확약에 기속되지 아니하며, 그 확약을 이행할 수 없는 경우에는 지체 없이 당사자에게 그 사실을 통지하여야 한다.
④ 행정청의 확약에 대해 법률상 이익이 있는 제3자는 확약에 대해 취소소송으로 다툴 수 있다.

12 행정처분의 이유제시에 대한 설명으로 옳지 <u>않은</u> 것은? (다툼이 있는 경우 판례에 의함)

① 행정처분의 이유제시가 아예 결여되어 있는 경우에 이를 사후적으로 추완하거나 보완하는 것은 늦어도 당해 행정처분에 대한 쟁송이 제기되기 전에는 행해져야 위법성이 치유될 수 있다.
② 행정청은 처분을 하는 때에는 원칙적으로 당사자에게 그 근거와 이유를 제시하여야 한다.
③ 당초 행정처분의 근거로 제시한 이유가 실질적인 내용이 없는 경우에도 행정소송의 단계에서 행정처분의 사유를 추가할 수 있다.
④ 이유제시에 하자가 있어 당해 처분을 취소하는 판결이 확정된 경우에 처분청이 그 이유제시의 하자를 보완하여 종전의 처분과 동일한 내용의 처분을 하는 것은 종전의 처분과는 별개의 처분을 하는 것이다.

13 개인정보 보호법령상 고정형 영상정보처리기기를 설치·운영할 수 있는 경우로 명시된 경우가 <u>아닌</u> 것은?

① 교통단속을 위하여 정당한 권한을 가진 자가 설치·운영하는 경우
② 화재 예방을 위하여 정당한 권한을 가진 자가 설치·운영하는 경우
③ 촬영 사실을 명확히 표시하여 정보주체가 촬영 사실을 알 수 있도록 하였음에도 불구하고 촬영 거부 의사를 밝히지 아니한 경우
④ 촬영된 영상정보를 저장하지 아니하는 경우로서 출입자 수, 성별, 연령대 등 통계값 또는 통계적 특성값 산출을 위해 촬영된 영상정보를 일시적으로 처리하는 경우

14 「공공기관의 정보공개에 관한 법률」의 내용으로 옳지 <u>않은</u> 것은?

① 공공기관은 공개 청구된 공개 대상 정보의 일부가 제3자와 관련이 있다고 인정할 때에는 그 사실을 제3자에게 지체 없이 통지하여야 한다.
② 공공기관은 부득이한 사유가 없다면 정보공개의 청구를 받은 날부터 10일 이내에 공개여부를 결정하여야 한다.
③ 공개될 경우 부동산 투기, 매점매석 등으로 특정인에게 이익 또는 불이익을 줄 우려가 있다고 인정되는 정보라도 공공기관이 보유·관리하는 정보라면 이를 공개하여야 한다.
④ 공공기관은 정보의 공개를 결정한 경우 해당 청구인이 사본의 교부를 원하는 때에는 이를 교부하여야 한다.

15 행정상 즉시강제에 대한 설명으로 옳은 것은? (다툼이 있는 경우 판례에 의함)

① 「구 음반비디오물 및 게임물에 관한 법률」상 등급분류를 받지 아니한 게임물을 발견한 경우 관계행정청이 관계공무원으로 하여금 이를 수거·폐기하게 할 수 있도록 한 규정은 헌법상 영장주의와 피해 최소성의 요건을 위배하는 과도한 입법으로 헌법에 위반된다.
② 재범의 위험성이 현저한 자를 상대로 긴급히 보호할 필요가 있는 경우에 단기간의 동행보호를 허용한 구 「사회안전법」상 동행보호규정은 사전영장주의를 규정한 헌법규정에 반한다.
③ 「식품위생법」상 영업소 폐쇄명령을 받은 후에도 계속하여 영업을 하는 경우 해당 영업소를 폐쇄하는 조치는 행정상 즉시강제의 수단에 해당한다.
④ 손실발생의 원인에 대하여 책임이 없는 자가 경찰관의 적법한 보호조치에 자발적으로 협조하여 재산상의 손실을 입은 경우, 국가는 손실을 입은 자에 대하여 정당한 보상을 하여야 한다.

16 이행강제금에 대한 설명으로 옳지 <u>않은</u> 것은? (다툼이 있는 경우 판례에 의함)

① 「부동산 실권리자명의 등기에 관한 법률」상 장기미등기자가 이행강제금 부과 전에 등기신청의무를 이행하였더라도 동법에 규정된 기간이 지나서 등기신청의무를 이행하였다면 이행강제금을 부과할 수 있다.
② 이미 사망한 사람에게 「건축법」상의 이행강제금을 부과하는 내용의 처분이나 결정은 당연무효이다.
③ 이행강제금은 장래의 의무이행을 심리적으로 강제하기 위한 것으로서 의무이행이 있을 때까지 반복하여 부과할 수 있다.
④ 「건축법」상 위법건축물에 대한 이행강제수단으로 대집행과 이행강제금이 인정되고 있는데, 행정청은 개별사건에 있어서 위반내용, 위반자의 시정의지 등을 감안하여 대집행과 이행강제금을 선택적으로 활용할 수 있다.

17 「행정조사기본법」상 행정조사에 대한 설명으로 옳지 않은 것은?

① 행정기관의 장은 조사원이 조사목적의 달성을 위하여 한 시료채취로 조사대상자에게 손실을 입힌 때에는 그 손실을 보상하여야 한다.
② 개별 법령 등에서 행정조사를 규정하고 있지 않더라도, 행정기관은 조사대상자가 자발적으로 협조하는 경우에는 행정조사를 실시할 수 있다.
③ 행정기관의 장은 조사대상자의 신상이나 사업비밀 등이 유출될 우려가 있으므로 인터넷 등 정보통신망을 통하여 조사대상자로 하여금 자료의 제출 등을 하게 할 수 없다.
④ 행정기관의 장은 당해 행정기관 내의 2 이상의 부서가 동일하거나 유사한 업무분야에 대하여 동일한 조사대상자에게 행정조사를 실시하는 경우에는 공동조사를 하여야 한다.

18 국가배상책임의 요건에 관한 설명으로 옳지 않은 것은? (다툼이 있는 경우 판례에 의함)

① 항고소송에서 위법한 것으로서 취소된 행정처분이 객관적 정당성을 상실하였다고 인정될 정도에 이른 것이 아닌 경우, 당해 행정처분은 공무원의 고의 또는 과실에 의한 불법행위를 구성하게 된다.
② 공무원에게 부과된 직무상 의무의 내용이 전적으로 또는 부수적으로 사회구성원 개인의 안전과 이익을 보호하기 위하여 설정된 것이라면, 그와 같은 의무를 위반함으로 인하여 피해자가 입은 손해에 대하여는 상당인과관계가 인정되는 범위 내에서 배상책임이 성립한다.
③ 「국가배상법」이 정한 손해배상청구의 요건인 '공무원의 직무'에는 국가나 지방자치단체의 권력적 작용뿐만 아니라 비권력적 작용도 포함되지만 단순한 사경제의 주체로서 하는 작용은 포함되지 않는다.
④ 공무원 개인이 지는 손해배상책임에서 중과실이란 공무원에게 통상 요구되는 정도의 상당한 주의를 하지 않더라도 약간의 주의를 한다면 손쉽게 위법·유해한 결과를 예견할 수 있는 경우임에도 만연히 이를 간과한 경우와 같이, 거의 고의에 가까운 현저한 주의를 결여한 상태를 의미한다.

19 행정상 손실보상에 대한 설명으로 옳은 것은?

① 「공익사업을 위한 토지 등의 취득 및 보상에 관한 법률」상 사업시행자와 토지소유자 사이의 협의취득에 대한 분쟁은 민사소송으로 다투어야 한다.
② 「공익사업을 위한 토지 등의 취득 및 보상에 관한 법률」상 토지소유자가 행정소송으로 손실보상금의 증액을 구하는 경우에는 관할 토지수용위원회를 피고로 하여 보상금 증액 청구의 소를 제기하여야 한다.
③ 사업시행자는 동일한 사업지역에 보상시기를 달리하는 동일인 소유의 토지등이 여러 개가 있는 경우 토지등의 소유자가 일괄 보상을 요구하더라도 「공익사업을 위한 토지등의 취득 및 보상에 관한 법률」에 따라 단계적으로 보상금을 지급하여야 한다.
④ 「공익사업을 위한 토지 등의 취득 및 보상에 관한 법률」상 중앙토지수용위원회는 이의신청을 받은 경우 재결이 위법하다고 인정할 때에는 그 재결의 전부 또는 일부를 취소할 수 있고 보상액을 변경할 수는 없다.

20 원처분주의 또는 재결주의의 연결이 옳지 않은 것은?

① 감사원의 변상판정에 대한 재심의 판정에 대한 불복 - 재결주의
② 공립학교 교원의 징계처분에 대한 교원소청심사위원회의 결정에 대한 불복 - 재결주의
③ 관할 지방토지수용위원회의 수용재결에 대한 중앙토지수용위원회의 이의재결에 대한 불복 - 원처분주의
④ 특허출원에 대한 심사관의 거절결정에 대한 특허심판원의 심결에 대한 불복 - 재결주의

21 甲의 건축허가 신청에 대하여 관할 군수 乙은 거부처분을 하였으나, 해당 거부처분에 무효사유에 해당하는 하자가 있어 甲이 행정쟁송으로 다투고자 한다. 이에 관한 설명으로 옳지 않은 것은? (다툼이 있는 경우 판례에 따름)

① 甲은 거부처분 무효확인심판 또는 의무이행심판을 제기할 수 있다.
② 甲이 거부처분 무효확인소송을 제기한 경우 무효인 사유를 주장·증명할 책임은 甲에게 있다.
③ 甲이 거부처분 무효확인소송을 제기한 경우 「행정소송법」상 취소소송의 사정판결 규정은 준용되지 않는다.
④ 甲이 무효의 선언을 구하는 의미의 취소소송을 제기한 경우 제소기간의 제한이 없다.

22 행정소송법상 소송참가에 대한 설명으로 옳지 않은 것은? (다툼이 있는 경우 판례에 의함)

① 취소소송의 제3자 소송참가에 관한 규정은 무효등확인소송, 부작위위법확인소송, 당사자소송에도 준용된다.
② 공공단체의 성격을 갖는 대구경북과학기술원(DGIST)의 교원이 자신에게 불리한 교원소청심사위원회의 결정에 대하여 행정소송을 제기한 경우에는 인사 관련 업무에 대해 독자적 업무를 수행하는 기관인 총장에게 예외적으로 피고 측에 소송참가할 수 있는 당사자능력을 인정할 수 있다.
③ 소송참가를 하려면 당해 소송의 결과에 대하여 이해관계가 있어야 할 것인바, 여기에서 말하는 이해관계라 함은 사실상, 경제상 또는 감정상의 이해관계가 아니라 법률상의 이해관계를 가리킨다.
④ 제3자는 판결의 형성력에 의해 권리 또는 이익의 침해를 받을 자를 말하며, 판결의 기속력에 의해 권리 또는 이익의 침해를 받는 경우는 포함되지 않는다.

23 항고소송의 입증책임 또는 증명책임에 관한 설명으로 옳은 것을 모두 고른 것은? (다툼이 있는 경우 판례에 의함)

ㄱ. 재량권의 일탈·남용은 원고가 증명한다.
ㄴ. 처분의 적법성에 대한 입증책임은 일반적으로 원고가 진다.
ㄷ. 사실의 증명은 추호의 의혹도 없어야 한다는 자연과학적 증명에 따른다.
ㄹ. 허가기준 미달을 이유로 불허가한 경우 그 처분이 적법하다는 주장과 입증의 책임은 처분청에게 있다.

① ㄱ, ㄹ
② ㄴ, ㄷ
③ ㄱ, ㄴ, ㄷ
④ ㄴ, ㄷ, ㄹ

24 공무원관계의 변동에 대한 설명으로 옳은 것은? (다툼이 있는 경우 판례에 의함)

① 국가공무원법상 직위해제처분에 대해서는 처분의 사전통지 및 의견청취 등에 관한 행정절차법 규정이 적용된다.
② 일괄사직원의 제출의 경우 내심으로는 사직의 의사가 없기 때문에 당해 사직원의 제출은 무효라는 것이 판례의 입장이다.
③ 지방자치단체의 장이 소속 공무원을 다른 지방자치단체로 전출하는 것은 임명권자를 달리하는 지방자치단체로의 이동인 점에 비추어 이 경우에는 반드시 당해 공무원의 동의를 전제로 하므로, 당해 공무원의 동의 없는 전출명령은 무효이다.
④ 지방공무원법에 따르면, 임용권자는 직제와 정원이 개정되거나 폐지되어 과원이 됨에 따라 소속 공무원을 면직시킬 때에는 임용형태, 업무실적, 직무수행능력, 징계처분 사실 등을 고려하여 면직 기준을 정하여야 하며, 이 경우 미리 해당 인사위원회의 의결을 거쳐야 한다.

25 행정조직상의 권한에 관한 설명으로 옳지 <u>않은</u> 것은?

① 임의대리의 수권은 권한의 일부에 대해서만 인정될 수 있고 권한전부에 대한 대리는 인정되지 않는다.

② 위임기관은 위임사무의 처리에 있어 적정성을 확보하기 위하여 필요한 경우에는 수임기관의 수임사무 처리상황을 수시로 감사할 수 있다.

③ 협의의 법정대리란 법정사실이 발생하였을 때 일정한 자가 대리자를 지정함으로써 비로소 대리관계가 발생하는 경우를 말하며, 정부조직법에서 그 근거를 찾을 수 있다.

④ 판례는 내부위임이나 대리권을 수여받은 데 불과하여 원행정청 명의나 대리관계를 밝히지 아니하고는 그의 명의로 처분 등을 할 권한이 없는 행정청이 권한 없이 그의 명의로 한 처분에 대하여도 처분명의자인 행정청이 피고가 되어야 한다고 본다.

소방법령 Ⅳ (25문항)

01 경력평정에 대한 설명으로 옳지 않은 것은?

① 경력평정은 연 2회 실시하되, 매년 3월 31일과 9월 30일을 기준으로 한다.
② 경력평정을 하는 경우 평정자는 피평정자가 소속된 기관의 소방공무원 인사 담당 공무원이, 확인자는 평정자의 직근 상급 감독자가 된다.
③ 경력평정의 평정점은 25점(소방정은 30점)을 만점으로 하되, 기본경력평정점은 22점(소방정은 26점)을, 초과경력평정점은 3점(소방정은 4점)을 각각 만점으로 한다.
④ 경력평정대상기간은 경력월수를 단위로 하여 계산하며, 15일 미만은 1월로 한다.

02 소방공무원의 파견을 위해 파견받을 기관의 장이 임용권자 또는 임용제청권자에게 미리 요청하여야 할 필요가 없는 경우는?

① 다른 기관의 업무폭주로 인한 행정지원의 경우
② 「공무원 인재개발법」에 따른 공무원교육훈련기관의 교수요원으로 선발되거나 그 밖에 교육훈련 관련 업무수행을 위하여 필요한 경우
③ 국내의 연구기관, 민간기관 및 단체에서의 업무수행·능력개발이나 국가정책 수립과 관련된 자료수집 등을 위하여 필요한 경우
④ 다른 국가기관 또는 지방자치단체나 그 외의 기관·단체에서 국가적 사업을 수행하기 위하여 특히 필요한 경우

03 소방공무원의 인사기록관리자가 인사기록을 재작성할 수 있는 사유에 해당하지 않는 것은?

① 파손 또는 심한 오손으로 사용할 수 없게 된 때
② 인사기록관리자가 필요하다고 인정한 때
③ 본인의 정당한 요구가 있는 때
④ 정정부분이 많거나 기록이 명확하지 아니하여 착오를 일으킬 염려가 있는 때

04 소방공무원으로서 체력검정 기간 중 체력검정을 실시하지 아니할 수 있는 경우에 해당하지 않는 것은?

① 소방활동 중 공상이 원인이 되어 장애인 등록증 발급을 받은 사람
② 출산·유산 또는 육아휴직 후 1년이 경과되지 않은 사람
③ 난임치료시술을 받은 사람
④ 직위해제, 정직 중인 사람

05 「소방공무원 승진심사 기준」상 승진심사 평가기준으로 옳지 않은 것은?

① 위원평가는 심사대상자의 직무수행능력·발전성·국가관·청렴도 등에 대하여 수·우·미·양·가로 구분하여 점수를 부여 후 보정지수를 이용하여 환산점으로 계산한다.
② 객관평가 점수는 승진대상자명부의 총 점수로 한다.
③ 위원평가 환산점은 각 위원이 부여한 점수를 합산한 점수에 보정지수를 곱하여 산정한다.
④ 보정지수는 소수점 셋째자리에서 반올림한다.

06 고충심사위원회의 고충심사절차에 대한 내용으로 옳지 않은 것은?

① 공무원의 재심청구와 소방경 이상의 소방공무원의 인사상담 및 고충은 「국가공무원법」에 따라 설치된 중앙고충심사위원회에서 심사한다.
② 청구서 부본을 송부받은 처분청이나 관계 기관의 장은 청구서 부본을 송부받은 날부터 14일 이내에 고충심사청구에 대한 답변서와 청구인 수만큼의 부본을 제출해야 한다.
③ 보통고충심사위원회의 결정은 위원 5명 이상의 출석과 출석위원 과반수의 합의에 따르고, 중앙고충심사위원회의 결정은 위원 3분의 2 이상의 출석과 출석 위원 과반수의 합의에 따른다.
④ 고충심사위원회가 청구서를 접수한 때에는 30일 이내에 고충심사에 대한 결정을 해야 한다. 다만, 부득이하다고 인정되는 경우에는 고충심사위원회의 의결로 30일의 범위에서 그 기한을 연기할 수 있다.

07 소방공무원인사위원회에 관한 설명으로 옳지 <u>않은</u> 것은?

① 소방청에 설치된 인사위원회의 위원장은 소방청차장이, 시·도에 설치된 인사위원회의 위원장은 소방본부장이 된다.
② 인사위원회에 간사 약간인을 두며, 간사는 위원장이 소속공무원 중에서 임명한다.
③ 위원장이 부득이한 사유로 직무를 수행할 수 없는 때에는 위원 중에서 최상위의 직위 또는 선임의 공무원이 그 직무를 대행한다.
④ 회의는 재적위원 3분의2 이상의 출석과 출석위원 과반수의 찬성으로 의결한다.

08 소방공무원임용령에 따른 소방공무원 보직관리의 원칙 등에 대한 내용으로 옳지 <u>않은</u> 것은?

① 위탁교육훈련을 받은 소방공무원의 최초보직은 소방공무원교육훈련기관의 교수요원으로 하여야 한다. 다만, 교수요원으로 보직할 수 없거나 곤란한 경우에는 그 교육훈련내용과 관련되는 직위에 보직하여야 한다.
② 임용권자 또는 임용제청권자는 소방공무원을 보직하는 경우에는 특별한 사정이 없으면 배우자 또는 직계존속이 거주하는 지역을 고려하여 보직해야 한다.
③ 신규채용을 통해 소방사로 임용된 사람은 자격증소지와 무관하게 최하급 소방기관에 보직해야 한다.
④ 상위계급의 직위에 하위계급자를 보직하는 경우는 해당 기관에 상위계급의 결원이 있고, 「소방공무원 승진임용 규정」에 따른 승진임용후보자가 없는 경우로 한정한다.

09 다음 중 소방공무원법령에 따른 설명으로 옳지 <u>않은</u> 것은?

① 승진대상자명부는 매년 4월 1일과 10월 1일을 기준으로 하여 작성하며, 작성기준일로부터 20일 이내에 작성하여야 한다.
② 경력평정은 승진소요최저근무연수가 경과된 소방정 이하의 소방공무원을 대상으로 한다.
③ 휴직 기간, 직위해제 기간, 징계처분 기간은 원칙적으로 승진소요최저근무연수에 포함되지 않는다.
④ 징계처분의 집행이 끝난 날부터 강등은 18개월, 정직·감봉은 12개월, 견책은 6개월의 승진임용제한 기간이 있다.

10 소방공무원의 징계절차에 관한 내용으로 옳지 <u>않은</u> 것은?

① 징계의결등 요구권자는 관할 징계위원회에 중징계 또는 경징계로 구분하여 요구 또는 신청하여야 한다.
② 징계위원회가 징계등 혐의자의 출석을 요구할 때에는 출석 통지서로 하되, 징계위원회 개최일 5일 전까지 그 징계등 혐의자에게 도달되도록 하여야 한다.
③ 징계위원회는 중징계등 요구사건의 피해자가 신청하는 경우에는 그 피해자에게 징계위원회에 출석하여 해당 사건에 대해 의견을 진술할 기회를 주어야 한다.
④ 징계의결등 요구를 받은 징계위원회는 그 요구서를 받은 날부터 30일 이내에 징계의결등을 해야 한다. 다만, 부득이한 사유가 있을 때에는 해당 징계위원회의 의결로 30일 이내의 범위에서 그 기한을 연기할 수 있다.

11 소방공무원의 계급정년에 대한 설명으로 틀린 것은?

① 소방준감의 계급정년은 6년, 소방정의 계급정년은 11년이다.
② 징계로 강등된 계급의 계급정년은 강등되기 전 계급 중 가장 높은 계급의 계급정년으로 한다.
③ 계급정년을 산정할 때에는 경찰공무원으로서 그 계급에 상응하는 계급으로 근무한 연수의 2분의1을 합산한다.
④ 소방청장은 전시, 사변, 그 밖에 이에 준하는 비상사태에서는 2년의 범위에서 계급정년을 연장할 수 있다. 이 경우 소방령 이상의 소방공무원에 대해서는 행정안전부장관의 제청으로 국무총리를 거쳐 대통령의 승인을 받아야 한다.

12 징계위원회의 심의·의결 사항 중 정상참작 자료의 심사 대상이 아닌 것은?

① 피해자에 대한 관계 및 비위행위 후의 정황
② 규제개혁 및 국정과제 등 관련 업무 처리의 적극성 또는 그 밖의 정상
③ 혐의 당시 계급, 비위행위가 공직 내외에 미치는 영향 및 공적(功績)
④ 평소 행실, 뉘우치는 정도 및 수사 중 공무원 신분을 감추거나 속인 정황

13 「위험물안전관리법」 및 같은 법 시행령, 시행규칙 상 위험물의 품명이 제3류 위험물에 해당하는 것은?

① 질산구아니딘
② 염소화규소화합물
③ 아이오딘의 산화물
④ 염소화아이소사이아누르산

14 「위험물안전관리법 시행규칙」 상 이동저장탱크로부터 직접 위험물을 자동차의 연료탱크에 주입하지 말아야 함에도 불구하고 그렇지 않을 수 있는 저장·취급기준으로 옳지 않은 것은?

① 건설공사를 하는 장소에서 주입설비를 부착한 이동탱크저장소로부터 해당 건설공사와 관련된 건설기계 중 덤프트럭과 콘크리트믹서트럭의 연료탱크에 인화점 40℃ 이상의 위험물을 주입하는 경우
② 재난이 발생한 장소에서 주입설비를 부착한 이동탱크저장소로부터 「소방장비관리법」 제8조에 따른 소방자동차의 연료탱크에 인화점 40℃ 이상의 위험물을 주입하는 경우
③ 재난이 발생한 장소에서 주입설비를 부착한 이동탱크저장소로부터 긴급구조지원기관 소속의 자동차의 연료탱크에 인화점 40℃ 이상의 위험물을 주입하는 경우
④ 그 밖에 재난에 긴급히 대응할 필요가 있는 경우로서 소방본부장 또는 소방서장이 지정하는 자동차

15 「위험물안전관리법」 상 위험물 안전관리에 관한 협회의 설립하기 위한 발기인에 해당되는 사람을 다음 <보기>에서 모두 고르시오.

〈보기〉
ㄱ. 제조소등의 관계인
ㄴ. 위험물운반자
ㄷ. 탱크시험자
ㄹ. 안전관리대행기관으로 소방청장의 지정을 받은 자
ㅁ. 위험물안전관리자
ㅂ. 위험물운송자

① ㄱ, ㄴ, ㄷ, ㄹ, ㅁ, ㅂ
② ㄱ, ㄴ, ㄷ, ㄹ
③ ㄱ, ㄷ, ㄹ, ㅂ
④ ㄱ, ㅁ, ㅂ

16 다음 <보기>는 「위험물안전관리법 시행규칙」상 제조소의 위치·구조 및 설비 중 배관에 관한 기준이다. ( ) 안에 들어갈 내용으로 옳은 것은?

<보기>
위험물제조소 내의 위험물을 취급하는 배관은 다음 각 호의 구분에 따른 압력으로 (ㄱ)을 실시하여 누설 그 밖의 이상이 없는 것으로 해야 한다.
가. 불연성 기체를 이용하는 경우에는 최대상용압력의 (ㄴ) 이상
나. 불연성 액체를 이용하는 경우에는 최대상용압력의 (ㄷ) 이상

	ㄱ	ㄴ	ㄷ
①	내압시험	1.1배	1.5배
②	내압시험	1.5배	1.1배
③	수압시험	1.1배	1.5배
④	수압시험	1.5배	1.1배

17 「위험물안전관리법」 및 같은 법 시행규칙상 소화난이도등급 Ⅰ의 제조소등에 해당하지 않는 것은?

① 일반취급소 : 연면적 600㎡ 이상인 것
② 옥내저장소 : 연면적 150㎡를 초과하는 것
③ 옥외탱크저장소 : 지중탱크 또는 해상탱크로서 지정수량의 100배 이상인 것
④ 암반탱크저장소 : 지정수량의 100배의 고체위험물만을 저장하는 경우

18 「위험물안전관리법 시행령」 별표 1의 위험물 및 지정수량에서 규정한 내용으로 옳지 않은 것은?

① 황 : 순도가 60중량퍼센트 이상인 것을 말한다.
② 인화성고체 : 고형알코올 그 밖에 1기압에서 인화점이 섭씨 40도 이하인 고체를 말한다.
③ 철분 : 철의 분말로서 53마이크로미터의 표준체를 통과하는 것이 50중량퍼센트 미만인 것은 제외한다.
④ 가연성고체 : 고체로서 화염에 의한 발화의 위험성 또는 인화의 위험성을 판단하기 위하여 고시로 정하는 시험에서 고시로 정하는 성질과 상태를 나타내는 것을 말한다.

19 「위험물안전관리법 시행규칙」상 소화난이도 Ⅲ등급의 소화설비 기준에서 이동탱크저장소에 설치해야하는 자동차용 소화기 설치 기준으로 옳지 않은 것은?

① 무상의 강화액 8L 이상, 2개 이상
② 이산화탄소 3.2kg 이상, 2개 이상
③ 소화분말 3.3kg 이상, 2개 이상
④ $C_2F_4Br_2$ 2L 이상, 2개 이상

20 「위험물안전관리법 시행규칙」상 위험물의 운반에 관한 기준 중 적재 방법에 대한 내용으로 옳지 않은 것은? (다만, 덩어리 상태의 유황을 운반하기 위하여 적재하는 경우 또는 위험물을 동일구내에 있는 제조소등의 상호간에 운반하기 위하여 적재하는 경우는 제외한다.)

① 하나의 외장용기에는 다른 종류의 위험물을 수납하지 아니할 것
② 자연발화성물질 있어서는 파라핀·경유·등유 등의 보호액으로 채워 밀봉하거나 불활성 기체를 봉입하여 밀봉하는 등 수분과 접하지 아니하도록 할 것
③ 액체 위험물은 운반용기 내용적의 98 % 이하의 수납율로 수납하되, 55 ℃의 온도에서 누설되지 아니하도록 충분한 공간용적을 유지하도록 할 것
④ 자연발화물질 중 알킬알루미늄등은 운반용기 내용적의 90 % 이하의 수납율로 수납하되, 50 ℃의 온도에서 5% 이상의 공간용적을 유지하도록 할 것

21 위험물안전관리법 시행규칙 상 이동탱크저장소에 의하여 위험물 장거리 운송 시 위험물 운송자를 2명 이상의 운전자로 해야 하는 경우는?

① 운송 위험물이 알코올류인 경우
② 운송 위험물이 제2류 위험물 적린인 경우
③ 운송 위험물이 제3류 위험물이 칼슘 또는 알루미늄의 탄화물과 이것만을 함유한 것인 경우
④ 운송 위험물이 제6류 과염소산인 경우

22 「위험물안전관리법 시행규칙」상 주유취급소 담 또는 벽의 일부분에 방화상 유효한 구조의 유리를 부착할 수 있는 기준에 해당되지 않은 것은?

① 유리를 부착하는 위치
② 유리판의 부착하는 높이
③ 유리를 부착하는 방법
④ 유리를 부착하는 범위

23 「위험물안전관리법」및 같은 법 시행령 상 시·도지사의 권한 중 소방서장에게 위임한 사항으로 옳지 않은 것은?

① 용량이 100만리터 이상인 액체위험물을 저장하는 탱크안전성능검사
② 제조소등 사용중지 대상에 대한 안전조치의 이행명령
③ 과징금 처분
④ 제조소등의 관계인이 금연구역임을 알리는 표지를 설치하지 아니하거나 보완이 필요한 경우 일정한 기간을 정하여 그 시정을 명할 수 있는 권한

24 「위험물안안전관리법」및 같은 법 시행령 상 다수의 제조소등을 설치한 자가 1인의 안전관리자를 중복하여 선임할 수 있는 경우로 옳지 않은 것은?

① 동일 구내에 위치하거나 상호 100미터 이내의 거리에 있고 각 제조소 등에서 저장 또는 취급하는 위험물의 최대수량이 지정수량의 3천배 미만인 4개의 제조소를 동일인이 설치한 경우
② 보일러·버너 또는 이와 비슷한 것으로서 위험물을 소비하는 장치로 이루어진 5개 이하의 일반취급소와 그 일반취급소에 공급하기 위한 위험물을 저장하는 저장소(일반취급소 및 저장소가 모두 같은 건물 안 또는 같은 울 안에 있는 경우에 한한다)를 동일인이 설치한 경우
③ 동일 구내에 있거나 상호 100미터 이내의 거리에 있는 저장소로서 저장소의 규모, 저장하는 위험물의 종류 등을 고려하여 30개의 옥외탱크저장소를 동일인이 설치한 경우
④ 위험물을 차량에 고정된 탱크 또는 운반용기에 옮겨 담기 위한 6개의 일반취급소와 그 일반취급소에 공급하기 위한 위험물을 저장하는 저장소를 동일인이 설치하고 일반취급소 간의 거리가 300미터 이내인 경우

25 「위험물안전관리법」및 같은 법 시행령상 사고조사위원회의 구성과 운영 등에 관한 내용으로 옳지 않은 것은?

① 기술원의 임직원 중 위험물 안전관리 관련 업무에 2년 이상 종사한 사람은 위원회의 위원으로 임명 또는 위촉할 수 있는 대상에 해당한다.
② 사고조사위원회는 위원장 1명을 포함하여 7명 이내의 위원으로 구성한다.
③ 위험물의 누출·화재·폭발 등의 사고가 발생한 경우 사고의 원인 및 피해 등을 조사해야하는 권한은 소방청장, 소방본부장 또는 소방서장이다.
④ 위원회의 위원장과 위원은 소방청장, 소방본부장 또는 소방서장이 임명 또는 위촉한다.

소방전술 (25문항)

01 백드래프트를 예방하거나 발생 가능성을 줄일 수 있는 3가지 전술에서 다음 내용과 관계 깊은 것은?

> 백드래프트의 위험으로부터 소방관을 보호할 수 있는 가장 효과적인 방법이다.

① 정면공격법 ② 담금질
③ 급냉법 ④ 지붕환기

02 화재 진행단계에서 다음 ( )안에 들어갈 내용은?

> ① 모든 화재의 초기단계에 있어서 열의 전달은 전적으로 ( )에 기인한다.
> ② ( )는 중간 매개체의 도움 없이 발생하는 전자파(광파, 전파, 엑스레이 등)에 의한 에너지의 전달이다.
> ③ 화재 시 연기가 위로 향하는 것이나 화로에 의해 방안의 공기가 더워지는 것은 ( )에 의한 현상 이다.

① 전도, 복사, 대류
② 전도, 대류, 복사
③ 복사, 전도, 대류
④ 복사, 대류, 전도

03 구획실 화재진행 현상에 대한 설명으로 다음 내용과 관계 없는 것은?

> ㉠ 성장기와 최성기간의 과도기적 시기이며 발화와 같은 특별한 현상이 아니다.
> ㉡ 발산되는 연소생성가스의 양과 발산되는 열은 구획실 배연구(환기구) 수와 크기에 의존한다.
> ㉢ 발화의 물리적 현상은 스파크나 불꽃에 의해 유도되거나 자연발화처럼 어떤 물질이 자체의 열에 의해 발화점에 도달한다.

① 발화기 ② 성장기
③ 최성기 ④ 플래시오버

04 대상별 관창배치 요령으로 옳은 것은?

① 풍속이 3m/sec 초과 시에는 방사열이 큰 쪽 방향을 중점으로 관창을 배치한다.
② 도로에 면하는 화재는 도로의 접하지 않는 쪽을 우선하여 배치하고 풍횡측, 풍상측의 순으로 포위한다.
③ 강풍때는 풍하측에 대구경 관창을 배치한다.
④ 대규모 건물은 방수포를 건물 후면에 배치하여 활용한다.

05 중량물셔터파괴요령으로 다음 내용과 관계 깊은 것은?

> ㉠ 진입구를 만들 경우는 측면에 위치하여 백드래프트에 주의한다.
> ㉡ 공기호흡기를 착용하고 측면에 방수태세를 갖춘다.
> ㉢ 스레트는 서서히 잡아 빼고 내부의 상황을 확인하면서 필요에 따라 분무방수를 한다.

① 직접 화염의 영향을 받고 있지 않는 경우
② 셔터에서 연기가 분출한 경우
③ 셔터가 가열에 의해 붉게 변화한 경우
④ 셔터가 화재에 의해 변형되어 진입이 곤란한 경우

06 목조건물의 관창배치에 대한 내용으로 옳은 것은?

① 관창배치의 우선순위는 화재의 뒷면, 측면 및 1층, 2층의 순으로 한다.
② 바람이 있는 경우 풍상, 풍횡, 풍하의 순으로 한다.
③ 경사지 등은 낮은 쪽, 횡, 높은 쪽의 순으로 한다.
④ 연소 위험이 큰 쪽, 연소할 경우 진압활동이 곤란한 쪽으로의 배치를 우선한다.

07 "하인리히의 이론에 대한 설명으로 옳은 것은?

① 물체의 낙하, 비래(飛來)물에 의한 타격 등과 같은 현상은 상해의 원인이 된다.
② 사고가 발생한다는 이른바 「1 : 10 : 30 : 600의 법칙」을 주장하였다.
③ 골패순서는 사회 환경적 및 유전적 요소-불안전한 행동-사고-개인적결함-상해이다.
④ 사회적 환경 및 유전적 요소란 신경질, 무분별, 무지 등과 같은 선천적 또는 후천적인 인적 결함은 불안전한 행동을 일으키거나 또는 기계적, 물리적인 위험성이 존재하게 하는데 밀접한 원인이 된다.

08 위험예지훈련에 대한 설명으로 옳지 않은 것은?

① 소방활동이나 훈련·연습 중에서 위험요인을 발견할 수 있는 감수성을 소대원(개인) 수준에서 소대(팀)수준으로 높이는 훈련이다.
② 발언에 대하여 비판은 하지 않으며 논의도 하지 않으며, 질보다는 양을 중요시한다.
③ 한 장의 시트에 여러 가지 상황을 기입하지 말고 아주 자세한 부분까지 그려 넣도록 한다.
④ 위험예지훈련 진행사항에서 가장 우선은 위험사실을 파악하는 것이다.

09 소방자동차 폼 혼합 방식에서 다음 내용과 관계 깊은 것은?

> 방수측과 흡수측 사이의 바이패스 회로상에는 폼 이젝트 본체와 농도 조정밸브가 설치되어 있다.

① 프레져사이드 프로포셔너 방식
② 펌프 프로포셔너 방식
③ 압축공기포 방식
④ 프레져 프로포셔너 방식

10 구조 활동의 우선순위가 바르게 나열된 것은?

> ㉠ 피해의 최소화
> ㉡ 정신적, 육체적 고통경감
> ㉢ 구명
> ㉣ 신체구출

① ㉣ - ㉠ - ㉢ - ㉡
② ㉢ - ㉡ - ㉠ - ㉣
③ ㉣ - ㉢ - ㉡ - ㉠
④ ㉢ - ㉣ - ㉡ - ㉠

11 하강기에 대한 설명으로 다음 그림과 관계 없는 것은?

① 강도는 제품별로 몸체에 표시되며 일반적으로 종방향으로 25kN~30kN, 횡방향으로는 8kN~10kN 정도이다.
② 스토퍼와 같이 로프의 역회전을 방지할 수 있는 구조로 주로 확보용 장비이다.
③ 우발적인 급강하 사고를 방지할 수 있기 때문에 최근 구조대에서 사용이 증가하고 있는 추세이다.
④ 고소작업 및 로프엑세스 작업용으로 제작된 개인 하강용 장비이다.

12 도르래 사용에 관한 설명으로 다음 내용과 관계 깊은 것은?

> 고정도르래는 힘의 방향만을 바꾸어 주지만 움직도르래를 함께 설치하면 힘의 이득을 얻을 수 있다. 120kg을 고정도르래 2개와 움직도르래 2개를 설치했을 때 소요되는 힘은?

① 22.5kg　② 30kg
③ 45kg　④ 90kg

13 구조장비 중 방사선 계측기에 관한 설명으로 다음 내용과 관계 깊은 것은?

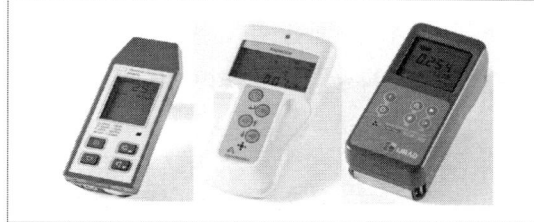

① 개인이 휴대하여 실시간으로 방사선율 및 선량 등을 측정하며 기준선량(률) 초과 시 경보하여 구조대원의 안전을 확보하기 위한 장비이다.
② 일반적으로 선량률 값을 제공하지 않고 시간당 계수율 정보를 제공하며, 측정하고자 하는 물체 및 인원에 대한 방사성 오염 여부 판단용으로 사용된다.
③ 방사능 오염이 예상되는 보행자 또는 차량을 탐지하여 피폭 여부를 검사하는 장비로서 주로 알파, 베타 방출 핵종의 유출 시 사용한다.
④ 개인이 휴대하여 실시간으로 개인의 방사선 피폭량을 측정하기 위한 검출기로 필름뱃지, 열형광선량계, 포켓이온함 등이 있다.

14 절단구조용 장비에 대한 설명으로 옳지 않은 것은?

① 동력절단기 : 철재용, 콘크리트용 절단 날에 심하게 물이 묻어 있는 경우에는 폐기하고 너무 장기간 보관하지 않도록 한다.
② 체인톱 : 목재를 절단하는 장비로써 가이드바와 체인은 어떠한 물체에도 닿지 않도록 하며, 수중에서도 사용가능하다.
③ 공기톱 : 철재나 스텐레스, 비철금속 등을 절단하는 장비로 공기호흡기의 실린더를 이용하여 압축공기를 공급하고 별도의 동력이 필요하지 않으므로 수중이나 위험물질이 누출된 장소에서도 안전하게 사용할 수 있다.
④ 유압엔진펌프 : 펌프의 압력이나 장비의 이상 유무를 점검할 때에는 반드시 유압호스에 장비를 연결하고 확인한다.

15 탐색구조용 장비에 대한 설명으로 옳지 않은 것은?

① 매몰자 음향탐지기 : 매몰, 고립된 사람의 고함이나 신음, 두드림 등의 신호를 보낼 수 있는 생존자를 찾아내기 위한 장비이다.
② 매몰자 영상탐지기 : 지진과 건물붕괴 등 인명 피해가 큰 재난 상황에서 구조자가 생존자를 찾을 수 있도록 돕는 장비로 작은 틈새 또는 구멍으로 카메라와 마이크, 스피커가 부착된 신축봉을 투입하여 공간 내부를 자세히 보기 위한 장비이다.
③ 매몰자 전파탐지기 : 붕괴된 건물의 잔해나 붕괴물 속에 마이크로파대의 전파를 방사하여 매몰한 생존자의 호흡에 의한 움직임을 반사파로부터 검출하는 것으로 그 생존을 탐사하는 장비이다.
④ 열화상카메라 : 카메라에서 적외선파장을 발산하여 측정하거나 달빛을 증폭하여 물체를 화면에 표시하는 장비이다.

16 다음 내용 중 수난구조 시 줄을 이용하지 않은 탐색 방법으로 옳은 것은?

㉠ 시야가 좋지 않고 탐색면적이 넓은 지역에 사용한다.
㉡ 장애물이 없는 평평한 지형에서 비교적 작은 물체를 탐색하는데 적합하다.
㉢ 시야가 좋고 탐색면적이 넓을 때 사용하는 방법이다.
㉣ 조류가 세고 탐색면적이 넓을 때 사용한다.

① ㉠ ② ㉡
③ ㉢ ④ ㉣

17 미국 교통국 수송표지의 각 Placard 색상의 의미에 대한 설명으로 연결이 바르게 된 것은?

① 빨간색 : 산화성 ② 오렌지 : 폭발성
③ 노란색 : 가연성 ④ 파란색 : 중독성

18 감염 전파경로에 따른 원인으로서 다음 내용과 관계 깊은 것은?

> 감염균을 가진 큰 입자(5㎛ 이상)가 기침이나 재채기, 흡입(suction) 시 다른 사람의 코나 점막 또는 결막에 튀어서 단거리(약 1m 이내)에 있는 사람에게 감염을 유발시킨다.

① 대상포진 ② 인플루엔자
③ 수두   ④ 농가진

19 생체징후에 대한 설명으로 옳지 않은 것은?

① 생체징후는 호흡, 맥박, 혈압을 포함하며 동시에 의식수준(AVPU)도 평가해야 한다.
② 맥박은 노동맥에서 촉지 할 수 있으나 촉지되지 않는다면 목동맥을 촉지한다.
③ 고혈압환자는 맥박이 빠르고 규칙적이며 약하다.
④ 성인의 경우 100회/분 이상을 빠른맥이라 한다.

20 다음 제세동 리듬에 대한 설명으로 옳지 않은 것은?

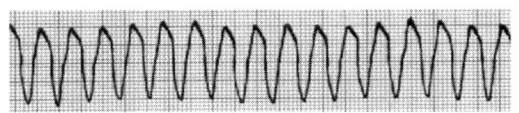

① 제세동이 1분 지연될 때마다 제세동의 성공 가능성은 7~10%씩 감소한다.
② 심장마비 후 8분 안에 심장마비 환자의 약 1/2에서 나타난다.
③ V-Tach는 심장마비환자의 30%에서 나타나며 제세동은 반드시, 무맥 또는 무호흡 그리고 무의식 환자에게만 실시해야 한다.
④ 너무 빨리 수축해서 피가 충분히 심장에 고이지 않아 심장과 뇌로 충분한 혈액을 공급할 수 없다.

21 신생아 평가와 처치에 대한 조치사항으로 옳지 않은 것은?

> ㉠ 피부색 : 몸은 핑크, 손과 팔다리는 청색
> ㉡ 심장박동 : 100회 이하
> ㉢ 반사흥분도 : 없음
> ㉣ 근육의 강도 : 흐늘거림/부진함
> ㉤ 호흡 : 약하고/느림/불규칙

① 경증의 질식 상태
② 호흡을 보조함
③ CPR
④ 입, 코 흡인

22 성인 화상의 중증도 분류에서 중등도에 해당하는 것은?

① 체표면적 15% 미만의 2도 화상인 10세 이상 50세 이하의 환자
② 체표면적 25% 이상의 2도 화상인 10세 이상 50세 이하의 환자
③ 체표면적 2% 이상, 10% 미만의 3도 화상인 모든 화상
④ 영아, 노인, 과거력이 있는 화상환자

23 일반적인 부목사용방법에 대한 설명으로 옳은 것은?

① 환자가 위급한 상황이나 치명적인 상태인 경우라도 반드시 환자를 움직이기 전에 부목을 대준다.
② 부목 고정 전에 팔·다리 손상 먼쪽의 맥박, 운동기능 그리고 감각을 평가해야 하며, 부목 고정 후에도 다시 한 번 평가한다.
③ 뼈가 손상 부위 밖으로 나와 있다면 조심해서 다시 원래 위치로 넣도록 노력한다.
④ 근골격계 손상환자가 쇼크 징후 등을 보이면 환자 트렌델렌버그 자세를 한 후 재평가를 실시한다.

24 견인부목을 사용할 수 있는 경우는?

① 허벅지 손상
② 엉덩이나 골반 손상
③ 무릎이나 무릎 인접부분 손상
④ 발목 손상, 종아리 손상

25 다음은 복통환자 증상에 대한 설명으로 옳지 <u>않은</u> 것은?

① 내장통증 : 간헐적이고 마치 분만통증과 같은 복통은 흔히 배내 속이 빈 장기로 인해 나타나고 그리고 둔하고 지속적인 통증은 종종 고형체의 장기로 인해 나타난다.
② 벽쪽통증 : SAMPLE력을 조사할 때 환자는 이러한 통증을 무릎을 굽힌 자세 또는 움직이지 않으면 나아지고 움직이면 다시 아프다고 표현하기도 한다.
③ 쥐어짜는 듯한 통증 : 이러한 통증은 내부출혈로 인한 자극 또는 감염·염증에 의해 나타날 수도 있다. 또한 날카롭거나 지속적이며 국소적인 경향을 나타낸다.
④ 연관통증 : 유발부위가 아닌 다른 부위에서 느끼는 통증으로 예를 들어 방광에 문제가 있을 때 오른 어깨뼈에 통증이 나타나는 것을 말한다.

최단기 소방승진 이패스 소방사관

www.kfs119.co.kr

※ 이 책은 저작권법에 의해 보호를 받는 저작물이므로 무단전재와 복제를 금합니다.
※ 본 교재의 저작권은 이패스코리아에 있습니다.

2025년 소방위 소방승진 제4회

응시번호	
성명	

【시험 과목】

편철순서	제1과목	제2과목	제3과목
과목명	행정법(25문항)	소방법령 Ⅳ(25문항)	소방전술 (25문항)

응시자 준수사항

☞ 시험지를 받으면 "시험 감독관 또는 방송"의 안내에 따라 다음 사항을 반드시 지켜 주시기 바랍니다.

1. 시험지 표지의 응시번호 및 성명"을 기재하여 주십시오.

2. 시험이 시작되면 시험지의 "편철순서", "페이지 수량", "인쇄 상태"를 반드시 확인한 후에 문제를 푸십시오.
   ※ 본 시험지는 총 20페이지입니다.

3. 시험이 시작되면 문제를 주의 깊게 읽고, 문항의 취지에 가장 적합한 하나의 정답만을 고르십시오. 운영요원에게 문제 내용에 관한 질문은 하실 수 없습니다.

※ 본 시험지는 공개이므로 시험이 종료된 후 가지고 나갈 수 있습니다.

※ 본 표지는 실제 시험지를 모델로 제작되었습니다.

epasskorea

소방위 소방승진

제4회 모의고사

문 항 수 : 75문항
응시시간 : 75분

행정법 [25문항]

01 법률유보에 대한 설명으로 옳지 <u>않은</u> 것은?

① 헌법재판소는 텔레비전방송수신료는 국민의 기본권실현에 관련된 영역에 속하고, 수신료금액의 결정은 납부의무자의 범위 등과 함께 수신료에 관한 본질적인 중요한 사항이라고 판단한 바 있다.
② 헌법재판소는 국민의 헌법상 기본권 및 기본의무와 관련된 중요한 사항 내지 본질적인 내용에 대한 정책형성기능은 원칙적으로 주권자인 국민에 의하여 선출된 대표자들로 구성되는 입법부가 담당하여 법률의 형식으로 이를 수행하는 것이 필요하다는 입장이다.
③ 헌법재판소는 구「토지초과이득세법」상의 기준시가는 국민의 납세의무의 성부(成否) 및 범위와 직접적인 관계를 가지고 있는 중요한 사항임에도 불구하고 해당 내용을 법률에 규정하지 않고 하위법령에 위임한 것은 헌법 제75조에 반한다고 판단한 바 있다.
④ 법률유보의 적용범위는 행정의 복잡화와 다기화, 재량행위의 확대에 따라 과거에 비해 점차 축소되고 있으며 이러한 경향에 따라 헌법재판소는 법률유보의 입장을 확고히 하고 있다.

02 행정법의 일반원칙에 관한 설명으로 옳지 <u>않은</u> 것은?

① 위험한 건물에 대하여 개수명령으로써 목적을 달성할 있음에도 불구하고 철거명령을 발령하는 것은 비례원칙의 내용 중 필요성원칙에 반한다.
② 비과세관행의 성립을 위해서는 과세관청 스스로 과세할 수 있음을 알면서도 어떤 특별한 사정 때문에 과세하지 않는다는 의사가 있고, 이와 같은 의사는 명시적 또는 묵시적으로 표시되어야 한다.
③ 법적 효과를 수반하는 행정행위만이 신뢰보호원칙의 적용대상이 되며, 행정지도와 같은 사실행위는 이에 포함되지 않는다.
④ 실효의 원칙이 적용되기 위한 요건으로서 실효기간이 길이와 의무자인 상대방이 권리가 행사되지 아니하리라고 신뢰할 만한 정당한 사유가 있었는지의 여부는 구체적인 경우마다 권리를 행사하지 아니한 기간의 장단, 당사자 쌍방의 사정 및 객관적으로 존재한 사정 등을 고려하여 사회통념에 따라 판단하여야 한다.

03 사인의 공법행위에 관한 설명으로 가장 옳지 <u>않은</u> 것은?

① 사인의 공법상 행위는 명문으로 금지되거나 성질상 불가능한 경우가 아닌 한 그에 따른 행정행위가 행하여질 때까지 자유로이 철회하거나 보정할 수 있다.
② 「행정절차법」제17조는 행정청으로 하여금 신청에 대하여 거부처분을 하기 전에 신청인에게 신청의 내용이나 처분의 실체적 발급요건에 관한 사항을 보완할 기회를 부여하여야 할 의무를 정하고 있다.
③ 인·허가의제 효과를 수반하는 건축신고는 일반적인 건축신고와는 달리, 특별한 사정이 없는 한 행정청이 그 실체적 요건에 관한 심사를 한 후 수리하여야 하는 '수리를 요하는 신고'로 보아야 한다.
④ 행정청이 영업자 지위승계신고를 수리하는 처분은 종전 영업자의 권익을 제한하는 처분이므로, 행정청이 그 신고를 수리하는 처분을 할 때에는 행정절차법 규정에서 정한 당사자에 해당하는 종전 영업자에 대하여 행정절차를 실시하고 처분을 하여야 한다.

04 「행정기본법」상 기간의 계산에 대한 설명으로 옳은 것은?

① 법령등을 공포한 날부터 일정 기간이 경과한 날부터 시행하는 경우 법령등을 공포한 날을 첫날에 산입한다.
② 법령등 또는 처분에서 국민의 권익을 제한하거나 의무를 부과하는 경우 권익이 제한되거나 의무가 지속되는 기간의 계산에 있어서 기간의 말일이 토요일 또는 공휴일인 경우에도 기간은 그 날로 만료한다.
③ 법령등 또는 처분에서 국민의 권익을 제한하거나 의무를 부과하는 경우 권익이 제한되거나 의무가 지속되는 기간의 계산에 있어서 기간을 일, 주, 월 또는 연으로 정한 경우에는 기간의 첫날을 산입하지 아니한다.
④ 법령등을 공포한 날부터 일정 기간이 경과한 날부터 시행하는 경우 그 기간의 말일이 토요일 또는 공휴일인 때에는 그 말일의 다음 날로 기간이 만료한다.

05 행정입법에 관한 설명으로 옳지 않은 것은? (다툼이 있는 경우 판례에 따름)

① 상급행정기관의 소속 공무원에 대한 업무처리지침은 일반적으로 행정조직 내부에서만 효력을 가진다.
② 상위법령의 위임이 없음에도 상위법령에 규정된 처분요건에 해당하는 사항을 부령에서 변경하여 규정한 경우 그 부령의 규정은 국민에 대한 대외적 구속력이 있다.
③ 처분이 행정규칙을 위반하였다고 해서 그러한 사정만으로 곧바로 위법하게 되는 것은 아니다.
④ 법령보충적 행정규칙은 상위법령과 결합하여 대외적 구속력이 있는 법규명령으로서의 효력을 가진다.

06 행정행위에 관한 설명으로 가장 옳지 않은 것은?

① 「자동차운수사업법」에 의한 개인택시운송사업 면허는 법령에 특별한 규정이 없는 한 재량행위이고, 그 면허를 위하여 필요한 기준을 정하는 것도 행정청의 재량에 속한다.
② 토지의 형질변경행위를 수반하는 건축허가처럼 기속행위인 허가가 재량행위인 허가를 포함하는 경우에는 재량행위가 된다.
③ 특허는 주로 특정인을 대상으로 행해지나 이에 한정되지 않으며 불특정다수인에게 행해지기도 한다.
④ 주유소허가의 양수인은 양도인의 지위를 승계하므로 양도인에게 그 허가를 취소할 법적 사유가 있는 경우 이를 이유로 양수인에게 응분의 제재조치를 할 수 있다.

07 행정행위의 부관에 관한 설명으로 옳은 것은? (다툼이 있는 경우 판례에 의함)

① 법률이 예정하는 행정행위의 효과를 일부 배제하는 부관은 독립하여 행정소송의 대상이 될 수 있다.
② 사도개설허가에서 정해진 공사기간은 사도개설허가 자체의 존속기간을 정한 것이라 보아야 하므로, 공사기간 내에 사도로 준공검사를 받지 못하였다면 사도개설허가는 당연히 실효된다.
③ 행정청은 처분에 재량이 없는 경우에는 법률에 근거가 있는 경우 부관을 붙일 수 있다.
④ 행정처분에 붙인 부담인 부관이 무효가 되면 그 부담의 이행으로 한 사법상 법률행위도 당연히 무효가 된다.

08 인허가의제 제도에 관한 설명으로 옳지 않은 것은?

① 인허가의제 제도는 사업시행자의 이익을 위하여 만들어진 것이므로 사업시행자가 관련 인허가의제 처리를 신청할 의무가 있다.
② 인허가의제를 받으려면 주된 인허가를 신청할 때, 불가피한 사유로 함께 제출할 수 없는 경우가 아니라면 관련 인허가에 필요한 서류를 함께 제출하여야 한다.
③ 주된 인허가 행정청은 주된 인허가를 하기 전에 관련 인허가에 관하여 미리 관련 인허가 행정청과 협의하여야 한다.
④ 인허가의제의 효과는 주된 인허가의 해당 법률에 규정된 관련 인허가에 한정된다.

09 「행정기본법」상 행정행위의 취소·철회에 관한 설명으로 옳은 것은?

① 당사자의 신뢰를 보호할 가치가 있는 경우에는 위법한 처분에 대해 장래를 향하여 취소할 수 있다.
② 부당한 처분에 대해서는 취소할 수 없다.
③ 위법한 처분의 일부에 대해 취소할 수 없다.
④ 적법한 처분을 철회하는 경우에는 철회로 인하여 당사자가 입게 될 불이익을 철회로 달성되는 공익과 비교·형량할 필요는 없다.

10 공법상 계약에 관한 설명으로 옳지 않은 것은? (다툼이 있는 경우 판례에 의함)

① 甲 주식회사가 국책사업인 '한국형헬기 개발사업'에 개발주관사업자 중 하나로 참여하여 국가 산하 중앙행정기관인 방위사업청과 체결한 '한국형헬기 민군겸용 핵심구성품 개발협약'의 법률관계는 공법관계에 해당한다.
② 과학기술기본법령상 사업 협약의 해지 통보는 단순히 대등 당사자의 지위에서 형성된 공법상계약을 계약당사자의 지위에서 종료시키는 의사표시에 불과한 것이 아니다.
③ 공법상 계약에 따른 권리·의무의 확인 소송은 공법상 당사자 소송에 의한다.
④ 「국가를 당사자로 하는 계약에 관한 법률」에 따라 국가가 당사자가 되는 공공계약은 공법상 계약에 해당한다.

11 행정절차법상 청문에 관한 설명으로 옳지 않은 것은?

① 청문 주재자는 필요하다고 인정할 때에는 관계 행정청에 필요한 문서의 제출을 요구할 수 있다.
② 청문은 당사자가 공개를 신청하더라도 제3자의 정당한 이익을 현저히 해칠 우려가 있는 경우에는 공개하여서는 아니 된다.
③ 청문 주재자는 직권으로 당사자등이 주장한 사실에 한하여 필요한 조사를 하여야 한다.
④ 행정청은 다수 국민의 이해가 상충되는 처분을 하려는 경우에는 청문 주재자를 2명 이상으로 선정할 수 있다.

12 「공공기관의 정보공개에 관한 법률」상 정보공개에 대한 설명으로 옳지 않은 것은? (다툼이 있는 경우 판례에 의함)

① 공개청구의 대상이 되는 정보가 인터넷에 공개되어 인터넷 검색 등을 통하여 쉽게 알 수 있다면 정보공개청구권자는 공개거부처분의 취소를 구할 법률상의 이익이 없다.
② 정보공개거부처분취소소송에서 공개를 거부한 정보에 비공개 대상 부분과 공개가 가능한 부분이 혼합되어 있는 경우, 공개청구의 취지에 어긋나지 아니하는 범위 안에서 두 부분을 분리할 수 있다면 법원은 청구취지의 변경이 없더라도 공개가 가능한 정보에 관한 부분만의 일부취소를 명할 수 있다.
③ 공공기관은 공개 청구된 정보가 공공기관이 보유관리하지 아니하는 정보인 경우로서 「민원 처리에 관한 법률」에 따른 민원으로 처리할 수 있는 경우에는 민원으로 처리할 수 있다.
④ 불기소처분기록 중 피의자신문조서 등에 기재된 피의자 등의 인적사항 이외의 진술내용이 개인의 사생활의 비밀 또는 자유를 침해할 우려가 인정된다면 비공개대상에 해당한다.

13 행정벌에 대한 설명으로 옳은 것은? (다툼이 있는 경우 판례에 의함)

① 지방자치단체가 그 고유의 자치사무를 처리하는 경우 지방자치단체는 양벌규정에 의한 처벌대상이 되지 않는다.
② 「관세법」상 통고처분은 상대방의 임의의 승복을 그 발효요건으로 하기 때문에 그 자체만으로는 통고이행을 강제하거나 상대방에게 아무런 권리의무를 형성하지 않는다.
③ 질서위반행위 후 법률이 변경되어 그 행위가 질서위반행위에 해당하지 아니하게 된 때에는 법률에 특별한 규정이 없는 한 변경되기 전의 법률을 적용한다.
④ 스스로 심신장애 상태를 일으켜 질서위반행위를 한 자에 대하여는 과태료를 감경한다.

14 행정대집행에 대한 설명으로 가장 옳지 않은 것은? (다툼이 있는 경우 판례에 의함)

① 행정청이 구토지구획정리사업법상 토지구획정리사업의 환지예정지를 지정하고, 그 사업에 편입되는 건축물로서 지장물 소유자에게 지장물의 자진이전을 요구한 후 이에 응하지 않자 지장물의 이전에 대한 대집행을 계고하고 다시 대집행영장을 통지한 경우, 위 계고처분 등은 행정대집행법 제2조에 따라 명령된 지장물 이전의무가 없음에도 그러한 의무의 불이행을 사유로 행하여진 것이므로 위법하다.
② 대집행의 대상이 되는 행위는 법률에서 직접 명령된 것이 아니라, 법률에 의거한 행정청의 명령에 의한 행위를 말한다.
③ 공익사업을 위해 토지를 협의 매도한 종전 토지소유자가 토지 위의 건물을 철거하겠다는 약정을 하였다고 하더라도 이러한 약정 불이행시 대집행의 대상이 되지 아니한다.
④ 의무자가 대집행 계고를 받고 지정기한까지 그 의무를 이행하지 아니할 때에는 당해 행정청은 대집행영장으로써 대집행을 할 시기, 대집행을 시키기 위하여 파견하는 집행책임자의 성명과 대집행에 요하는 비용의 개산에 의한 견적액을 의무자에게 통지하여야 한다.

15 행정의 실효성 확보수단에 대한 대법원 판례의 입장으로 옳지 않은 것은?

① 행정법상의 질서벌인 과태료의 부과처분과 형사처벌은 그 성질이나 목적을 달리하는 별개의 것이므로 행정법상의 질서벌인 과태료를 납부한 후에 형사처벌을 한다고 하여 이를 일사부재리의 원칙에 반하는 것이라고 할 수는 없다.
② 「건축법」상 시정명령을 받은 의무자가 그 시정명령의 취지에 부합하는 의무를 이행하기 위한 정당한 방법으로 행정청에 신청 또는 신고를 하였으나 행정청이 위법하게 이를 거부 또는 반려함으로써 결국 그 처분이 취소되기에 이르렀더라도, 이행강제금 제도의 취지에 비추어 볼 때 그 시정명령의 불이행을 이유로 이행강제금을 부과할 수 있다.
③ 건물의 소유자에게 위법건축물을 일정기간까지 철거할 것을 명함과 아울러 불이행할 때에는 대집행한다는 내용의 철거대집행 계고처분을 고지한 후 이에 불응하자 다시 제2차, 제3차 계고서를 발송하여 일정기간까지의 자진철거를 촉구하고 불이행하면 대집행을 한다는 뜻을 고지한 경우, 제2차, 제3차의 계고처분은 새로운 철거의무를 부과한 것이 아니라 대집행기한을 연기통지한 것에 불과하다.
④ 관할 행정청이 여객자동차운송사업자가 범한 여러 가지 위반행위 중 일부만 인지하여 과징금 부과처분을 하였는데 그 후 과징금 부과처분 시점 이전에 이루어진 다른 위반행위를 인지하여 이에 대하여 별도의 과징금 부과처분을 하게 되는 경우, 종전 과징금 부과처분의 대상이 된 위반행위와 추가 과징금 부과처분의 대상이 된 위반행위에 대하여 일괄하여 하나의 과징금 부과처분을 하는 경우와의 형평을 고려하여 추가 과징금 부과처분의 처분양정이 이루어져야 한다.

16 행정상 강제징수에 관한 설명으로 옳지 않은 것은?

① 매각은 원칙적으로 공매에 의하나 예외적으로 수의계약에 의할 수도 있다.
② 독촉만으로는 시효중단의 효과가 발생하지 않는다.
③ 공매에 의하여 재산을 매수한 자는 그 공매처분이 취소된 경우에 그 취소처분의 위법을 주장하여 행정소송을 제기할 법률상 이익이 있다.
④ 압류 후 부과처분의 근거법률이 위헌으로 결정된 경우에 압류처분은 취소사유가 있는 것이 되므로 압류를 해제하여야 할 것이다.

17 공공의 영조물의 설치·관리의 하자로 인한 국가배상책임에 대한 판례의 입장으로 옳지 않은 것은?

① 공유나 사유임을 불문하고 사실상 도로로 사용되고 있었다면, 도로의 노선인정 기타 공용개시가 없었다고 하여도 해당 도로는 「국가배상법」상 영조물이라고 할 수 있다.
② '공공의 영조물의 설치·관리의 하자'에는 영조물이 공공의 목적에 이용됨에 있어 그 이용 상태 및 정도가 일정한 한도를 초과하여 제3자에게 사회통념상 참을 수 없는 피해를 입히고 있는 경우가 포함된다.
③ 「국가배상법」상의 영조물의 설치·관리상의 하자로 인한 책임은 무과실책임이고 나아가 「민법」상의 공작물의 점유자의 책임과는 달리 면책사유도 규정되어 있지 않다.
④ 국가배상청구소송에서 공공의 영조물에 하자가 있다는 입증책임은 피해자가 지지만, 관리주체에게 손해발생의 예견가능성과 회피가능성이 없다는 입증책임은 관리주체가 진다.

18 「공익사업을 위한 토지 등의 취득 및 보상에 관한 법률」의 내용에 관한 설명으로 옳은 것은? (다툼이 있는 경우 판례에 의함)

① 사업시행자는 사용의 개시일에 토지의 사용권을 취득하며, 그 토지에 관한 다른 권리는 재결로 인정되지 아니 하더라도 사용 기간 중에 행사할 수 있다.
② 재결에 의한 경우 보상액의 산정은 수용개시 당시의 가격을 기준으로 한다.
③ 수용재결에 불복할 때는 이의신청을 거치지 않고도 행정소송을 제기할 수 있다.
④ 일반 공중의 이용에 제공되는 공공용물을 허가나 특허 없이 일반사용하고 있던 자가 당해 공공용물에 관한 적법한 개발행위로 인하여 종전에 비하여 그 일반사용이 제한을 받게 되었다면 그로 인한 불이익은 특별한 사정이 없는 한 손실보상의 대상이 된다.

19 재결을 다투는 취소소송에 관한 설명으로 옳지 않은 것은? (다툼이 있는 경우 판례에 의함)

① 원처분의 위법을 이유로 재결에 대해 취소소송을 제기할 수 없는 것이 원칙이다.
② 재결 자체에 고유한 위법이 없음에도 재결취소소송이 제기된 경우 기각판결의 대상이 된다.
③ 제3자효를 수반하는 행정행위에 대한 행정심판청구에 있어서 그 청구를 인용하는 내용의 재결로 인하여 비로소 권리이익을 침해받게 되는 자는 그 인용재결에 대하여 다툴 필요가 있고, 그 인용재결은 원처분과 내용을 달리하는 것이므로 그 인용재결의 취소를 구하는 것은 원처분에는 없는 재결에 고유한 하자를 주장하는 셈이어서 당연히 항고소송의 대상이 된다.
④ 재결 자체의 고유한 위법은 형식·절차상의 위법을 의미하며, 주체·내용상의 위법은 포함되지 않는다.

20 행정소송상 집행정지에 관한 설명으로 옳은 것을 모두 고른 것은?

ㄱ. 처분의 효력정지는 처분등의 집행을 정지함으로써 목적을 달성할 수 있는 경우에는 허용되지 않는다.
ㄴ. 처분이 가분적이더라도 처분의 일부에 대한 집행정지는 허용되지 않는다.
ㄷ. 「행정소송법」상 집행정지는 부작위위법확인소송에는 인정되지 않는다.
ㄹ. 집행정지결정 후 본안소송이 취하되어 소송이 계속되지 아니하더라도 집행정지결정의 효력이 당연히 소멸되는 것은 아니고 별도의 취소조치를 필요로 한다.

① ㄱ, ㄴ
② ㄱ, ㄷ
③ ㄱ, ㄷ, ㄹ
④ ㄴ, ㄷ, ㄹ

21 부작위위법확인소송에 관한 설명으로 옳지 않은 것은?

① 제3자 보호를 위하여 제3자의 소송참가와 재심청구가 인정된다.
② 부작위위법확인소송을 당사자소송으로 변경할 수 있다.
③ 위법판단의 기준시점은 처분시가 아니라 사실심변론종결시로 보아야 한다.
④ 판례의 태도에 비추어 볼 때 부작위위법확인소송에서 인용판결(확인판결)이 확정되면 이전의 신청에 대한 거부처분을 할 수 없다.

22 행정소송에 대한 설명으로 가장 옳지 않은 것은?

① 과세관청이 사업자등록을 관리하는 과정에서 위장사업자의 사업자명의를 직권으로 실사업자의 명의로 정정하는 행위는 항고소송의 대상이 되는 행정처분으로 볼 수 없다.
② 공익근무요원 소집해제신청을 거부한 후 원고가 계속 공익근무요원으로 복무함에 따라 복무기간 만료를 이유로 소집해제처분을 한 경우, 거부처분의 취소를 구할 소의 이익이 없다.
③ 사실심에서 변론종결시까지 당사자가 주장하지 않던 직권조사사항에 해당하는 사항을 상고심에서 비로소 주장하는 경우, 그 직권조사 사항에 해당하는 사항은 상고심의 심판범위에 해당하지 않는다.
④ 건축불허가처분을 하면서 건축불허가 사유뿐만 아니라 구「소방법」에 따른 소방서장의 건축부동의 사유를 들고 있는 경우, 그 건축불허가처분에 관한 쟁송에서 건축법상의 건축불허가 사유뿐만 아니라 소방서장의 부동의 사유에 관하여도 다툴 수 있다.

23 공무원법관계에 대한 설명으로 옳은 것은? (다툼이 있는 경우 판례에 의함)

① 직급이란 1명의 공무원에게 부여할 수 있는 직무와 책임을 말한다.
② 4급 공무원이 당해 지방자치단체 인사위원회의 심의를 거쳐 3급 승진대상자로 결정되고 임용권자가 그 사실을 대내외에 공표까지 하였다면, 그 공무원은 승진임용에 관한 법률상 이익을 가진 자로서 임용권자에 대하여 3급 승진임용 신청을 할 조리상의 권리가 있다.
③ 공무원이 국가를 상대로 실질이 보수에 해당하는 금원의 지급을 구하려면 국가공무원법령 등 공무원의 보수에 관한 법률에 그 보수의 지급근거가 되는 명시적 규정이 있으면 족하고, 그 보수항목이 국가예산에 계상되어 있어야 하는 것은 아니다.
④ 직위해제 중에 자격정지 이상의 형의 선고유예를 받아 당연퇴직된 공무원에게 임용권자가 복직처분을 한 상태에서 선고유예 기간이 경과된 경우 그 공무원의 신분이 회복된다 할 것이다.

24 경찰권의 한계로 옳지 않은 것은?

① 자신이 관리하는 창고에서 화재가 난 경우 고의나 과실과 무관하게, 그리고 타인에 의해 화재가 야기된 경우에도 관리자는 경찰상 책임을 진다.
② 경찰작용은 공공의 안녕과 질서유지에 대한 위험의 방지와 장해의 제거라는 소극적 목적을 위해서만 행사되어야 한다.
③ 종업원의 행위에 대해 책임을 지는 사용자는 종업원의 행위에 대한 대위책임을 지는 것이 아니라 사용자 자신의 책임을 지는 것이다.
④ 사생활불가침의 원칙상 미성년자의 음주·흡연에 대하여 경찰권을 발동할 수 없다.

25 공물에 관한 설명으로 옳은 것은? (다툼이 있는 경우 판례에 따름)

① 공공용물의 일반사용의 경우에도 사용료를 납부하여야 한다.
② 「하천법」상 하천의 점용허가권은 대세적 효력이 있는 물권이다.
③ 행정재산이 공용폐지되어 시효취득의 대상이 된다는 증명책임은 시효취득을 주장하는 자에게 있다.
④ 공물의 인접주민에게는 구체적으로 공물을 사용하지 않고 있더라도 공물에 대한 고양된 일반사용권이 인정된다.

소방법령 Ⅳ [25문항]

01 「소방공무원 승진임용 규정」 및 같은 법 시행규칙상 소방공무원의 승진임용에 관한 내용으로 옳지 않은 것은?

① 소방위로 승진하기 위해서는 원칙적으로 소방장에서 1년 이상 재직하여야 한다.
② 시험승진 승진소요최저근무연수의 계산 기준일은 제1차 시험일의 전일이다.
③ 심사승진 승진소요최저근무연수의 계산 기준일은 승진심사 실시일의 전일이다.
④ 강등되거나 강임되었던 사람이 원(原) 계급으로 승진된 경우에는 강등되거나 강임되기 전의 계급에서 재직한 기간은 원 계급에서 재직한 연수에 포함하지 아니한다.

02 징계위원의 제척·기피 및 회피에 관한 설명으로 옳은 것은?

① 징계위원회의 위원은 제척 사유에 해당하면 스스로 해당 징계등 사건의 심의·의결을 회피할 수 있다.
② 징계위원회는 위원의 제척·기피 또는 회피로 인하여 심의·의결에 출석할 수 있는 위원 수가 과반수에 미달하는 경우에는 위원 과반수를 충족하는 때까지 상급기관의 장에게 해당 심의 대상자에 관한 안건에 한정하여 심의·의결에 참여할 임시위원의 임명 또는 위촉을 요청하여야 한다.
③ 징계위원회의 위원 중 징계등 심의 대상자의 친족 또는 직근 상급자(징계 사유가 발생한 때의 직근 상급자였던 사람은 불포함)나 그 징계등 사유와 관계가 있는 사람은 그 징계등 사건의 심의·의결에 관여하지 못한다.
④ 징계위원회는 기피신청이 있는 때에는 재적위원 과반수의 출석과 출석위원 과반수의 찬성으로 기피 여부를 의결하여야 한다.

03 「공무원보수규정」상 용어의 정의로서 옳은 것은?

① "보수"란 호봉별로 지급되는 기본급여를 말한다.
② "기본연봉"이란 개인의 경력, 누적성과와 계급 또는 직무의 곤란성 및 책임의 정도를 반영하여 지급되는 기본급여의 연간 금액을 말한다.
③ "승격"이란 외무공무원에게 일정한 재직기간의 경과나 그 밖에 법령의 규정에 따라 현재의 호봉보다 높은 호봉이 부여되는 것을 말한다.
④ "연봉월액"이란 해당 직책과 계급을 반영하여 일정액으로 지급되는 금액을 말한다.

04 「공무원고충처리규정」상 성폭력범죄·성희롱의 신고 및 조사 절차의 내용으로 옳지 않은 것은?

① 누구나 기관 내 성폭력범죄 또는 성희롱 발생 사실을 알게 된 경우 이를 인사혁신처장 및 임용권자등에게 신고할 수 있다.
② 인사혁신처장은 신고를 받은 경우 지체 없이 신고 내용을 확인하고 해당 임용권자등이 조사를 실시했는지 여부를 확인하여 조사를 실시하지 않은 경우에는 조사 실시 및 그 결과 제출을 요구할 수 있다.
③ 인사혁신처장이 직접 조사하는 경우 피해자등, 피신고자, 관계인 또는 관계기관 등에 대하여 조사 사항과 관련이 있다고 인정되는 자료의 제출을 요구하는 방법 등으로 조사한다.
④ 임용권자등은 조사 결과 공직 내 성희롱 또는 성폭력 발생 사실이 확인되면 가해자에게 직위해제, 징계의결 요구, 승진임용 심사 대상에서 제외, 다른 직위에의 전보, 교육훈련 등 파견근무, 「공무원 성과평가 등에 관한 규정」에 따른 취하위등급 부여, 감사·감찰·인사·교육훈련 분야 등의 보직 제한의 어느 하나에 해당하는 조치를 할 수 있다.

05 소방공무원법에 따른 인사교류에 의한 임용에 대한 설명으로 옳지 않은 것은?

① 소방청장은 소방공무원의 능력을 발전시키고 소방사무의 연계성을 높이기 위하여 소방청과 시·도 간 및 시·도 상호 간에 인사교류가 필요하다고 인정하면 인사교류계획을 수립하여 실시하여야 한다.
② 시·도 상호 간 인사교류의 인원(연고지배치를 위하여 실시하는 인원을 제외)은 필요한 최소한으로 하되, 소방청장은 교류인원을 정할 때에는 미리 해당 시·도지사의 의견을 들어야 한다.
③ 소방청장은 소방인력 관리를 위해 필요한 경우에는 소방청과 시·도 간 및 시·도 상호 간의 인사교류를 제한할 수 있다.
④ 임용권자는 소방공무원을 전입 또는 전출하려는 경우에는 소방공무원 전입·전출동의요구서에 따라 해당 소방기관의 장의 동의를 받아야 한다.

06 경력경쟁시험으로 임용예정분야별 채용계급에 해당하는 자격증 소지자를 임용하는 경우 시험 방법은?

① 서류전형, 체력시험, 종합적성검사, 면접시험, 필기시험, 실기시험을 모두 실시
② 서류전형·종합적성검사와 면접시험. 다만, 시험실시권자가 필요하다고 인정하는 경우에는 체력시험을 병행 가능
③ 서류전형·체력시험·면접시험. 다만, 업무의 특수성 등을 고려하여 필요하다고 인정되는 경우에는 필기시험과 실기시험을 병행하여 실시 가능
④ 서류전형·체력시험·종합적성검사·면접시험과 필기시험 또는 실기시험. 다만, 업무의 특수성 등을 고려하여 필요하다고 인정되는 경우에는 필기시험과 실기시험을 모두 병행하여 실시 가능

07 소방공무원법에 따른 특별위로금에 대한 설명으로 옳은 것은?

① 소방공무원이 공무상 질병 또는 부상으로 인하여 치료 등의 요양을 하는 경우에는 특별위로금을 지급해야 한다.
② 위로금은 공무상요양으로 소방공무원이 요양하면서 출근하지 아니한 기간에 대하여 지급하되, 36개월을 넘지 아니하는 범위에서 지급한다.
③ 「공무원 재해보상법」에 따른 요양급여의 결정에 대한 불복절차가 인용 결정으로 최종 확정된 경우에는 확정된 날의 다음날부터 6개월 이내에 소방기관의 장에게 신청하여야 한다.
④ 특별위로금의 지급 기준 및 방법 등은 소방청장이 정한다.

08 소방공무원의 가점평정에 대한 설명으로 옳지 않은 것은?

① 소방업무와 관련한 전국 및 특별시·광역시·특별자치시·도·특별자치도 단위 대회 또는 평가 결과 우수한 성적을 얻은 경우는 2.0점을 초과할 수 없다.
② 해당 계급에서 학사·석사 또는 박사학위를 취득하거나 언어 능력이 우수하다고 인정되는 경우는 0.5점을 초과할 수 없다.
③ 소방행정의 균형발전을 위하여 소방청장이 실시하는 인사교류의 대상이 된 경우는 3.0점을 초과할 수 없다.
④ 해당 계급에서 격무·기피부서에 근무한 때의 가점은 1.0점을 초과할 수 없다.

09 다음은 소방공무원의 별도정원의 범위와 관련된 사항이다. ( ) 안에 들어갈 내용은?

> 시·도지사가 임용권을 행사하는 소방공무원을 대상으로 국내외 위탁교육을 실시할 때 다음의 어느 하나에 해당하는 경우에는 그 훈련기간 동안 그 인원에 해당하는 정원이 해당 기관에 따로 있는 것으로 본다.
> - 소방청장이「소방공무원 교육훈련규정」제37조에 따라 수립하는 훈련기간이 (㉠) 이상인 교육훈련계획에 따라 교육훈련대상자의 직급 및 인원이 기관별로 결정된 경우
> - 시·도지사가「소방공무원 교육훈련규정」제37조에 따라 소속 소방경 이하의 소방공무원을 대상으로 훈련기간이 (㉡) 이상인 국내 위탁 교육훈련계획을 수립·시행함에 따라 결원 보충이 필요한 경우

	㉠	㉡		㉠	㉡
①	1년	1년	②	1년	6개월
③	6개월	6개월	④	6개월	1년

10 「소방공무원법」상 소방공무원인사위원회를 설치하는 기관들로만 짝지은 것은?

① 수원시, 세종특별자치시, 전라북도
② 소방청, 행정안전부, 충청남도
③ 강원도, 인천소방본부, 소방청
④ 소방청, 제주특별자치도, 부산광역시

11 경력평정에 대한 설명으로 옳지 <u>않은</u> 것은?

① 승진소요최저근무연수가 경과된 소방정 이하의 소방공무원을 대상으로 한다.
② 연 2회 실시하되, 매년 3월 31일과 9월 30일을 기준으로 한다
③ 기본경력 및 초과경력의 평정점수는 월별 점수에 근무한 기간(월)을 곱하여 소수점 둘째자리에서 반올림한다.
④ 징계처분의 집행이 끝난 날부터 일정한 기간에 따른 승진임용제한기간 및 소방공무원으로 신규임용될 사람이 받은 교육훈련기간은 경력평정대상기간에 포함한다.

12 수사기관으로부터 공무원의 범죄사건에 대한 결과 통보를 다음과 같이 받았을 때, 비위의 정도 및 과실의 경중, 고의성 유무 등 사안에 따라 혐의사실이 인정되는 경우에 징계의결을 요구하는 것은?

① 기소중지 결정
② 죄가안됨 결정
③ 기소유예 결정
④ 공소제기 결정

13 위험물의 성질 및 품명의 정의로 옳지 <u>않은</u> 것은?

① "인화성고체"라 함은 고형알코올 그 밖에 1기압에서 인화점이 섭씨 40도 미만인 고체를 말한다.
② "제1석유류"라 함은 아세톤, 휘발유 그 밖에 1기압에서 인화점이 섭씨 21도 미만인 것을 말한다.
③ "특수인화물"이라 함은 이황화탄소, 디에틸에테르 그 밖에 1기압에서 발화점이 섭씨 100도 이하인 것 또는 인화점이 섭씨 영하 20도 이하이고 비점이 섭씨 40도 이하인 것을 말한다.
④ "자연발화성물질 및 금수성물질"이라 함은 고체 또는 액체로서 공기 중에서 발화의 위험성이 있거나 산과 접촉하여 발화하거나 고압 수증기를 발생하는 위험성이 있는 것을 말한다

14 「위험물안전관리법 시행령」상 제조소등에서 흡연장소의 지정기준 등에 관한 내용으로 옳지 <u>않은</u> 것은?

① 흡연장소는 폭발위험장소 외의 장소에 지정하는 등 위험물을 저장·취급하는 건축물, 공작물 및 기계·기구, 그 밖의 설비로부터 안전 확보에 필요한 일정한 거리를 둘 것
② 흡연장소는 옥외로 지정할 것. 다만, 부득이한 경우에는 건축물 내에 지정할 수 있다.
③ 소형수동식소화기(이에 준하는 소화설비를 포함한다)를 1개 이상 비치할 것
④ 흡연장소에는 보유공지를 두고 흡연장소 내 화재가 발생하더라도 번지지 않도록 조치를 해야 한다.

15 「위험물안전관리법 시행규칙」상 안전관리대행기관이 휴업 재개업 신고를 연간 2회 이상 하지 아니한 경우 행정처분 기준으로 옳은 것은?

	1차	2차	3차
①	업무정지 30일	업무정지 60일	지정취소
②	경고 또는 업무정지 30일	업무정지 90일	지정취소
③	경고	업무정지 90일	지정취소
④	업무정지 10일	업무정지 30일	지정취소

16 「위험물안전관리법」 및 같은 법 시행령상 탱크시험자가 갖추어야 하는 <보기> 장비의 종류에서 필요한 경우에 두는 장비만을 모두 고른 것은?

<보기>
ㄱ. 자기탐상시험기
ㄴ. 진공누설시험기
ㄷ. 수직·수평도 측정기
ㄹ. 초음파두께측정기
ㅁ. 영상초음파시험기
ㅂ. 방사선투과시험기 및 초음파시험기

① 상기 모두 해당 한다.
② ㄱ, ㄹ, ㅁ, ㅂ
③ ㄴ, ㄷ
④ ㄱ, ㄷ

17 「위험물안전관리법 시행규칙」상 위험물제조소에 저장 또는 취급하는 위험물에 따라 설치해야 하는 주의사항을 표시한 게시판의 내용으로 옳지 않은 것은?

① 제1류 위험물 중 알칼리금속의 과산화물 — 물기엄금
② 제2류 위험물 중 황화인, 적린, 황 — 화기엄금
③ 제3류 위험물 중 자연발화성물질 — 화기엄금
④ 제5류 위험물 — 화기엄금

18 「위험물안전관리법 시행규칙」상 주유취급소의 고정주유설비 설치기준이다. ( ) 안에 들어갈 내용의 합은?

- 고정주유설비의 중심선을 기점으로 하여 도로경계선까지 ( )m 이상, 부지경계선·담 및 건축물의 벽까지 ( )m이상의 거리를 유지하고, 고정급유설비의 중심선을 기점으로 하여 도로경계선까지 ( )m 이상, 부지경계선 및 담까지 1m 이상, 건축물의 벽까지 ( )m이상의 거리를 유지할 것
- 고정주유설비와 고정급유설비의 사이에는 ( )m 이상의 거리를 유지할 것

① 14
② 17
③ 15
④ 16

19 「위험물안전관리법 시행령」상 지정수량 이상의 위험물을 옥외저장소에 저장할 수 있는 것으로 옳지 않은 것은? (다만, 「국제해사기구에 관한 협약」에 의하여 설치된 국제해사기구가 채택한 「국제해상위험물규칙」(IMDG Code)에 적합한 용기에 수납된 위험물은 제외한다.)

① 제1류 위험물 중 염소산염류
② 제2류 위험물 중 황
③ 제4류 위험물 중 알코올류
④ 제6류 위험물 중 과염소산

20 「위험물안전관리법 시행령」 상 <보기>의 위험물 중에서 중량퍼센트(Wt%)로 위험물을 구분하는 것과 관계 없는 위험물만 고르면?

<보기>
철분, 금속분, 알코올류, 과산화수소, 질산, 황, 과염소산

① 금속분, 철분
② 과산화수소, 황
③ 질산, 과염소산
④ 알코올류, 과산화수소, 철분, 금속분

21 「위험물안전관리법 시행규칙」상 위험물제조소의 옥내에 인화성 액체위험물 취급탱크(4개)를 하나의 방유제에 다음과 같이 설치하였을 경우 방유제 용량을 계산하면?

- A탱크 : 80,000L
- B탱크 : 30,000L
- C탱크 : 20,000L
- D탱크 : 20,000L

① 88,000L   ② 47,000L
③ 80,000L   ④ 40,500L

22 「위험물안전관리법」상 벌칙규정의 법정형이 같은 것 만을 고른 것은?

가. 정기점검을 하지 아니하거나 점검기록을 허위로 작성한 관계인으로서 허가를 받은 자
나. 정기검사를 받지 아니한 관계인으로서 허가를 받은 자
다. 제조소등의 완공검사를 받지 아니하고 위험물을 저장·취급한 자
라. 위험물 운반용기에 대한 검사를 받지 아니하고 운반용기를 사용하거나 유통시킨 자
마. 소방공무원이 위험물 제조소 등 관계인의 정당한 업무를 방해하거나 출입·검사 등을 수행하면서 알게 된 비밀을 누설한 자

① 가, 나, 다, 라, 마
② 가, 나, 라
③ 가, 나
④ 다, 마

23 「위험물안전관리법 시행규칙」상 위험물 제조소의 위치·구조 및 설비의 기준에 있어서 위험물을 취급하는 건축물의 구조로 옳지 않은 것은?

① 벽·기둥 및 바닥은 내화구조로 하고, 보와 서까래는 불연재료로 하여야 한다.
② 지붕은 폭발력이 위로 방출될 정도의 가벼운 불연재료로 덮어야 한다.
③ 연소의 우려가 있는 외벽에 설치하는 출입구에는 수시로 열 수 있는 자동폐쇄식의 60분+방화문 또는 60분방화문을 설치하여야 한다.
④ 제2류 위험물(분말상태의 것과 인화성고체를 제외한다), 제4류 위험물 중 제4석유류·동식물유류 또는 제6류 위험물을 취급하는 건축물인 경우 지붕을 내화구조로 할 수 있다.

24 「위험물안전관리법 시행규칙」상 옥내저장창고의 면적을 1,000㎡ 이하로 해야할 위험물을 모두 고르시오.

㉠ 황린   ㉡ 알코올류
㉢ 할로젠간화합물 ㉣ 알칼리금속
㉤ 금속분   ㉥ 질산염류

① ㉡, ㉢, ㉤   ② ㉡, ㉢, ㉣
③ ㉢, ㉣, ㉤   ④ ㉠, ㉡, ㉢

25 「위험물안전관리법 시행규칙」에 따른 정기점검의 기록·유지에서 제조소등의 관계인은 정기점검 후 기록해야 하는 사항으로 옳지 않은 것은?

① 점검을 실시한 제조소등의 명칭
② 점검을 한 안전관리자 또는 점검을 한 탱크시험자와 점검에 참관한 관계인의 성명
③ 점검의 방법 및 결과
④ 점검연월일

소방전술 [25문항]

01 다음 중 Flashover를 지연시키는 방법으로 옳지 않은 것은?

㉠ 창문 등을 개방하여 배연(환기)함으로써, 공간 내부에 쌓인 열을 방출시켜 시야를 확보할 수 있다.
㉡ 배연(환기)과 반대로 개구부(창문)를 닫아 산소를 감소시킴으로써 연소 속도를 줄이고 공간 내 열의 축적 현상도 늦추게 하여 지연시키는 방법을 쓸 수 있다.
㉢ 분말소화기 등 이동식 소화기를 분사하여 화재를 완전하게 진압하는 것은 일시적으로 온도를 낮출 수 있으며, 관창호스를 연결할 시간을 벌 수 있다.
㉣ 화재가 발생된 밀폐 공간의 출입구에 완벽한 보호 장비를 갖춘 집중 방수팀을 배치하고 출입구를 개방하는 즉시 바로 방수함으로써 폭발 직전의 기류를 급냉시키는 방법이다.

① ㉠
② ㉡
③ ㉢
④ ㉣

02 소방활동 검토회의에 대한 설명으로 옳은 것은?

① 이재민 100명이면 중요화재로서 통제관은 소방본부장이 된다.
② 검토회의는 화재발생일로부터 10일 이내에 개최하고 화재를 진압한 소방본부 또는 소방서에서 개최한다.
③ 중요화재, 특수화재의 경우 통제관은 관할 소방본부장으로 한다.
④ 건물의 구조별 표시방법은 목조는 녹색, 방화조는 황색, 내화조는 적색으로 표시한다.

03 연소용어에 대한 설명으로 다음( )안에 들어갈 내용이 순서대로 옳은 것은?

㉠ ( ) : 가연성 액체 또는 고체로부터 발생한 인화성 증기의 농도가 점화원에 의해 착화될 수 있는 최저온도를 말한다.
㉡ ( ) : 외부의 직접적인 점화원이 없이 가열된 열의 축적으로 연소가 되는 최저온도이다.
㉢ ( ) : 대기압(1atm)하에서 고체가 녹아 액체가 되는 온도이다.
㉣ ( ) : 어떤 물질에 열의 출입이 있더라도 물질의 온도는 변하지 않고 상태변화에만 사용되는 열을 말한다.

① 발화점, 연소점, 잠열, 비점
② 연소점, 인화점, 융점, 비열
③ 인화점, 발화점, 융점, 잠열
④ 발화점, 연소점, 점도, 잠열

04 현장정보수집 순위에 대한 설명 중 바르게 짝지어진 것은?

① 제1순위 - 소방활동 상 필요한 정보
② 제2순위 - 연소확대 위험여부
③ 제3순위 - 부상자가 있는가 등 인명에 관한 정보
④ 제4순위 - 출화원인 등 예방

05 인명검색을 위한 내부진입 우선순위로 옳은 것은?

① 화점하층 → 화점상층 → 연소층 → 인근실 → 화점실
② 화점실 → 화점상층 → 화점하층 → 인근실 → 연소층
③ 인근실 → 화점실 → 연소층 → 화점하층 → 화점상층
④ 화점실 → 인근실 → 연소층 → 화점상층 → 화점하층

06 유리파괴요령에 대한 설명으로 옳지 <u>않은</u> 것은?

① 유리파괴 시 낙하경계구역을 설정할 때 풍속 30m 일 경우 경계구역은 창의 높이로 한다.
② 창의 파괴에 의해서 백드래프트 또는 플래시오버를 일으킬 염려가 있는 경우 몸의 위치를 창의 측면이 되도록 한다.
③ 판유리의 파괴순서는 유리의 중량을 고려하여 윗부분부터 횡으로 파괴한다.
④ 방탄유리는 창의 중앙부분을 강타하여 금이 생기더라도 효과는 없으므로 반드시 창틀에 가까운 부분을 파괴한다.

07 소방용수 설치기준에 관한 설명으로 저수조와 관계 <u>없는</u> 것은?

| ㉠ 65밀리미터 | ㉡ 4.5미터 | ㉢ 0.5미터 |
| ㉣ 60센티미터 | ㉤ 100밀리미터 | ㉥ 1.5미터 |

① ㉠ - ㉢ - ㉤
② ㉡ - ㉢ - ㉣
③ ㉠ - ㉣ - ㉤
④ ㉠ - ㉤ - ㉥

08 다음 내용과 관계되는 벌칙으로 옳은 것은?

> 정당한 사유 없이 소방용수시설 또는 비상소화장치를 사용하거나 소방용수시설 또는 비상소화장치의 효용을 해치거나 그 정당한 사용을 방해한 사람

① 3년, 3천만원
② 3년, 5천만원
③ 5년, 5천만원
④ 10년, 5천만원

09 소방안전교육의 종류와 방법으로 옳은 것은?

① 태도교육 : 의욕을 갖게 하고, 안전규율, 직장규율을 몸에 붙이도록 한다.
② 기능교육 : 안전작업에 대한 몸가짐 마음가짐을 몸에 붙게 한다.
③ 문제해결교육 : 재해발생 원리를 이해시키고 취급하는 기계·설비의 구조, 기능, 성능의 개념형성한다.
④ 지식교육 : 사고력과 종합능력을 육성한다.

10 화재 조사업무에 관한 설명으로 옳지 <u>않은</u> 것은?

① 지진, 낙뢰 등 자연현상에 의한 다발화재는 1건의 화재로 한다.
② 동일범이 아닌 각기 다른 사람에 의한 방화, 불장난은 동일 대상물에서 발화했다면 한 건의 화재로 한다.
③ 발화지점이 한 곳인 화재현장이 둘 이상의 관할구역에 걸친 화재는 발화지점이 속한 소방서에서 1건의 화재로 산정한다.
④ 화재현장에서 부상을 당한 후 72시간 이내에 사망한 경우에는 당해 화재로 인한 사망자로 본다.

11 구조로프에 대한 설명으로 옳지 <u>않은</u> 것은?

① 검정이나 흰색, 노란색 등 단일 색상으로 만들어져 외형만으로 비교적 쉽게 구분이 가능하다.
② 자유낙하가 발생할 수 있는 암벽등반에 유리하다.
③ 마모 내구성이 강하고 파괴력에 견디는 힘이 높다.
④ 유연성이 낮아 조작이 불편하고 추락 시 하중이 그대로 전달되는 결점이 있다.

12 구조장비에 대한 설명으로 옳지 <u>않은</u> 것은?

① 슬링은 보통 20~25mm 내외의 폭으로 제조되며, 로프에 비해 상대적으로 값이 싸기 때문에 짧게 잘라서 등반시의 확보, 고정용 또는 하강용으로 사용하는 등 다양하게 활용한다.
② 안전벨트는 추락 충격을 받은 다음에는 안전벨트의 여러 부분을 꼼꼼하게 점검해 보고 박음질 부분이 뜯어졌다면 즉시 폐기하도록 한다.
③ 로프는 일반적인 세탁기는 세탁과정에서 로프가 꼬이고 마찰을 발생시키기 때문에 사용하지 않도록 한다.
④ 직경 9mm 이하의 로프를 사용할 때에는 반드시 2줄로 설치하여 안전을 확보한다.

13 헬리콥터 하강요령에 대한 설명으로 옳은 것은?

① 헬리콥터에 다가갈 때에는 기체의 후면으로 접근하며 기장 또는 기내 안전원의 신호에 따라 탑승한다.
② 착지점 약 10m 상공에서 서서히 제동을 걸기 시작 지상 약 5m 위치에서는 반드시 정지할 수 있는 스피드까지 낮추어 지상에 천천히 착지한다.
③ 헬기 하강을 위하여 공중에서 로프를 투하하는 경우에는 로터의 하향풍에 로프가 휘말릴 수 있기 때문에 반드시 로프백에 수납하여 투하한다.
④ 헬기는 하강도중 기상의 영향을 받을 수 있으므로 오버행 하강요령과는 상당한 차이가 있다.

14 구조대원이 갇혔거나 길을 잃었을 경우 조치할 사항으로서 옳은 것은?

① 창문 밖으로 방화복이나 헬멧 등을 던져서 구조를 요청하는 신호를 보내도록 한다.
② 창문이 있다면 창턱에 걸터앉아서 인명구조경보기를 틀거나 손전등을 사용하거나 팔을 흔들어서 지원을 요청하는 신호를 보낼 수 있다.
③ 혼자서 탈출해야 하는 경우 가장 손쉬운 방법은 호스의 암 커플링을 따라서 나가는 것이다.
④ 랜턴이 바닥을 비추도록 놓고 출입문 가운데나 벽에 누워서 발견되기 쉽게 한다.

15 화재현장에서 공기호흡기 이상 발견 시 조치사항으로 옳은 것은?

① 공기가 얼마 남지 않았다면 카운트 호흡법을 고려할 수 있다.
② 대원 고립 시 가장 오래 버틸 수 있는 호흡법은 건너뛰기 호흡법을 활용한다.
③ 양압조정기가 손상을 입어 공기공급이 중단되었을 경우에는 바이패스 밸브를 열어 면체에 직접 공급되도록 한다.
④ 공기소모량을 최소화 하기위해 호흡을 들이쉬는 속도는 천천히 하고 내쉴때에는 평소와 같이 폐속의 이산화탄소 농도를 조절한다.

16 다음과 같은 건물 붕괴에 따른 설명이 바르게 된 것은?

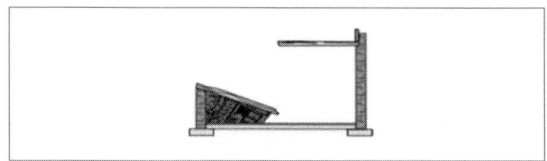

① 파편이 지지하고 있는 벽을 따라 빈 공간으로 진입하는 것이 붕괴위험도 적고 구조활동도 용이하다.
② 마주보는 두 외벽에 모두 결함이 발생하여 바닥이나 지붕이 아래로 무너져 내리는 경우에 발생한다.
③ 가구나 장비, 기타 잔해 같은 무거운 물건들이 바닥 중심부에 집중되었을 때 붕괴가 일어날 수 있다.
④ 각 붕괴의 유형 중에서 가장 안전하지 못하고 2차 붕괴에 가장 취약한 유형이다.

17 미국방화협회(NFPA)의 위험물 표시법 의미가 옳은 것은?

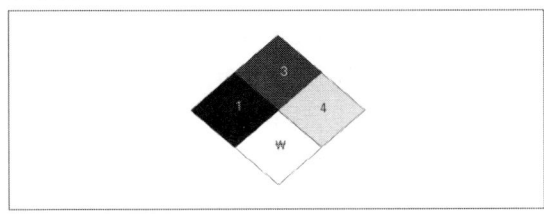

① 이동하는 위험물(Fixed Storage)에 대한 표시방법이다.
② 화학약품의 유해성을 확인하고자 하는 목적이며, 소방대의 비상작업에 필요한 전술상의 안전조치 수립에 필요한 지침의 역할과 함께 이 물질에 노출된 사람의 생명보호를 위한 즉각적인 정보를 현장에서 제공해 준다.
③ 위험물질에 대한 전문적인 지식이 부족한 사람이라도 그 특성과 취급상의 위험요인을 한 눈에 파악할 수 있도록 해주는 것이다.
④ (1)은 황색, 인체유해성, (3) 백색, 화재위험성, (4) 청색, 반응성, (W) 물과의 반응성을 나타낸다.

18 위험물 특성 및 진압방법에서 옳지 않은 것은?

① 제1류 : 자신은 불연성 물질이지만 지연성, 조연성이 있다.
② 제3류 : 대부분 고체이며, 칼륨, 나트륨, 알칼리금속, 알칼리토금속은 보호액(석유)속에 보관한다.
③ 4류 : 비교적 낮은 온도에서 착화하기 쉽고, 연소속도가 빠르며 연소열이 큰 고체이다.
④ 5류 : 자기반응성 물질이기 때문에 CO_2, 분말, 하론, 포 등에 의한 질식소화는 효과가 없으며, 다량의 물로 냉각소화하는 것이 적당하다.

19 폭발에 대한 설명으로 옳지 않은 것은?

① 연소폭발 : 화학적 폭발로써 비정상연소에 해당되며 가연성 가스, 증기, 분진, 미스트 등이 공기와의 혼합물, 산화성, 환원성 고체 및 액체혼합물 혹은 화합물의 반응에 의하여 발생된다.
② 분해폭발 : 공기나 산소 없이 단독으로 가스가 분해하여 폭발하는 것이며, 산화에틸렌(C_2H_4O), 아세틸렌(C_2H_2), 히드라진(N_2H_4) 같은 분해성 가스와 디아조화합물 같은 자기분해성 고체류는 분해하면서 폭발한다.
③ 기상폭발 : 용융 금속이나 금속조각 같은 고온물질이 물속에 투입되었을 때 고온의 열이 저온의 물에 짧은 시간에 전달되면 일시적으로 물은 과열상태로 되고 급격하게 비등하여 폭발현상이 나타나게 되는 것.
④ 분진폭발 : 연소속도나 폭발압력은 가스폭발에 비교하여 작으나 연소시간이 길고, 에너지가 크기 때문에 파괴력과 타는 정도가 크다.

20 코인두기도기에 대한 설명으로 옳은 것은?

① 구강의 상처가 있거나 입을 벌릴 수 없는 경우 그리고 구역반사가 있는 환자 모두에게 사용될 수 있다.
② 곡선형 모양에 대개는 플라스틱으로 만들어져 있다.
③ 크기를 선택하기 위해서는 환자의 코끝에서 아래턱까지의 길이를 재어야 한다.
④ 구역반사가 없는 무의식 환자인 경우에만 사용할 수 있다.

21 호흡기계 공기의 흐름 순서가 옳은 것은?

① 코, 입 - 인두 - 기관지 - 후두덮개 - 인두후두부 - 세기관지 - 허파꽈리
② 코, 입 - 기관지 - 후두덮개 - 후두 - 허파꽈리 - 세기관지 - 인두후두부
③ 코, 입 - 인두후두부 - 인두 - 후두덮개 - 세기관지 - 기관지 - 허파꽈리
④ 코, 입 - 인두 - 인두후두부 - 후두덮개 - 기관지 - 세기관지 - 허파꽈리

22 "당뇨의 생리학적" 설명으로 옳지 않은 것은?

① 대부분의 환자는 Ⅱ형으로 인체 세포가 인슐린에 적절히 반응하지 못하는 것으로 노인환자가 많으며, 이런 환자의 경우는 구강용 혈당저하제를 복용해야 한다.
② 포도당과 영양분은 장에서 혈관으로 흡수되고 포도당이 뇌와 조직으로 흡수되기 위해서는 인슐린이라 불리는 호르몬이 필요하다.
③ 고혈당은 갑자기 나타나는 반면 저혈당은 보통 서서히 진행된다.
④ 인슐린은 포도당을 혈액에서 조직으로 이동시키고 포도당은 세포가 활동하는 것을 돕는다.

23 환자의 1차 평가에 대한 설명으로 옳지 않은 것은?

① 반응은 눈, 말, 움직임을 통해 나타낸다. 만약 1차 평가에서 환자가 적절한 반응을 하지 못한다면 뇌 손상을 의심해야 한다.
② AVPU에서 P는 어떠한 자극에도 반응하지 않는 상태이다.
③ 환자의 비정상 호흡수는 24회/분 이상 또는 10회/분 이하이다.
④ 첫인상 - 의식수준 - 기도 - 호흡 - 순환 - 위급 정도 판단

24 화상의 깊이에 대한 설명으로 1도 화상에 대한 설명으로 옳은 것은?

① 손상부위는 체액이 나와 축축한 형태를 띠며 진피에 많은 신경섬유가 지나가 심한 통증을 호소한다.
② 화상부위는 발적, 동통, 압통이 나타나며, 범위가 넓은 경우 심한 통증을 호소할 수 있으므로 처치가 필요한 경우가 있다.
③ 내부 조직으로 체액손실과 2차 감염과 같은 심각한 합병증을 유발할 수 있다.
④ 표피와 진피가 손상된 경우로 열에 의한 손상이 많다.

25 근골격계 손상 형태에 대한 설명으로 옳은 것은?

① 골절 : 연결부분에 위치한 관절의 정상 구조에서 어긋난 경우로 관절부위의 심한 굴곡이나 신전으로 발생한다.
② 좌상 : 뼈와 근육을 연결하는 힘줄이 비정상적으로 잡아 당겨져 생긴다.
③ 염좌 : 관절을 형성하는 뼈의 끝부분이나 성장판이라 불리는 아동의 성장부위 골절은 심각한 결과를 초래한다.
④ 탈구 : 관절을 지지하거나 둘러싼 인대의 파열이나 비정상적인 잡아당김으로 생긴다.

최단기 소방승진 이패스 소방사관
www.kfs119.co.kr

※ 이 책은 저작권법에 의해 보호를 받는 저작물이므로 무단전재와 복제를 금합니다.
※ 본 교재의 저작권은 이패스코리아에 있습니다.

2025년 소방위 소방승진 제5회

응시번호	
성명	

【시험 과목】

편철순서	제1과목	제2과목	제3과목
과목명	행정법(25문항)	소방법령 Ⅳ(25문항)	소방전술 (25문항)

응시자 준수사항

☞ 시험지를 받으면 "시험 감독관 또는 방송"의 안내에 따라 다음 사항을 반드시 지켜 주시기 바랍니다.

1. 시험지 표지의 응시번호 및 성명"을 기재하여 주십시오.

2. 시험이 시작되면 시험지의 "편철순서", "페이지 수량", "인쇄 상태"를 반드시 확인한 후에 문제를 푸십시오.
   ※ 본 시험지는 총 20페이지입니다.

3. 시험이 시작되면 문제를 주의 깊게 읽고, 문항의 취지에 가장 적합한 하나의 정답만을 고르십시오. 운영요원에게 문제 내용에 관한 질문은 하실 수 없습니다.

※ 본 시험지는 공개이므로 시험이 종료된 후 가지고 나갈 수 있습니다.

※ 본 표지는 실제 시험지를 모델로 제작되었습니다.

epasskorea

소방위 소방승진

제5회 모의고사

문 항 수 : 75문항
응시시간 : 75분

행정법 [25문항]

01 비례원칙에 대한 설명으로 옳지 <u>않은</u> 것은? (다툼이 있는 경우 판례에 의함)

① 침해행정인가 급부행정인가를 가리지 아니하고 행정의 전영역에 적용된다.
② 부관이 주된 행정행위와 실질적 관련성을 갖더라도 주된 행정행위의 효과를 무의미하게 만드는 경우라면 그러한 부관은 비례원칙에 반하는 하자 있는 부관이 된다.
③ 「행정절차법」은 행정지도의 원칙으로 비례원칙을 규정하고 있다.
④ 「도로교통법」 제148조의2 제1항 제1호의 '「도로교통법」 제44조 제1항을 2회 이상 위반한 것'에 구 「도로교통법」 제44조 제1항을 위반한 음주운전 전과도 포함된다고 해석하는 것은 비례원칙에 위반된다.

02 행정의 자기구속의 원칙에 대한 설명으로 옳지 <u>않은</u> 것은? (다툼이 있는 경우 판례에 의함)

① 행정의 자기구속의 원칙은 법적으로 동일한 사실관계, 즉 동종의 사안에서 적용이 문제되는 것으로 주로 재량의 통제 법리와 관련된다.
② 재량준칙이 공표된 것만으로는 행정의 자기구속의 원칙이 적용될 수 없고, 재량준칙이 되풀이 시행되어 행정관행이 성립한 경우에 행정의 자기구속의 원칙이 적용될 수 있다.
③ 헌법재판소는 평등의 원칙이나 신뢰보호의 원칙을 근거로 행정의 자기구속의 원칙을 인정하고 있다.
④ 행정의 자기구속의 법리를 위반한 법령이나 행정권 행사는 부당하기 때문에 항고소송이나 국가배상청구의 대상이 된다.

03 다음 중 행정주체에 대한 설명으로 옳지 <u>않은</u> 것은? (다툼이 있는 경우 판례에 의함)

① 「도시 및 주거환경정비법」상 주택재건축정비사업조합은 공법인으로서 목적 범위 내에서 법령이 정하는 바에 따라 일정한 행정작용을 행하는 행정주체의 지위를 갖는다.
② 공무수탁사인은 수탁받은 공무를 수행하는 범위 내에서 행정주체이고, 「행정절차법」이나 「행정소송법」에서는 행정청이다.
③ 지방자치단체는 행정주체이지 행정권 발동의 상대방인 행정객체는 될 수 없다.
④ 경찰과의 사법상 용역계약에 의해 주차위반차량을 견인하는 민간사업자는 공무수탁사인이 아니다.

04 신고에 관한 설명으로 옳지 <u>않은</u> 것은? (다툼이 있는 경우 판례에 의함)

① 법령등으로 정하는 바에 따라 행정청에 일정한 사항을 통지하여야 하는 신고로서 법률에 신고의 수리가 필요하다고 명시되어 있는 경우에는 행정청이 수리하여야 효력이 발생한다.
② 「행정절차법」에서는 수리를 요하는 신고를 규정하고 있고, 「행정기본법」에서는 수리를 요하지 않는 신고를 규정하고 있다.
③ 「유통산업발전법」상 대규모점포의 개설 등록은 수리를 요하는 신고로서 행정처분에 해당한다.
④ 법령등에서 행정청에 일정한 사항을 통지함으로써 의무가 끝나는 신고를 규정하고 있는 경우, 신고가 법령등에 규정된 형식상의 요건에 적합하면 신고서가 접수기관에 도달된 때에 신고 의무가 이행된 것으로 본다.

05 행정입법에 대한 설명으로 옳지 <u>않은</u> 것은? (다툼이 있는 경우 판례에 의함)

① 헌법에서 인정한 법규명령의 형식을 예시적으로 이해하는 견해에 의하면 감사원규칙은 법규명령이라고 본다.
② 구「청소년보호법」시행령 제40조 [별표 6]의 위반행위의 종별에 따른 과징금 처분기준은 법규명령에 해당하지만 그 과징금의 액수는 정액이 아니라 최고한도액이다.
③ 행정관청 내부의 사무처리규정에 불과한 전결규정에 위반하여 원래의 전결권자 아닌 보조기관 등이 처분권자인 행정관청의 이름으로 행정처분을 하였다면 그 처분은 권한 없는 자에 의하여 행하여진 무효의 처분이다.
④ 상위법령을 시행하기 위하여 하위법령을 제정하거나 필요한 조치를 함에 있어서는 상당한 기간을 필요로 하며 합리적인 기간 내의 지체를 위헌적인 부작위로 볼 수 없다.

06 다음 중 법규명령의 통제에 관한 설명으로 틀린 것은?

① 헌법재판소는 법령자체에 의한 직접적인 기본권침해 여부가 문제되었을 경우 그 법령의 효력을 직접 다투는 것을 소송물로 하여 일반 법원에 구제를 구할 수 있는 절차는 존재하지 아니하므로 바로 헌법소원의 대상이 된다고 하였다.
② 사법적 통제에 있어 우리나라는 추상적 규범통제제도를 취하고 있기 때문에 행정청의 '처분 등'에 의하지 않는 일반적인 법규명령에 대해서도 규범통제를 할 수 있다.
③ 행정적 통제수단으로는, 상급행정청의 하급행정청에 대한 지휘·감독권과 같은 행정감독권에 의한 통제와 일정한 절차를 거쳐 법규명령을 발하도록 하는 절차적 통제가 있다.
④ 의회에 의한 통제로는, 법규명령의 성립·발효에 대한 동의 또는 승인권이나 일단 유효하게 성립한 법규명령의 효력을 소멸시키는 권한을 의회에 유보하는 방법에 의한 통제인 직접적 통제와 의회가 법규명령의 성립이나 효력발생에 직접적으로 관여하는 것이 아니라 국정감사권과 같은 방법을 이용한 간접적 통제가 있다.

07 행정행위의 효력발생요건으로서의 통지에 대한 설명으로 옳지 <u>않은</u> 것은? (다툼이 있는 경우 판례에 의함)

① 구 청소년 보호법에 따라 정보통신윤리위원회가 특정 웹사이트를 청소년유해매체물로 결정하고 청소년보호위원회가 효력발생 시기를 명시하여 고시하였으나 정보통신윤리위원회와 청소년보호위원회가 웹사이트 운영자에게는 위 처분이 있었음을 통지하지 않았다면 그 효력이 발생하지 않는다.
② 등기에 의한 우편송달의 경우라도 수취인이 주민등록지에 실제로 거주하지 않는 경우에는 우편물의 도달사실을 처분청이 입증해야 한다.
③ 처분서를 보통우편의 방법으로 발송한 경우에는 그 우편물이 상당한 기간 내에 도달하였다고 추정할 수 없다.
④ 처분의 통지는 행정처분을 상대방에게 표시하는 것으로서 상대방이 인식할 수 있는 상태에 둠으로써 족하고, 객관적으로 보아 행정처분으로 인식할 수 있도록 고지하면 된다.

08 명령적 행정행위에 관한 설명으로 옳지 <u>않은</u> 것은?

① 위법한 하명으로 권리가 침해된 자는 취소소송이나 무효등확인소송을 제기하여 위법상태를 제거할 수 있고 손해배상청구소송을 제기하여 손해를 배상받을 수 있다.
② 의무해제라는 점에서 허가와 면제는 같으나 허가는 부작위의무의 해제인 데 반하여 면제는 작위, 급부 및 수인의무의 해제라는 점에서 다르다.
③ 허가를 받은 후에 할 수 있는 행위를 허가를 받지 아니하고 행하면 일반적으로 행정상 강제집행 또는 행정벌이 가해지며 경우에 따라서는 무효가 되기도 한다.
④ 예외적 승인은 위험방지를 대상으로 하고 허가는 사회적으로 유해한 행위를 대상으로 한다.

09 행정행위에 관한 판례의 내용으로 옳지 않은 것은?

① 분할하는 회사의 분할 전 하도급거래 공정화에 관한 법률 위반행위를 이유로 신설회사에 대하여 동법에 따른 시정조치를 명하는 것이 허용된다.
② 식품위생법에 따른 영업장 면적 변경에 관한 신고의무가 이행되지 않은 영업을 양수한 자가 그 신고의무를 이행하지 않은 채 영업을 계속하는 경우, 시정명령 또는 영업정지 등 제재처분의 대상이 된다.
③ 연령미달의 결격자가 타인의 이름으로 운전면허시험에 응시, 합격하여 교부받은 운전면허는 당연무효는 아니다.
④ 민사소송에 있어서 어느 행정처분의 당연무효 여부가 선결문제로 되는 때에는 민사법원은 이를 판단하여 당연무효임을 전제로 판결할 수 있다.

10 행정행위의 하자승계에 대한 설명으로 가장 옳지 않은 것은?

① 구 「부동산 가격공시 및 감정평가에 관한 법률」상 선행처분인 표준지공시지가의 결정에 하자가 있는 경우에 그 하자는 보상금 산정을 위한 수용재결에 승계된다.
② 선행처분과 후행처분이 서로 독립하여 별개의 법률효과를 목적으로 하는 경우에 선행처분이 당연무효의 하자가 있다는 이유로 후행처분의 효력을 다툴 수 없다.
③ 대집행의 계고, 대집행영장에 의한 통지, 대집행의 실행, 대집행비용의 납부명령은 동일한 행정목적을 달성하기 위하여 일련의 절차로 연속하여 행하여지는 것으로서, 서로 결합하여 하나의 법률효과를 발생시키는 것이다.
④ 사업시행계획과 관리처분계획은 서로 독립하여 별개의 법적 효과를 발생시키는 것으로서 사업시행계획의 수립에 관한 취소사유인 하자가 관리처분계획에 승계되지 아니한다.

11 공법상 계약에 관한 설명으로 옳지 않은 것은? (다툼이 있는 경우 판례에 의함)

① 공법상 계약의 내용은 당사자 간에 합의에 의하여 정해지기도 하지만, 행정주체가 일방적으로 내용을 정하고 상대방은 체결 여부만을 선택해야 하는 경우도 인정될 수 있다.
② 공법상 계약도 공행정작용이므로 역시 법률우위의 원칙하에 놓인다.
③ 계약직 공무원 채용계약해지의 의사표시는 일반공무원에 대한 징계처분과는 달라서 항고소송이 되는 처분 등의 성격을 가진 것으로 인정되지는 않지만, 행정처분과 마찬가지로 「행정절차법」에 의하여 근거와 이유는 제시하여야 한다.
④ 공법상 계약에 관한 분쟁은 「행정소송법」 제3조 제2호가 정하는 당사자소송의 대상이 된다.

12 「행정절차법」상 처분절차에 대한 설명으로 옳지 않은 것은?

① 처분기준의 설정·공표의 규정은 침익적 처분뿐만 아니라 수익적 처분의 경우에도 적용된다.
② 정보통신망을 이용하여 전자문서로 송달하는 경우에는 송달받을 자가 지정한 컴퓨터 등에 입력된 때에 도달된 것으로 본다.
③ 공청회가 개최는 되었으나 정상적으로 진행되지 못하고 무산된 횟수가 2회인 경우 온라인공청회를 단독으로 개최할 수 있다.
④ 송달이 불가능한 경우에는 송달받을 자가 알기 쉽도록 관보, 공보, 게시판, 일간신문 중 하나 이상에 공고하고 인터넷에도 공고하여야 한다.

13 「행정기본법」의 내용으로 옳지 않은 것은?

① 행정에 관한 다른 법률을 제정하거나 개정하는 경우에는 행정기본법의 목적과 원칙, 기준 및 취지에 부합되어야 한다.
② 행정청은 권한 행사의 기회가 있음에도 불구하고 장기간 권한을 행사하지 아니하여 국민이 그 권한이 행사되지 아니할 것으로 믿을 만한 정당한 사유가 있는 경우에는 그 권한을 행사해서는 아니 된다. 다만, 공익 또는 제3자의 이익을 현저히 해칠 우려가 있는 경우는 예외로 한다.
③ 즉시강제는 다른 수단으로는 행정목적을 달성할 수 없는 경우에만 허용되며, 이 경우에도 최소한으로만 실시하여야 한다.
④ 행정청은 법률로 정하는 바에 따라 처분에 재량이 있는 경우에는 완전히 자동화된 시스템으로 처분을 할 수 없다.

14 「개인정보 보호법」상 개인정보의 분쟁 등에 관한 내용으로 옳지 않은 것은?

① 「소비자기본법」에 따라 공정거래위원회에 등록한 소비자단체로서 단체소송을 제기할 수 있는 단체는 정회원수가 1천명 이상일 것을 요한다.
② 분쟁조정위원회의 조정안을 제시받은 당사자가 제시받은 날부터 15일 이내에 수락 여부를 알리지 아니하면 조정을 거부한 것으로 본다.
③ 분쟁조정위원회는 신청된 조정사건에 대한 처리절차를 진행하던 중에 한쪽 당사자가 소를 제기하면 그 조정의 처리를 중지하고 이를 당사자에게 알려야 한다.
④ 개인정보 분쟁위원회 위원장은 위원 중에서 공무원이 아닌 사람으로 보호위원회 위원장이 임명한다.

15 질서위반행위규제법의 내용으로 옳지 않은 것은?

① 과태료 재판은 검사의 명령으로써 집행한다.
② 「질서위반행위규제법」은 대한민국 영역 밖에서 질서위반행위를 한 대한민국의 국민에게 적용한다.
③ 질서위반행위 후 법률이 변경되어 그 행위가 질서위반행위에 해당하지 아니하게 된 때에는 법률에 특별한 규정이 없는 한 변경된 법률을 적용한다.
④ 신분에 의하여 성립하는 질서위반행위에 신분이 없는 자가 가담한 때에는 신분이 없는 자에 대하여는 질서위반행위가 성립되지 아니한다.

16 행정대집행에 대한 설명으로 옳지 않은 것은?

① 행정대집행은 「행정기본법」상 행정상 강제에 해당한다.
② 대집행에 요한 비용은 「국세징수법」의 예에 의하여 징수할 수 있다.
③ 「행정대집행법」상 대집행의 대상이 되는 대체적 작위의무는 공법상 의무이어야 한다.
④ 대집행에 요한 비용에 대하여서는 행정청은 사무비의 소속에 따라 국세와 동일한 순위의 선취득권을 가지며, 대집행에 요한 비용을 징수하였을 때에는 그 징수금은 국고의 수입으로 한다.

17 이행강제금에 대한 설명으로 옳지 않은 것은? (다툼이 있는 경우 판례에 의함)

① 이행강제금은 법령으로 정하는 바에 따라 계고나 시정명령 없이 부과할 수 있으며 법령으로 정하는 바에 따라 반복적으로 이행할 때까지 부과할 수 있다.
② 이행강제금은 대체적 작위의무 위반에 대해서도 부과될 수 있고 대집행과 선택적으로 활용될 수 있다.
③ 공무원이 위법건축물임을 알지 못하여 공사 도중에 시정명령이 내려지지 않아 위법건축물이 완공되었다 하더라도 이행강제금이 부과될 수 있다.
④ 「건축법」 제80조 제6항에 따르면 시정명령을 받은 자가 시정명령을 이행한 경우에는 더 이상 이행강제금을 부과하지 않지만, 이미 부과된 이행강제금은 징수한다.

18 행정조사기본법상 행정조사에 대한 설명으로 옳은 것은?

① 조사대상자가 조사대상 선정기준에 대한 열람을 신청한 경우에 행정기관은 그 열람이 당해 행정조사업무를 수행할 수 없을 정도로 조사활동에 지장을 초래한다는 이유로 열람을 거부할 수 없다.
② 행정조사를 행하는 행정기관에는 법령 및 조례·규칙에 따라 행정권한이 있는 기관뿐만 아니라 그 권한을 위임 또는 위탁받은 법인·단체 또는 그 기관이나 개인이 포함된다.
③ 행정기관의 장은 시료채취로 조사대상자에게 손실을 입힌 때에는 그 손실을 보상할 수 있다.
④ 행정조사기본법은 행정조사 실시를 위한 일반적인 근거규범으로서 행정기관은 다른 법령 등에서 따로 행정조사를 규정하고 있지 않더라도 행정조사기본법을 근거로 행정조사를 실시할 수 있는 것이 원칙이다.

19 행정상 손해배상에 대한 판례의 입장으로 옳지 않은 것은?

① 공무원이 직무를 수행하면서 그 근거법령에 따라 구체적으로 의무를 부여받았어도 그것이 국민 개개인의 이익을 위한 것이 아니라 전체적으로 공공 일반의 이익을 도모하기 위한 것이라면 그 의무에 위반하여 국민에게 손해를 가하여도 국가 또는 지방자치단체는 배상책임을 지지 않는다.
② 공무원에게 부과된 직무상 의무의 내용이 전적으로 또는 부수적으로 사회구성원 개인의 안전과 이익을 보호하기 위하여 설정된 것이라면, 공무원이 그와 같은 직무상 의무를 위반함으로써 피해자가 입은 손해에 대해서는 상당인과관계가 인정되는 범위에서 국가가 배상책임을 진다.
③ 「공직선거법」이 후보자가 되고자 하는 자와 그 소속 정당에게 전과기록을 조회할 권리를 부여하고 수사기관에 회보의무를 부과한 것은 공공의 이익만을 위한 것이지 후보자가 되고자 하는 자나 그 소속 정당의 개별적 이익까지 보호하기 위한 것은 아니다.
④ 어떠한 행정처분이 항고소송에서 취소되었을지라도 그 기판력에 의하여 당해 행정처분이 곧바로 공무원의 고의 또는 과실로 인한 것으로서 국가배상책임이 성립한다고 단정할 수는 없다.

20 항고소송의 대상적격에 관한 설명으로 옳은 것은? (다툼이 있는 경우 판례에 의함)

① 농지개량조합의 직원에 대한 징계처분은 처분성이 인정된다.
② 행정재산의 사용료 부과는 처분성이 없다.
③ 「국가균형발전 특별법」에 따른 혁신도시 최종입지 선정행위는 처분성이 인정된다.
④ 한국마사회가 기수의 면허를 취소하는 것은 처분성이 인정된다.

21 부작위위법확인소송에 관한 설명으로 옳지 않은 것은? (다툼이 있는 경우 판례에 의함)

① 조례를 통하여 노동운동이 허용되는 사실상의 노무에 종사하는 공무원의 구체적 범위를 규정하지 않고 있는 것에 대하여 부작위위법확인의 소를 제기하였으나 상고심 계속 중에 정년퇴직한 경우에 소의 이익은 인정되지 않는다.
② 당사자가 행정청에 대하여 어떠한 행정처분을 하여 줄 것을 요청할 수 있는 법규상 또는 조리상의 권리를 갖고 있지 아니하는 경우에는 항고소송의 대상이 되는 위법한 부작위가 있다고 볼 수 없거나 원고적격이 없어 그 부작위위법확인의 소는 부적법하다.
③ 부작위위법확인소송에 대해서도 행정심판과 취소소송의 관계를 준용하여 임의적 전치가 원칙이며, 다른 법률이 정한 경우에만 예외적으로 행정심판전치주의가 적용된다.
④ 부작위위법확인소송에서 부작위상태가 계속되는 한 그 위법의 확인을 구할 이익이 있다고 보아야 하므로 행정심판 등 전심절차를 거친 경우에도 제소기간에 관한 규정은 적용되지 않는다.

22 항고소송의 소의 이익에 관한 판례의 내용으로 옳지 않은 것은?

① 공익근무요원 소집해제신청을 거부한 후 원고가 계속 공익근무요원으로 복무함에 따라 복무기간 만료를 이유로 소집해제처분을 한 경우, 거부처분의 취소를 구할 소의 이익이 없다.
② 무효확인소송에서 '무효확인을 구할 법률상 이익'을 판단함에 있어 행정처분의 무효를 전제로 한 이행소송 등과 같은 직접적인 구제수단이 있는지 여부를 따질 필요가 없다.
③ 절차상 또는 형식상 하자로 무효인 행정처분에 대하여 행정청이 적법한 절차 또는 형식을 갖추어 다시 동일한 행정처분을 하였다면, 종전의 무효인 행정처분에 대한 무효확인 청구는 과거의 법률관계의 효력을 다투는 것에 불과하므로 무효확인을 구할 법률상 이익이 없다.
④ 제재적 행정처분이 그 처분에서 정한 제재기간의 경과로 인하여 그 효과가 소멸되었다면, 부령인 시행규칙의 형식으로 정한 처분기준에서 제재적 행정처분을 받은 것을 가중사유로 정하여 장래 제재적 행정처분을 하도록 정하였더라도 그 취소를 구할 법률상 이익이 없다.

23 사정판결에 관한 설명으로 옳지 않은 것은?

① 사정판결의 필요성 판단은 사실심 변론종결시를 기준으로 한다.
② 판례는 당연 무효의 처분은 존치시킬 효력이 있는 행정행위가 없기 때문에 사정판결을 할 수 없다고 하여 부정적이다.
③ 원고의 청구가 이유가 있다고 인정하는 경우에도, 즉 처분 등이 위법한 경우에도 처분등을 취소하는 것이 현저히 공공복리에 적합하지 아니하다고 인정하는 때에는 법원은 원고의 청구를 각하할 수 있다.
④ 원고는 피고 행정청이 속하는 국가 또는 공공단체를 상대로 손해배상 등 적당한 구제방법의 청구를 당해 취소소송 등이 계속된 법원에 병합하여 제기할 수 있다.

24 권한의 위임에 관한 설명으로 옳지 않은 것은? (다툼이 있으면 판례에 따름)

① 국가사무가 지방자치단체의 장에게 위임된 기관위임사무는 원칙적으로 자치조례의 제정범위에 속하지 않는다.
② 지방자치단체의 장은 기관수임사무의 일부를 그 위임기관의 장의 승인을 받아 규칙으로 정하는 바에 따라 재위임할 수 있다.
③ 지방자치단체가 국가사무를 수임한 경우에는 수임한 지방자치단체에서 그 경비를 부담하여야 한다.
④ 위임기관은 수임기관의 수임사무 처리에 대하여 지휘·감독하고, 그 처리가 위법하거나 부당하다고 인정될 때에는 이를 취소하거나 정지시킬 수 있다.

25 지방자치법의 내용에 관한 설명으로 옳지 않은 것은? (다툼이 있으면 판례에 따름)

① 주민투표권은 헌법상 보장되는 기본권 또는 헌법상 제도적으로 보장되는 주관적 공권이 아니다.
② 지방자치단체장이 동일 수탁자에게 위탁사무를 재위탁하고자 할 때 지방의회의 동의를 받도록 한 조례안은 지방자치단체장의 집행권한을 본질적으로 침해하는 것으로 볼 수 없다.
③ 지방자치단체의 주민은 조례를 폐지할 것을 청구할 수 있다.
④ 지방자치단체의 주민은 그 지방자치단체의 장 및 비례대표 지방의회의원을 포함한 지방의회의원을 소환할 권리를 가진다.

소방법령 Ⅳ (25문항)

01 소방공무원의 복무규율에 관한 내용으로 옳지 <u>않은</u> 것은?

① 소방기관의 장은 2조 교대제 근무를 하는 소방공무원에게는 순번을 정하여 주기적으로 근무일에 휴무하게 할 수 있되, 비상근무를 하는 경우에는 그러하지 아니하다.
② 휴무일 또는 근무시간 외에 공무가 아닌 사유로 국외지역으로 여행하고자 할 경우에는 여행 시작 2일 전까지 소방관서의 장은 상급 소방관서의 장에게, 직원은 소속 소방관서의 장 또는 직근 상급감독자에게 신고하여야 한다.
③ 소방공무원은 휴무일이나 근무시간 외에 공무가 아닌 사유로 3시간 이내에 직무에 복귀하기 어려운 지역으로 여행하려는 경우에는 소속 소방기관의 장에게 신고하여야 한다.
④ 교대제 근무의 범위 및 방법, 그 밖에 교대제 근무에 필요한 사항은 행정안전부령으로 정한다.

02 소방공무원 공개경쟁채용시험에 관한 내용으로 옳은 것은?

① 소방사 채용시험의 출제수준은 소방업무수행에 필요한 전문적 능력·지식을 검정할 수 있는 정도로 한다.
② 시험실시에 관한 공고내용을 변경하고자 할 때에는 시험실시 10일 전까지 변경내용을 공고하여야 한다.
③ 공개경쟁채용시험의 합격자를 결정할 때 선발예정인원을 초과하여 동점자가 있는 경우에는 그 선발예정인원에 불구하고 모두 합격자로 한다.
④ 필기시험은 각 과목 40퍼센트 이상을 득점하고, 전 과목 총점의 60퍼센트 이상을 득점한 사람 중에서 선발예정인원의 5배수 범위에서 고득점자순으로 결정한다.

03 소방공무원의 승진임용에 관한 내용으로 옳지 <u>않은</u> 것은?

① 소방공무원의 승진임용예정인원수는 당해 연도의 실제결원 및 예상되는 결원을 고려하여 임용권자가 정한다.
② 심사승진임용과 시험승진임용을 병행하는 경우에는 승진임용예정 인원수의 60퍼센트를 심사승진임용예정 인원수로, 40퍼센트를 시험승진임용예정 인원수로 한다.
③ 특별승진임용예정인원수를 따로 책정한 경우에는 당초 승진임용예정인원수에 특별승진임용예정인원수를 더한 인원수를 당해 계급의 승진임용예정인원수로 한다.
④ 소방경 이하 계급으로의 승진임용예정 인원수를 정하는 경우에는 해당 계급으로의 승진임용예정 인원수의 25퍼센트 이내에서 특별승진임용예정 인원수를 따로 정할 수 있다.

04 소방청 및 시·도에 설치된 징계위원회의 민간위원으로 위촉될 수 있는 자격이 <u>아닌</u> 것은?

① 법관으로 5년 이상 근무한 사람
② 민간부문에서 인사·감사 업무를 담당하는 임원급 또는 이에 상응하는 직위에 근무한 경력이 있는 사람
③ 소방공무원으로 소방정 이상의 직위에서 근무하고 퇴직한 사람으로서 퇴직일부터 3년이 경과한 사람
④ 대학에서 행정학을 담당하는 부교수 이상으로 재직 중인 사람

05 경력경쟁채용시험등을 통하여 채용된 다음의 소방공무원들은 최초로 그 직위에 임용된 날부터 원칙적으로 몇 년 이내에 다른 직위 또는 임용권자를 달리하는 기관에 전보할 수 없는가?

> - 임용예정 직무에 관련된 자격증 소지자의 임용
> - 임용예정직에 상응하는 근무실적 또는 연구실적이 있거나 소방에 관한 전문기술교육을 받은 사람의 임용
> - 외국어에 능통한 사람의 임용
> - 경찰공무원을 그 계급에 상응하는 소방공무원으로 임용

① 5년　　② 3년
③ 2년　　④ 1년

06 소방공무원으로서 20년 이상 근속하고 정년퇴직일 전 1년 이상의 기간 중 자진하여 퇴직하는 사람으로서 재직 중 특별한 공적이 있다고 인정되는 사람으로서 특별승진될 수 없는 사람은?

① 관리역량교육과정을 수료하지 못한 사람
② 직무명령 불이행으로 경징계처분을 받은 사람
③ 직무태만을 사유로 중징계처분을 받은 사람
④ 승진소요최저근무연수 요건을 갖추지 못한 사람

07 임용심사위원회의 구성 및 운영에 관한 내용으로 옳지 않은 것은?

① 위원장은 위원 중에서 임용권자 또는 임용제청권자가 지명하고, 위원은 심사대상자보다 상위 계급인 소속 소방공무원 중에서 임용권자 또는 임용제청권자가 지명한다.
② 임용심사위원회는 위원장 1명을 포함하여 5명 이상 8명 이하의 위원으로 구성한다.
③ 위원회는 재적위원 3분의 2 이상 출석과 출석위원 과반수 찬성으로 의결한다.
④ 임용권자 또는 임용제청권자는 채용후보자에 대한 자격상실을 결정하거나 시보임용소방공무원을 정규소방공무원으로 임용 또는 임용 제청하려는 경우에는 임용심사위원회 의결서의 사본을 첨부하여 해당 채용후보자 또는 시보임용소방공무원에게 통보해야 한다.

08 다음은 「소방공무원임용령」의 내용이다. 빈칸에 들어갈 숫자를 순서대로 나열한 것은?

> ㉠ 시·도 소방본부장 또는 소방서장 직위에 임용된 소방공무원이 해당 직위에 ( )년 이상 근무한 경우에는 다른 직위로 전보해야 한다. 다만, 인사 운영상 필요한 경우에는 제외한다.
> ㉡ 임용권자는 소속 소방공무원을 연속하여 ( )회 이상 소방서장으로 보직해서는 안 된다. 다만, 인사 운영상 필요한 경우에는 제외한다.
> ㉢ 위 ㉠에도 불구하고 임용권자 또는 임용제청권자는 소방여건과 정기인사 주기 등을 고려하여 ( )년의 범위에서 전보시기를 조정할 수 있다.

① 1, 2, 3　　② 2, 3, 1
③ 2, 1, 2　　④ 3, 2, 2

09 소방공무원의 교육훈련과 관련한 복무의무의 내용으로 옳지 않은 것은?

① 소방공무원으로 임용된 사람 중 신임교육과정의 교육을 받은 사람은 신임교육과정의 교육을 받은 기간에 해당하는 기간 이상을 소방공무원으로 복무하여야 한다.
② 6개월 이상의 위탁교육을 받은 소방공무원에 대하여는 특별한 경우를 제외하고 6년의 범위에서 교육훈련기간과 같은 기간 동안 교육훈련분야와 관련된 직무분야에서 복무하게 하여야 한다.
③ 위 ②에서 국외 위탁훈련의 경우에는 교육훈련기간의 2배에 해당하는 기간으로 한다.
④ 위탁교육훈련을 받은 사람이 정당한 사유 없이 훈련을 중도에 포기한 때에는 임용권자 또는 임용제청권자는 해당 교육훈련에 든 경비(보수는 제외) 전부의 반납을 명하거나 본인이 반납하지 않을 경우 그의 보증인에게 보증채무의 이행을 청구할 수 있다.

10 다음 중 파견근무의 기간이 원칙적으로 2년 이내인 것을 모두 고르면?

> ㉠ 공무원교육훈련기관의 교수요원으로 선발되거나 그 밖에 교육훈련 관련 업무수행을 위하여 필요한 경우
> ㉡ 국내의 연구기관, 민간기관 및 단체에서의 업무수행·능력개발이나 국가정책 수립과 관련된 자료수집 등을 위하여 필요한 경우
> ㉢ 다른 기관의 업무폭주로 인한 행정지원의 경우
> ㉣ 관련 기관 간의 긴밀한 협조가 필요한 특수 업무를 공동수행하기 위하여 필요한 경우

① ㉠, ㉢
② ㉡, ㉣
③ ㉡, ㉢, ㉣
④ ㉠, ㉢, ㉣

11 소방공무원 인사기록의 관리에 대한 설명으로 옳은 것은?

① 인사기록관리자는 소속 소방공무원에 대한 인사기록을 「공무원 인사기록·통계 및 인사사무 처리 규정」에 따른 표준인사관리시스템으로 작성·유지·관리하여야 한다.
② 소방청장, 특별시장·광역시장·특별자치시장·도지사·특별자치도지사, 중앙소방학교장, 중앙119구조본부장, 국립소방연구원장, 지방소방학교장, 서울종합방재센터장, 소방서장, 119특수대응단장 및 소방체험관장은 소속 소방공무원에 대한 인사기록을 작성·유지·관리해야 한다.
③ 소방공무원은 성명·주소 기타 인사기록의 기록내용을 변경하여야 할 정당한 사유가 있는 때에는 그 사유가 발생한 날부터 14일 이내에 소속 인사기록관리자에게 신고해야 한다.
④ 소방위인 소방공무원의 전출로 인사기록관리자가 변경된 경우 변경 전 인사기록관리자는 변경 후 인사기록관리자에게 해당 소방공무원의 인사기록카드와 최근 3년간의 근무성적평정표 및 경력·교육훈련성적·가점 평정표 사본을 송부해야 한다.

12 소방공무원 채용후보자 등록에 관한 설명으로 옳지 않은 것은?

① 등록대상자는 공개경쟁채용시험 또는 경력경쟁채용시험등에 합격한 사람, 소방간부후보생으로서 직무수행에 필요한 교육훈련을 마친 사람이다.
② 채용후보자명부의 유효기간은 3년으로 하되, 임용권자는 필요에 따라 1년의 범위에서 그 기간을 연장할 수 있다.
③ 임용권자 또는 임용제청권자는 채용후보자가 국가공무원법령상 결격사유에 해당되는 경우에는 등록을 거부하거나 이를 취소하고 지체 없이 그 사유를 본인에게 통지해야 한다.
④ 채용후보자등록을 하려는 사람은 채용후보자등록원서 등 서류를 첨부하여 지정된 기한까지 임용권자 또는 임용제청권자에게 등록해야 하되, 시험실시권자와 임용권자 또는 임용제청권자가 동일한 경우에는 시험에 응시한 때에 제출한 서류를 첨부하지 않을 수 있다.

13 「위험물안전관리법 시행령」상 제5류 위험물의 품명을 다음 <보기>에서 모두 고른 것은?

> 〈보기〉
> ㄱ. 유기과산화물   ㄴ. 하이드라진
> ㄷ. 유기금속화합물 ㄹ. 나이트로화합물
> ㅁ. 염소화규소화합물 ㅂ. 무기과산화물

① ㄱ
② ㄱ, ㄹ
③ ㄱ, ㄴ, ㄹ
④ ㄱ, ㄴ, ㄹ, ㅁ

14 「위험물안전관리법」상 예방규정의 이행 실태 평가에 대한 설명으로 옳지 않은 것은?

① 평가는 최초평가·정기평가 또는 수시평가로 구분한다.
② 소방청장은 제조소등의 위험성 등을 고려하여 서면점검 또는 현장검사의 방법으로 실시할 수 있다.
③ 평가를 실시하는 경우 평가실시일 20일 전까지(수시평가의 경우에는 7일 전까지를 말한다) 제조소등의 관계인에게 평가실시일, 평가항목 및 세부 평가일정에 관한 사항을 통보해야 한다.
④ 예방규정의 이행 실태 평가를 완료한 때에는 그 결과를 해당 제조소등의 관계인에게 통보해야 한다.

15 「위험물안전관리법」상 위험물 안전관리에 관한 협회에 관한 내용으로 옳은 것은?

① 협회는 소방청장의 인가를 받아 주된 소방청에 설립등기를 함으로써 성립한다.
② 협회에 관하여 이 법에서 규정한 것 외에는 「민법」 중 재단법인에 관한 규정을 준용한다.
③ 협회를 설립하려면 제조소등의 관계인 등 5명 이상이 발기인이 되어 정관을 작성한 후 창립총회의 의결을 거쳐 소방청장에게 허가를 신청해야 한다.
④ 회의 정관에는 회원의 가입·탈퇴 및 회비에 관한 사항도 포함되어야 한다.

16 「위험물안전관리법 시행규칙」상 제3류, 제4류, 제5류 위험물 중 인화성이 있는 액체(이황화탄소를 제외한다)의 옥외탱크저장소의 주위에 설치하는 방유제의 설치기준으로 옳지 않은 것은?

① 방유제는 높이 0.3m 이상 3m 이하로 할 것
② 방유제 내의 면적은 8만㎡ 이하로 할 것
③ 방유제 내의 간막이 둑은 흙 또는 철근콘크리트로 할 것
④ 높이가 1m를 넘는 방유제 및 간막이 둑의 안팎에는 방유제 내에 출입하기 위한 계단 또는 경사로를 약 50m마다 설치할 것

17 「위험물안전관리법 시행규칙」상 이동탱크저장소의 이동저장탱크 구조에 관한 설명이다. ( ) 안에 들어갈 내용으로 옳은 것은?

> 이동저장탱크는 그 내부에 (ㄱ) L 이하마다 (ㄴ)mm 이상의 강철판 또는 이와 동등 이상의 강도·내열성 및 내식성이 있는 금속성의 것으로 칸막이를 설치하여야 한다.

	ㄱ	ㄴ
①	3,000	1.6
②	4000	1.6
③	3000	3.2
④	4000	3.2

18 「위험물안전관리법 시행규칙」상 제조소등의 완공검사 신청시기로 옳지 않은 것은?

① 이동탱크저장소에 대한 완공검사는 상치장소를 확보하기 전에 이동저장탱크를 먼저 완공검사
② 지하탱크가 있는 제조소등의 경우 해당 지하탱크를 매설하기 전
③ 전체 공사가 완료된 후에는 완공검사를 실시하기 곤란한 경우로서 배관을 지하에 설치하는 경우에는 소방서장 또는 기술원이 지정하는 부분을 매몰하기 직전
④ 전체 공사가 완료된 후에는 완공검사를 실시하기 곤란한 경우로서 위험물설비 또는 배관의 설치가 완료되어 기밀시험 또는 내압시험을 실시하는 시기

19 「위험물안전관리법 시행규칙」상 탱크안전성능검사의 신청시기로 옳지 않은 것은?

① 기초·지반검사 : 위험물탱크의 기초 및 지반에 관한 공사의 개시 전
② 충수·수압검사 : 위험물을 저장 또는 취급하는 탱크에 배관 그 밖의 부속설비를 부착 전
③ 용접부검사 : 탱크 본체에 관한 공사의 개시 전
④ 암반탱크검사 : 암반탱크의 주변에 관한 공사의 개시 전

20 「위험물안전관리법 시행규칙」상 소화설비의 설치기준에 대한 내용으로 옳지 않은 것은?

① 소화설비의 설치 대상이 되는 건축물 그 밖의 공작물의 규모 또는 위험물의 양의 기준단위를 소요단위라 한다.
② 옥내소화전 수원의 수량은 옥내소화전이 가장 많이 설치된 층의 옥내소화전 설치개수(설치개수가 5개 이상인 경우는 5개)에 7.8㎥를 곱한 양 이상이 되도록 설치할 것
③ 옥외소화전 수원의 수량은 옥외소화전의 설치개수(설치개수가 2개 이상인 경우는 2개의 옥외소화전)에 13.5㎥를 곱한 양 이상이 되도록 설치할 것
④ 제조소등에 전기설비(전기배선, 조명기구 등은 제외한다)가 설치된 경우에는 당해 장소의 면적 100㎡마다 소형수동식소화기를 1개 이상 설치할 것

21 「위험물안전관리법 시행규칙」상 제조소의 채광·조명·환기 및 배출설비에 대한 설명으로 옳은 것은?

① 조명설비의 점멸스위치는 빗물에 의한 스파크 방지를 위해 출입구 안쪽에 설치할 것
② 배출설비의 급기구는 낮은 곳에 설치하고, 배출구는 지상 4m 이상으로서 연소의 우려가 없는 장소에 설치한다.
③ 환기설비의 급기구 크기는 바닥면적이 90㎡ 이상 120㎡ 미만인 경우 450㎠ 이상으로 할 것.
④ 배출설비의 배풍기는 옥내덕트의 내압이 대기압 이하가 되지 아니하는 위치에 설치할 것

22 다음 <보기>에서 「위험물안전관리법 시행규칙」상 제조소등 행정처분기준에서 차시별 행정처분이 같은 것을 모두 고르시오

<보기>
가. 정기점검을 하지 아니하거나 점검기록을 허위로 작성한 관계인으로서 제조소등 설치허가(허가 면제 또는 협의로서 허가를 받은 경우 포함)를 받은 자
나. 제조소등의 완공검사를 받지 아니하고 위험물을 저장·취급한 자
다. 정기검사를 받지 아니한 관계인으로서 제조소등 설치허가를 받은 자
라. 위험물 제조소등 사용중지 대상에 대한 안전조치 이행명령을 따르지 아니한 자
마. 위험물안전관리자 대리자를 지정하지 아니한 관계인으로서 위험물 제조소등 설치 허가를 받은 자

① 가, 나, 다, 라
② 나, 다
③ 가, 다, 마
④ 가, 마

23 다음 <보기>에서 「위험물안전관리법령」상 각종 규제 대상에 대한 내용이다. 옳은 것을 모두 고르시오.

<보기>
가. 질산염류 5만 킬로그램을 저장하는 옥내저장소는 예방규정을 정하여 제출해야 한다.
나. 지하탱크저장소의 관계인은 기술기준에 적합한지의 여부를 정기적으로 점검하고 점검결과를 기록하여 보존하여야 한다.
다. 액체위험물을 저장 또는 취급하는 50만 리터 이상의 옥외탱크저장소의 관계인은 소방본부장 또는 소방서장으로부터 기술기준에 적합하게 유지되고 있는지의 여부에 대하여 정기적으로 검사를 받아야 한다.
라. 소방청장은 예방규정을 정하여 제출해야 하는 제조소등 가운데 저장 또는 취급하는 위험물의 최대수량의 합이 지정수량의 3천배 이상인 제조소등에 대하여 행정안전부령으로 정하는 바에 따라 예방규정의 이행 실태를 정기적으로 평가할 수 있다.

① 가, 나, 다, 라
② 나, 다, 라
③ 가, 다,
④ 나, 라

24 「위험물안전관리법 시행규칙」상 이송취급소의 위치·구조 및 설비에 관한 기준 중 괄호 안에 들어갈 내용으로 옳은 것은?

가. 이송취급소의 배관을 지하에 매설하는 경우 배관의 외면과 지표면과의 거리는 산이나 들에 있어서는 (ㄱ)m 이상, 그 밖의 지역에 있어서는 (ㄴ)이상으로 할 것.
나. 이송취급소의 내압시험의 배관 등은 최대상용압력의 (ㄷ)배 이상의 압력으로 (ㄹ)시간 이상 수압을 가하여 누설 그 밖의 이상이 없을 것.

	ㄱ	ㄴ	ㄷ	ㄹ
①	0.6	0.9	1.1	10
②	0.9	0.6	1.5	2
③	1.2	0.9	1.1	3
④	0.9	1.2	1.25	4

25 「위험물안전관리법령」상 과태료 처분에 해당하는 경우는?

① 제조소등의 사용정지명령을 위반한 자
② 탱크시험자에 대한 감독상 명령에 따르지 아니한 자
③ 무허가장소의 위험물에 대한 조치명령에 따르지 아니한 자
④ 제조소등의 관계인은 해당 제조소등이 금연구역임을 알리는 표지를 설치하지 아니하여 일정기간을 정하여 시정명령을 하였음에도 이를 따르지 아니한 자

소방전술 (25문항)

01 화재진행에 영향을 미치는 요인으로서 다음 내용과 관계 깊은 것은?

> 뜨거운 가스층이 증가하는 데에 있어서 매우 중요하다.

① 충분한 공기
② 최초가연물의 위치
③ 연소하는 구획실에서 진행되는 온도의 변화
④ 복사에너지

02 구획실 화재의 진행단계에서 다음 내용을 순서대로 바르게 한 것은?

> ㉠ 폐쇄된 건축물 내에서 화재가 진행될 때 연소과정은 산소공급이 부족한 상태에서 서서히 훈소된다.
> ㉡ 화점 주위에서 화재가 서서히 진행하다가 어느 정도 시간이 경과함에 따라 대류와 복사현상에 의해 일정 공간 안에 있는 가연물이 발화점까지 가열되어 일순간에 걸쳐 동시 발화되는 현상을 말한다.
> ㉢ 전형적으로 공간 내의 화재가 성장단계에 있고, 소방관들이 화점에 진입하기 전에 복도에 머무를 때 발생한다.
> ㉣ 복도와 같은 통로공간에서 벽, 바닥 표면의 가연물에 화염이 급속하게 확산되는 현상을 묘사하는 용어이다.

① ㉠ - ㉣ - ㉢ - ㉡
② ㉢ - ㉠ - ㉣ - ㉡
③ ㉣ - ㉠ - ㉢ - ㉡
④ ㉡ - ㉠ - ㉢ - ㉣

03 화재현장에서 발생하는 유독가스로써 연결이 바르게 된 것은?

① 암모니아 (NH_3) : 열경화성 수지, 나일론 등의 연소 시 발생 : 0.1ppm
② 시안화수소 (HCN) : 프레온 가스와 불꽃의 접촉 : 10ppm
③ 포스겐 ($COCl_2$) : 우레탄, 나일론, 폴리에틸렌, 고무, 모직물 등의 연소 : 25ppm
④ 염화수소 (HCl) : 플라스틱, PVC : 5ppm

04 자연환기 배연방법에 대한 설명으로 옳은 것은?

① 수평배연은 바람의 방향에 따라서 풍하 방향의 개구부를 급기구로 풍상방향의 개구부를 배출구로 설정하는 것이 가장 효과적이다.
② 유리창의 과잉파괴가 행해지면 수직 환기 효과가 감소한다.
③ 바람이 불지 않을 때에는 수평배연의 효과는 증가한다.
④ 창문이나 출입문처럼 벽에 있는 출구를 통하여 연기가 빠져나가게 하는 것을 수직배연이라 한다.

05 간접공격법에 대한 설명으로 옳은 것은?

① 가열증기가 몰아칠 염려가 있는 경우는 직사방수에 의한 화점실 천정 면에 충돌시켜 반사방수를 병행한다.
② 연소물체 또는 옥내의 온도가 높은 하층부를 향하여 방수한다.
③ 방수 시 개구부는 가능한 한 크게 하는 것이 위험성을 감소시킨다.
④ 옥내의 연소가 완만하여 열기가 적은 연기의 경우는 효과는 적다.

06 화재조사업무처리에 관한 합동조사단 운영사항으로 옳은 것은?

① 사망자가 5명 이상이거나 사상자가 10명 이상 또는 재산피해액이 100억원 이상 발생한 화재는 소방본부장이 구성, 운영한다.
② 목조 또는 내화조 건물의 경우 격벽으로 방화구획이 되어 있는 경우도 다른 동으로 한다.
③ 건물의 50% 가 소실되고 잔존부분이 보수를 하여도 재사용 불가능한 것은 전소이다.
④ 건물의 소실면적 산정은 소실 입체면적으로 한다.

07 소방활동 특수성에 대한 설명으로 다음 내용과 관계없는 것은?

> ㉠ 재해는 예고 없이 돌발적으로 발생하고 항상 상태변화의 연속으로 예측이 극히 곤란하다
> ㉡ 사람들은 이상심리에 지배되어 긴장, 흥분 상태에 있고, 소방대원의 심리상태도 역시 마찬가지이다.
> ㉢ 근무자나 거주자가 당황해서 피난 나오는 장소로 소방대원은 현장 임무수행을 위하여 진입하는 경우이다.

① 확대 위험성과 불안정성
② 활동 장해
③ 행동의 위험성
④ 활동환경의 이상성

08 위험물화재의 특수현상 개념을 설명한 것으로 다음 내용과 관계없는 것은?

> ㉠ 탱크표면화재로 원유와 물이 함께 탱크 밖으로 흘러넘치는 현상
> ㉡ 유류 표면온도에 의해 물이 수증기가 되어 팽창, 비등함에 따라 유류를 외부로 비산시키는 현상
> ㉢ 화재로 저장탱크내의 유류가 외부로 분출하면서 탱크가 파열하는 현상

① 후로스오버
② 슬로프오버
③ 보일오버
④ 오일오버

09 로프총 사용 시 유의점에 대한 내용으로 옳지 않은 것은?

① 장전 후에는 총구를 수평면 기준으로 45도 이상의 각도를 유지해야 격발이 된다.
② 사용한 견인탄은 탄두에 이상이 없는 경우에 날개를 교환하면 재사용할 수 있다.
③ 부득이 45도 이하의 각도로 발사할 필요가 있는 경우에는 총을 뒤집으면 격발이 가능하다.
④ 공압식과 화약식에 사용하는 견인탄은 내경이 같고 재질과 중량에 차이가 없으므로 교환 사용할 수 있다.

10 로프의 재질에서 비중이 다음 중 가장 무거운 것은?

> ㉠ 마닐라 삼   ㉡ 면
> ㉢ 나일론   ㉣ 폴리에스터

① ㉠   ② ㉡
③ ㉢   ④ ㉣

11 유압전개기 문제점 및 해결방안으로 옳은 것은?

① 커플링이 잘 연결되지 않을 때 : Lock ling을 풀고 다시 시도한다.
② 컨트롤 밸브를 조작하여도 전개기가 작동하지 않을 때 : 안전스크류를 조인다.
③ 전개기가 압력을 유지하지 못할 때 : 유압 오일을 확인하고 양이 부족하면 보충한다.
④ 컨트롤 밸브 사이에서 오일이 샐 때 : 유압호스에 압력이 존재하는지 점검한다.

12 로프의 기본매듭에 대한 설명으로 옳지 않은 것은?

① 옭매듭 : 로프에 마디를 만들어 도르래나 구멍으로 로프가 빠지는 것을 방지한다.
② 두겹8자매듭 : 로프에 고리를 만들어 카라비너에 걸거나 나무, 기둥 등에 확보하고자 하는 경우 등에 폭넓게 활용한다.
③ 두겹고정매듭 : 수직맨홀 등 좁은 공간으로 진입하거나 구조대상자를 구출하는 경우 유용하게 활용할 수 있다.
④ 피셔맨매듭 : 많은 힘을 받을 수 있고 힘이 가해진 경우에도 풀기가 쉬워 로프를 연결하거나 안전을 확보하기 위한 매듭으로 자주 사용된다.

13 아래 로프매듭에 대한 설명으로 옳은 것은?

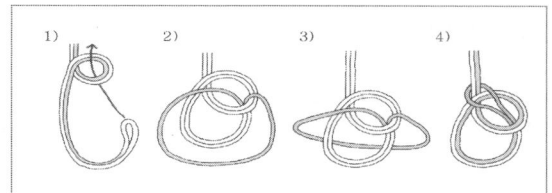

① 중간 부분이 손상된 로프를 임시로 사용하고자 하는 경우에 손상된 부분이 가운데로 오도록 하여 매듭을 만들면 손상된 부분에 힘이 가해지지 않아 응급대처가 가능하다.
② 완만한 경사면에서 확보물 없이 3명 이상이 한줄 로프를 잡고 등반하는 경우 중간에 위치한 사람들이 이 매듭을 만들어 어깨와 허리에 걸면 로프가 벗겨지지 않고 활동이 용이하다.
③ 로프에 일정한 간격을 두고 수 개의 옭매듭을 만들어 로프를 타고 오르거나 내릴 때에 지지점으로 이용할 수 있도록 하는 매듭이다.
④ 로프 끝에 두 개의 고리를 만들 수 있어 두 개의 확보물에 로프를 고정하는 경우에 매우 유용하다.

14 자동차 사고 시 구조차량 주차와 관련하여 다음 ( ) 안에 내용에 들어갈 내용은?

> 제한속도 80km/h인 도로에서 사고가 발생한 경우 사고지점의 후방 ( ) 정도에 구조차량이 주차하고 후방으로 ( ) 이상 유도표지를 설치한다.

① 15m, 80m   ② 30m, 60m
③ 20m, 50m   ④ 45m, 80m

15 의식이 없는 구조대상자의 구조방법으로서 일반적으로 먼 거리를 이동할 때 사용 방법은?

① 한 겨드랑이 끌기
② 두 겨드랑이 끌기
③ 손목 끌기
④ 가슴 잡이

16 잠수물리에 대한 설명으로 옳은 것은?

① 물속에서는 빛의 굴절로 인해 물체가 실제보다 4배 정도 가깝고 크게 보인다.
② 수중에서는 대기보다 소리가 25% 정도 빠르게 전달되기 때문에 소리의 방향을 판단하기 어렵다.
③ 물은 공기보다 약 25배 빨리 열을 전달되기 때문에 우리가 물속에서 활동을 하게 되면 쉽게 추워진다는 것을 알 수 있다.
④ 수중에서 기압과 수압을 동시에 받게 되는 것을 절대압이라 하며, 물속 10m에서는 3기압 상태에 놓이게 된다.

17 엘리베이터의 안전장치에 대한 설명으로 다음 내용과 관계 깊은 것은?

> 로프가 절단된 경우라든가, 그 외 예측할 수 없는 원인으로 카의 하강속도가 현저히 증가한 경우에, 그 하강을 멈추기 위해, 가이드레일을 강한 힘으로 붙잡아 엘리베이터 몸체의 강하를 정지시키는 장치로 조속기에 의해 작동된다.

① 전자브레이크
② 화이널 리미트 스위치
③ 비상정지장치
④ 유압완충장치

18 가스의 분류에서 연결이 바르게 된 것은?

① 액화가스 : 공기, 산소, 염소
② 압축가스 : 수소, 산소, 질소
③ 가연성가스 : 액화암모니아, 염소, 프로판, 산화에틸렌
④ 조연성가스 : 메탄, 에탄, 프로판, 부탄, 수소

19 감염예방을 위한 현장도착 후 기본예방법으로 옳은 것은?

① 심폐소생술 시행 시 반드시 양 방향 휴대용 마스크를 이용하며 직접 접촉을 피한다.
② 바늘 끝이 사용자의 몸 쪽으로 향하도록 해야 한다.
③ 주사바늘, 칼날 등 날카로운 기구는 구멍이 뚫린 통에 모은다.
④ 장갑은 한 환자에게 사용하더라도 오염된 신체부위에서 깨끗한 부위로 이동할 경우 교환해야 한다.

20 주요 전염질환 특징에 대한 설명으로 옳지 않은 것은?

	(질병)	(전염경로)	(잠복기)
①	수두	공기, 감염부위의 직접 접촉	2~주
②	뇌수막염	입과 코의 분비물	2~10일
③	이하선염	침 또는 침에 오염된 물질	14~24일
④	백일해	호흡기계 분비물, 공기	6~20일

21 흡인 시 유의사항으로서 옳지 않은 것은?

① 성인의 경우 한번에 15초 이상 흡인해서는 안 된다.
② 환자는 대개 측위를 취해 분비물이 입으로 잘 나오도록 해주어야 한다.
③ 척추손상 환자는 긴 척추 고정판에 고정시킨 후 흡인해 주어야 한다.
④ 15초 실시하면 양압환기를 5분간 실시해야 한다.

22 오염통제구역에 대한 구급활동으로 옳지 않은 것은?

① 제독텐트에 들어가기 전에 전신의 옷과 악세사리를 벗어 비닐백에 담아 밀봉 후 다시 드럼통에 담아 이중으로 밀봉해야 한다.
② 오염구역과 안전구역 사이에 위치해 있으며, 제독텐트 및 필요 시 펌프차량 등이 위치해 오염을 통제하는 구역이다.
③ 구급처치는 기본인명소생술로 기도, 호흡, 순환, 경추고정, CPR, 전신 중독 평가 및 처치가 포함된다.
④ 정맥로 확보 등과 같은 침습성 과정을 실시할 수 있다.

23 다음 중 순환계에 관한 설명으로 옳지 않은 것은?

① 인체 혈관은 항상 압력을 받는 상태로 왼심실이 피를 뿜어 낼 때 혈압이 올라간다. 이때를 이완기압이라고 하며 왼심실이 쉬는 동안의 동맥 내 압력을 수축기압이라고 한다.
② 왼심실의 작용으로 생기는 힘은 맥박을 형성하고 이는 손목의 노동맥처럼 뼈 위를 지나가는 동맥에서 촉지할 수 있다.
③ 오른심방으로 들어 온 피는 오른심실에서 허파로 이동해 산소를 교환하고 왼심방으로 들어와 왼심실에서 전신으로 동맥을 통해 뿜어져 나간다.
④ 적혈구는 세포에 산소를 운반해 주고 이산화탄소를 받으며 혈액의 색을 결정하는 요소이다.

24 지혈대 사용 시 유의사항으로 옳지 않은 것은?

① 상처 바로 윗부분 관절부위에 지혈대를 적용한다.
② 상처 부위로부터 5~8㎝ 떨어진 위쪽에 적용한다.
③ 한번 조인 지혈대는 병원에 올 때까지 풀어서는 안 된다.
④ 치명적인 출혈일 때 혈압기계의 커프를 지혈대로 사용할 수도 있다.

25 환자 호흡유지장비로서 다음 내용과 관계없는 것은?

> ㉠ 특수한 용도로 산소를 제공할 경우에 사용되며 표준 얼굴 마스크에 연결 된 공급배관을 통해 특정 산소 농도를 공급해 주는 호흡기구
> ㉡ 비강용 산소투여 장치로 환자의 거부감을 최소화 시켰으며 낮은 산소를 요구하는 환자에게 사용된다.
> ㉢ 산소 저장낭을 부풀려 사용하고 최소 분당 10~15L 유량의 산소를 투여하면 85~100%의 산소를 공급할 수 있다.

① 코삽입관
② 단순얼굴마스크
③ 비재호흡마스크
④ 벤튜리마스크

최단기 소방승진 이패스 소방사관

www.kfs119.co.kr

※ 이 책은 저작권법에 의해 보호를 받는 저작물이므로 무단전재와 복제를 금합니다.
※ 본 교재의 저작권은 이패스코리아에 있습니다.